＊東民（とうみん）

鞍馬天狗参上

渡邊昇伝

「一縄の策」は九州諸藩連合の暗号なり

稲富裕和
Inatomi Hirokazu

のぶ工房

大村純熈　最後の大村藩主。早くから西洋事情に興味を示し、大村藩を倒幕へ導いた。長崎奉行も務めた。右上に「感状冩 大村丹後守 累年勤王之志厚ク丁卯以來 隠然兵ヲ京師ニ出シ續テ東北諸軍ニ合シ殊死奮勵戦奏功之任ヲ盡シ候段叡感不斜依テ為其賞三萬石下賜候事 明治二年巳六月 行政官」とある。［大村市歴史資料館蔵］

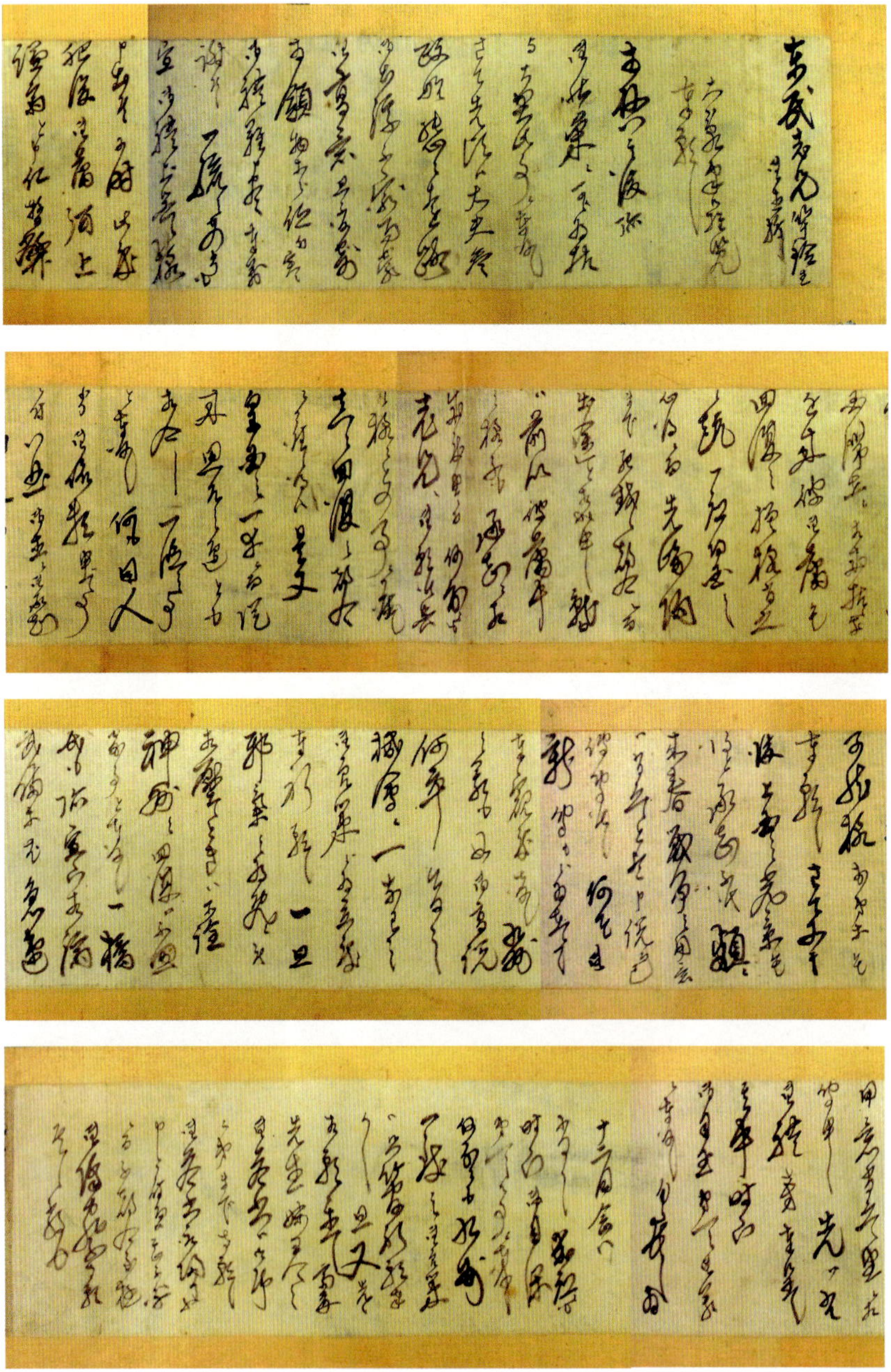

「一縄の策」の実現を願った木戸孝允（竿鈴生）が渡邊昇（東民）に宛てた手紙

翻刻文は192ページに掲載。「一なわ之御良策」「九州一致之御良策」の文字が読める。

［大村市立歴史資料館蔵］

「竹梅図」野村望東尼・渡邊 昇賛　本箱の扉には高杉晋作（東行）が愛した竹と梅が描かれ（作者：不詳）、野村望東尼（望東）の和歌と、大村藩士・渡邊昇（東民）が藤田東湖の『回天詩史』を読みながら酒について綴った詩が書かれている。

望東尼の歌は、『向陵集』1340番〔題は「若竹」万延元年（1860）作〕に同じ。

「若竹のすぐなるこゝろ一すぢにのびえて後ぞ枝もさしける」

〔歌意〕（高杉晋作様の）若竹のようなまっすぐな心は、一途にのびることができて、後には枝も萌え出るように立派な跡継ぎの方々もでたのですね。

〔解説〕高杉晋作が蔵書を収めていた本棚の扉に描かれたもの。渡邊昇（1838〜1913）は肥前大村藩士。薩長同盟に尽力、のちに大阪府知事、元老院を歴任。望東尼の住む平尾山荘をたびたび来訪していた。（解説：谷川佳枝子）［下関市立東行記念館蔵］

［三者の通称と号］

・高杉晋作（たかすぎ しんさく）：東洋一狂生東行、長門男子源春風、ほか

・野村望東尼（のむら ぼうとうに）：招月望東、向陵、ほか

・渡邊 昇（わたなべ のぼり）：西溟狂児東民、其鳳、ほか

大村回生病院の庭園で　左から岩永前親、渡邊 昇、長岡重弘、大村武純、稲田又左衛門、鈴田宣貞(洗七)。［撮影：明治41年５月13日／稲田雅厚氏 提供：『大村史話 下巻』参考］

鞍馬天狗参上

渡邊昇伝

「一縄の策」は九州諸藩連合の暗号なり

渡邊 昇

［滝乃川学園 蔵］

序

「杉作！日本の夜明けは近いぞ」の名文句で知られる大佛次郎原作の小説『鞍馬天狗』。

白馬にまたがり拳銃で敵を蹴散らす。坂本龍馬が時代劇の主人公となる前、国民の誰もが知っていた昭和を代表するヒーローだった。その鞍馬天狗のモデルが大村藩士渡辺昇だという話を、今は鬼籍に入られた大村郷土史の複数の先輩たちから聞いていた。

その確信に満ちた言い方があまりに断定的で、とは言ってもどこに確証があるのか不思議でならなかった。

鞍馬天狗と言えば、小学生の頃よく見た映画の主人公で、長州藩士桂小五郎など勤王志士達に危険が迫ると、どこからともなく黒い頭巾に顔を隠し、ある時は白馬にまたがり現れる。懐には拳銃。敵役は新選組だった。近藤勇との戦いが目に焼き付いている。鞍馬天狗の頭巾が格好良くて、家から風呂敷を持ち出して頭巾にするのだが、チャンバラごっこでは皆が鞍馬天狗になったつもりだった。

そんなヒーローのモデルが実は渡辺昇（のぼりとよむ）。とても信じられるものではない。それがある時、大村市立史料館（現大村市歴史資料館）にあった『渡邊昇自伝』を読み進むうち、その意味が氷解することになる。

ところで、渡邊か渡邉かはたまた渡辺か。苗字である固有名詞に幾通りもあろうはずがない、と思うのが一般的だが、明治以降、昇は「渡邊」を使い兄の清は「渡邉」を使う。昇の末孫の渡辺建氏が書かれた書籍『渡邊昇』（二〇〇〇年、私家版）の背文字は「渡邉昇」表紙には「渡邊昇」そして本文中では「渡辺昇」と標されている。それぞれの字に意味があるのであろうが、一般の私たちからすると混乱してしまう。渡辺建氏もそれを知って本文中では「渡辺」を使われたのではないだろうか。従って筆者も、本文では「渡辺」で統一する。

渡辺昇は幕末から明治にかけて活躍した大村藩士で、日本剣道史の中でも剣の達人としても知られる人物である。明治になって、一旦はすたれた武術を復活する動きが明治半ばに起き、大日本武徳会が結成される。その幹部の一員として、それまであった数百に及ぶとされる剣術の諸流派の型を纏め、今日の剣道の型を最初に考案したのが渡辺昇であった。

また大阪府知事、会計検査院長等も歴任し、当時は良く知られた人物である。渡辺は江戸三大道場といわれた斎藤弥九郎の練兵館（現在の靖国神社付近）で剣を修行し、長州の桂小五郎や高杉晋作とは同門の仲で、昇が上京した頃、桂がその塾頭を務めていた。門弟は千人を超えていたという江戸屈指の大道場である。

昇が江戸に出た時期は諸説あるが、『渡邊昇』を書いた渡辺建は、大村出身の松井保男が推定した安政四年（一八五七）から文久三年（一八六三）、即ち満十九歳から二十五歳説を取っており、本稿でもこれに従うこととする。

（松井保男二〇〇五『近代史の中の大村人』箕箒文庫）

桂小五郎は早くから渡辺の剣の技量とその考えを認め、安井息軒の三計塾で文学を学んでいた昇を大村藩の重役に掛け合い、剣の道だけにせよと強引に引き込んだ。さらに帰藩に際し、昇に次の塾頭を委ねた。

二人は考えがよく似ており、同じ長州藩の来島又兵衛から、「藩を脱して長州に入り、浮浪士を率いてその隊長となれ」と誘われたが、「藩に戻り、藩論を統一して事に当たるべきである」と反論した。桂只一人が自分と同じ考えであったと回想する。

その頃の話は、池波正太郎の作品（『剣友渡辺昇』『近藤勇白書』）の中にも度々登場する。練兵館の塾頭をしていた時、近くの市ヶ谷で町道場試衛館を開いていた近藤勇から頼まれ、幾度も道場やぶりから助けた。剣を取っては抜群の器量を示す近藤も竹刀技には拙く、だが相手の器量を見抜く力を持った近藤は、これは敵わぬと悟ると近くの練兵館の渡辺の下に助けを求めた。

渡辺は高弟の中から強いのを選び出し、或いは自らも出向いて道場やぶりから助けた。礼は「メリケンの刺身」と称したタクアンと酒。若い二人は攘夷で意気投合した。この二人が何処でどのようにして知り合ったのかははっきり書いていないが、若い渡辺達にしてみれば厳しい稽古の後、兎にも角にも酒が飲みたい。近藤にしてみれば、切迫した時局を反映して横行する道場やぶりから何とか道場を守りたい。歳は近藤が四つ上だが、それ以上に二人は馬が合ったらしい。

後年、二人は騒然とした京都で出会うことになるのだが、片や新選組局長、片や薩長同盟を成立させ大村藩の中でも倒幕の急先鋒。ここで近藤が昇の危機を救うことになる。だがそれはまだ先のことである。

大村藩は九州の西端にあって僅か二万七千石の小藩ながら、藩主主導の元、少壮の若者たちを中心に勤王を掲げ、藩として早くから活動を活発化させる。

もちろん、藩内では既存のヒエラルキーに守られた保守派が多数を占めていた。それは他の藩も同様の事であったろう。大村藩が違っていたとすれば、天領長崎を取り囲むように領地が広がり、ペリー来航後の安政の開国によって、外国人居留地造営の必要が生じた時、もともと狭い天領長崎には適当な土地がなく、天領に接する大村領戸町村を替地によって接収し、その一角にある大浦に居留地が出来たことだろう。

天領として幕府に取られたものの、そこに住んでいた大村藩の武士たちは警護のために留まることを許された。そのことで、天領長崎や大浦居留地からもたらされる世界の情勢と最新式の鉄砲などの武器や西洋の知識に触れる機会は、他藩より多かったであろうと思われる。大浦の港には大型の廻船が停泊している様子が、江戸後期に編纂された『長崎名勝図絵』に描かれているが、今日では、居留地となる以前から、大浦が全国から長崎にやって来る廻船（民間商船）の繋場であったことを知る研究者は長崎においてすら極めて少ない。

一方、目を凝らして見ても描かれた様々な長崎港の絵図にも、恐らく多かったはずの廻船（商船）が描かれたものは少ない。描かれているのは唐船とオランダ船の外、各藩の印が描かれた帆船や櫓漕ぎ船ばかりである。幕府は、天領長崎の海域に一般の廻船が自由に入港することを制限していたのである。それが、大村領大浦が全国から長崎に来る廻船繋ぎ場として繁栄した背景である。

大村藩にとって、廻船の停泊による運上（税）は大きかったであろうし、問屋、宿、女郎屋などを中心にしての商業活動から得る運上は大村藩の財政に寄与していたと思われるが、その戸町、大浦が幕府に接収された。

戸町村並びに大浦居留地の事に関しては、大村藩の公式記録にもほとんど出てこない。大村藩にとって、何もなかったはずはあるまい。自伝に中には大村藩が長崎から何を得ようとしたかなど具体的な記載は殆どないものの、新式鉄砲を早くから入手し、兵制改革の中で火縄銃主体から西洋銃隊に編成を転換し、西洋式の軍事訓練をしていたことが『臺山公事蹟』『渡邊昇自伝』からも分かる。

また城下で大砲の鋳造も始めている。長崎では明らかに日本の近代化に向けた時代が動いていた。

自伝に記されたものとは、鎖国下の日本で、ペリー来航による開国と幕府権力の失墜に始まり、尊王攘夷思想による反幕府運動の勃興。その混乱の中で、主に天領長崎に見られる西欧列強の脅威を背景にして、新しい日本を考えようとする若者たちの春秋の物語である。

二〇二四年（令和六）五月

稲富裕和

渡邊 昇 目次

目次

目　次

凡例

一、本書では元号を用い、西暦は括弧内に示した。太陽暦（新暦）に変わるまでは、太陰暦（旧暦）をそのまま用い、改元の場合は、その日まで旧元号を用いた。
一、改元された時は、新しい元号を改元日の月日から記載した。
一、引用史料は、読みやすいように原文を適宜変形し、場合によっては現代語に訳した。
一、年齢の表記は数え年齢を使用した。

第一章　近代日本の夜明け

事実は小説より奇なり

渡辺昇《わたなべのぼり》が残した『渡邊昇自伝』に従って、近代日本の夜明けを語ることとしよう。『渡邊昇自伝』自叙に曰く。

「我が国古来人の伝と称するもの多くは他人の手になる。故に其の実を失うもの甚だしとせす。予謂う、自己の事を知るは自己に若くはなし、何ぞ、他人の忠手を假《かり》らんと。曩《さ》きに欧州に遊び伯林（ベルリン）に在るや、我が軍医総監石黒忠悳《いしぐろただのり》君一書を示して曰く、是れ其の自伝なり。凡そ欧人は、必ず自ら伝を著して其の実歴を叙し、私事の細且洩さず。君維新前後経歴頗る富む。何ぞ自ら伝を記せさると。予其の風説に合するを奇とす。偶々帰朝に際し、船中聊無、乃ち筆を執り自伝を記すと云爾」

石黒忠悳

◇

わが国では、伝記と称するものの多くは他人の手によって書かれ、その為、事実とは異なることが書かれている。自分のことは自分がよく分かっており、なんで他人の手を借りる必要があろうか。先に欧州に渡り、ベルリンに滞在したとき、我が国の軍医総監である石黒君（忠悳）がある本を示して、これが自伝というものだ。欧州の人間は必ず自らその事績を細かく著し実歴を書き残している。渡辺君は維新前後の活躍、経歴は頗る富んだところがあり、なぜ自分で書かないのかと言う。自分はそのことに驚いたが、偶々、帰朝に際し、船中ではすることもなく、自伝を書くことにした。（筆者意訳）

◇

自伝は、明治二十年に会計検査院長として欧米の進んだ会計検査の方法を学ぶため各国を回り、明治二十一年の帰国時の船中で書かれたものである。その冒頭に「幼名を兵力と言う。性格は粗暴で、友達と遊んでも自分の意に沿わない時にはすぐに腕力に及ぶことがあった。衣服は破れ、頭髪は常に茫々としていた。母は憂いたが、父は意に介さなかった。そんな自分を祖父は愛してくれた。自分は頭が大きく、人は自分のことを道灌《どうかん》（太田道灌）あるいは頼朝と綽名《あだな》した。自分は、道灌にあらず頼朝にあらず、唯、牛若丸たらんのみと言い返した」と綴っている。牛若丸は源義経の幼名で、京の鞍馬山にこもり天狗から剣を学び修行をしたことは誰もが知っている逸話。その牛若丸に自分を例えた。ここから渡辺昇＝鞍馬天狗モデル説が生まれたという。

渡辺昇はすでに『日本剣客伝』（昭和二年　文芸春秋社）にも「渡邊昇　神道無念流」として所収されており、高名な剣客としてその名が広く知られていた。この本は菊池寛、本山荻舟の共著になっていて、主たる執筆者は本山荻舟だと書いた文献もあるが、「渡邊昇」については菊池寛の方ではないかと思っている。

私が『日本剣客伝』を最初に目にしたのは、東京国立にある日本最初の知的障害児施設の滝乃川学園の一室であった。ここには初代園長の石井亮一、妻の石井筆子の残した書籍や日記があるのだが、その中にかなり読み込まれた『日本剣客伝』が一冊あった。一冊とあえて言うのは、これが「小学生全集全八〇巻」のうちの一冊だからだ。「小学生全集」のその他の本はない。石井筆子は昇の兄清左衛門の長女で、昇が大変可愛がっていた姪である。筆子は明治初期に、日本で最も早くヨーロッパに留学した女性の一人で、帰国後、明治天皇の皇后のお付

山路愛山（彌吉）

大村純熙（大村市立歴史資料館蔵）

としてフランス語の通訳官をした（長島要一『明治の国際人・石井筆子』新評論 二〇一四）。英語、オランダ語にも堪能で、『灰掻女（シンデレラ）』、『赤頭巾の少女（赤ずきんちゃん）』の翻訳が学園に残されている。また外国の童話の紹介を通じて菊池寛と親交があったことも知られている。

滝乃川学園にある『日本剣客伝』は、菊池寛から石井筆子に献本されたものと考えるのが自然だろう。昇は筆子のよき理解者であり、大正二年に亡くなっているが、菊池自身も昇が筆子の叔父であることくらいは知っていよう。今一つは、大正九年に発刊された『臺山公《たいざんこう》事蹟《じせき》』（山路彌吉編纂）である。大村藩最後の藩主大村純熙《すみひろ》の事績を纏めたものだが、資料提供者として渡辺昇、渡辺清、楠本正隆、鈴田健五郎の名があげられている。昇の資料とは主に『渡邊昇自伝』であろう。自伝そのものは昇がノートに書いたものが現存するが、この他にも筆写版の『渡邊昇自伝』が複数存在する。

その一つは大村市立歴史資料館にあり、私の手元にあるのは昇の孫にあたる故渡辺兵力氏から託された別の筆写本である。恐らく『臺山公事蹟』編纂に際して資料として筆写されたものであろうと思われる。

『臺山公事蹟』は最後の藩主大村純熙公の事績を纏めたもので六百数十頁からなるものだが、その中心資料となっているのが『渡邊昇自伝』である。

自伝は昇がその記憶に基づき明治二十一年に書いたもので、時系列に関しては些か齟齬《そご》もある。そのことは事蹟の中でも指摘されており、事蹟編纂にあたっては時系列を幾分整理している。『臺山公事蹟』は、幕末明治期の藩の動きをまとめた書籍としては、長州の『防長回天史』と並び国内でも最も初期の資料である。事蹟が編まれるきっかけとなったのは、明治十五年に大村純熙公が薨去され、

末松謙澄

黒板勝美

田川大吉郎

佐土原藩から養子で迎えた純雄が大村家当主となった。その数年後、純雄が純熙公の事績を編纂するよう旧家臣に提案し、資料の採集が行われた。その編纂を依頼されたのが山路愛山（彌吉）である。ところが、山路愛山は新聞、雑誌などの論説寄稿で忙しく、十年が過ぎた頃、大村純雄氏は家職を通じて督促し、ようやく脱稿しかけたところで病を得て亡くなった。実は、愛山は明治三十年に『防長回天史』の編纂も依頼されており、同時期に『臺山公事蹟』の編纂・執筆に当たっていたことになる。『防長回天史』は、長州藩主・毛利家の史料をもとに明治三十年から三十二年まで編纂作業が進められたが、紆余曲折を経て、後を継いだ末松謙澄が明治四十四年から大正九年までに全巻を刊行した。

『臺山公事蹟』は、山路が亡くなったのち、大村藩出身で国史大系の編纂に着手したことで知られる東京帝国大学教授黒板勝美を中心として、東京市助役、衆議院議員を務めた田川大吉郎等の協力によって完成し、これも大正九年に刊行された。恐らく、池波正太郎等が基礎資料としたのは、『渡邊昇自伝』、『臺山公事蹟』であり『日本剣客伝』でもあったろう。

『臺山公事蹟』が出版されたのは大正九年二月二十八日の事で、編纂者山路彌吉、発行者は東京市麻布区市兵衛町一丁目十五番地、田川誠作となっている。それから間もなく、大佛次郎が大正十三年から『鞍馬天狗』を書き始める。その中に、自伝の中のエピソードを思わせる一節が度々登場する。

その一つが昇の語る「牛若丸たらん」の一節。『臺山公事蹟』や『日本剣客伝』には記載がなく、『渡邊昇自伝』の中の一節である。大佛次郎も『臺山公事蹟』『日本剣客伝』と共に、『渡邊昇自伝』も何らかの形で資料として読んだのではないか。そして鞍馬天狗の名称については、昇自伝の「牛若丸たらん」の一節から、作家のインスピレーションとして創作された可能性もあるのではないだろうか。だから、鞍馬天狗のモデルが渡辺昇だと言おうとしている訳ではない。小説『鞍馬天狗』には、近藤勇を中心に幕末に活躍した志士たちが多数出てくる。恐らく、渡辺昇もそれら群像の一人であって、小説は様々な人々のエピソードを交えながら始まり、天狗が覆面をかぶったその時、覆面の主は大佛次郎その人にすり替わったのではなかっただろうか。

高杉晋作

毛利敬親

桜田門外の変

さて、昇が江戸練兵館で剣術修行をしていた頃に起こった桜田門外の変、幕府大老井伊《いい》直弼《なおすけ》暗殺事件のことが自伝には生々しく記されている。その夜は雪になった。明け方、通りが妙に騒がしいので騒ぎの方角へ駆けつけると、雪上に「鮮血凛凛」。暗殺事件のあったその現場を見た。

襲ったのは御三家の一つ水戸藩脱藩浪士と薩摩藩脱藩浪士。幕府の最高権力者が江戸城本丸入り口ともいえる桜田門外で暗殺されるという大事件を目の当たりにした。時代が昇の眼前で大きく動き始めていた。

長州の高杉晋作とは練兵館の同門で無二の親友となり、やがて渡辺は藩命を帯びて長州藩、薩摩藩と大村藩の同盟を果たしていくことになる。そのことは『渡邊昇自伝』並びに最後の大村藩主大村純熙の伝記『臺山公事蹟』に詳しく記されている。山口市にある山口県文書館に幕末の長州藩主毛利敬親の伝記『忠正公勤

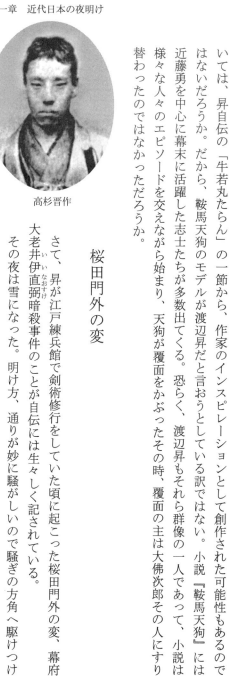

黒田山城（立花弾正）

黒田長溥

王事蹟（以下、忠正公伝と記載）』があり、「土佐藩との関係」の冒頭、その小見出しに「大村藩渡辺昇の活躍と長薩和解の成立」の文字が躍る。

長薩和解とは薩長同盟の事であるが、その同盟が成立する前に、大村藩は薩摩、長州とそれぞれ同盟を結んでいる。さらに言えば、薩長同盟より以前、大村藩は平戸藩、福岡藩と同盟を結んでいる。江戸幕府は大名同士の関係を警戒した。それが外様大名同士であれば殊更であった。従って、藩の要人同士が密かに会うということは危険なことでもあった。そんな中、大村藩の要人と福岡藩の家老黒田山城は、大村宿で密かに会い、これが両藩の最初の誼という。

特に第一次長州征伐では、福岡藩の中老加藤司書が「すでに長州藩は家老の首を差し出し幕府に恭順の意を示している。これ以上戦いが続けば、外国の介入を招く恐れがある」と意見を述べ、薩摩の西郷隆盛もこれ以上長州を責め立てることが、今の日本にとって混迷を極めることになることを知っていた。加藤司書が長州攻めを止めさせようとしたのは、無理に攻めれば長州藩士並びに農民、町人などの反感を呼び、彼らが一体となって幕府軍と戦をすれば、それは外国勢力の思うつぼとなることを肌身で知っていたからだ。福岡藩は九州の博多を抱える大藩で、江戸時代を通じて長崎警護が最も重要な任務であった。江戸時代後期にロシアからプチャーチンが来航し、日本との通商を求めた際も、長崎奉行と加藤司書が先頭に立って対応した。加藤司書ら福岡藩の主だった者達は外国の脅威と向き合い、それ故、幕府の外国に対する対応が弱腰に見えざるを得なかった。

また幕府に駆り出された周辺諸藩にしても、戦費が重なる事への不満もあったろう。ここで幕府は兵を引いた。加藤司書の意見は、長崎警護を佐賀藩との年番で行っている福岡藩ならではの現実的なものであった。当主の黒田長溥《ながひろ》は薩摩の島津家からの養子で、薩摩とは近しい関係にあったが、幕府側の意図も働いたのかもしれないが藩主が革新派を一掃する事件が起きる。『乙丑《いっちゅう》の変《へん》』と呼ばれるもので、中老加藤司書は切腹、月形洗蔵は斬首され、福岡藩勤王派は維新を前に瓦解した。因みに月形洗蔵は行友李風の創作劇の主人公『月形半平太』のモデルの一人で、土佐勤王党の武市半平太の名前の一部を取って名付けられた。「月様雨が」「春雨じゃ、濡れてゆこう」の名台詞と共に、これも坂本龍馬が時代の寵児となる前、一世を風靡した。

月形洗蔵

この事変に驚いた大村藩では使者を福岡に送り、穏便な措置を願い、福岡藩の重役から厳しいお咎めはあるまいと言われたので安心して帰藩した。ところが福岡藩では首謀者を切腹、斬首などの刑が執行された。そのため加藤司書ら福岡藩勤王派と誼を結んでいた大村藩は危機的状況に陥るのだが、むしろその危機感が長州、薩摩との関係を一気に進める切っ掛けともなって行く。

これまで流布され続けている薩長同盟ありきの維新の回天では、幕府、天皇、各藩の動き、その関係など国内問題が主になっているが、天領長崎を取り巻くように広がる僅か二万七千石の小藩である大村藩は、長崎市中警備の役目を通じて、長崎に集まっている西洋列強から発せられる近代化の情報に逸早く触れていく特殊な立場の中にあった。天領長崎ではペリー来航時の嘉永年間に、すでに四八の藩が蔵屋敷と称した藩邸、若しくは商家の一角を借りて活動していたが、安政の開国以降、福井、土佐、宇和島藩など全国の大藩が広大な蔵屋敷を置いた。その頃の長崎の海外貿易量は国内最大で、やがて横浜に貿易量でこそ越されるものの、通詞などの外国人との意思疎通など人材蓄積は長崎に遠く及ばなかった。江戸の徳川幕府からすれば長崎は天領といえども遠国である。

鉄砲などの新式武器もここから大量に入った。その舞台となった大浦の外国人居留地のことは歴史に詳しい人であれば、その名前くらいはご存じだろう。だがここが、安政の開国まで大村藩領であったことを知る人は多くない。欧米列強の動きと、日本の危機的状況は長崎から発せられていた。大村藩はまさに時代の渦中に在ったのである。幕末の日本には、三つの極が存在したと考える。一つは政権の中枢である江戸。もう一つが幕藩体制の中で封印され続け攘夷と共に復権を果たした京都の天皇権力。そして今一つが「近代化の極」とも言うべき天領長崎であった。この三つの極を中心として日本の幕末維新は回天していくのである。

作家井出孫六は、近世の始まりとその終わりについて、含蓄のある言葉を残している。「近世初頭、徳川幕府は三つの要素を幕藩体制という壁の中に塗り込んだ。その一つは、関ヶ原の戦いで西軍方(豊臣方)に就き、今なお強大な勢力を有する中国の毛利家と九州薩摩の島津家である。その力を牽制するため、豊前から豊後に掛けての九州の入り口に譜代大名小笠原家を抑えとして置き、また福岡の黒田家や熊本の細川家など敵対する大名を配置した。第二がキリスト教とそれに繋がる外国勢力を日本から排除すること。これが所謂鎖国政策である。第三が京都の天皇権力を封印し、それに近づこうとする大名勢力を遠ざけた」と述べた。「関ケ原以来の恨み」という言葉を、大名家に繋がる家の御当主から聞いたことがある。幕末とは、幕府権力の衰退と共にその壁がほころび、長州、薩摩の力が復権する時代であった。幕藩体制の軋みと共に、幕府に対する長年の怨念も噴き出すのである。さらに西欧列強の接近と共に、長崎では「浦上一番崩れ」以降、潜伏キリシタンの活動が次第に活発化し、表に出ようとする動きが始まる。そして京都の天皇権威の復活。最初は「攘夷」だった。それが時代の流れと共に、幕府権力に対抗する為に天皇の権威と結びつき、「尊王攘夷運動」に繋がっていく。まさに、江戸初期に幕府が大小の諸藩を幕藩体制の中に閉じ込めた封印が溶けだしたのである。

時代は井伊直弼による「開国」によって反発する力を得た「攘夷思想」と、桜田門外での大老井伊直弼暗殺事件による幕府権力の失墜によって、幕末という近代初頭の混沌の時代を作り出していく。『渡邊昇自伝』は、時代の幕開けと混沌、それに呼応するかのように活動する各藩の尊王攘夷活動家、将に混沌の中を疾風のように駆け巡る若き活動家たちと諸藩の動きを活写する。

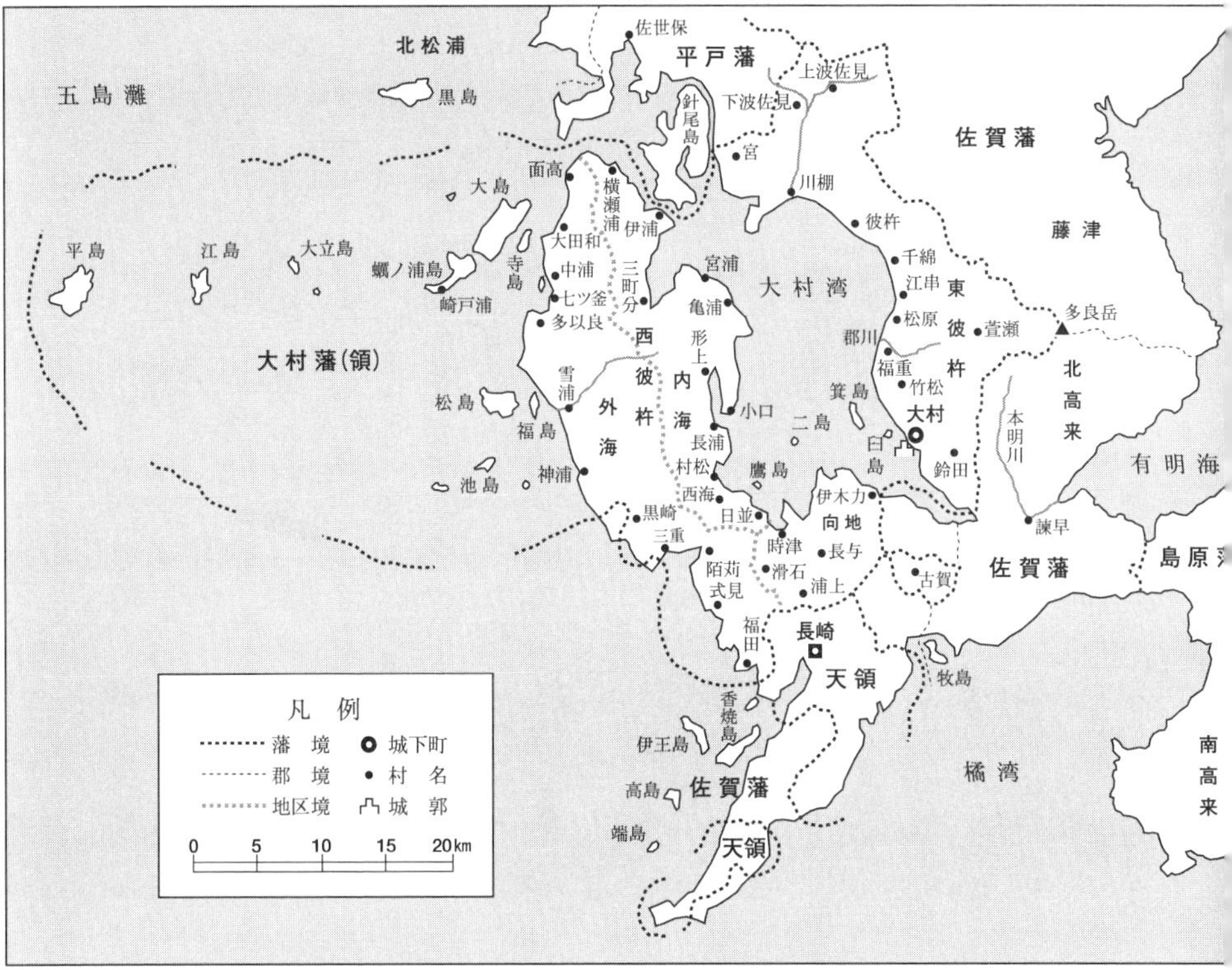

大村領・大村藩の藩領地図『大村の歴史』(大村市教育委員会刊行)を参考にして作成。

長崎と大村藩

さて、昇の物語をするためには、大村藩が経て来た時代を少々遡らなければならない。昇の世にも類まれなる活躍は、戦国時代末期の大村藩が辿った歴史と無縁ではないからだ。

もう少し言うならば、長州にせよ薩摩にせよ、関ヶ原の怨念は忘れ去られていた訳ではない。否、むしろその歴史は綿々と藩士たちの中に受け継がれている。これが維新の原動力の一つになっていると言うのも皮肉なことである。ここで歴史研究者として言うならば、渡辺昇を単なる個人としてのみ捉えたくはない。大村藩士の一人渡辺昇として捉える必要がある。

従って、この物語の発端はさらに半世紀前、ロシアのラクスマンが日本との通商を求め、大黒屋光太夫らの漂流民返還のため根室にやって来た一七九〇年代以降、ロシア全権大使レザノフの来航、イギリス軍艦フェートン号長崎港侵入事件までの長崎そして大村藩にまで遡らなければならない。いや、もっと古く、大村領長崎が南蛮貿易港として開港する大村純忠の時代まで遡る必要があるだろう。

長崎開港と南蛮貿易

天文三年（一五四三）、種子島に漂着したジャンク（唐船）に乗っていた異形の者たち。船には五峯と名乗る大明儒生（明国の知識人）が乗っており、砂上で筆談を交わした。五峯の語るところによれば異形の者たちの素性は西南蛮種の胡《えびす》であるという。これが薩摩の南浦文之著すところの『鉄炮記』の記述の一節である。南蛮と言う言葉は、中国では中華思想の元で、域外の南方の人々を指す蔑称の一つで、日本は東夷《とうい》と呼ばれ、北の異民族は北狄《ほくてき》と呼ばれた。

後年、日本人は南ヨーロッパの人々を「南蛮人」と呼ぶ言葉がここから生まれだすのだが、これが日本の記録に現れる最初のポルトガル人である。彼らから「鉄砲」の製造方法が伝わり、鉄砲は瞬く間に戦国時代の日本に広まり、織田信長をして日本統一に向かわせるきっかけとなった。

その六年後には、イエズス会宣教師フランシスコ・ザビエルが鹿児島に上陸してキリスト教が伝えられた。最初の南蛮貿易港は天文十九年（一五五〇）に肥前平戸（長崎県）であった。だが商売上の諍いが起こり南蛮船は平戸を離れた。その南蛮船誘致に成功するのが隣接する大村領主の大村純忠である。その頃、大村家を就封したばかりの純忠は、その領域も狭く、領内に多くの敵を抱え持った。そもそも純忠は大村家に生まれた男子ではなく、島原半島を中心に強大な勢力を誇った有馬晴純の次男として生まれ、戦国の習い、弱肉強食の世界で養子として大村家に入った。

大村家には庶子ながら男子があったが、やがて純忠が大村家を就封すると、男子は武雄の後藤家（佐賀県武雄）

に養子として出された。これが後の後藤貴明《たかあきら》である。大村領で最初の南蛮貿易港となった横瀬浦（現西海市）は一五六二年に開港し、キリスト教の教会が出来て九州各地の商人たちで賑わった。長崎で良く知られる「丸山」「思案橋」と言う地名は、横瀬浦が最初で今も現地にその地名が存在する。

純忠はここでキリスト教の洗礼を受け、日本最初のキリシタン大名となるのだが、港は後藤貴明等の襲撃を受け開港の翌年灰燼に帰した。南蛮船一隻の積み荷の額は、小大名の一年分の年貢の額にも匹敵すると言われる。南蛮貿易の利を狙って純忠が襲われたと言っても良いだろう。

純忠は命からがら逃げ延びる。襲撃には純忠の大村家就封を良しとしない大村家側家臣も加わった。純忠を取り巻く環境は実に複雑で厳しいものであった。

その後一五六五年に長崎に近い大村領福田を南蛮貿易港として開港したが、またしても平戸松浦勢の襲撃を受けた。福田は西風をまともに受ける湾の地形故、良港とは言えず港は有馬領口之津に移る。

その後、長崎港が南蛮貿易港として開港するのは元亀元年（一五七〇）。翌二年（一五七一）に最初の南蛮船が来航した。

長崎開港にあたっては、領主大村純忠とイエズス会の間で開港協定が結ばれた。今、その内容がいかなるものであったのか伝わっていないが、その他の港では開港協定なるものは存在せず、イエズス会並びにポルトガル側からすれば特別のものであった。

南蛮貿易あるいは南蛮貿易港と言うとポルトガルだけとの交易港と思われる向きがあるが、実際には「唐船」と呼ばれた中国を中心とする東南アジアの各国々の船の方がはるかに多く、その全体を南蛮貿易と言っている。港がたびたび変わったのは、敵対する勢力もさることながら、ポルトガル側の事情あるいは意図もあったと思われる。南蛮交渉史の泰斗である松田毅一博士によれば、ポルトガルはイベリア半島の西端の小さな国で、世界に乗り出すための国力を維持する人口が少なく、それ故、貿易拠点あるいは植民地化を目的とした港は、敵の襲撃から身を守れるよう、小島か岬の突端が選地された。

時は戦国時代の後半の事。博多や瀬戸内、畿内に行くためには平戸領海を通らねばならず、戦国時代であるから危険の方が大きい。地理的に日本の西端の長崎地方が安全であった。従って、領主大村純忠が長崎を開港したとか、純忠の配下の長崎甚左衛門が長崎を開港したと郷土史家の多くは言うが、それは間違いとは言えないものの、むしろポルトガル人側から言わせれば、長崎港に突き出す長い岬は居留地とするには最も安全な港だったのである。筆者も、松田毅一博士の書物に触発され、ポルトガルの交易拠点であるマラッカ、マカオに行った事があるが、マラッカは岬の突端、マカオは大陸に近い小島。ここにポルトガル人は要塞を築き、植民地とした。

ポルトガル人とそれを先導するイエズス会士にとって、長崎は深い入り江に囲まれて暴風や高波にさらされる危険も少なく、また周りには人家も少ない。海に突き出した岬の突端は、彼らが求める居留地として最高の場所であった。

三城城跡　ＪＲ大村駅北面の富松神社周辺の丘が城跡

彼らは岬の先端に教会を造り、そこから町を造った。旧長崎県庁跡地がそれである。その後、岬には数条の堀が掘られ、岬は要塞化していく。長崎港の立地はポルトガル人達にとって殊更によく、その一方、大村純忠は最初の南蛮船到来の翌年、生涯で最大の危機を迎えることになる。

元亀三年（一五七二）に起きた「三城七騎籠り」と呼ばれるもので、純忠が居城の三城城（大村市内ＪＲ大村裏）にいた時、突如として後藤貴明の武雄勢、平戸松浦勢、諫早勢の大軍およそ千五百名に城を取り巻かれた。

その時、城内にいたものは、主だった家臣七騎とその家臣たち。その数は圧倒的に少なく、純忠は自らの最後を悟り、謡曲「二人静」を舞い武将らしく切腹して果てる覚悟をした。

大村市歴史資料館に、近年大村家から寄贈された大村藩十一代藩主大村純顕が書いた「大村家秘録」なるものがある。藩主から次の藩主にのみ伝えられる秘録で、その中に三城七騎籠りのことが記されている。死を覚悟した純忠に、そこに控えていた「南蛮僧コラヲ」から、キリシタンは決して自ら命を絶ってはなりませんとの強い箴言を受けて純忠は思いとどまり、武将らしく立派に戦って死ぬ決意をしたその時、味方の援軍が到着し敵を破ったとある。(『大村家秘録』)

南蛮僧コラヲとは何者か、今は亡き日本二十六聖人記念館館長の結城了悟（スペイン人で本名パチェコ・ディエゴ）師によれば、それはニコラオのことだと指摘。長い年月のうちに、正確さを欠いていることこそ、大村藩主の中に脈々とキリシタン時代のことが受け継がれている思いがする。

そして城に籠った武士団の一人こそ、渡辺昇の先祖にあたる渡辺伝弥九であった。

敵が三城城を取り囲むまで、家臣の武士団は敵の来襲が分からなかったのか。分からないはずはなかろう。しかし、急報しなかった背景に、有馬家から来て大村家を就封した純忠に対する不信、一方大村家の庶子でありながら武雄の後藤家に養子で出された貴明への忠誠と同情。あるいは宣教師たちの言動に対する不信。領内に不穏な動きがあったとしても不思議ではない。

これより以前、宣教師たちはキリシタンとなった純忠に度々、神社仏閣を破壊し、仏教神道を領内からなくすよう箴言し続けたのだが、それが実行されるのはさらにその二年後の一五七四年。この時、領内の神社仏閣はすべて破壊若しくは宣教師の宿舎に転用され、従わぬものは領外追放。逃げ遅れた僧侶の中には惨殺され、その遺骸が雪隠に投げ込まれたものもあった。

最初の宗教弾圧は外国宣教師に扇動されたキリスト教徒側から起こされた。

そもそもキリスト教は一神教であるが、イベリア半島に暮らす当時のポルトガル人、スペイン人達は、数世紀の長きに亘ってイスラム教徒のアラブ人の支配を受け、圧迫され続けてきた。レコンキスタと呼ばれる失地回復運動によってアラブ人をイベリア半島から追い落とした時、キリストこそ彼らの唯一絶対の神であった。強烈なキリスト教原理主義に基づいた戦いと言った方が分かりやすいだろう。私たちが考えるヨーロッパのキリスト教あるいはカトリックにしても実は一枚岩ではない。まして五百年も前となると現在とは比較にならない程、宗教が世の中の価値観の中心にあった。イベリア半島の人々にとってのこの時のキリスト教は、民族解放という強烈な体験に基づき、キリスト教とその布教こそが、自分たちも含め、世界を救うことになると信じた。

特に宣教師たちは自らの死をも覚悟して「四隻出て、二隻たどり着ければ僥倖」と言われたほどの過酷な船旅を、万里の波濤を超えて遥か東洋の果てまでやってきた。彼らがそう考えたとしても理解できよう。当時の日本人、そして大村領民にとっては全く理解できないことであったが、三城七騎籠りでキリスト教の教えに従って戦い、そして勝ったという事実こそが、純忠並びに大村家臣団の中心的武将をして大村領の者たちが深くキリスト教に帰依していく切っ掛けとなった。

後年、幕末に天領長崎で潜伏キリシタンがその姿を現して明治二年に断罪されたとき、それを中心で指揮し、彼らを全国流配としたのが渡辺昇であった。だが、そこには、天草島原の乱を経験し、外国勢力と組もうとした一揆勢の怖さを知っていた大村藩人ならではの背景もあったのだが、この話はまた後程の事としよう。

その後一五八二年に、純忠は領地の茂木・長崎をイエズス会に寄進した。ローマのイエズス会本部にその寄進状が現存する。その記述は「茂木・長崎」であって、これまで多くの研究者が「長崎・茂木」の寄進と言っていたものとは違う。

今とは違い、戦前戦後から昭和六〇年代頃まではローマカトリック世界も閉ざされていたこともあって、日本の研究者が行ってもなかなか見せてはもらえない状況があったので致し方ないが、茂木が重要なのは、茂木からすぐ前面に見える島原半島、実は天草も近くに見える。実に近いのである。

キリシタン大名である有馬晴信の領地島原半島を経由し、さらに波静かな有明海を渡り、熊本の菊池川河口の

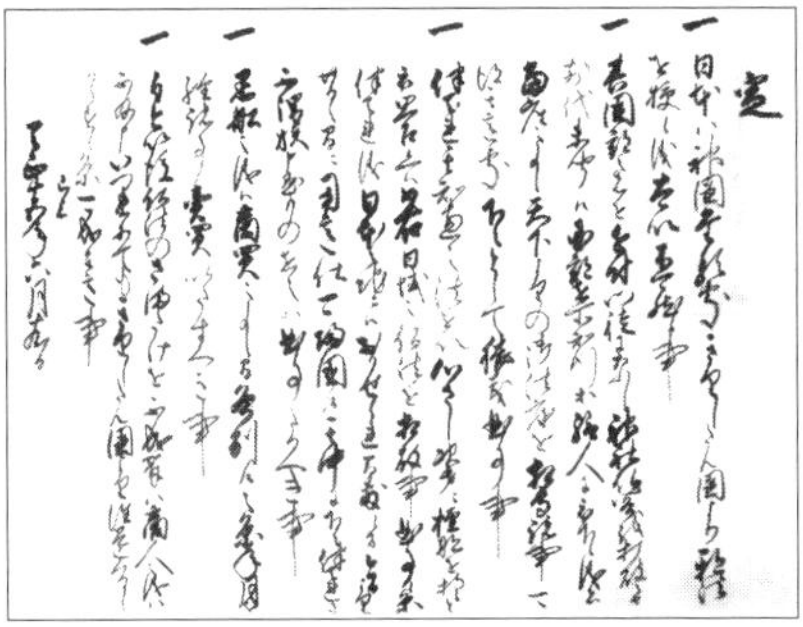
伴天連追放令「定」(松浦史料博物館蔵)

高瀬に到着。そこから阿蘇外輪山の北側を通る古道があり、最大のキリシタン大名大友宗麟がいる豊後府内に最短コースで到着できる。上智大学の川村信三教授はこれを「キリシタンベルト」と呼んだ。こうした理由で、茂木は重要な交通の要衝であった。長崎と茂木は歩いても近い。その道中には、砂糖をたっぷり使った老舗菓子屋が古くから存在するし、茂木には薩摩屋、島原屋などの屋号を持った古くからの店が今もある。

さて、九州の島津を討伐するため九州に大軍を進めた豊臣秀吉は博多に対陣中、キリスト教日本副管区長ガスパール・コエリョはフスタ船と呼ばれる小型の戦闘艦を建造して大砲を積み込み、博多に秀吉を訪問した。ポルトガルの軍事力を見せつける意図があったともいわれるが、秀吉はポルトガル人が日本人を奴隷として海外に売っている事を知る。それは止めよ、自分が買い戻そうと言ったと伝えられる。

更に、佐賀の僧侶から「大村領ではキリシタンによって仏教徒や神徒が迫害され、神社仏閣が破壊されている」という訴えを聞き、これらが秀吉をして外国人宣教師たちに対する不信感が一気に広がり、「伴天連追放令」を発布して長崎を天領として収公した。これが後の徳川政権にも受け継がれ、長崎が再び大村領に戻ることはなかった。大村藩側から見れば、多額の利益をもたらす南蛮貿易港長崎も、そこで活動をして多くの利益を得て来た商人など長崎人にとっては、むしろ天領となって安全が保障される方がはるかに良かったのではないだろうか。

キリスト教の禁教と弾圧

江戸時代になって、長崎は南蛮貿易港として発展し続けるのだが、寛永十四年（一六三七）年に起きた『天草

マニラ（サンアグスティン教会）

マカオ（セントポール天主堂）

島原の乱』で幕府は一揆勢の力に震撼することとなる。ここにも蓄積され続けた歴史の因果が存在する。

慶長十九年（一六一四）の大坂冬の陣、翌年の大坂夏の陣の戦いで豊臣家は滅亡し、敗れた豊臣方の遺臣たちは禄を奪われ天下に充満した。徳川幕府は、豊臣恩顧の大名を中心に改易政策を進める。加藤清正、福島正則などの大大名にも様々な理由を付けて改易、転封を行って領地没収や領地の配置転換を積極的に進め、幕府の力を増そうとした。さらに、大坂方に加担した宣教師たちがいたためスペインとの断交を行う。

スペインとの断交は、キリスト教の禁制と深く関わっているが、ではポルトガルとの交易断行は何故しなかったのか。貿易量の違いとする考えもあるが、マカオとマニラの現地の状態を知ればその理由も透けて見えてくる。ポルトガルの拠点マカオは小さな小島で、丘の上の城も決して大きなものではない。

一方スペイン領マニラには「イントラムロス」と呼ばれる高く巨大な壁で囲まれた都市が築かれた。直訳すれば「壁の内側」というイントラムロスの中には、キリスト教の大聖堂や多くの教会、修道院、大学などの施設が立ち並び、城壁の上には今なお数多くの大砲が並んでいる。

現地を訪ねたことがあるが、小型のタクシーで中を回ったことを覚えている。

中国人町や日本人町はここと は別の所にあり、全体としてみるならばマカオの比ではない。当然のこととして多くの日本人が往来し、あるいは住み着き、かの地の情報を秀吉や徳川政権は知っていた。今日、私たちの多くは政治と宗教は別のものと考えるが、宗教と政治が切り離された歴史はごく最近と言って良い。世界を見渡せば、宗教と政治が一体の国々は今なお多い。

幕府が恐れたのは、スペイン側にも日本における軍事行動を主張する宣教師たちがいたこと。そしてこれに呼応するような日本側の行き場を無くした多くの武士たちがいたことが、初期徳川政権の危機に繋がると見た方が現実的であろう。幕府は朱印状を与えて行われていた朱印船貿易も一六三五年に禁止し、海外渡航していた日本人も日本への帰国を禁止する。こうした一連の方針が、天下不穏の状況に拍車を掛けていく原因の一つともなっていく。

天草は、かつて天草五人衆と言われる強大な力を持つ在地豪族が支配し、その力の源となる生産基盤は、農業生産と言うより海外交易で栄えた土地柄であった。当時の島原半島を治めたのは松倉氏で、農民から過酷な取り立てを行い、それが一揆勃発の原因であると言われる。確かに、それは原因の一つではあるのだが、一揆に加担していくのは島原半島の南側。現地では南目と言うのだが、北目の百姓は参加していない。地政学的に見れば、北目は水が豊かで水田が広がる。一方南目は雲仙火砕流の為、表面を流れる水流が乏しく畑作地帯が大半を占める。さらに松倉氏は幕府の政策に追いつめられることとなる。

原城跡の石垣

初期徳川幕府の方針は、敵対した大名の廃絶だけにとどまらず、キリスト教禁教を行い、さらには貿易の一元化のため朱印船貿易を行っていくが、これも廃止の方向に動いて行く。外様大名の統制と貿易縮小で海外との交易が禁止されたことにより、主を失った武士たち、さらには行き場を無くした海人集団と大商人の資本、そして神を捨てることのできない人々。これらを集約して発生したのが「天草島原の乱」であり、天草で敗れた者たちは島原に渡って廃城となっていた原城に立て籠った。

一揆勢は武士や百姓（百姓は農民ばかりではなく、商人や工人また海民も含んでいる）キリスト教信徒を糾合し、その数はたちまち三万人を超えた。一揆勢は強力な武士団を抱えており、多くの鉄砲弾薬も備えていた。江戸時代に起きたいわゆる百姓一揆とは性格が違う。それ故、幕府軍は初戦で苦戦し、指揮官も討ち死にするなど幕府側を震撼させた。

大坂の陣が終わって二十数年が経ち、戦いの経験がない者たちが増えていた。体勢を立て直した幕府軍は十万を超える兵力を九州の諸大名を中心に動員し、さらにオランダ商館長に協力を仰ぎ、海から城に向けて砲撃を行った。

これは、カトリック国であるマニラのスペイン、マカオのポルトガル勢力の援軍を期待する籠城軍に対し、援軍は来ないぞという心理戦の一端と見たい。一説では、三万七千人と言われる一揆軍は、一人を除いてすべて惨殺されたと言う。戦国期に起きた最大級の宗教一揆の一つとも言われるが、織田信長が対峙した一向宗が起こした伊勢長嶋の戦いでも、二万を超える者たちが惨殺されている。

戦国期、多くの大名たちは一向宗などの一揆勢に震撼し、信長は石山本願寺の一向宗と長年に亘って戦闘を繰り広げた。宗教の持つ頑なさと怖さを幕府は天草、島原でも体験したことになる。ここにスペイン、ポルトガルの外国勢力が係わるとなれば、不満を持つ勢力や大名などを巻き込んで、再び日本国内に戦乱が巻き起こる。「愛の宗教」だけでは語ることのできない世界がそこにあった。これをキリシタン一揆だと簡単に片付ける訳にはいかないのだ。戦国時代からの脱却を志向する徳川幕府にとって、避けて通ることのできない戦いであった。

乱終息の一年半後、幕府はポルトガルとの断交を決意、オランダ、唐人のみとの交易を長崎で行い、ポルトガル人との交易のために造られた出島に、平戸オランダ商館を移した。

天草島原の乱は、大村藩の存続にも重大な危機となって迫る。キリシタン大名であった土地柄故に、幕閣は大村藩にキリシタン嫌疑をかける。再びキリシタン問題で火が付くようなことになれば天下が乱れる。大村家家老大村彦右衛門は幕閣に呼び出され詰問を受ける。彦右衛門は純忠、喜前、純頼、純信の四代の藩主に仕えた名家老として知られる人物。その彦右衛門は詰問に対して次のように答えた。

「幕府からキリシタン嫌疑を掛けられるのは尤もなことである。しかし、大村領内のキリシタンに今乱を起こすほどの力はない。何故そう言い切れるかと言えば、実は自分もかってはキリシタンであったからです」と（「彦右衛門文書」）。

たかだか二万七千石の小藩を取り潰すなどと言うことは幕府にはたやすいこと。しかしそれをすれば、大村藩の武士と領民は行き場を無くし、再び遠国での乱となる懸念が幕府にあったとしてもおかしくはない。それを見て取ったかどうかは別としても、幕府に対して包み隠さず述べた態度は立派としか言いようがない。

大村藩は、藩主の世継ぎ問題などで度々苦境に立たされたが、幕府に忠誠を誓うことで難局を乗り越えた。

巨大な大村家墓碑群

天草島原の乱前後から、長崎奉行が制度化すると、奉行が赴任する時の道が整備された。

小倉から長崎まで。これが長崎街道である。長崎奉行は代々、大身ではない千石クラスの上級旗本がその任に就くことが踏襲された。しかしながら、長崎奉行は幕府の遠国奉行の中では首座に位置し、海外交易、海外情報の取得を中心として長崎の防備に努めた。

江戸時代には日本各地に唐船や朝鮮の船が事故によって漂着したが、船並びに船員はすべて長崎奉行所に送られ、そこから本国に返す手続きが取られた。そうした意味で、長崎奉行所は幕府の対外交渉の最前線を担ったことになる。

その前面の海中を埋め立て、出島と言われる土地を新たに造成した。

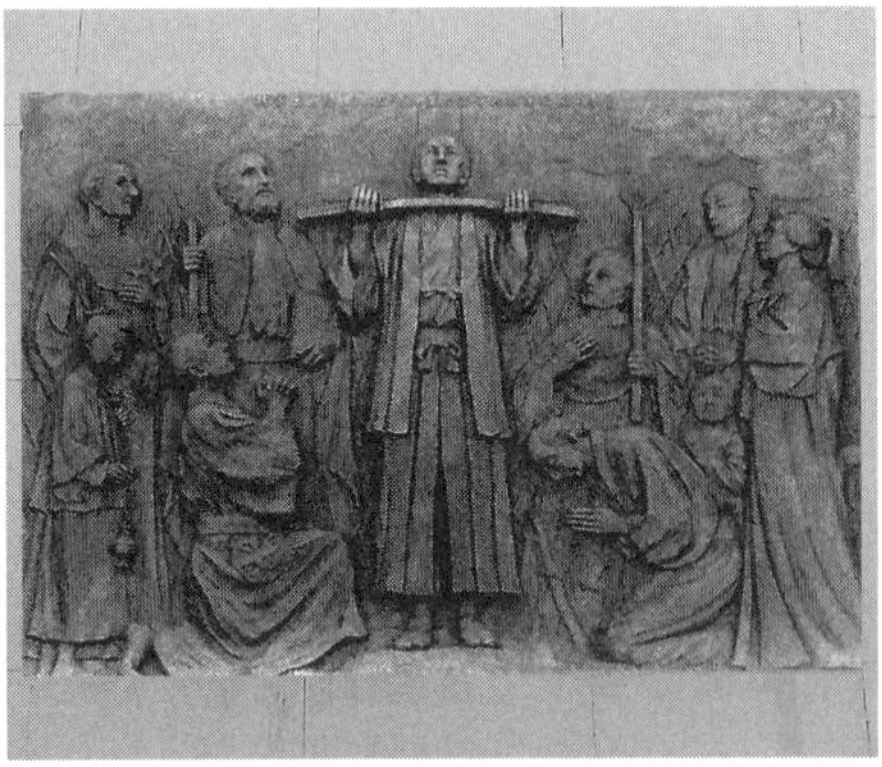

放虎原斬罪所の碑

円融寺の庭園

長崎奉行所跡地には明治になり長崎府が置かれ、その後長崎県庁となるのだが、実際現地に立つと、まさにその前面に出島があるわけで、この構図は古代の大宰府と、外国人接待所として機能した鴻臚館の関係と瓜二つである。

その時、大村藩では藩主の菩提寺である日蓮宗本経寺の傍に、長崎街道をわざわざ曲げるようにして通し、天草島原の乱以降の藩主並びに奥方たちの墓を、街道から見ることが出来るよう、高く巨大化させた。

そもそも、藩主の墓地は聖地であり、一般の目にさらされることはない。それをあえて見せることにより、幕府に対して深く仏教に帰依している姿と忠誠を誓う姿を見せた。

さらに、三代将軍家光が亡くなると、その位牌を祭るという目的で幕府の裁可を仰ぎ、長崎街道沿いに円融寺と言う天台宗の寺院を建立した。その隣には、大村家が藤原姓を名乗っていることから、藤原一族が祀る奈良県春日大社から分霊を受けた春日神社があり、街道を見事に宣伝に使ったのである。

郡崩《こおりくず》れと幕府の政策

その大村藩で大事件が起こる。キリシタン弾圧史上まれにみる事件となった明暦三年（一六五七）の「郡崩れ」である。

首塚

胴塚

獄門所跡

郡《こおり》とは大村扇状地の北部を流れる大村地方最大の郡川の流域一帯を指す地名で、大村地方最大の穀倉地帯である。大村の百姓が長崎に行ったとき、ふと漏らした不思議な力を持って邪教を伝える少年のことが、長崎奉行の知るところとなり、六〇八人が検挙され、その内の四〇六人が近隣の諸藩に振り分けられ斬首されるという大事件となった。

斬首された首は長崎街道沿いにさらされ、死体がキリシタンの邪法によって蘇らないよう、首と胴を長崎街道沿いで別々の場所に埋めた。「首塚」「胴塚」がそれである。

衆目にさらすことによって、キリスト教の信仰を厳しく取り締まり、その様子をこの道を通る長崎奉行一行また長崎に向かう旅人の目にさらすことで、大村藩のキリシタン取り締まり政策を見せようとする策であった。

その時、藩主純長は参勤交代で江戸にあった。その純長はこの事件の後、さしたる責めは負っていない。前藩主純信に子供がないまま若くして亡くなったため、幕府の周旋により、甲斐の国に所領を持つ譜代大名で伊丹勝長の息子が養子として大村家に迎えられ大村藩を襲封したのが純長である。大村藩にとっては、藩存続の上で願ってもないことであった。

歴史家としての視点からは、ここに何か腑に落ちないものがある。というより疑念が沸いてくるのだ。これは単なるキリシタン問題なのか、それとも別に意図が隠されているのか。

同様の事件は、万治三年（一六六〇）から寛文九年（一六六九）に掛けて豊後地方で起きている。豊後崩れと言われるもので、この捕縛も長崎奉行の命で実施されている。

更に、寛文元年（一六六一）から寛文九年にかけて起こった濃尾崩れは、尾張徳川家のおひざ元で起き、千人を超えるキリシタンが処刑された。

少し時間を巻き戻してみると、慶安四年（一六五一）には幕府転覆を狙ったとされる由比正雪らの乱が発生。そこには紀州藩主・徳川頼宣の加担が疑われた。

承応三年（一六五四）隠元《いんげん》禅師が長崎に来航。中国でも最高の僧位にあるものがなぜ来航したのか。実は中国大陸も「明清交代」とよばれる、漢民族が打ち立てた『明』と、北方の女真族が打ち立てた『清』との抗争が続いていた。隠元も動乱から逃れて来日した。そんな中で、一六六二年には清国に対して抵抗していた首魁の鄭成功が死去する。因みに鄭成功の母親は平戸生まれの日本人である。

明朝は清の圧迫に耐え兼ね幾度も幕府に支援を求めた。これに呼応しようとする考えも徳川御三家の中にあったという。結局、幕府は支援を行わなかったのであるが、外国への支援、それも軍事を伴うとすれば、固まりかけた国内情勢が再び流動化する恐れを感じたとしても不思議ではあるまい。

キリシタンの取り締まり強化は、まさにこうした状況の中で行われているのである。御三家に対して、面と向かってではなく、国内に残るいくつかの不安要因を取り除くという名目を得ながら、御三家に対しても包囲していく多面的手法で、幕藩体制に傷を付けぬよう巧妙に事を進めていく実に抜け目のない姿を垣間見せてくれるのだ。幕府にせよ、大村藩にせよ、生き残りをかけた政治闘争が火花を散らす。これが江戸前期の日本の姿ではなかっただろうか。

この後、国内は次第に安定を迎えることになる。

元禄十五年十二月十四日（一七〇三）大石内蔵助ら旧赤穂藩四十七士の吉良邸討ち入りは、幕府の裁定に不満を抱く江戸の庶民に喝さいを受けるが、このあたりから平和な時代が長く続いて行くことになるのだが、江戸後期の一七九〇年代に入ると、俄かに日本に危機が迫ってくる。

浦上崩れと外国勢力の再接近

寛政二年（一七九〇）天領浦上村でキリシタン発覚事件が起きる。これは庄屋が自分の方針に反対するものをキリシタンとして長崎奉行所に告発したものであったが、嫌疑不十分な上、その庄屋の不正が発覚したことにより、捕まった者たちは数年間牢に入れられた後、放免された事件であった。

だが潜伏してキリスト教を奉じる者たちは天領浦上地区には多くいた。当時は明確にキリスト教、キリシタンとは言わず異宗と言った。長崎奉行は検挙した彼らが、異教徒の疑いを持っていたかもしれない。それが数年牢に閉じ込めた理由ではなかっただろうか。

だが、キリシタンと言ってしまえば彼らを処刑せねばならず、同時に長崎奉行がそれまで築き上げてきた権威は地に落ちてしまう。知っていたのか、知らなかったのかと言えば「知っていた」。

このことは、後で昇の口から言わせることにしよう。これが「浦上一番崩れ」と言われるもので、幕末に大問題となる「浦上四番崩れ」の発端ともなる事件であった。

その二年後、ロシアから女王エカチェリーナ二世の命を受けたラクスマンが、大黒屋光太夫らの漂流民返還を兼ねて根室に来航。その時の幕府老中は松平定信。ラクスマンらに丁寧に対応させ、通商を望むならば長崎に廻航させることを指示し、国交樹立の約束をした。ラクスマンは一旦帰国し報告したが、エカチェリーナ二世の薨去に伴い、ここで交渉が進むことはなかった。

幕府は、大黒屋光太夫らからロシアの南下政策の意図を聞き出した。これが、その後の幕府の「ロシアの脅威」に対する方針にも反映されていくこととなる。

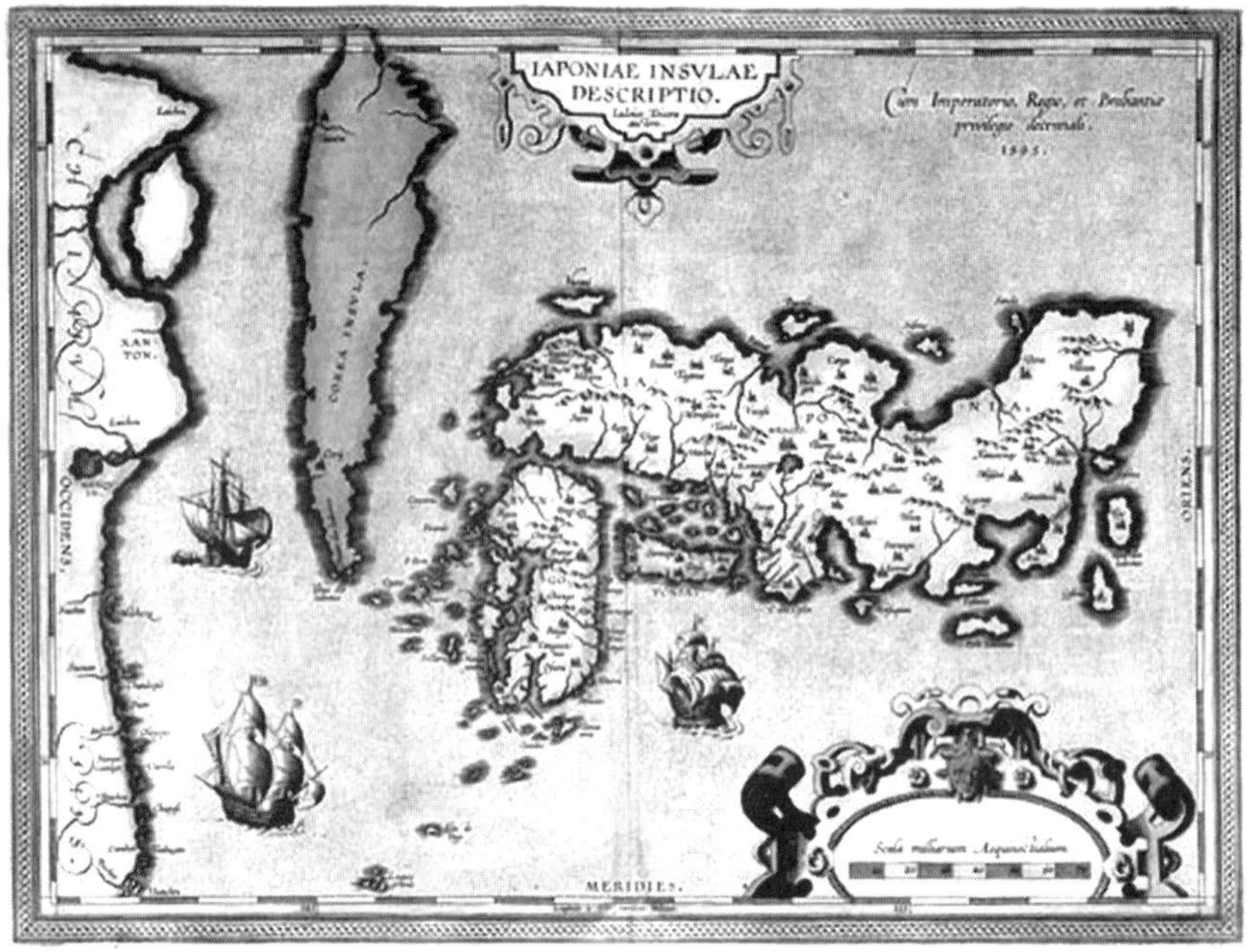

テイセラの日本地図

その具体的な行動の一つが、伊能忠敬らによる日本地図作成である。この地図作りは、当時蝦夷と呼ばれた北海道及び樺太、千島列島から始まっている。それまでの蝦夷地は、一体どこまでが日本なのか判然とはしていない。

現在の私たちは、地図上でここまでが日本という概念を持っているが、当時は地図すらなく幕府にも国土としての概念はない。しかしラクスマンの来航と大黒屋光太夫らからの聞き取りにより、ロシアに南下の意図を知るところとなり、俄かに国境の概念を明確にすることを迫られるところとなる。それが、間宮林蔵らによる樺太探検にも繋がるのだが、伊能忠敬らの地図作りが蝦夷地から始まったということにまず注目されなければならない。

蝦夷地は元からアイヌ民族の土地であって、江戸初期頃までは、蝦夷地は日本国であると言う概念はない。そのことは、当時のポルトガル人やオランダ人たちによって作成された日本地図の中に蝦夷が描かれていないことで理解できよう。ところが、ラクスマンの来航により、それまで境界のはっきりしないマージナルな土地であった蝦夷地に、俄かに緊張が走る。当時のアイヌ民族は部族社会であって国家ではない。そこにロシアと言う国家が近づいて来たのである。これが鎖国政策を行ってきた幕府にとって、重大な危機となって迫ってきたのだ。

伊能らの地図作りは寛政十二年（一八〇〇）から始まったが、その四年後の文化元年（一八〇四）、再びロシアからロシア皇帝アレクサンドル一世の親書を携え、正式な使節としてレザノフがナジューージタ号に乗って長崎に来航した。すでに、松平定信との間に国交樹立の約束が交わされていたが、レザノフはこの履行を求めるため長崎を訪れたのである。

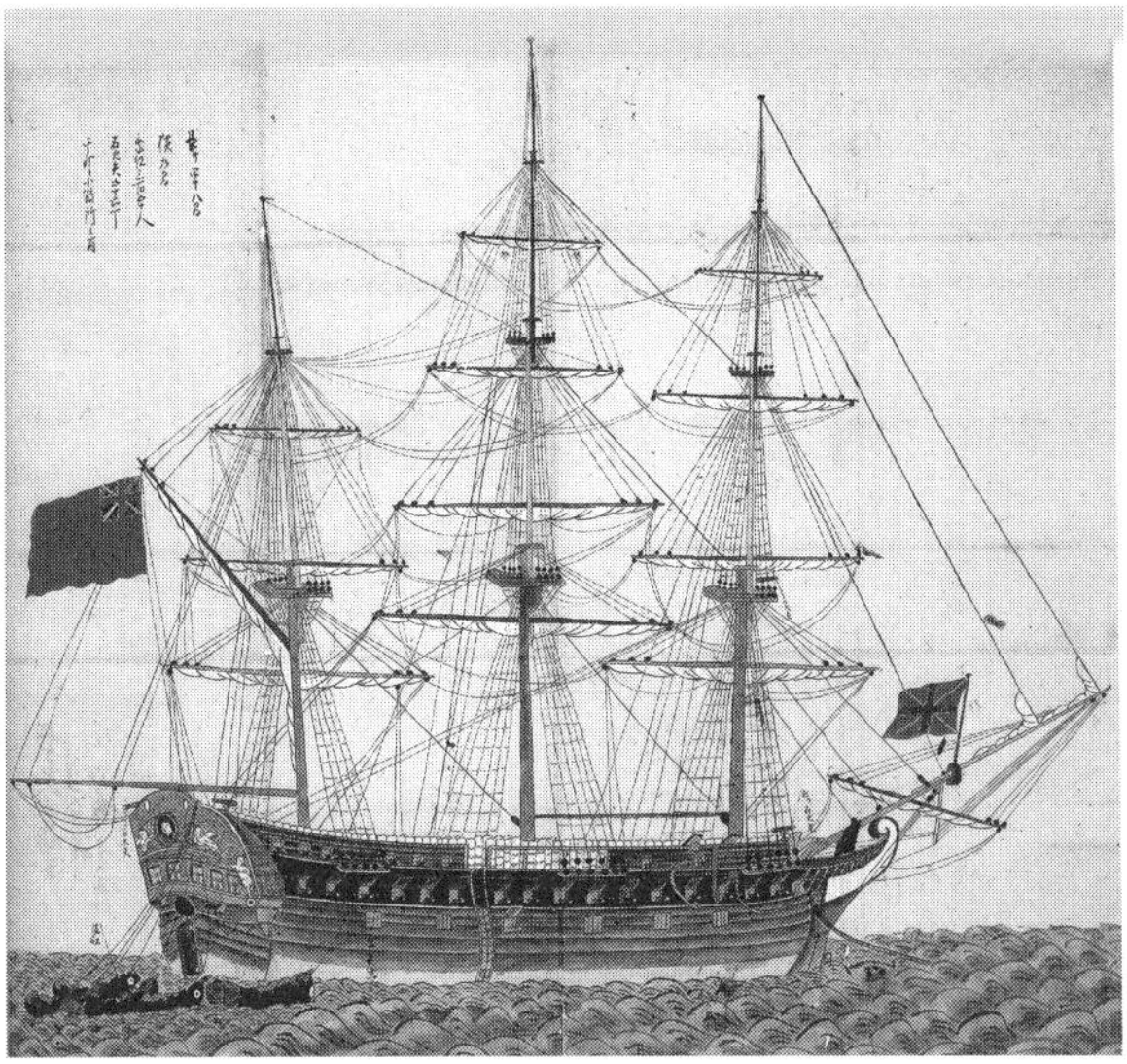

フェートン号（長崎市立博物館蔵）

だがこの時、松平定信失脚後の幕閣はすでに方針を異にし、レザノフらは長崎港に停泊したまま上陸を許されず、狭い船内で病人が出たことで、天領の西端の狭い海岸沿いの梅香崎に屋敷を与え上陸を許可した。

結局、長崎奉行遠山景晋《とおやまかげみち》は、江戸初期以来の幕府の祖法を持ち出し、通商交渉を拒否した。これが松平定信を引き継いだ新たな幕閣の方針であった。因みに遠山景晋は時代劇でよく知られる「名奉行遠山の金さん」こと江戸南町奉行遠山景元の父親である。この様な粗略な扱いを受けたレザノフとその一行は、後に蝦夷地でひと暴れすることとなるのだが、このことが幕府をしてロシアのさらなる脅威に繋がる。

更に四年後の文化五年（一八〇八）、オランダ国旗を掲げた巨大な戦闘艦が長崎港外に姿を現した。不思議に思いつつも、オランダ商館員と通詞が乗り込もうとすると捕らえられてしまった。これがイギリス軍艦フェートン号事件の幕開けである。

実はこの時、オランダという国家は存在しない。ヨーロッパはナポレオンの時代。オランダはフランスの軍事力の前にその属州となっていた。そのフランスに対抗していたのがイギリス。長崎に行けばフランス船（オランダ船）が停泊しているかもしれない。いたら砲撃して撃沈しようと長崎港に入ってきたものであった。

この時の長崎警護の任にあったのは佐賀藩。長崎奉行松平康英は襲撃を計画し佐賀藩の責任者を呼ぶと、千人置いておかなければならない警護の兵が太平になれて帰国し、百人程度しかいないという。近隣の諸藩、大村藩にも出兵要請があったものの、広い領内にいる兵はすぐには集まらない。砲撃を検討するものの、オランダ商館長から「火力が違う」と諭され、やむなく食料薪水を要求に応じて渡し、船が長崎港から離れたことを確認し、責任を取って切腹して果てた。

藩主大村純昌に率いられた大村藩兵が到着したのは、船が出た後だった。佐賀藩の家老らは切腹、佐賀藩主は閉門と厳しい咎めがあった。大村藩の記録書『見聞集』に「最初オロシャ船と思われたのは実はエゲレス船であった」と書かれている。なぜオロシャ（ロシア）船だと思ったのか。それはレザノフ並びにロシアに対する脅威があったからだが、それよりもショックだったのはイギリス船であったことだろう。

北のロシアからの脅威ばかりを考えていた幕府に対し、南からもイギリスの脅威、引いては西欧の脅威が顕在化したところに、このフェートン号事件の歴史的意味がある。

嘉永六年（一八五三）アメリカのペリー艦隊が江戸湾に姿を現すと、江戸の人々は最初その偉容と大砲の音に恐れおののいた。この時の様子は「泰平の眠りを覚ます上喜撰たった四杯で夜も眠れず」という狂歌によく表されている。上喜撰とは最高のお茶のことを指すのだが、四隻と四杯を掛けて夜も眠れずと言う件は、当時の混乱ぶりを良く表している。だが、ここで振り返ってみよう。長崎ではすでに半世紀前に外国の脅威を肌身で感じる事件が起きていた。日本史に目を転じると、ペリー来航を近代の始まりとする考えがあるが、長崎では半世紀前に近代が始まっていたと言っても良いだろう。

開国と天領長崎

このペリー来航は、思わぬ形で大村藩に重大な影響を与えることになる。翌嘉永七年（一八五四）、ペリーは国書の返答を求めるため、再び浦賀へ来航し、アメリカと日米和親条約が結ばれた。

その後イギリスと日英和親条約が長崎奉行所で締結、ついでロシアと日露和親条約がそれぞれ締結された。ここで注目しなければならないことがある。長崎奉行所で日英和親条約が締結されたという事。アメリカ、ロシアとは江戸で条約締結がなされたが、イギリスとは長崎で。長崎奉行所とはいったいどのような機能を託されていたのか。

長崎に住んでいると、天領長崎を管理する幕府の出先の奉行所と言ったくらいの感覚しか無くなってしまうが、長崎奉行は、幕府の遠国奉行の中の筆頭。京都や大坂の奉行よりも格が上なのだ。

当時、日本全国に事故や気象の影響で漂着する外国の船は多く、船並びに船員はすべて長崎に廻航され、取り調べを受けたのちに本国へ送還される。これを取り仕切るのが長崎奉行所の役目。つまり外国との交渉の窓口なのである。そうした意味では、古代博多の「大宰府」に匹敵しよう。

マシュー ペリー

その長崎が、安政六年に諸外国に開港されると、たちまち外国人居留地問題が派生した。とにかく天領長崎は狭い。幕府並びに長崎奉行は、当初出島を想定するが、狭すぎるという理由から外国領事たちに反対され、天領長崎に接する大村領戸町村大浦に白羽の矢が立った。このあたりの事情ややり取りについて、大村藩にはこの時期の記録が全く存在しない。ごっそり抜け落ちているのだ。あるいは焼き捨てたか。

大村純毅氏の次女・勝田直子嬢から「渡辺昇が臼島（大村市）で焼いたらしい」という話を聞いたことがある。勿論書かれた記録はないのだが、大名家には何やら伝わっているものがあるらしい。

さて幕府は大村藩から戸町村を召し上げ、その中の大浦郷を外国人居留地とすることにした。大浦は、それ以前から日本国中の商人の廻船が停泊したところで、問屋や蔵が立ち並び、女郎屋も存在した。長崎図絵の中にも、千石船クラスの帆船が数多く描かれている。

そのための運上金も多くあったことが予想されるが、幕府は大村藩の財布とも言うべき戸町村を取り上げた。その代わり、戸町村より少し米がとれる天領の古賀村の一部を大村領に編入するのだが、僅かばかりの米で戸町村の運上金が賄えるほどではない。

天領となった以上、そこに住んでいる大村藩の武士たちは立ち退く必要性が生じるのだが、幕府は居留地の警備を行う名目でそこに住むことを許した。これが幕末の大村藩の行方を左右する。

長崎奉行は幕府遠国奉行の筆頭の地位にあり、長崎奉行を務めると役料のほかに様々な実入りがあった。そのため、旗本の垂涎の的ともいえる役職であったが、長崎奉行は十万石格と言われ、江戸城中においては芙蓉の間詰め。格式はそれなりに高い。そんな中、長崎奉行所を訪れた諸大名は控えの間で待たされるが、大村藩主だけは「親戚格」の扱いで、そのまま奥の部屋に入ることが許された。長崎が、元大村領であったことと無縁ではあるまいが、天領長崎を取り囲むように広がる大村藩は、事変が起きた時の最も頼りになる藩、あるいは最も気を付けねばならない藩である。大村藩の役割は長崎市中警備であった。まして、諸外国に開港した長崎市中を警備するため、大村藩の役割はその大きさを増していったに違いあるまい。

天領長崎で生まれそこに住み暮らす長崎人とは基本的に町人である。一方で武士と言えば長崎奉行配下を中心とする者たち。しかし最も多いのは、全国各藩から派遣されて長崎に滞在している武士たちである。ペリー来航の嘉永年間で四十八の藩が蔵屋敷と称する藩邸、もしくは商人の屋敷に出先を置いていた。薩摩、長州、福岡、

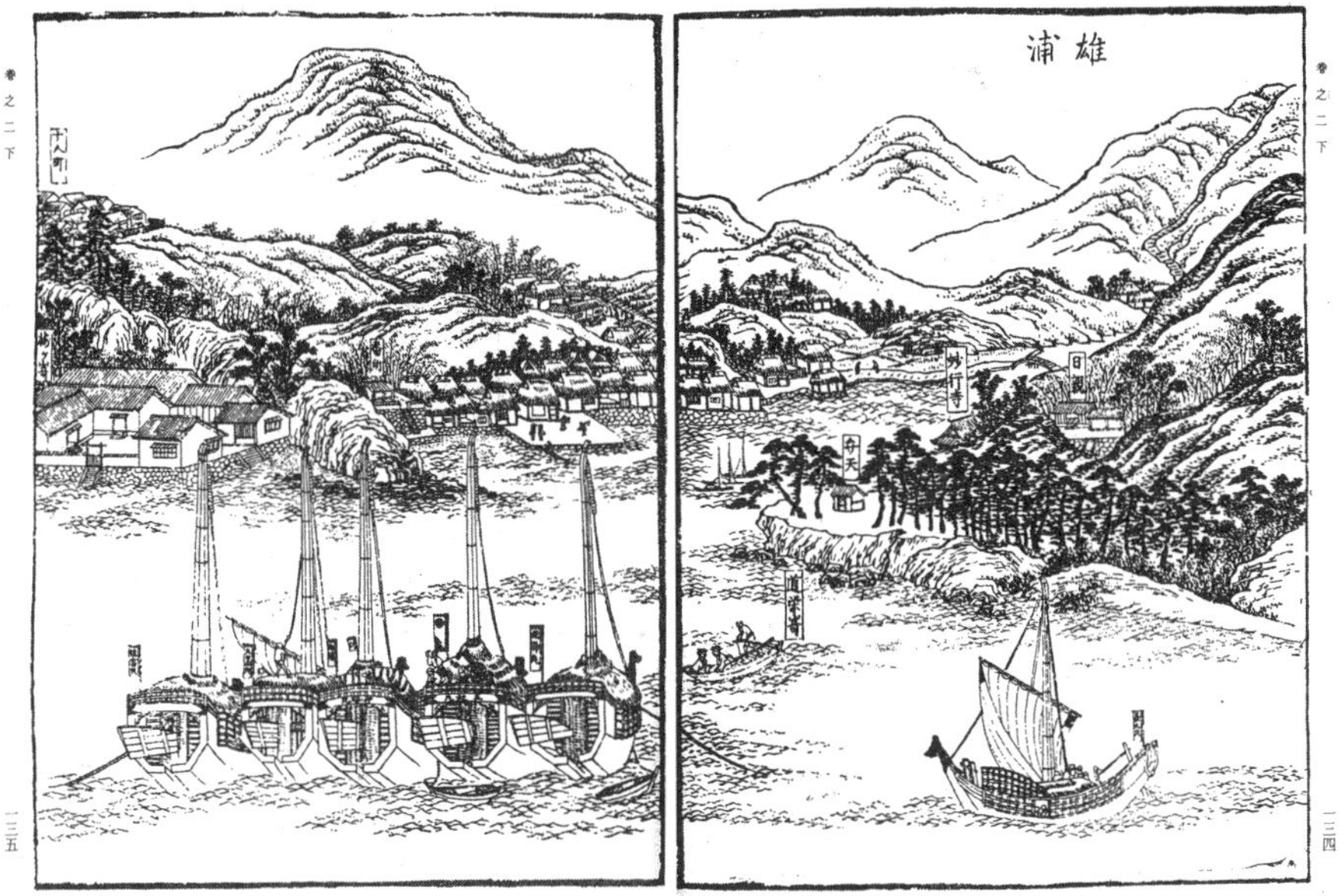

雄浦〔大浦〕絵図（長崎名勝図絵）

佐賀藩はもちろんの事、平戸や、豊後などの、特に九州を中心とした諸藩が多くあった。

　ところがペリー来航による安政の開国以降、越前、土佐、宇和島など全国の大藩が蔵屋敷を置くようになった。

　この時長崎は日本最大の貿易量を誇る国際貿易港となるのだが、その背景となるのは長崎が蓄えてきた資産によるところが大きい。資産とは、外国の知識や言葉に通じる唐通事やオランダ通詞。このほか英語、ロシア語に通じる通詞と呼ばれる人々の存在があった。

　全国の藩から、俊英たちが長崎に送り込まれ、外国人との間で売買のための交渉が行われた。しかしそれだけではない、西洋の進んだ知識、技術の習得が主な目的だった。幕府は、長崎奉行所内に海軍伝習所、医学伝習所などを置き、オランダの指導の下で近代化を推し進めることになる。

　そこには、幕府関係者だけでなく諸藩の者たちも学んだ。あるいは武器弾薬の調達。幕末に近づけは近づくほど、武器弾薬の需要は増えて行く。幕藩体制とは、強大な力を有する徳川政権とそれに連なる譜代の大名、さらには外様大名などからなる全国二百以上の藩で構成されていた謂わば連邦国家である。藩とは国であり、外交など重要なものこそ幕府の専権であるが、法や経済、藩の体制は各藩に任せられた。

従って、幕府と地方自治体の関係ではない。そこに大きなインパクトを与えたのが、ペリー来航による開国であり、長崎の持つ意味であった。そうした意味で、今日に続く「日本人」は長崎で生まれたのかもしれない。

ところで大村藩は二万七千石の小藩ながら、藩士の数はおよそ二千八百人。藩士の中には、石高〇・五石のれっきとした武士もいた。これでは食うこともままならず武士の体面もあったものではない。そう考えるのは早計。大村藩の『新撰士系録』にはそうした武士たちが数多く存在する。

大村藩は中世以来、この地に根付いてきた武士たちが多くいる。彼らは、藩から頂く俸禄のほかに、先祖伝来の土地を持っていた。それを自ら耕し、あるいは貸すことで収入を得ていた。従って、テレビの時代劇に良く見られるような、二〇石取りの貧乏侍などと言うことは大村藩ではありえない。

大村藩で二〇石取りといえば中級武士以上。四〇石あれば上級武士で、「馬廻り」にも列せられる。馬廻りとは江戸幕府でいえば旗本である。昇の家は分家筋ではあるが家禄は四〇石。上級武士に数えられる家柄であった。

長崎が時代の旋回の只中にある頃、大村藩主が突如長崎奉行に任命される。長崎奉行は幕府の天領となった頃から旗本が務めるのが常で、藩主は病気を理由に一旦は辞退するのだが、幕府は「惣奉行」という肩書を一段上げて迫った。幕府の大村藩取り込み策であったことが透けて見える。

第二章　渡邊　昇

渡辺　昇　誕生

渡辺昇が誕生したのは天保九年（一八三八）。同年生まれに、後に東京府知事、衆議院議長を務める楠本正隆、医者で日本近代医療制度の礎を築き初代衛生局長となる長与専斎がいた。いずれも家は近い。楠本とは幼馴染で、彼らは後に「大村藩天保の三傑」といわれる。屋敷は、玖島城近くの武家屋敷街の一角にあった。

渡邊 昇

ところで天保九年とはいったいどういう時代だったのだろう。天保年間といえば天保四年に東北を中心に起こった天保の大飢饉を思い浮かべるだろう。大雨による洪水や冷害被害で多くの餓死者を出し、さらに大商人たちによる米の買い占めで米価は上がり、困窮する民の中には餓死する者も多く出た。

こうした状況の中で、大坂町奉行所の与力・大塩平八郎は奉行に救済措置を申し出るが聞き入れられず、天保八年（一八三七）に、門人たちと共に大商人の店などを襲撃し、火災により大坂の町に大きな被害をもたらした。

大塩らの反乱は奉行所によって鎮圧され、大塩自身は火薬を使って焼死した。この乱を契機として全国にも共感者が現れ、幕府の行政に不満が高まっていく。

この年、江戸ではアメリカ船モリソン号が漂流日本人を伴って浦賀に入港。幕府は先に出していた「異国船打払令」により撃退した。清国では一八四〇年にイギリスとの間でアヘン戦争が起こり、敗れた清国は一八四二年にイギリスとの間に、香港の割譲など屈辱的な南京条約を結ぶことになる。鎖国と太平の世に慣れ切り、江戸初期以来の祖法から逃れることのできない幕府に、西洋の影は大きく映し出されていく。

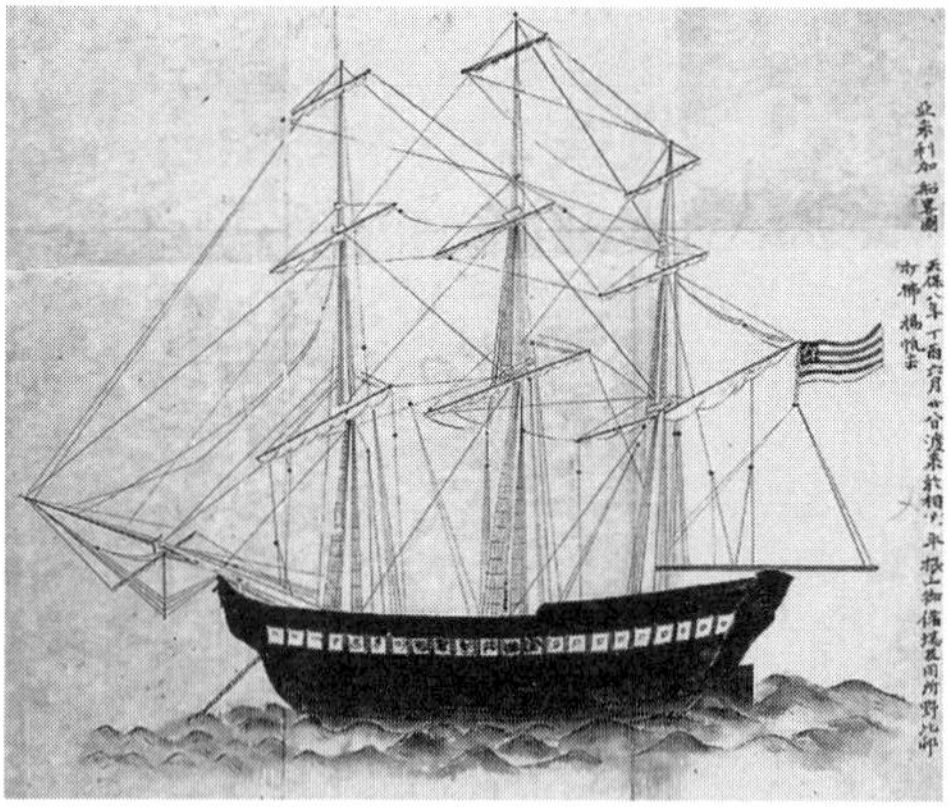
モリソン号

昇が生まれた天保九年とは、まさに日本に危機が迫るその時であったが、幼い昇にもその緊迫は否応なしに伝わってくる。昇の父は巌、母はゲン。二歳上の清とは母が違う。清が生まれた後、母は他界。その後に渡辺家に入ったのが昇の母。だからという訳ではなかろうが、兄と弟は性格が大きく違った。

昇は『自伝』にも書き記しているが「幼名を兵力と言う。性格は粗暴で、友達と遊んでも自分の意に沿わない時にはすぐに腕力に及ぶことがあった。衣服は破れ、頭髪は常に茫々としていた。母は憂いたが、父は意に介さなかった。そんな自分を祖父は愛してくれた」。自分は頭が大きく、人は「道灌」とか「頼朝」とか綽名したが、「道灌に非ず、頼朝に非ず、唯牛若丸たらんのみ」と豪語していた。

それを聞いた圓成院の僧侶が、自分が養って僧侶にしようと父に言った。そのことを父から聞いた昇は、僧侶になるくらいなら死んだほうがましだと言い返した。父は、牛若丸と称するのであれば一度僧門に入り学を修めてはどうか。もし僧侶となれば、如何にして死ぬことが出来ようやと言うので、その時は僧坊に火を放って焼き、捕まって刑に処せられるだけだと答えた。傍で聞いていた母は泣きながら、無理矢理に僧侶にすれば、この子はやりかねないと言い、この話は立ち消えとなった。

そんな昇を祖父は可愛がってくれた。祖父の名は武凱《たけよし》。読み書きを教えてくれ、昇は書を読み、よく詩を書いた。短歌は子供の頃に諳《そら》んじていた。昇が八歳の時、祖父が請われて大村湾対岸の戸根村の塾で教えることとなったので、祖父について行って学んだ。祖父は和歌や俳句を好み毎日句を詠んでいた。

ある夜、俳句の作り方を教えてくれたので直ぐに三・四首詠んだ。毎晩、祖父が題を与え、昇は句を詠んだ。祖父は昇の才能に驚き、俳句を教えることを楽しみにした。この頃から、昇（兵力）は俳句の面白さに目覚めたようで、兄清の娘の石井筆子の回想によれば、「五、六歳のある日、知り合いの老女が、着物を泥に汚して女郎花を一本手にしている昇を見て、「兵力さまや、またおいたをなされたか」と言うと、「折りかねて　根引きにしたる女郎花」と詠んだという。（石井筆子『若桜秋のしぐれ』）

昇は戸根にいた頃の思い出として「従来より、この辺りには西教を奉ずる者多く」と記している。西教とはキリスト教の事で、祖父は藩の宗門改め方も歴任しており、潜伏キリシタンが藩内に存在していることは、役人であれば知っていることであった。幕末に起きた潜伏キリシタン発覚事件「浦上四番崩れ」は、結局、渡辺昇が最高責任者として断罪することになるのだが、昇が幼少の頃、既にキリシタンの存在を知っていたとする研究者がほとんどいないというのも、何とも皮肉なことである。

後年、昇は書並びに俳句を能くするようになるのだが、この才能はこの時に培われたのであろう。十二歳の時大村の家に帰り、勉学を藩の五教館で、剣を併設されている治振軒で学んだ。五教館は大村藩校で、江戸時代前期に開校している。昇の家は、玖島城を見下ろす坂の上の岩船という武家屋敷街の一角に在った。城までは歩いて十分ほど。城の手前に藩校五教館があった。自伝の「性格は粗暴で……頭髪は常に茫々としていた」という件は、戸根村に行った前のことであったか。

五教館

藩校五教館

五教館《ごこうかん》は、寛文十年（一六七〇）、四代藩主大村純長が玖島城内桜馬場に藩校を創立したことに始まる。九州地方では最も早く、全国でも七番目の藩校創立であった。江戸時代初期、外様大名である大村藩も他の藩と同じように、幕府の厳しい監視下で藩存続の危機が続いていた。そうした中、三代藩主純信は世継ぎが生まれる前、若くして亡くなった。純信の室は幕府勘定奉行伊丹勝長の娘で、予てより、幕府に養子縁組を求めていた。幕府はこれを許し、勝長の子純長が四代藩主となった。この治世下で起きたのが天草島原の乱である。明暦三年（一六五七）に起きた潜伏キリシタン発覚事件『郡崩れ』の後、純長は藩内の殖産興業、大規模な溜池の築堤、学芸に振興に力を尽くした。それが後に続く『五教館』に繋がって行くのである。

五教とは中国の思想家孟子の「父子親あり、君臣義あり、夫婦別あり、長幼序あり、朋友信あり」に基づくもので、五教館では藩の子弟が六歳頃から書字素読算術を学び、十三～十四歳で日勤生として漢籍を学ぶ。一方治振軒では剣術修業が行われた。これを合わせて文武館と呼んだ。

天保二年（一八三一）藩主大村純昌が城からほど近い本小路に校舎を新築し移転。その跡は、今は大村市立大村小学校となり、藩主が視察に訪れる際、その専用門であった御成門（通称黒門）が現存する。

藩校には祭酒（学制の長のことを中国ではこう呼んだ）、学頭が置かれ、後に教授、助教と改名された。昇が入学したころ、その中に秀才松林飯山がいた。飯山は後に幕府の昌平黌に学び、仙台の岡鹿門《ろくもん》、三河の松

松林飯山

本奎堂《けいどう》と共に天下の秀才と言われ、大坂で『雙松岡《そうしょうこう》塾』を開き、尊王攘夷思想を広めた人物である。松林は幼少より神童との誉れ高く、漢学を能くした。嘉永三年（一八五〇）、純熙公は筑前生まれの松林駒次郎（飯山）が、幼い時から優れた才能を持っていたのでこれを召し出し、彼に唐詩を講ぜしめた。公はその才にほれ込んで小給に取り立て、五教館の表生定詰を命じた。この時飯山十二歳。

昇は武芸では優れていたが、学問では飯山に及ばず、ある時昇が師の村田小次郎に『十八史略』について質問したところ、飯山は「なんだ、そんなこともまだ知らないのか」と笑った。昇は負けん気が人一倍強く、飯山はただ文事に秀でているだけで、武事に至っては全くダメではないかと腹を立てたものの、これが昇の向学心に火をつけたと言っても良いだろう。夜も寝ないようにして勉学と剣に励んだ。

その頃、友人の稲田東馬が水戸藩士藤田東湖の『回天詩史』を持ちこんできた。これが噂に聞くあの書物か。「三たび死を決して　而も死せず　二十五回　刀水を渡る」で始まる漢詩は、当時の若者たちの心を揺さぶり熱狂させた。昇は「初めて国の憂うるを知る」と記した。

幕藩体制下における国とは、藩を指している。藩は今日の地方自治体では決してなく、通貨や外交などは幕府の専権事項であるが、藩は独自の組織体制を持ち税制も異なるし、法も藩独自のものであった。だから関所が設けられるのだ。薩摩藩に至っては、他領のものが領内に入ることを厳しく取り締まった。なまりが強く難解な薩摩弁は他領の人間が入ればすぐにわかるようにとも言われている。

初めて国の憂うるを知るとは、藩を超えて日本の国という意識が当時の若者たちの中にも明確に芽生えていると見たい。それはペリー来航以後、西洋列強の脅威を目の当たりにし、「日本人」という概念が生まれだした瞬間でもある。この頃から、昇の中に江戸に上りたいという強い気持ちが醸成されていった。

剣士斎藤歓之助　大村に来る

その頃、大村藩では藩主純顕《すみあき》が病気を理由に、代を純熙《すみひろ》に譲った。大村藩では時代を反映して、新たな剣術指南を求めていた。これを進めたのが純熙である。従来、一刀流と新陰流を採用していたが、既に形骸化し型を重視する風潮があった。このため若い純熙は実践的剣法の必要性を考えていた。

純熙は既に蘭学にも興味を持っていた。当時、蘭学は医者であれば学ぶことがあっても、武士が蘭学を学ぶということは、あってはならぬことであった。だが蘭学を学ぼうとする者は、実は藩主達の中にもいた。「蘭癖大名」などと揶揄される向きもあったが、ペリー来航以後、江戸を中心に西洋の知識を得るため「蘭学」が必要になっていた。純熙もそうした雰囲気の中で育ち、長崎が近かったこともあって、その知識を吸収しようとしていたのである。

一方、藩主を取り巻く藩士たちの多くは、それを良しとせず、ご注意申し上げる者たちも多かった。純熙は藩政改革の必要性を感じていた。藩の重役の中にも純熙の考えに賛同するものがおり、改革は藩主主導の元、薄皮をはがすように徐々に進められて行った。

嘉永二年五月（一八四九）、江戸練兵館斎藤弥九郎の長男新太郎が武者修行の旅すがら大村藩に来た。

それより以前、新太郎は武者修行の旅で長州に行き、剣術試合で長州藩の剣士たちを散々に打ち負かし、長州には優れた剣士がいないと豪語した。これに怒った長州藩士達は、江戸の練兵館に新太郎を打ち負かそうと藩士を送り込んだが、新太郎はまだ帰国していなかった。弥九郎の三男でその時十六・七歳であった歓之助が兄の代わりに立ち会い、得意の突きで皆を打倒した。これが縁となり、長州藩では子弟を練兵館に門下生として江戸に送り込んだという。桂小五郎、高杉晋作、来島又兵衛、大田市之進などの長州藩士がここで学んだ。この事が、後に昇と長州藩士の交流の元となったのも奇縁というものであろう。

大村藩でも新太郎の強さを認め、藩の若い剣士三人を選んで、江戸の神道無念流練兵館、北辰一刀流玄武館、鏡新明智流志学館にそれぞれ入門させた。練兵館に入門したのが荘勇雄で、すでに達人の域に達していた。後に練兵館の塾頭にまでなる人物である。この時同門に長州藩の桂小五郎がいた。大村藩では、荘勇雄の強い勧めもあり神道無念流を採用することになった。

藩主が江戸にある時、歓之助は藩主に引き合わされた。藩主謁見は、剣客にとってはこの上もない光栄である。嘉永六年（一八五三）昇が藩校で学んでいた頃、歓之助が荘に伴われて大村に来た。剣術指南として藩が招いたのである。石高は百石。大村藩で百石といえば、渡辺家が四十石、楠本正隆の家は六十石の馬廻りで上級武士だから、その上の家禄である。藩主純熈は城下に屋敷と剣術道場「嶶神堂《びしんどう》」を与えた。藩校五教館とは通りを挟んで目と鼻の先にある。

嶶神堂扁額

歓之助の元に通う子弟も徐々に増え、大村藩が歓之助を剣術師範に任命すると、一刀流、新陰流を学ぶものは一気に減り、その後、藩命によって神道無念流に統一された。一刀流、新陰流で学んでいた子弟たちも、神道無念流の門下に参じた。「夜叉歓」或いは「鬼歓」と異名をとる歓之助は突きを得意とした。歓之助の指導は若いこともあって相当に厳しく、その突きを食らうと子弟たちは悶絶したという。この厳しい修行の中で若き日の昇は実力をつけていく。

この頃「立切試合」というのがあった。力量を認められた数人の剣士が道場に一人ずつ立ち、それに道場の子弟たちが次々に挑みかかるもので、半夜立ちというのは、夜を撤して入れ代わり立ち代わり挑むという凄まじいものであった。もちろん休憩などはない。疲れれば次の剣士に代わり立ち会う。これを成し遂げれば一人前。昇は見事にやり切った。

歓之助は昇の五歳年上であるが、自伝には歓之助の事は不思議と出てこない。

安政三年（一八五六）に医者長与中庵の娘（医者長与専斎の姉）を娶る。だがその頃から中風で体の自由が利かなくなっていた。一説では、大の酒好きで、それがもとで中風になったと言われる。江戸で鍛えられた若い剣士が、誰も知る者のいない大村まで来て、寂しくなかろうはずもない。遊ぶところと言っても、たいしたこともなく、寂しさを酒で紛らすのは致し方のないところだろう。

それでも剣の指導だけは続け、廃藩の後東京に戻り、明治三十一年に没した。歓之助が教えた昇、柴江運八郎が、明治の大日本武徳会で最高の剣士七人に選ばれたことは歓之助の厳しい教えがあった賜物であろう。

昇が江戸に出るのが安政四年なので、歓之助が病気を発症する年に当たる。

昇　江戸へ

『回天詩史』を知った昇には「天下漫遊の志」が沸々と湧き上がっていた。

その頃、兄の清は長崎に出て勝麟太郎（海舟）の下で欧書を学び、松林飯山は江戸に出て安積艮斎《あさかごんさい》の門をたたいていた。だが次男である昇は、父母に乞うても家が貧しいためそれを許さず、鬱々たる思いで年を重ねていた。

偶々藩では自分が文武館で成績優秀であることを褒められ、「君公のご紋付」を下賜されるという光栄に浴した。近習の家の嫡男でなければこのようなことはないのだが「次男である自分がこのようなお褒めに与ることは藩でもこれまでなかったことで、祖父は感涙し私の背中をなでながら『お前を育てて幾年にもなるが、今日、自分の望みはかなえられた。死んでも悔いはない』と喜んだ。その姿は今なお目に焼き付いている」と回想している。

ある日、小松屋の何某が文館に清の手紙を届けに来た。事は急を要す。直ぐに小松屋に来いと言う。急いで駆けつけると、兄は「長崎に居ては天下の情勢が分からない。脱藩して江戸に行き、彼の地で天下の情勢を学ぶことに決めた」と言う。

脱藩は藩の大罪で、父母に迷惑をかけることは必定。渡辺家は藩では名家の一つで、「万一自分が死ぬようなことがあった時、祖先傳弥九（大村純忠の家臣）以来の血統を継ぐ者としてお前がいる。若し志を達せなければ生きては帰らない。お前は自分に代わって文武を研鑽し、家名を汚すようなことがあってはならぬぞ」と説得された。続けて「お前に頼みがある。今自分が帯びている刀は身を護るには心もとない。家に帰って密かに、あの刀を持ってきてくれないか」と言う。自分は止めようと思ったが、兄の意志が固いことを知り言うことに従った。三、四日して長崎から人が来て、家兄の脱走を知らせた。家の中は騒然となったが、自分は知らぬふりを決め込んだ。父はこの時、藩の参政の地位に在り、何とも仕様がない。藩庁の裁断を待つしかなかった。

長岡新次郎が周旋の為奔走してくれた。執政江頭官太夫に告げて相談したところ、江頭は快活有意の士で、藩法を曲げることはできないが、清の行動は分からぬではない。大村舎人に相談してみよということになった。舎人は月番の参政で、清が志願したので江戸に学ばせることにしたという粋な計らいとなった。騒然とした世の雰囲気は大村藩にも及んでいた。若者たちは皆憂えていた。それを知らぬ重役たちでもあるまい。相談した相手が良かったのかもしれないが。それから一年もしないうちに、父は役目で江戸に上ることになり、昇も一緒に江戸に行くことができた。冨井源四郎も江戸詰めを命ぜられ一緒に江戸を目指した。冨井は昇より年上で、昇は冨井を慕っていた。江戸に着くと、文を安井息軒《そっけん》、武を練兵館の斎藤篤信斎《とくしんさい》（弥九郎）の門をたたき学んだ。斎藤道場の門をたたいたのは、もちろん師の斎藤歓之助によるものだが、それ以前、大村藩士荘勇雄が斎藤道場の塾頭を務めたことに端を発する。

斎藤弥九郎

是より後の事になるが、大村藩では藩の子弟の剣術指導の為、斎藤篤信斎に米二百俵を毎年給した。荘は、帰国に際して次の塾頭を長州藩の桂小五郎に譲った。この事が、昇と長州藩士達との深い関係に繋がって行く。

斎藤道場の塾頭は長州藩士の桂小五郎という人物で、一見で旧知のような関係となった。最初から馬が合ったらしい。毎日のように気になっていることを聞き、時には幕府の失政に怒り、外国人の跋扈《ばっこ》を憤った。昇ならずとも、多くの藩の子弟も同じように感じていたに違いあるまい。

ある日の夕方、大垣藩執政小原鐵心と桂とで師の家で飲み、時事を談じた。大雪が降って、酔っぱらってもいるのでふらふらして歩くのに苦労した。何とか藩邸に着くと、すでに門は閉ざされていた。

藩邸には規則があり、門限が最も厳しかった。これを破るものは、下手をすると士籍を削られるという厳しい咎めもあった。これを聞いた小原と桂は、執政大村舎人に寛大な措置を願い出てくれた。そのため幽閉百日で許された。ここでも大村舎人に救われたことになる。

桂は密かに手紙を寄越して、昇の部屋の扉に「卍字」を外から見えるように貼っておけと指示をしてきた。何のことか分からないでいたが、夜に紛れて手紙や、いろんな差し入れがあった。これは桂の懇情から出たもので、その労をとったものは昇が知っている長州藩士村上琢磨であった。このように桂には随分と世話になった。

それから半年ほどたった頃、桂は国に帰ることになったと告げた。「君、ここは文学をあきらめて剣の道一筋に収斂してほしい。そして自分が帰った後の斎藤道場の塾長になってくれないか。これは斎藤道場のことだけを思って言っている訳ではないのだ」。桂が自分に寄せる思いは心底有難かった。

だが昇も考える所があって、文武両道を修めることが大切だと思っていた。このことで、桂とは数度話し合った。昇が考えを変えそうになかったので、桂は大村にいる練兵館の兄弟子荘勇雄に手紙を書き、藩命をもって剣の修行のみに打ち込むよう頼みこんだ。こうした事情もあって、昇は桂が去った後の練兵館の塾頭になるのである。

師の斎藤篤信斎（弥九郎）は奇丈夫の人であると自伝に記す。事実、剣も優れているが大砲の砲術にも精通し、また読書家でもあった。水戸藩の烈公は殊の外篤信斎を大切にし、それが縁で藤田東湖も篤信斎の下に出入りしていた。

藤田東湖

「回天詩史に載するところの斎藤弥九郎とは即ちこの人なり」と記し、常に全国の有意な士たちと交流を結んでいた。

あの武田耕雲斎が水戸藩邸にいた時も、師について行き、時事を談する機会があった。二十歳そこそこの昇が、天下の尊王攘夷思想の中心人物たちと話す機会があったとは、まさに驚き以外の何ものでもない。ここでも、昇の周りで時代は確実に旋回していた。

その頃から長州藩では軍事に力を入れ、兵式も西洋銃隊に改めていた。

長州というところは日本の物流の要の地である。日本海を南下する北前船は、日本海沿岸地域の産物だけでなく、蝦夷の昆布などを大量に運んだ。敦賀あたりからだと琵琶湖の水上交通を利用して京都、大坂、名古屋は近い。さらに下ると長州の長門、瀬戸内に入ると長州の周防。廻船物流の中心と言って過言ではない。瀬戸内を上れば大坂に着く。当時の大坂は、江戸と並んで、いやそれ以上に日本流通経済の中心地であった。

一方、九州、長崎にも北前船の物資は届けられる。現在も長崎市には古くから続く昆布の老舗『山昆』があるし、昆布の佃煮も食卓の定番となっている。

さらに言えば、対馬藩と長州藩は婚姻を結び縁戚の関係にある。

そして長崎には大きな蔵屋敷が多数置かれていた。言ってみれば、日本で最も潤い、また最新の情報に接し得る天領長崎に近い立場に大村藩はあった。

昇も西洋銃隊式に改めることが必要であると感じていた。そこで桂に、長州藩が使用している中古の銃を買いたいと相談し、桂も同意したので、大村藩邸にいた参政浅田弥次右衛門、侍講福田與にこのことを議すと、福田は頗る賛成の意見であったが、浅田は「わが大村藩には、以前から採用している銃がある。何で他藩の真似をする必要があろうか」と反対し、この時改革はならなかった。浅田との確執はこれが終わりではない。

於菟丸《おとまる》君の死

世子の於菟丸君が脚気の病にかかり、頗る病状が重くなった。ある日、安井氏の塾で輪講の会があり、偶々世子の病のことに話が及んだ。この病は、鍼や薬で治るものではない。九死に一生を得るためには転地療養しかない。君が建議せよと言うことになったが、一書生が言う事を聞くだろうかと言ったところ、師の安井から、ならば侍医に相談せよと言われた。

それで直ぐに斎藤塾へ戻り、長州藩士の山尾庸三が世子の侍医大槻俊斎を知っているので、一緒についてきてもらって大槻の下谷の住まいを尋ね、世子の病状について詳しく聞いた。昇が、転地療養が最も良いと聞くがそれは誠かと聞くと、それが一番良い方法だと答えた。

山尾庸三

大槻俊斎

大槻は、それならなぜそうしないのかと逆に質問した。昇は、貴公子であるから、普通の人のように簡単にはいかないのだと答えた。問答は数度に及び、俊斎は「君の忠誠心はよくわかった。明日、大村藩邸に行って自分が聞いてみよう」と言った。

昇は心から礼を述べたが「若し、自分が相談したということが分かれば、藩邸の者たちは決して快く思わないだろうから、あくまでも先生の意見として話してほしい」と頼んだ。俊斎は分かったと言った。

世子は間もなく亡くなった。

その後、五・六日して藩邸の者を通じて呼び出しがあった。行くと浅田弥次右衛門、緒方一馬の二人の参政と、侍講福田與が座っていた。

「お前は、世子が病気の夜、藩の使者と称して侍医大槻俊斎を訪ねたそうだが、それは誠か」と浅田が切り出した。

「確かに行きました。しかしながら藩の使者とは言っておりません。只、自分が見るところをもって、どうすればよいのかを聞いたまでのことです」

浅田は猶も使者と申したのだなと詰め寄った。

「その様なことはありません。若し自分に罪があると言われるのであれば、死を賜っても構わない。世子に殉じると思えば何の悔いもない。だが、自分に何か罪があるかのような物言いは釈然と致しません。直ぐにでも大槻を呼んでことの是非を明らかにしようではありませんか」

浅田は渋々ながら話を止めた。

只ならぬものを感じた昇は大槻を訪ね、事の次第を詳しく話して大槻が言ったということを責めた。大槻は渡辺の血相に驚き、「私は君の忠誠心に深く感じ入った次第。だからそのことを告げたまでの事。その使者が何とかという話は知らぬぞ」

昇は藩邸に戻り、浅田に会ってそのことを話し、何が間違っているのか窮してやろうと思ったが、冨井源四郎が必死になって止めた。昇は二十歳そこそこ。浅田は藩の参政という高い地位にある者。

暫くして国元から父母の手紙が届いた。開けてみると、世子の事で、昇がしたことを責める内容であった。一読して愕然。

「おのれ浅田め！　姦邪の小人物。偽りをもって遠く離れている父母に心配をかけるとは」

憤恨やるかたなし。浅田を懲らしめてやろう。怒り狂う昇を源四郎はなだめ、怒りを抑えて事の次第を父母に知らせた。

後年、浅田が家老となり、昇との確執はいよいよ深まっていく。

近藤勇と試衛館

近藤勇は天保五年、武蔵国多摩郡に宮川久次郎の三男として生まれた。江戸へ出て市ヶ谷にあった天然理心流道場で剣を修行し、後に道場主の近藤周助の養子となる。昇とは四歳年上ということになる。ペリー来航以後、江戸では時代の変化を機敏に感じた人々がいた。その緊張感を背景に、剣術道場が流行り始めていた。他流試合で腕を磨く者もいれば、腕を頼りに道場やぶりをする者たちも増えた。近藤周助の養子となって以後、試衛館にも道場やぶりが来た。負けると道場の名に傷がつくし、稽古に通う弟子も減る。そうなれば道場の経営に響くのだ。そんな時、練兵館塾頭渡辺昇と知り合うことになる。

近藤 勇

練兵館は、桃井春蔵鏡心明智流の士学館、千葉周作北辰一刀流玄武館と並んで江戸で最も有名な道場で、師弟の数も千人を超えていた。

弥九郎は他に砲術も教えており、また学識も高かったので多くの支持者があった。それを最も支持したのが水戸藩主徳川斉昭であった。そんな訳で、道場主が道場に現れて稽古を見守るということは少なかった。練兵館の剣の稽古は実戦的で激烈を極めた。昇は何人もの弟子たちを相手に道場に立った。ただ強いだけではない。相手にも撃たせる。「オシコト　オシコト」。これは「おしい　おしい」という意味で、昇は、さあコイと掛け声をかけた。

そのため、昇の腕は枯れ木のような逞しさで、打たれた手はいつも膿んだようになっていたという。

激しい稽古に明け暮れる中、昇は藩邸の長屋から通う身。金はないし酒は飲みたいし。そんな二人が出会うのは必然であったのかもしれない。

昇の回想によれば、近藤という男は剣を振るえば抜群の器量を示すが、竹刀技には拙く、だが相手の器量を見抜く力は抜群であった。強そうなのが道場に来ると、まず弟子たちが試合う。これは敵わぬと知れば近くの練兵館の渡辺の下に人をやり、これくらい強いのがやって来たと言うと、昇は高弟のうちから何人、またある時は自ら出張った。

練兵館は今の靖国神社の場所にあり、市ヶ谷とは歩いてもさほどの距離ではない。こうして道場やぶりを退けると、決まって酒が出た。練兵館の弟子たちも心得たもの。これが楽しみで心待ちにしていた。ともかく若い彼らは、厳しい修行の後は酒が飲みたかったし、近藤は道場やぶりから救ってくれた礼に酒を出した。「決まってメリケンの刺身と酒。メリケンの刺身とはタクアンの事で、随分臭い刺身であった」と回想している。二十歳そこそこの田舎から出て来た青年たちにとってみれば、酒が飲めれば十分であったろう。試衛館には土方歳三がいたが、回想では、「肌は青白く、何を考えているのかよく分からない男」と評している。

ところで、いつも不思議に思うことがある。それは方言だ。今でこそ、テレビの普及で共通の日本語をしゃべって何も不自由さを感じないが、高校生の時、同じ長崎県の壱岐の島に遊んで、現地の人の会話が全く分からなかった。江戸にはそれこそ全国から人が来て、方言で話せばまず伝わるまい。大村の武家屋敷街では、地元富松神社宮司の久田松和則が語るところによれば、「小路言葉」と言うものがあったらしい。小路とは大村の武家屋敷街の事を指す。

参勤交代で江戸に出る。すると江戸弁を喋ることとなる。武家屋敷街では、大村弁と江戸弁の二つが知らず知らずのうちに耳に入って来たのだろう。参勤交代が果たしたディスカバージャパンの一端が見えてくる。昇と近藤は攘夷で意気投合したと記している。攘夷で意気投合とは、当時の風潮の中では極自然の成り行きであって、恐らく論理的にどうこうというのではあるまい。攘夷と言って「乾杯」している姿が目に浮かぶ。だが、よくよく考えて見るとそこは将軍のおひざ元江戸。ペリー来航によって、徳川幕府が江戸の初期からとってきた所謂鎖国政策を幕府自らが方針転換した。

この衝撃を素直に受け止めることのできる藩は無かった。幕府の「開国策」に対しての「攘夷」という西洋排斥思想。将軍のおひざ元江戸でも開国策が受け入れられているとは言い難い雰囲気が蔓延していた。幕藩体制の中で、外交に関することは幕府の専権事項であって、他藩の者が意見を述べるというようなことは、厳に慎まなければならなかった。直接、外国との交渉や交戦ともなれば藩の取り潰しに発展しかねない。これは、長年にわたって幕府自らが築き上げてきたことであり、外国に関する情報は全て幕府が握っていた。

一七九二年ロシアのラクスマンが根室へ来航、続いて一八〇四年ロシア全権大使レザノフの来航、そして一八〇八年イギリス軍艦フェートン号長崎港侵入事件、それに続くアメリカ捕鯨船の食料薪水要求問題、対馬ではロシアのポサトニック号事件（当事者はニコライ・ビリリョフ）と続く。とくにアメリカは西欧諸国に比べれば後発国で、中国との交易を望んだが、その一環として日本にも交易を望んだ。捕鯨船の食料薪水補給問題はその一つでしかない。

幕府が諸外国の動きについてどこまで情報を掴んでいたのかは分からないが、オランダ商館長には「オランダ風説書」を提出させている。幕府はそれまで掴んでいる海外情報から、開国せざるを得ないという苦渋の選択の中で、歴史的大局観から見れば大老井伊直弼の判断はやむを得ない。としても一連の国際事情を知らされてこなかった各藩の者たちから見れば、「幕府の弱腰」としか映らない。事実、結ばれた条約は不平等なものであった。こうして、押さえつけられていた各藩、特に西国の外様大名たちや藩士の中に蠢動が走る。

最初は「攘夷」だった。だが幕府への対抗軸として、これも幕府によって封印されていた「天皇権力」を結び付けようとした時、「尊王攘夷」運動となって国内に旋風が吹き荒れるのである。将軍のおひざ元でも、「攘夷」に賛同する若者が増えていたし、それを良しとする大名、学者たちも多くいた。幕府はこれに目を光らせ、やがて『安政の大獄』となって混沌の時代の幕が開く。

しかし、それ以上に近藤とは馬が合った。四歳年上と言えば、二十歳過ぎの年頃では相当に違いがあるのだが、昇はどうも年上の者たちから好感を持たれたようだ。

大老井伊直弼暗殺　桜田門外の変

井伊直弼

大田市之進（御堀耕助）

安政七年三月三日。この日は深夜から雪になったらしい。

布団の中で微睡《まどろ》んでいるところに、練兵館の同僚で長州藩士大田市之進（後の御堀耕助）が、早朝何やら慌てて大村藩邸に昇を呼びに来た。大田は桂が信頼を置く長州藩士で、昇が江戸を去った後、練兵館の塾頭をする人物である。

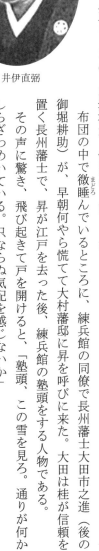

その声に驚き、飛び起きて戸を開けると、「塾頭、この雪を見ろ。通りが何かしらざわめいている。只ならぬ気配を感じないか」

外を覗くと雪が降っているためか朝の光が失せてどんよりとしている。昇は鳥肌が立つような寒さを感じた。だが寒さのせいだけではなかった。何やら遠くで人の動く気配がして、大声で何か叫んでいる。すぐに市街が騒然とし始め、人の騒ぎ声や馬の嘶きが聞こえた。

何かあったなと、大田と共に桜田門の方角に走っていくと、雪上には鮮血がほとばしり、そこかしこが真っ赤に染まっていた。水戸藩の浪士等が、大老井伊直弼を襲撃したらしい。直ぐに宿舎に駆け戻り、師の斎藤篤信斎に手紙で急を知らせた。知らせを受けた篤信斎は後に、「幕府の者たちが予を疑っていたことは良く知っている。これからはさらに疑いは増すであろう。或いは捕らえられるやも知れぬ。水戸藩に関するものは全て地下に埋めて隠せ」と言った。何しろ練兵館には桂をはじめとして長州藩や水戸藩の子弟が多く在籍する。その中には血気盛んな者たちも多い。篤信斎は幕府が危険視する水戸藩主斉昭とも親交があり、その考えには賛同することも多かった。危険が自分にも迫っていることを察していた。

師が亡くなった後、記念として頂いた書軸水戸烈公の『報国』の二文字はその時のものである。

井伊大老暗殺の伏線は既にあった。

ペリー来航により幕府は日米和親条約を結んだ。さらに幕府は日米修好通商条約を結ぶため孝明天皇に勅許を求めたが、孝明天皇はこれを断固拒否した。ここに大老井伊直弼は孝明天皇の意向を無視して条約に調印したのである。これに公然と異を唱えたのが水戸前藩主徳川斉昭で、強硬な攘夷論者でもあった。孝明天皇とも「攘夷」で一致した。ここで大老井伊直弼ら幕府中枢と意見が対立したのである。この条約締結に対し徳川斉昭は禁を破って、直弼を詰問するために江戸城へ不時登城を行い、大老井伊直弼はこれを理由に斉昭を謹慎処分とした。

だが問題はこれだけではなかった。将軍継嗣問題がその背景に深く影を落とした。ペリーが来航した年には将軍家慶が死去し、徳川家定が就任したものの、病弱で男子を儲けることが困難と考えられていた。

そこで血統を重視し、現将軍に血筋が近い紀州藩主徳川慶福を推す南紀派と、水戸藩主徳川斉昭の息子一橋慶喜を支持する一橋派が、徳川幕府の中に新たな対立構図を形成していたのである。

一橋（徳川）慶喜

幕閣は尊王攘夷派の松平春嶽や一橋慶喜などの大名、公卿、橋本佐内や吉田松陰などの尊王思想家、志士たちに、謹慎、投獄、斬首等厳しい措置を断行した。これが「安政の大獄」である。

井伊直弼にしてみれば、列強の力はすでに知っている。だからこそ、開国に踏み込む、踏み込まざるを得ない事情があった。しかし、その海外情勢の情報を握っているのは実は一握りの幕閣に連なる者達であって、天皇も徳川家に名を連ねる人々にしても、そうした状況をまともに理解は出来ていない。これが江戸後期、幕末の人々の多くの理解であり、西欧列強の極東進出を背景に、二百数十年来の徳川幕府の、所謂「鎖国政策」に綻びが生じ始めていたのである。

一方、薩摩藩でも一橋派の藩主島津斉彬は藩兵五千人を率いて上洛する意図があったが、病を得て死去し、それが元で薩摩藩の実権は、斉彬と対立して隠居させられた父島津斉興が掌握し幕府恭順へと向かう。時代は俄かに混沌とし始めた。

島津斉彬

水戸斉昭から寵愛された篤信斎であってみれば、自分が幕府から睨まれること は十分に分かっていたのだ。安政の大獄は、大老井伊直弼が水戸藩と薩摩藩の脱藩浪士により、白昼堂々江戸城桜田門外で暗殺されるという前代未聞の重大事件であったにも関わらず、水戸斉昭が責めを負うということはなく、さらに皮肉なことに、行動的尊王攘夷思想家、志士達を生み出す結果となった。

この時、西欧列強とりわけイギリスの、中国を中心とする東アジア、更には極東日本への植民地政策を背景とした進出が始まっていることを理解している日本人は殆どいなかった。

日本から遠く離れたヨーロッパでは、全土を巻き込んで繰り広げられたナポレオンによる戦争と支配に終止符が打たれ、戦争の戦後処理をめぐってウィーンに各国の代表達が集まり会議が開かれた。ところが各国の思惑ばかりがから滑りし、「会議は踊る、されど纏まらず」という状況を呈した。そこで決まったことといえば、ヨーロッパを舞台とした戦争はもう止めようではないかといったところで纏まり、それが引き金となって産業革命により国力を増大していたイギリスは世界進出をもくろんだ。

こう言ったのは、ドイツ人で日本文化研究者のヨーゼフ・クライナー氏であった。これは、平成十年に大村市が行ったシンポジウム「異文化の情報路　長崎街道」での発言である。

それがインドの全域支配であり、中国（清国）にあってはアヘン戦争の勝利で一八四一年には香港島を占領し、その翌年には中国との間で締結された南京条約で香港島はイギリスに永久割譲されることとなった。続いて、フランス、オランダ、ドイツも東洋の植民地化を目指したが、ロシアは海外に植民地を求めず、大陸を面で広がり東洋を目指した。長崎では既に半世紀前、レザノフが通商を求めて来たことや、イギリスのフェートン号事件が起きていたにもかかわらず、江戸はまだ目が覚めていなかった。
だが、大村藩のある九州の地では、さらに大きな事件が起きていく。

日本を揺るがしたロシア軍艦ポサドニック号事件

ポサトニック号の姉妹艦

江戸城桜田門外の変で大老井伊直弼が暗殺されてから凡そ一年後の文久元年（一八六一）二月、江戸から遠く離れた対馬では、日本の外交を揺るがす大事件が勃発していた。長州にいた高杉晋作は衝撃を受けていた。事件のあらましは次の様な経緯を辿った。

ロシア海軍の軍艦ポサドニック号が対馬の中ほどに位置する浅茅湾《あそう》に侵入し、湾内の測量を行うと共に、水兵たちが上陸して狩りを行い、住民から食糧略奪あるいは婦女子を追いかけまわすなどの事件が起きた。さらに兵舎などを建て、長期逗留の構えを見せた。一連の行為の中で、ロシア人に銃殺された藩士、或いは捕虜となった藩士もあった。藩では武力による排除意見もあったが、藩主は穏健な措置を取り、食料や水の補給を行った。だがロシア側は強硬で、藩主謁見を求めた。これに対し、対馬藩では長崎奉行にロシア軍艦による暴挙を報告し、幕府に早急な対処を求めた。

ニコライ・ビリリョフ

小栗上野介

藩が独自に外国との交渉、事件処理を行うことは幕府の祖法がこれを許さない。まして戦闘行為は。これを破れば、藩の断絶もあり得る。江戸初期以来の幕府の祖法が、時代の中で音を立てて軋み始めていた。幕府は福岡、佐賀、長州藩に対馬の動向を調べさせたがどうにもならない。長州藩では、藩主の奥方が対馬宗家から輿入れしていることもあって、白羽の矢が立ったものであろう。

対馬藩主宗義和は重臣を派遣して速やかに退去するよう求めたが、艦長ビリリョフは様々な理由を挙げ、艦修理のための資材や食料、水などを要求し、無断で芋崎に上陸して工場や兵舎を建設した。またロシア水兵はボートを使って沿岸を測量し、上陸して鳥や獣を捕獲したり、中には住民とトラブルを冒す水兵達がいたため、住民との間でしばしば紛争が起こった。

艦長は対馬藩に対し藩主への面会を再三求め、さらに芋崎の租借を求めた。租借を認めることは出来ない。それは国法に背く。対馬藩は困り果て、何度も幕府に報告し助けを求めた。その間にも、対馬では紛糾の度が益々高くなっていく。

四月、ロシア兵がボートに乗り大船越の水門を通過しようとしたのを対馬藩の警備兵が制止した。この水門は対馬の東西を結ぶための拠点で、対馬の中でも防衛上もっとも重要な場所であった。この時、ロシア兵は警備兵一名を銃殺し、さらに二名を捕虜として軍艦に連行した。

更にロシア軍の暴挙は続き、武器を強奪、住民を拉致し村で略奪を行った。ロシア艦の対馬藩に対する軍事的圧力が続いた。これに対し対馬藩では食料薪水を贈り懐柔政策をとりつつも、事態に備えた。幕府も手を打たなかった訳ではないが、対馬はやはり遠国。外国奉行小栗上野介が咸臨丸で対馬に来たのは、その年の五月になってからの事であった。小栗は艦長ビリリョフと会見。会談は三度に及んだ。ビリリョフは、対馬藩主への謁見を求め、小栗は許可する旨を回答した。一方、小栗はロシア兵の無断上陸を条約違反であるとして抗議。対馬藩士並びに住民に対するロシア水兵たちの暴力を非難した。ビリリョフはさらに藩主謁見の実現を強く求めたが、幕府老中はこれを許可せず、小栗も謁見が許されないことを伝えると交渉は決裂した。失意を感じた小栗は五月二十日対馬を離れ江戸に向かった。

江戸に戻った小栗は老中に対して、対馬を直轄領とし折衝は幕府の正式外交交渉が必要であることを訴えたが、老中はこの意見を受け入れることはなかった。

宋　義和

その後、小栗は外国奉行を辞任することになった。小栗にしてみれば、幕閣の弱腰ぶりは優柔不断に見えたとしても不思議ではあるまい。後に戊辰戦争が起き、朝廷軍が江戸攻撃のため東海道を進撃すると、小栗は幕府所有の艦船の大砲でその道筋を砲撃することを進言したという。だが、幕閣はそれを許さなかった。

是には背景があって、幕府にはフランスが軍事顧問としてついていた。一方、朝廷側を陰で軍事的に支えているのがイギリス。これ以上の外国の介入は避けなければならない。そうした意向が働いたとしても頷くことが出来よう。とはいえ、幕府の中で最も開明的とさえ言われた小栗のその後の行動の起点は、このあたりにあるのかも知れない。

交渉に行き詰まった対馬藩では藩主謁見を実現せざるを得ない状況になり、五月二十六日、ビリリョフは部下を従えて藩主宗義和に謁見し、短銃、望遠鏡などを献じ部下の無礼を詫びた。だがビリリョフは芋崎の永久租借を要求した。これがロシア側の目的であった。この強気は一体どこから来るのか。

ここで対馬藩は、外交に関することは幕府に直接交渉して欲しいとその要求をかわしたが、この間、警備にあたった藩内の者たちを中心に、ロシア兵に対する怨嗟の声は日増しに高まっていった。それは幕府に対しても同じことであった。老中も手をこまねいて居たわけではない。

七月に入り、イギリス公使オールコックがイギリス艦隊の圧力によるロシア軍艦退去を幕府老中に提案した。老中はこれを受け入れ、イギリスは軍艦二隻を対馬に回航し示威行動を行うと共に、ロシア側に対して厳重抗議を行った。一方で、老中は函館奉行を通じてロシア領事に抗議を行わせた。

ロシア領事はイギリスが干渉してきたことを踏まえ、形勢が変わったことを察知してビリリョフを説得。こうしてポサドニック号はやっと対馬を離れた。ここまで来て幕閣に名を連ねる人々は何とか救われた思いがした。

事件から、西欧列強の植民地政策の一端が透けて見える。この事件の事は、これまで「遠国」「離島」であることからあまり知られていないが、要はロシア、イギリス双方が、日本の中に植民地化を狙った前進基地確保の一環としての対馬だったのである。

だがこの事件は対馬藩にとって拭《ぬぐ》い難《がた》い受難となった。事件を通じて対馬藩の人々に見えてきたものとは、幕府の弱腰であり、西欧列強の脅威であった。こうした背景があればこそ、対馬藩では尊王の意思が強められていく。翌文久二年（一八六二）長州藩との間に対長同盟が結ばれた。尊王攘夷思想が藩内に広がるのはこうした背景があったからであろうが、同時にこれまでの既得権にすがる武士たちも多くいた。

ラザフォード・オールコック

一方、長州藩でも幕府の煮え切らない態度を批判する声は日増しに高まっていた。まして、対馬藩は藩主夫人が対馬宗家からの嫁入りであって見ればなおさらの事。この時、高杉晋作は二十四歳。世子毛利定広の小姓役で、藩政にも関与するようになる。その高杉の号の一つが「西海一狂生」。西海とは、一般的には長崎県から佐賀県にかけての海の事を指す。西欧列強の脅威を最も感じる場所こそ「西海」であった。

対馬藩には、肥前田代に飛び地がある。現在の佐賀県鳥栖市にあたり、コメも取れ大変豊かな土地である。対馬は米がとれない土地柄だった故、朝鮮との通信を行う対馬藩の対面を保つために、田代の地を対馬藩に飛び地として渡していた。

当時、肥前田代にいた重臣の勝井五八郎は、騒動の経緯から藩の中に尊王攘夷派が増え、またポサドニック号事件以来、イギリスも対馬の拠点化に著しく関心が高い事などから、対馬藩だけでは事に当たることが出来ないと考え、対馬を幕府の直轄領にして、内地に替地としての領地を貰おうと考えた。これは小栗の考えとも一致する。

これに対し、尊王攘夷派には勝井のそうした考えを対馬藩という国をないがしろにする危険なものと見なし、長州藩と行動を共にしようとする者たちが増えた。だが、文久三年「八・一八の政変」は、藩内のそうした思惑を吹き飛ばすには十分であった。

勝井は藩が倒幕に進むことを恐れ、元治元年に手勢を率いて対馬に上陸、尊攘派を中心とする反対派の粛清を断行した。更に藩主の跡目を巡る問題も浮上していたことが混乱に輪をかけた。『勝井騒動』と言われる事件、これを契機に跡目相続をめぐる藩内の血で血を洗う凄まじい権力闘争となり、双方に多くの死者が出て、その数は二百数十人に及んだ。この騒動で藩を支える有能な藩士の多くが死に、結果として対馬藩は維新の大業に乗り遅れる結果となってしまった。幕府はじっとこれを見ているだけであった。

外国勢力の席巻と共に、江戸初期以来の幕藩体制は、その内側から音をなして崩れ始めようとしていた。

こうした時代の中で、西海五島列島の福江藩では「石田城」を築城する。それまで福江藩には城と呼べるものはなく、陣屋があるのみであった。完成は文久三年で、日本の近世城郭としては最も新しい城となったが、これも西欧列強の日本進出に合わせた島嶼防衛として見れば、その緊張を伺い知ることが出来よう。昇が知らないところで、大村藩を取り巻く西海地域一帯では緊張が高まっていたのである。

第三章　尊王攘夷

尊王攘夷の嵐

話を戻そう。

練兵館の同僚である長州藩士来島又兵衛は、「渡辺君、今の幕府は腐り切っている。日本にこれ以上外国人の跋扈を許すわけにはいかん。脱藩して長州に来ないか。君は諸藩の浮浪士を集めてその隊長になれ。一緒に外国勢と戦おうではないか」と盛んに脱藩を進めたが、昇にはどうしても賛同できなかった。今世間では、脱藩して攘夷をなそうとする若者は数多い。昇の周りでもそうしたことを言う者たちは増えている。将軍の鎮座する江戸でもそうなのだ。

その志は良しとして、いや寧ろ大村に帰り、藩論を纏めて各藩が協力し合わなければ天下の情勢を変えることは到底出来ぬ。「藩をもって進むという時期が来れば、自分は真っ先に突き進む」と答えた。この時、桂一人が自分の意見に賛同した。だが、時代の流れはそれを簡単に許さなかった。昇は意志を通したが浪人で尊王攘夷派の者たちは、「お主は日頃から尊王攘夷を唱えているが、なぜ長州に入って戦うことを嫌がるのか」と攻め立てた。

「いや違う。日頃言っている尊王攘夷を実行するためには、まず藩を動かさなければならない。それでこそ攘夷ではないか。今自分が言っていることに何ら恥じることはない。時期が来れば分かる」と反論した。昇の周りでも、何か得体のしれない空気が渦巻いていた。これを機に、道場の周りでは議論はますます激しさを増して行った。

井伊直弼の暗殺事件は、その措置をめぐっても紛糾の度を深めていく。安政の大獄で、反対派の弾圧、処刑に踏み切ったことが、却って幕府開国方針に対して反発を招き、幕閣の中にも異論が噴出した。次期将軍をめぐる問題とも複雑に絡み合い、この事件が幕末の混沌に更に火をつけたと言ってよいだろう。尊王攘夷運動の高まりの中で、この事件は江戸幕府に衝撃を与え、その処理をめぐっては大きな政治問題となった。

薩英戦争の勃発

そんな中、新たな大事件が起きた。

文久二年（一八六二）八月二十一日には武蔵国生麦村で、薩摩藩主島津茂久の父・島津久光の行列に乱入してしまった騎馬のイギリス人たちを、供回りの藩士たちが殺傷する事件が起きる。「生麦事件」である。

当日四人のイギリス人達が乗馬の途中、薩摩藩の大名行列に出会った。

彼らは無作法にも行列の中に馬を乗り入れてしまい、行列の者から注意を受けても下馬することもせず、馬首を返そうとして、あたりかまわず無遠慮に動いた結果、藩主側近の武士たちに切り殺された。日本の仕来りを知らなかったでは済まされない無礼を働いてしまったのである。

イギリスは幕府に事件の賠償を求めたが、これは薩摩藩に起因する問題である。薩摩の大名行列が京都に到着し参内すると、天皇はこれを謁見した。尊王攘夷を唱える者たちにとっては、攘夷の実行と映ったとしても不思議ではない。これによって尊王攘夷派に新たな火が付いた。賠償交渉が進まない中で、イギリスは翌文久三年六月に軍艦七隻を鹿児島湾に入港させ交渉に入ったが、交渉は不調に終わった。

七月に入りイギリス艦船側が薩摩藩船を拿捕したのを切っ掛けにして薩摩藩がイギリス艦隊を砲撃、薩英戦争が勃発した。薩摩側はイギリス艦隊の砲撃を受け鹿児島市街に大きな被害を受けるが、反撃した薩摩側によってイギリス艦隊も損傷が大きく、イギリス艦隊は間もなく鹿児島湾を去り、ここに戦闘は収束した。その後、十月に入ってイギリスと薩摩藩は講和に至った。このことは、渡辺昇の自伝には一行も出てこない。

「イラストレイテッド・ロンドンニュース」画家のチャールズ・ワーグマンによる生麦事件のスケッチ。（横浜市歴史博物館蔵）

「イラストレイテッド・ロンドンニュース」に掲載された薩英戦争の様子。

直接、大村藩に係わりのない事ではあったのだが、この戦争で薩摩はイギリスの軍事力の凄さを知り、攘夷が非現実的なものであることを知る契機となった。一方、イギリスは薩摩の軍事力の高さを知り、それまでの日本の植民地化政策を大きく転換し、薩摩との関係を深めていく。薩英戦争が起きたのは、馬関での長州藩による外国船砲撃の二ヵ月後の事である。

話を戻そう。

ある日、篤信斎の家で同じ練兵館で修行を共にする某と時事を論ずることがあった。お互い見る視点が違い激論となった。篤信斎はそれを宥めたが、壮年の男はついに制しきれない状態となり、昇が可愛がっていた因州藩増井熊太と言う十四歳の少年の話までしだした。

自伝には増井熊太の事を「剣を学び、書を読み、頗る気概あり。予深く之を愛し、死生を共にせんことを約す」とある。増井熊太は因州鳥取藩士で、鳥取藩でも勤王派と佐幕派の抗争がある中、第一次長州征伐では藩の佐幕派主導者を仲間と共に暗殺し、藩では切腹を命じた血気に燃える青年であった。

「深く之を愛し、死生を共にせんことを約す」とは、男色の事を指しているのであろうか。それとも、血が頭に昇った某が勝手に言い出したことであろうか。だが、ここまで言われれば昇とて黙っている訳にはいくまい。この様なことがあった後、ついに昇は練兵館を退塾することにしたのである。

決心すると、昇の中で沸々と大村の事が浮かんできた。江戸は確かに日本の中心だ。学ぶべき師も多い。お陰で多くの友とも交わることが出来た。あのまま大村に残っていたら、今日の自分はあるまい。

長崎に行けば、外国船や外国人たちも一杯いるだろう。大村の者たちは、今何を考えていようか。大村の海と山の景色が柔らかく目に浮かんだ。六年に及ぶ江戸での修業は、見違えるほどに昇を逞しくしていた。近藤たちも京都へ去った。時代は混沌の衣を纏っていた。

師の篤信斎に帰国の事を申し出ると、篤信斎もそうかと言ってくれた。分かっているのだ。後任に大田一之進の名を告げた。それから暫くして、藩邸で冨井源四郎に会った。

「これから天下は益々多事ならん。江戸藩邸にいるものは俗吏ばかりで話にもならん。一緒に大村に帰り、日頃思っていることを藩で実現しようではないか」と昇は言った。

冨井は昇が言わんとすることを分かってくれた。「だが、定府の身で勝手に帰るという訳にはいかぬ」

「それもそうだ。そういえば貴公は日頃から眼病を患っていたな。それを理由にして療養のため国に帰る事にすると言うのはどうか。猪の肉は眼病に悪いと聞くぞ」

そこで冨井は猪の肉を貪り食った。案の定、冨井の目は真っ赤に充血した。

その頃、藩邸に本川自哲という医者がいた。少し気概があるやつで、源四郎とは親しくしていると聞く。そこで源四郎は本川に有体に相談を持ち掛けた。自哲はしばらく考えていたが、含み笑いをしながら「それは面白い」と言って賛同してくれた。これで二人ともやっと帰藩ができる。

帰藩　馬関で高杉晋作と再会

江戸を後にした昇は一目散で郷里を目指した。かと言えばそうではない。帰路、各地の剣術道場を経巡ったようだ。何しろ天下の練兵館で塾頭をしていた昇である。行く先々の道場で求めに応じて剣術を講じ、また各藩の者たちと議論し見聞を広めた。この見聞も、その後の昇の糧になったであろう。

江戸から大村まで、昇の足でも歩いて一月ほど。漫遊の旅ともなればそれ以上。日付は記していないが、長州に着いた時、丁度外国船打ち払いの為、馬関（下関）で高杉晋作がその準備をしていた。

この高杉ら長州藩の行動は、幕末維新史に残る事件へと発展していく。背景には、孝明天皇の強い攘夷の意思があった。将軍徳川家茂は、文久三年五月十日をもって攘夷実行を約束した。この時、幕府は攘夷決行を軍事行動とは捉えていなかったが、長州藩は馬関海峡を通過する外国船への砲撃を実行した。

高杉は一歳年下だが練兵館の同門で良く気が合った。才気煥発。大村藩ではあまり見ないタイプの若者であった。久しぶりに会った昇は江戸の様子を細かく話し、高杉は外国人の跋扈《ばっこ》を嘆いた。高杉は、既に対馬で起きたロシア海軍ポサドニック号乱暴狼藉事件の事は苦々しく思っていたし、幕府の弱腰には心底腹を立てていた。

前年の文久二年（一八六二）五月には、高杉は幕府が商業目的の調査で上海に出した『千歳丸《せんざいまる》』に乗船していた。そこで見たものとは西洋列強によって半植民地化された中国の実態、太平天国の乱による国内の混乱、上海租借地の繁栄と、それとは裏腹の不衛生な清国人が暮らす上海の街の様子。そして当事者意識、能力をなくした清朝政府。日本にも、将にその危機が迫っているという問題意識であった。

実は、この船には大村藩の医者尾本公同、天文方峰源助等も乗っていたのだが、自伝の中では語られていない。高杉は西欧列強の思惑を他の誰よりも知っていた。従って「空論の人」ではない。昇はその人柄に深く影響を受けた。

井伊大老暗殺事件の後、幕府の屋台骨が揺らぎ、不平等条約など諸々の問題が指摘されていた。

その様な中で孝明天皇の強い要望もあり、徳川家茂は文久三年五月十日をもって攘夷決行を約束した。いや、せざるを得なかった。その布達は四月二十日の事であったので、昇が馬関に着いたのは四月の終わり若しくは五月の始め頃ではないだろうか。幕府はそれが軍事行動を意味するものとは考えておらず、朝廷との間で仕方なく約束したが、長州藩では馬関を通過する外国船への砲撃を準備していた。

長州藩主も具体的な軍事行動は却って幕府を刺激することになるので、火力の使用までは考えていなかったが、久坂玄瑞など長州藩の中の急進的尊王攘夷派の若者達を中心とした暴発行動と言った方が近いだろう。ただ、これを単に「暴発」という訳にはいかない。時代を切り開くのは、こうした若者たちの一途な思いからなのだ。

そこに、昇が通り掛かったことになる。

「馬関戦争」元治元年（1864）８月に四国連合艦隊との戦いで、2600名の上陸。

その時、高杉は高揚感に満ち溢れていた。いよいよ外国船への砲撃が始まる。日本が変わる。そのころの昇は、尊王攘夷という言葉と共に、外国との関係をまだ漠としたものとしか捉えていなかった。この時、昇二十五歳。高杉は一歳年下で二十四歳。因みに長州藩勤王方のリーダーの一人、久坂玄瑞はこの時二十三歳。この出会いこそが、後に昇が中心となって行う大村藩と長州藩、そして薩摩藩との同盟、さらには昇が考え出した『一縄《ひとなわ》の策《さく》』という「九州諸藩連合」の端緒であった。

下関を船で渡ると門司港。さらに進むと小倉に出る。

ここは小笠原十五万石の城下である。小笠原家は譜代大名で、外様の長州藩の下関に対する要として、さらに九州の外様大名の監視役として配されていた。

江戸時代初期、長崎が天領となり長崎奉行が就任すると、その道として整備されたのが「長崎街道」である。豊前小倉を起点として長崎まで五十七里（約二二三・八㎞）の道程で、途中に二十五の諸大名が宿泊する宿場があり、長崎奉行の行列は、この道を下って長崎に向かった。長崎街道は整備されているとはいえ、途中の山道を行くのは何とも厳しい行程である。長崎奉行一行は必ずこの道を通らなければならなかったが、それも役目の一つであった。各藩のお目付けも兼ねているとはいうも

長崎県の鈴田峠（大村城下～諫早宿）

のの、やはり山道は相当きつい。

ところで登り坂は奉行は駕籠の背もたれに寄り掛かっていればよいが、急な下りになれば駕籠の中で前に転ぶのでは。愚問かも知れないと思いつつも、近世交通路の権威である九州大学名誉教授丸山雍成《まるやまやすなり》氏に尋ねたところ、真摯な解答をいただいた。

「奉行も歩きます。第一、駕籠にばかり乗っていると脚が萎えるでしょう。街の近くまでくると威厳を正すために駕籠に乗り、街外れに差し掛かると駕籠から降りて歩くのです」

小倉で九州の地を踏んだ昇は路を急いだ。

長崎街道は長崎奉行が通行する公道であると共に、長崎を目指す各藩の藩士たち、商人の往来のほか学者文人たちが多く行き来した。古代には大宰府を起点として西海道という道が整備されており、長崎街道のルートも古代西海道に大略準拠している。文人で歴史家の頼山陽は大村湾を舟で長与に渡り、そこから長崎に入ったし、吉田松陰も大村宿を通り、峠を超えた。また日本列島に漂着した外国の船員たちも、必ずこの道を通って長崎の奉行所まで連れて行かれ、そこから本国に送還された。オランダ商館長一行や朝鮮通信使など外国の要人も通った。またある時は、将軍に献上された象もこの道を通った。

そうした意味では、日本の公道の中では異文化交流の路という性格を持つ。

江戸時代の中頃、来日した出島オランダ商館員でドイツ人医師のケンペルは、二度に亘って江戸参府を果たし、『日本史』と名付けた日本の記録集を出版した。

シーボルトはその本を読んで来日し、その後に日本に来る欧米人のバイブルのような存在となった。ゲーテやカントなどヨーロッパを代表する知識人たちが読み、アメリカのペリーもこれを読んで日本に来たという。『日本史』の中でケンペルは、街道を女が一人で旅している様子にともかく驚いたと述懐している。ヨーロッパでは女の一人旅など絶対に考えられない。街を外れると盗賊、山を行くと山賊が出るのは日常茶飯事で各国は乱れていた。日本は国を閉ざしているが至って平和である。鎖国も悪くはないとまで言っているのだ。

後年この本を翻訳した長崎のオランダ通詞志筑忠雄は「shut up the country」を「鎖国」と和訳した。実は「鎖国」という言葉を幕府は一度も使っていない。しかしその言葉が後の日本では独り歩きしてしまって、多くの日本人が実際とは違う概念を持つに至ったのは残念な事である。

だが開国前の日本人が、自分の意志で国を離れ、自分の意志でまた帰国することはなかったので、幕府の政策がその後の日本人の鎖国的精神風土を醸成したことになるであろう。

長崎街道は全国の人が往来する九州随一の官道と言っても良いが、街道沿いには砂糖を使った菓子屋が多く店を出した。店の名を「長崎屋」という屋号にしたところも多い。

長崎港にはオランダ船のほか多くの唐船が入港した。唐船とは、中国、東南アジア一帯の船を指す総称である。船には多くの砂糖が積み込まれていた。下部の船倉に砂糖を入れ、船のバラスト（重り）にしたという。当時の日本では砂糖は殆ど採れない。砂糖キビが育たないからだ。だから砂糖は貴重品だった。今でいえば外国製の高級チョコレートと言ったところか。否、それ以上かもしれない。

その砂糖が長崎から入る。長崎には「ながさきんとおか」という言葉が今も残っている。この言葉は、料理で甘みが足りない時に使う。長崎ではカステラ、諫早と大村では黒砂糖をたっぷり使った『黒おこし』。佐賀の『丸ボーロ』、飯塚の『ひよ子饅頭』など、歴史を重ねた店が旧長崎街道沿いに今も繁盛しているが、実は長崎に近づくほど料理で使う砂糖の量、甘みは増してくるようだ。

大村藩領に入る手前、佐賀藩領の嬉野は全国に知られた古くからの温泉地である。自伝には記されていないが、恐らくここでひと風呂浴び、地酒を飲み、長旅の疲れをいやしたことであろう。

嬉野を早朝に立てば、午後には大村城下に着くことが出来る。藩境からは急な下り坂が続く。暫くすると前方には波静かな大村湾が見える。誰しも、海が見えた瞬間、故郷に帰って来たという感慨が沸々と湧いてくる。山道を下りながら進むと、周りは茶畑。何とも清々しい景色ではある。

長い坂を下り切った所の海のそばに彼杵《そのぎ》の宿がある。

ここは西海捕鯨で捕れた鯨の肉を積み下ろし、九州各地に売りさばく鯨肉の集積地である。秀吉の命により磔刑となった「二十六聖人」はここから船出し、対岸の時津に着いた。そこから緩やかな道を経て長崎に向かったのである。

彼杵から海沿いの山道を進めば、更に周りには茶畑が広がっている。大村湾を右に見て、その穏やかな光景を目にしながら千綿《ちわた》宿を過ぎ海沿いの街道を松原宿へ。シーボルトも江戸参府紀行に書いているが、街の至る所から鉄を叩く「鎚音《つち》」が聞こえたという。

松原という所は鍛冶の町として知られ、安来《やすぎ》の鋼が佐世保湾から大村湾を経て海から船で入っていた。海陸の交通の要衝地。街には大名など高位の者が宿泊する『御茶屋』があり、山から湧き出す豊富な水で造り酒屋が繁盛していた。ここまでくれば城下までは二里半。平坦な道がどこまでも続いている。

途中、長崎街道沿いにはキリシタン処刑地があった。

「胴塚」、「首塚」、「斬罪所」。特に江戸初期、大村藩ではキリシタンを厳しく取り締まった。それはかつてキリシタン大名であったが故、江戸初期には幕閣から厳しい嫌疑を掛けられ、藩取り潰しの危機的状況にあり、キリシタン色を払拭しなければならなかった大村藩ならではの背景があった。

明治初頭の天領長崎で起こった「浦上四番崩れ」を、新政府の責任者として断罪しなければならなくなるとは、

大浦天主堂

この時の昇は思いもしなかった。

大村宿も間近となる頃、長崎街道は途中なぜか道が曲がる。曲がった先に見えるのが大村藩主の菩提寺である日蓮宗本経寺。その墓地には、六メートル近い巨大な藩主の墓石が並んでいる。それが街道沿いに見える、というより見せるように配置している。かつてキリシタン大名であった大村家は、今こうして深く仏教に帰依しているという事を、街道を通る長崎奉行を始めとして多くの旅人に「見せた」。

路はここで直角に折れ、海岸の方に進み、さらに左に折れて街道を進むと大村宿に着く。宿で最も大きな屋敷が捕鯨で財を成した深澤儀太夫の屋敷。ここは、長崎奉行や諸大名たちの宿舎（本陣）となっていた。さらに進んだ海岸沿いに玖島城と上級武家屋敷街がある。

昇の屋敷は、城に向かって緩やかに下る岩船という丘の上にある。少し前までは、入り口近くに馬小屋の跡があった。その奥が母屋になる。このあたりの武家屋敷の敷地は大体五百坪以上はあるだろう。屋敷内には必ず屋敷畑があり、そこでは日々の暮らしで食する野菜が作られていた。

昇が大声で帰ったことを知らせると、母が驚いたように玄関に飛び出して来た。昇が江戸に出てからすでに六年の歳月が過ぎていた。立派になった昇を見て、母はたいそう喜んでくれた。父も喜んでくれたのは言うまでもない。藩庁に帰藩したことを報告し、その夜、父母と兄清も囲んで食事となり、酒も存分に出た。

あれから六年。随分とあか抜けた昇を見て、母は涙ぐんでいた。兄とは江戸で僅かに会ったきりの再会。兄も男盛りで藩でも要職を務めている。それに随分と貫録を増していた。

江戸での事が話題に上った。練兵館での修業の事はもちろん、江戸の町の様子も気になるらしく、父も兄も酒がまわったせいもあったろうが、話は尽きなかった。昇も飲んだ。だが、それ以上に藩内の事が気に掛かっていた。だが、今ここでそのことを聞くのは、親兄弟の中でも控えた。

大村に帰って間もなくした頃、長州藩が馬関で攘夷決行するらしいことが伝わって来た。いよいよ、高杉らが攘夷を決行するか。昇は居ても立っても居られなかった。

源四郎に「気を失うべからず。現地に赴き戦いの様子を知らん」と言うと、源四郎も同じ考えで、少し待てと言って密かに藩に根回しをし、藩もこれを許した。

源四郎が、外国船を砲撃するとなれば砲技を良く知る者を帯同してはどうかと言った。そう言えば従弟で千葉茂手木なるものがその技に詳しい。聞いてみようということになった。そこで千葉に相談すると、千葉は応諾した。父母にこのことを話すと、母は泣いて「国事に死するはもとより悔いはない。ただ病気だけはするな」と八幡大神の御札を持たせてくれた。

一見大げさに思える母の言葉も、この時代に死病として恐れられた「疱瘡《ほうそう》」の怖さを知っているが故。疱瘡ならずとも、様々な病気で人生を晩年までつつがなく過ごすということは難しい時代であった。事実、今回周旋してくれた冨井源四郎は病を得て間もなく亡くなることとなる。

それから昼夜兼行で馬関を目指し、白石正一郎の屋敷にいた高杉晋作を訪ねた。白石は海商として知られる素封家で、勤王の志が高く、終生高杉の支援者として惜しみなく財をつぎ込んだ。自伝には高杉と共に櫻山の別業に宿すとある。高杉は「前田の砲台から事を起こす」と言った。

その後長府に行き、野々村勘九郎に会って高杉との話をすると喜んでくれた。野々村は剣客としても知られ、長府藩報国隊の都督として活躍するが、後に幕末の藩内抗争に巻き込まれ、汚名を着せられたうえ切腹させられた。昇は暫く馬関に逗留し、平穏を取り戻した頃大村に帰った。帰ると源四郎が「姦吏を暗殺して勤王の士気を高める時だ」としきりに言った。何か期するところがあるようだ。

「今決行すれば、仲間も死ぬことになる。僅かの同士しかいない今、その後はどうするのか。今は仲間を増やし、これからのことを謀るときだ」

珍しく冷静な昇の言葉に、血が上り詰めていた源四郎もその意見に従った。源四郎は、「そろそろ盟主を選ぶべき時だ。今信用できるものは稲田東馬しかあるまい」と言った。あの『回天詩史』を五教館に持ち込んできた男だ。稲田の家は藩の家老職で、東馬は藩主純熈の側近となっている。

昇もその意見には賛成だった。だが帰藩して間もない事でもあり、藩内事情が良くつかめていないのも事実だった。稲田は良しとして、昇が考え込んでいると源四郎が、「相談する相手としては、大村勘十郎、田中慎吾がいるが、お前は二人のことをどう思う」「兄の清、楠本は仲間にしても良いと思うが、あの田中如きは信用できぬ」と答えたものの、昇も確たる自信は無かった。それから数日も経たずして源四郎は重い病に罹った。

「決して昇に余が病状を知らせるな」死の床に就きながら源四郎はそう家族の者に言った。

その時、昇は福岡に出張しており、帰ってこれを聞いたので、慌てて源四郎の元へ駆けつけると、なんと源四郎が死んだのはその日の事であった。日頃骨肉のように親しかった源四郎が、今は幽冥の彼方に去ってしまった。昇は呆然と立ちつくした。もし源四郎が生きていれば、大村藩勤王三十七士同盟の中核として働いたに違いあるまい。

稲田東馬（又左衛門）

このことがあって暫らくした頃、国を出て諸国漫遊の旅に出ることを思い立った。次男というのはこういう時に自由が利く。得意の剣を教えながら、諸藩の様子を知るのも良かろう。冨永快助を連れ大村を発した。

楠本正隆が筑後の柳川まで送ってくれた。柳川では練兵館の渡辺が来たと言って厚遇してくれた。

ここで楠本と別れ、松崎駅に宿を取って滞在した時、全国的に疱瘡が流行していて冨永がまずこれに罹り、それから二三日して今度は自分が罹ってしまった。

大村藩では疱瘡が流行ると、「山揚げ」と称して山に隔離するのが江戸初期以来の厳しい習わしで、藩主のお姫様でさえ「山揚げ」で隔離されなければならなかった。ジェンナーが発見した牛痘によるワクチンが長崎に届けられるまでには様々な方法が試されたが、長崎に着いた頃には種痘菌は死んでしまっていた。牛痘の知識は活字では伝えられるものの、肝心のワクチンが届かない。

長与専斎（長与俊達の孫）

江戸初期以来の「人痘鼻種法」から、人痘の瘡蓋をすりつぶし、腕に接種する「腕種法」が始められるのは、ジェンナーのワクチン接種の方法だけが伝わったためであろうが、これも真正の痘瘡に罹患する危険性を同時にはらんでいた。藩によっては禁止したところもあったくらいだ。結局、紆余曲折、試行錯誤の末、何とか長崎に生きた菌が届き、日本で接種が始まるのは一八四九年で、ジェンナーの発見から半世紀後。その効果は絶大であったことが知られている。

これを境に大村藩でも山揚げは無くなっていったようだが、どうも二人は大村藩医の長与俊達らが始めた「種痘」の予防接種はしていなかったようだ。これではどうにもならん。一旦藩に帰って養生するほかはないと思い駕籠を頼んだが、さすがに応じてくれる駕籠屋もなく、冨永を助けながら肩には剣道具を担ぎ、ふらふらしながら歩く二人の様子ときたら名状しがたい有様であった。

もちろんどこの宿でも宿泊を断られた。久留米の松崎宿から大村までは、歩けば急いで二、三日。夜は神社や寺の境内に泊まり、食事は握り飯を何とか調達して凌いだ。

やっと家にたどり着くと楠本が直ぐに見舞いにやって来たが、彼もまた罹ってしまった。

この様な訳で、漫遊の志はついに果たされることはなかった。

三十七士同盟の端緒

剣の師匠である斎藤歓之助は、既に中風を患っていたが道場にはたまに顔を見せていた。大酒のせいであろう。往年の勢いはさすがにないものの、眼だけは威厳を称えていた。いよいよ年も暮れそうになった頃、斎藤歓之助が言い出して「半夜立ち」と呼ばれる試合をしようということになった。「半夜立ち」とは、強い相手に対して弟子たちが入れ代わり立ち代わり挑み続けるもので、卯の刻日の出から（午前六時）午の刻（午前十二時）までの六時間、人を入れ替え午の刻から酉の刻日の入り（午後六時）までの半日ぶっ通しで行う稽古の事である。

昇は江戸に上る前にすでに体験していたが、先輩の柴江運八郎にこれを相談してみた。柴江は昇と共に大村藩を代表する剣士で、明治の半ば、大日本武徳会が結成され、昇と共に最高位の範士号を授与された七人うちの一人だ。昇が、「半夜立ち」はすでに経験してきたところだ。終夜これをやってはどうか。

「それは面白い」柴江はすぐに賛同してくれた。

師の斎藤歓之助に相談するとこれも許可がでた。さらに朝長榮太郎を入れることとした。大村藩の「終夜立切」はここに始まった。一見無謀とも思える猛稽古だが、これは時代の持つ一種の雰囲気というより狂気に近かった。だが、不思議と咎めるものもなく、昇の母は眠ることなく八幡大神に祈り続けた。父も道場に来て見守った。夜が明けようとした頃、一人がやって来た。技は拙く剣術にもなっていない。酒に酔った者の如くへっぴり腰で、頭に来たので憤然としてこれを叩きのめした。男は転倒し、面具を外すとなんと兄の清であった。

清は剣術の方はあまり得意ではなく、まあ仕方があるまい。酉の刻になったところで終了した。藩ではこれを大いに褒め、報償金が下された。

その日の夕方、兄が「お前に内々聞いてほしいことがあるので近いうちに長岡治三郎の家に来い」と言う。

言われた日の夜、屋敷を抜け出した。冬の夜は人通りも少なくすれ違う者もいなかった。治三郎の家は近くの武家屋敷街の一角にある。あの荘新右衛門の屋敷も近い。訪うて来意を告げると直ぐに座敷に通された。座敷にはすでに見知った顔の長岡新次郎、根岸陳平、中村鉄弥と清が座っていた。

清が「お前は今の藩の状態をどう見るか」と問うたので、常日頃思っていることを述べ、合わせて天下の形勢についても述べた。六年の江戸での修業はだてではなかった。一座の者たちは同意見だと賛同し、我々と一緒にやらないかと言った。内容は藩の改革だ。

日頃、兄には国の動静について話すことはあっても、藩内の事に関しては父母もいることだしそれほど深い話はしたことがない。狭い屋根の下で、兄と時局を談じると言っても遠慮はある。兄が自分をここに呼んだのは、日頃の自分をよくよく観察しての事であろう。

ここで昇が「もし実行するとして、賛同してくれるのは貴公たちだけか」と聞くと、皆がそうだと言うので、「稲《いな》田東馬《だとうま》、楠本正隆《くすもとまさたか》、大村勘十郎を入れるべきであろう」と言うと、一座の者たちは、針尾九左衛門を推して盟主となし、松林飯山《まつばやしはんざん》を加えるのはどうかと言った。話はどうもかなり進んでいるらしい。

「松林の如きは一介の学者に過ぎぬ。言葉だけが先走っている。死を共にすべき人物ではない」と昇は言ったが、兄清から、「ここは人の好き嫌いで判断すべき時ではない」と諭されたのでそれに従うこととした。

長岡治三郎《ながおかじさぶろう》の家の床の間には「幽竹」と書いた扁額があったため「幽竹の間」と密かに名付けられた座敷で後に三十七士同盟となる最初の密談がなされた。このことは治三郎の息子で原子物理学者、大阪帝大初代総長長岡半太郎が書き残している。

この日が五人が会った最初で、中村鉄弥の談話によれば文久三年（一八六三）十二月中の事であった。この会談の後、清は飯山を説き伏せた。案の定こちらも昇のことを良くは言わない。

「事に当たって、もとより異論はない。だが貴弟のことは良く知っているが暴論暴客の徒で粗暴な男だ。楠本に至っては小人物で、とても共に事をなすことは出来ぬ」

「この会の立ち上げを言い出したのは昇である」

清は諄々として事の成り立ちから説明した。そこでやっと松林はこれに従うということになった。後日、昇は松林を訪ねて、「少々狂暴な所があることは自分でも分かっているつもりだ。楠本が小人物であるかどうかは知らないが、見るところのある男だ。将来看過できぬことになっても、君に迷惑はかけない。気に留めるな」

「君の誠の意志は良く分かった」松林は笑いながらそう言った。

松林は江戸の昌平黌で学んだ後、仙台の岡鹿門、三河の松本奎堂と共に、大坂で「雙松岡塾」を開設し、尊王攘夷思想を広めた。思想家としては世に知られた存在になったが、幕府に目を付けられ、塾は早々に閉じて大村に帰っていた。従って、藩内でも尊王思想家としての飯山の名は高かった。二人はほぼ同時期に江戸に出ているはずだ。飯山は昌平黌に寄宿か江戸藩邸に在住したかだろうが、昇自伝には江戸での飯山は一行も登場しない。二人は性格も全く違う。

昇らにしてみれば、知識をひけらかすだけで、鼻持ちならぬやつと映ったかもしれないし、一方飯山には、論理が分からぬ乱暴者と映っていたのかも知れない。ともあれ大村藩勤王団結の基は、こうして粛々と進むこととなった。その夜、清の家に集まり会則を定めた。

その大意は、一小藩の中でそれぞれが徒党を組み、派を分かつことは絶対にやめるべきだ。時勢を知り国家のことを憂い、志を同じくする者のみがこの会に入ることが出来る。故に盟約の事は、父子兄弟であっても意見が異なる者がいれば、決してこのことを漏らしてはならない。皆心を同じくし、進退死生を同じくし、藩を脱藩して事をなすような軽挙をしてはならない。このほか数ヶ条あり、皆それに血判を捺した。

こうして仲間が少しずつ集まり始めた。

暫くして家老針尾九左衛門を盟主とした。針尾家は藩校五教館のすぐ傍で、玖島城登城口にもなっている。

今、その長屋門の一部が、家主の厳然とした意思だろうが一部修復されながらも残されている。昇の屋敷からも五～六分と云ったところであろうし、その他の盟約者たちも言ってみれば皆ご町内といった狭い武家屋敷街なのである。だがここには、三十七士同盟とは立場を違える武士たちも多く住んでいた。実際に三十七人が同志として集まるには、もう少し時間が必要だった。

席上、稲田東馬の事に話が及んだ。稲田は藩主の傍に仕え、恐らくは盟約に加担することはあるまいなどと様々意見が述べられたが、中村平八に説得させてはどうかとなった。

ある晩、平八の報告を受けることになった。ところが深夜になっても平八が戻って来ない。皆が気をもんでいる所に平八がやってきて、「上手くいかなかった」と声を落として言った。中村が話を持ち出すと、稲田はたいそう怒っていろいろ言われたとその時の話を詳しく語った。

それで皆、がっくりと肩を落とした。我々の計画が藩主側近の稲田にばれてしまった。どうしたものか。期待は外れ、皆が肩を落として静まり返った。

昇が「皆何を悩むか。俺に考えるところがある。ここはひとつ自分に任せてくれないか。しばらく待ってほしい」と言うと、飯山は「待てとは一体どういうことか。事ここに至っては」とたいそう心配したが、衆議も尽き昇に任せようということになった。

それから暫くした夕刻、稲田の屋敷を訪れた。歩いても五分といったところだ。談笑して深夜になった頃、血盟の話に及んだ。稲田はしばらく考えて「中村平八とは親しいのか」と聞いた。

「いや」と答えると、稲田は再び考えこんだので、お前はどう思うのかとその真意を聞くと、

「考えは中村の言う通りだと思う」

「では賛成なんだな」

「そうだ。賛成と言うのはもとよりその考えだが、唯一つ気にかかることがある。昨晩、平八が来て血盟の話を

したが、藩の重大事をあまりにも軽々しく話す態度が頭に来たのだ。だから怒って追い帰してやった」

「平八を責めたのは、自分は今主君の傍にある身で、党派に属するということは出来ぬ身なのじゃ。ところが平八め、そんなことも分からずぺらぺらと」

尤もなことだ。昇も稲田の言に深く感ずるところがあった。藩主の側近ともなれば、一党に属することは出来ず、常に誰からも見られているので、立場を明確にすることは避けるはずだ。

「貴君の考えは良く分かった。今日の事は誰にも話さん」、辞去しようとすると稲田は「ところで同志は誰々なのだ」と聞いたのでその名前を明らかにし、中村平八の名を挙げたところで「どうだ、俺が鎌を掛けた意味が分かったであろう」

昇は笑って「君が話したことは、二人だけの秘密にしておこう」

稲田は笑いながら「お主は、上手く人を欺く」と言った。兄の家に戻ると、皆が首を長くして待っていた。会って話したことを伝えると、皆大いに喜んだ。稲田は藩主純熈にこのことを内々に報告した。純熈が藩主就任から秘密裏に進めていた藩政改革の重大な一歩が始まったのだ。だが、藩内に目を転じると、今だに旧態を支持する保守派、佐幕派と称される者たちが多くいた。否、むしろそうした者たちの方が断然多い。清、昇らの勤王派はまだ藩士のほんの一部でしかないのだ。少し違うとすれば、勤王派は皆、少壮の者たちであった。

大村藩の場合、改革のお膳立ては藩主主導で始まり、三十七士同盟（この時点では同盟と言うより密約と言った方が良いが、混乱を避けるため「同盟」としておく）の結成で藩論形成の歯車が少し回り始める。

家老針尾九左衛門を同志に迎えることに成功した経緯は自伝には記されていないが、稲田あたりから出たのかも知れない。勿論、藩主純熈も承知の上であろう。この辺りから同志も徐々に増えて行った。その血判書は針尾九左衛門が屋敷に保管したという。

三十七士が全て揃ったのは、「慶應の末に至りて」と臺山公事蹟に記しているので、鳥羽伏見の戦いで大村藩が参戦する、慶應三年十二月末と考えてよかろう。

言路洞通の端緒

同志、大村一学の家に集まった時、この危急の時に臨み、皆が誰しも自由に自分の意見を述べる場が必要だ。そうした意見を君公にも知ってほしいということになった。この時代、どこの藩でも一介の藩士が藩の方針について自由に意見を述べることなどなかった。戦国時代ならいざ知らず、藩の上下を問わず、各人が意見を述べれば藩政としては収拾がつかなくなる恐れがある。だが、時代は大きく変わろうとしていた。既得権にしがみついている上層部。いや上層部だけではあるまい。藩の体制が出来上がって以来、因習となってそこから抜け出せなくなっている多くの藩士達。時節を見ないなどということが許されようか。

だが実際はそうではなかった。藩の有力家臣を中心に、その方針を殿様が追認する。これがどの藩でも、多かれ少なかれ見られた姿であったろう。既得権を放棄するなどということは、未だ出来なかったのだ。

それが「外国人の跋扈《ばっこ》」という事態の急変の中で、攘夷、尊王を唱える若者たちによって次第に変わりつつあった。大村藩でも、そのように感じている若手、軽輩の藩士は多かった。昇も江戸にある時、何度辛酸をなめさせられたことか。

「もし、藩庁でこれを拒むものがあるとすれば、必ずそ奴を罰しようではないか」

「それでももし罰される者があれば、別の者が再び立ち上がり、それが絶え無く続けば藩庁としてもどうしようもあるまい」若い同志たちは本気でそう言った。

ここで昇は自分の意見を述べた。「まず藩庁から言路洞通の命令を発せさせ、その後に意見を献じなければ、あの俗吏どもは必ず反対するに決まっている」「皆が言うようにやれば、藩の上下の者たちに徒に疑念を生じしめ、藩のためには益にならず、結局破裂して血を見ることになる。だからこそ、ここは皆で知恵を出し合って、藩庁をして命令を発せさせ路を探るべき時だ」と。

飯山は違った。「それは言うことと行うことが違う発言ではないか」

根岸陳平は、「自ら進んで献策し、罪を得たとしても男子の本懐で、何ら恥じることはない」と言うので、

「自分一人が志を貫き通しても、それで官吏が意を通じてくれればよいが、そうでないときはどうするのか。言うだけならだれにもできる。問題はどのように実行するかだ」

気色ばんでそう言ったが、賛同者は楠本と十九貞衛だけであった。練兵館にいた時も、こんな勇ましい意見を言う者が多かった。だがそれだけでは改革は出来ない。昇は違った。全体意見として纏まらなければことを成就することはできない。昇はここでも自説を曲げなかった。飯山は憮然としながら続けた。

「行うべからざる空論に固執して、今なにも行うことはできないなどと言うのは粗暴な昇だけだ。議論にもならん」と言い放った。

烈火の如く頭に来た昇だが、ここは意に介さぬふりをして、

「行うべきか、行わざるべきか、一体誰がこれを決めると言うのだ」と吐き捨てるように言った。

「諸君、この私に半年の時をくれぬか。自分が言ったことが空論か否か見て貰おうではないか」

一座の者は、この剣幕に黙然としたが、
飯山は冷ややかに「あとは渡辺君の責任に任せよう。諸君黙って見ていようではないか」

陳平は、「できうれば、その方策とやらをここで聞きたいものだ」と言った。

「自分が言ったことが半年後に出来ていなければ、君たちから面に唾を吐きかけられても構わない」

昇の言葉に威圧されたのか、或いは呆然としたのか、「予が屈せざるを察し、委するに決す」。昇の強弁にあきれてものが言えなかったのかも知れない。

分かれて家を出ようとしたとき、時はすでに五更（朝四時頃）で空は晴れ月あかりであった。どうだ、一緒に帰ろうではないか。陳平がそういうので、日向平の所まで行くと、陳平は昇に諭すように、

「君はいつも松林と意見がぶつかるな。松林は随分気にしているぞ。少し用心した方が良い。双方が一歩も譲らないとなれば同盟にひびが入りかねない」

いつもそのことが気には掛かっていた昇だが、こう答えた。

「ご忠告感謝いたす。しかし松林は持論を述べ、自分もまた見るところを吐露している。要するにそれぞれが思うところを述べているに過ぎない。唯、議論するたびに意見が異なるのは如何ともしがたい。どうか気にしないでほしい」

楠本正隆

翌日、楠本が来て、

「言路洞通の策は果たして通るだろうか。成り行きはどうか」

「いや、分からん。頼むべきは稲田ただ一人だ。今藩主の傍には稲田と荘新右衛門の二人がいる。稲田は自分の考えを理解してくれているが、荘が稲田を助けてくれるものか、それが分からないでいる」

「気にかけるな。荘がもし稲田の意見に従わないときは俺に考えがある」

昇が驚いて顔を上げると、

「奴の寝所を探り当て、深夜に乗じて部屋に銃弾を撃ち込むのさ。どうせ当たらないさ」と真顔で言う。

「奴は、外面ではいかにも強そうなふりをしているだけで、一発お見舞いすれば驚いて従うさ」

昇は普段は理性的な楠本の言葉に驚き、振り向いた二人は大笑いした。楠本は昇と同じ天保九年の生まれで屋敷も近く、なぜか小さい時から馬があった。

楠本は後年、新潟県令、東京府知事、衆議院議長などを歴任する人物で、大久保利通に気に入られた実務家肌

クララ・ホイットニー

の人物である。因みに、昇の姪筆子の友人となったクララ・ホイットニーの『クララの日記』の中に出てくる東京府知事、楠本のおじ様とはこの人のことである。

その頃、勤王の志のある藩は、幕府の嫌疑を恐れ、他藩の動向を探る動きが活発になっていた。大村藩もまた勤王の考えに傾いていたが、幕府並びに長崎奉行は各藩の動向に目を光らせていた。特に大村藩は藩主純熙が長崎惣奉行の立場にあり、幕府とは微妙な関係にあった。もう一人在任している長崎奉行も間諜を各所に忍ばせていた。大村藩もそれは承知の事。大村藩主の行動記録『九葉実録』にその一端が書かれている。

元治元年七月、各藩でも動きが出始める中で、大村藩は長崎奉行所に間諜を入れる事に成功した。その記録を紹介しておこう。

時態漸ク変遷シ、天下ノ方向多岐ニ渉リ、我藩勤王ノ主唱タルヲ以テ方ニ幕府ノ嫌忌ヲ来シ、各藩モ亦切ニ藩情ヲ探知スルノ状アリ　公、深ク之ヲ憂ヘ衆ニ議シテ曰、物議紛紜事若潰裂セハ、小藩微力何ヲ以テ之ヲ支ヘン我、先ツ事情ヲ探偵シ、以テ進退其宜キヲ取ルニ如ス之ヲ要スルニ長崎奉行服部長門守ニ間諜ヲ入レ、其機密を認メハ擧措意ノ如クナラサルナント　此時ニ當リ奉行大ニ撃剣ヲ主張シ、特ニ其良師ヲ需ム　其撰ヲ徴スルニ梅沢武平乃チ其人ナリ　武平、家族多数家計ニ窘急スルヲ偽唱シ、七月八日長崎ニ遣ル　夙ニ聞ク小安利平次ナル者奉行配下頗ル奉行ノ寵ヲ得、百事ニ鞅掌スト　之ニ由ナラント欲スルモ敢テ其緒ヲ得ス遂ニ渡邊昇往テ小安ニ謀リ奉行ニ接遇セシム　武平其期スル所ニ背カス信任日厚ク長崎剣法取立ト成、益鞠窮尽力以テ事情ヲ探知報道スルヲ得タリ大村藩では藩主を中心に勤王を主唱しているが、幕府はこれに嫌疑を持ち、他藩も大村藩の藩情を知ろうとしている。そこで長崎奉行服部長門守の動きを知るために、間諜（密偵）を入れ、その動向を探ろうとした。この時、奉行は剣術を奨励し、優れた剣術師範を求めていた。

そこで武芸の心得のある大村藩士梅沢武平を、家族が多く家計もひっ迫して困っているという触れ込みで長崎に遣り、奉行に接遇する機会を得た。武平は期待に背かず、奉行の信任を得て剣法取立となり、長崎奉行周辺の情報を探知することとなった。実はこの時、大村藩では長崎奉行への伝手を求めたのだが、どうすればよいものかと迷った。そこで渡辺昇は長崎に行き、奉行の配下で信任の厚い小安利平次に謀り、奉行に接遇することが出きたという。昇がどのようにして小安を知っていたのかは書かれていないが、大村藩主純熙は長崎惣奉行であり、小安は役職上は純熙の配下という事でもある。

さて梅沢武平は「勤王三十七士」の一人。昇の従弟で一歳年下である。家禄は六〇石、二〇騎馬副で、家禄だけで言えば渡辺家が四十石であるのでそれより多い。天領長崎を舞台として、幕府、長崎奉行と各藩の思惑が、姿を現さないものの虚々実々の動きが活発化して行った。

小田村文助（楫取素彦）

七月の下旬、長州藩士小田村文助が長崎に来て長州藩邸に入った。丁度長崎に出て情報収集に努めていた渡辺清、長岡治三郎が小田村と会い、国事の事について議した。小田村は後に藩命で楫取素彦《かとりもとひこ》と改名したが、長州藩を代表する元勲の一人である。純熙は再び長崎にいる小田村の元へ、昇と治三郎を遣った。その時、幕府の者に悟られぬよう、密かに夜に乗じて小田村を訪ね長州藩の「定論」を問うた。

「談論数刻示スニ奉勅始末薩州功罪案等ノ書ヲ以ス」（『九葉実録』）

これは、八月十八日の政変で朝廷から追放された長州藩が、朝廷に申し開きをするため「奉勅始末」と称する一書を作成したものである。

小田村は大村藩の定論とするところを聞いた。

「大村藩は小藩であるため、独立して動くことは出来ない。唯、志は一藩を挙げて天下の公儀に斃れんのみ。同志の列藩と共に、天下の国是を定め皇国を維持せん」

小田村はこれを善とし、続けて佐賀藩はどうかと聞いた。

二人は「必ず事を共にすべき藩に非ず」と答えた。この時点では、大村藩の佐賀藩に対する警戒心は強いと言わざるを得ない。佐賀藩にしてみれば、文化五年（一八〇八）のフェートン号事件での大失態がトラウマとなっており、幕府からの嫌疑はことさらに避けなければならない事情があっただろう。

小田村が「嘗て筑前侯が我が君と防州小郡で会い、国是を議した。その臣黒田山城（立花弾正）は老練の人で直實の人である。会って見られては如何か」と言う。話が進んだ頃、小田村が声を落として言った。「実は藩から密命を帯びてやって来た。大村藩執政とお会いしたいのだが」

「話の中身とは何か」

三人は密かに語り合い、中身を具体的に整理した。これが長州藩と大村藩の交わりの最初であると記している。

実はこの時、長州藩は幕府に睨まれることとなり、藩庁でも大いに物議をかもした。このことは必ず幕府にも漏れて行くだろう。不測の事も起こるやもしれぬ。ここは速やかに謝絶した方が良かろうと。

昇は回想する。「予大に其の説を排して曰く　長藩縦令幕府の忌む処たるも堂々たる一諸侯なり　諸侯にして使節を派す　未だその意の奈何を知るへからず　而して卒然之れを謝絶す　無礼亦極まる　必や禮を以て之を迎え　その言ふ所　若し我藩論に適せさるものあらは　初めて此れを拒絶して可なり」。

幕府が敵対視しているとはいえ、その態度は堂々たるものだ。その藩が公式に使節を大村藩に送ろうとしている。これをただ謝絶するというのは無礼極まるものではないか。礼には礼をもって使節を迎え、その申すところが我が藩論と異なるとき、初めてこれを拒絶するということになろう。

この時、藩主純熈は長崎惣奉行の役職に在った。

直ちに捕らえることもできる立場である。だが、小田村に会うように命じたのは純熈自身である。まだ話を聞く前から疑り、これを拒絶するのは如何なものか。私から話をしてみようと言い、藩庁でも礼をもって使節を迎えようということになった。それから長崎に行き、浅田執政に使節迎え入れの方策に就いて聞いた。

ところが浅田は、「大村にいる同僚たちは夢中になっているようだが、今、我が藩に長州藩の使節を迎え入れれば幕府に反抗する意思があるかのように映ってしまう」。

浅田は怒鳴り散らしながら自分の部屋に入ってしまった。昇は怒って部屋まで追いかけたが、どこにどう隠れたものか姿を見せぬ。再び訪れたが、対応した者は「不在」と称して会うことが出来なかった。仕方なく大村に帰り藩庁に事の次第を報告すると、藩庁では書を浅田に送り、自分をまた長崎に行かせようとした。

「予病と称して出でず」

昇にしてみれば、また会えずじまいで、会うのも嫌な奴だと思ったに違いあるまい。鬱々としていると、稲田から屋敷に来いと手紙が来た。行ってみると、

「そなたに不平があることはすでに皆が承知している。心に密かに決めたものもあるであろう。だが、君臣が国のことを憂い、一身をささげる時は必ず来る。今は小さなことに固執して、将来の大計を見誤ることがないよう」

と諄々として諭され、その心からの慰留にはらはらと涙が下った。

帰ろうとすると、稲田は見送りに出てきて、庭の老樹の前で手を握り、怒りに任せてはならぬと諭し、「浅田執政には内々使いを出し、藩主の命令で諭している」と言う。荘新右衛門がその命令を浅田に伝えたことをここで初めて知った。夜も更けたころ、家には帰らず舟で時津に向かった。時津に着くと駕籠を呼び長崎を目指した。

宿の外れまで来た時、提灯をともしてやって来る早駕籠に出会った。

近づいてみると荘新右衛門ではないか。向こうも気が付いて「昇君ではないか」と声をかけて来た。駕籠を降

り、人を遠ざけて話をした。

「浅田は狂っているぞ」、それを藩庁に告げに行くところだ。渡辺君、長崎に行く必要はないと言った。

「今にしてみれば、言路洞通して上下の考えを詳らかにし、国家の事を考えなければならぬ時だ」

「ああ　初めて貴君の真意を聞くことが出来ました。こんなにうれしく思ったことはありません。長崎から帰ったら、大いにお話をしたい」

昇はよほど嬉しかったと見える。「楠本の奇策はこれで無くなったな」。荘と別れたあと長崎に着いた。その足で直ぐに長州藩邸に小田村を訪ねた。小田村は隠れるようにして自分を呼び、

「昨日そこ元に手紙を出したが読んだか」

「否」

「我が藩では事態が急変した。幕府が兵をあげ我が藩を攻めようとしている。自分も夕方にはこの地を去らなければならぬ。ただ藩の使命を貴藩に直接伝えられなかったことが心残りだ。今から長崎の大村藩邸に赴き、藩の使命を果たしたい」

「いや、それは止めた方が良い。お主も知っての通り、我が藩執政の浅田は佐幕党の首魁で、我ら勤王党を妨害しているのは知っているな。今は黙っておけ」

長州藩邸を辞去した後、浅田と会った。

「荘新右衛門に会ったか」

「否」

「藩庁では既に長州藩の使節を礼遇することが決まったが、藩内で会うと色々と物議が多い。仮にこの屋敷に使節を迎えて、事を浅田閣下に申し上げると言うのは如何に」

浅田は喜色満面。笑って「それが良かろう。そなた周旋してくれないか。もしそうなれば、そなたの功績が最

も大きいと言うことになるぞ」浅田は昇の顔を覗き込むように言った。このあたり、昇の成長の証であろうか。ともあれ、再び小田村を訪ね、午後に藩邸を訪ねてくれるよう約束した。狭い長崎のこと。藩邸までは目と鼻の先だ。浅田はしきりに、小田村が来るのは何のためか分かるかと聞くので、それは分からないと答えておいた。その日の午後、小田村が藩邸を訪ねて来た。応接送迎がすべて終わり、浅田が、これはお主の力だと言うので、人間の事と言うのは奇妙なものであると笑って答えた。

直ちに大村に帰って報告し、その足で荘を屋敷に尋ね「言路洞通」のことを相談した。荘は周旋を約し、昇も各執政を説いた。だが、このことは同志には告げず、兄と楠本のみに話した。

第四章　薩長同盟の道筋

長州藩邸の収公　元治元年八月

前年（文久三年）の「八月十八日の政変」で京都から追放されていた長州藩では、何とか巻き返しを図っていたが、元治元年六月五日京都の池田屋で、長州藩・土佐藩・肥後藩などの尊王派が会合中、新選組の近藤勇らに踏み込まれ、宮部鼎蔵・石川潤次郎・吉田稔麿・大高又次郎・北添佶摩・杉山松助など各藩の勤王志士達が切り倒され、その他多くの志士達も傷つき、捕縛された。

桂 小五郎（木戸孝允）

この事件では、桂小五郎が運よく難を逃れることが出来た。桂は会合に参加すべく、先に池田屋に来たものの、まだ誰も来ていなかったので、対馬藩邸で大島友之允と話をしていて遭難を逃れた。

各藩勤王方の中心人物たちが討たれた影響は大きく、これにより維新が遅れたという説もある。長州藩は、この事件をきっかけに激高した強硬派に引きずられる形で挙兵・上洛し、七月十九日に禁門の変を引き起こした。

公武合体が叫ばれる一方、長州藩では天皇を中心とした政権の樹立を目指して討幕を考える者たちが増え、それが挙兵に結びついたということもあろうが、更にその背景をなしたものに、文久元年の対馬で起きたポサドニック号事件を巡る幕府の軟弱な対応も、長州藩の人々に幕府に対する不信を醸成していたのではなかろうか。

文久二年に幕府が上海に派遣した千歳丸に乗船し、イギリス、フランスなどの西洋列強に半植民地化されている清国の様子を知った高杉が、馬関で外国船を砲撃し攘夷を決行したのも長州藩ならではの事であった。

長州藩は天皇に直訴を試みたのだが、天皇は会津の松平容保を支持し、禁門を守る一橋慶喜、会津、桑名藩など諸藩の兵と激突した。

長州藩内では、桂や高杉など慎重派と来島又兵衛など急進派がおり、家老の福原元僴《ふくばらもとたけ》、益田親施、国司親相は藩主の冤罪を帝に訴えることを名目に挙兵、久坂玄瑞は急進派に引きずられる形で軍の先頭に立った。

この戦いでは大砲も用いられたが、長州軍は会津・桑名・薩摩兵などに阻まれて戦火は拡大し、京は火の海となった。長州藩の主だったものが討ち死にし、逃げ帰る者、切腹して果てる者など長州藩にとっては大きな打撃となった。これを切っ掛けとして、第一次長州征伐の令が幕府から発せられた。

幕府は各地にある長州藩邸の接収を行い、大村藩には長崎の長州藩邸接収の指示がなされた。長崎市中警備の任にあった大村藩が指名されたのである。

この時、大村藩主は長崎惣奉行の職にあったが、幕府旗本の長崎奉行も長崎にいた。ここで幕府は長崎惣奉行と、長崎奉行の両方の責任として長州藩邸接収を命じたのである。

長崎警護は外国船警備のため、福岡藩、佐賀藩が年番で約千名の藩士を配する仕組みであったが、市中警備は大村藩の役目であった。

藩邸の接収などとは大村藩では初めての事で、ここで大村藩にとっては重大な一騒動が起きた。長崎奉行が長崎の藩邸にいた家老の浅田弥次右衛門を招いたところ、弥次右衛門は病気と称して代わりに稲田隼人を行かせた。

長崎奉行所では、福岡藩が非番の年に当たり、佐賀藩は長崎警護のための沿岸防備の準備に忙殺されていたことを理由に、大村藩が長州藩邸を収公するように指示が出された。

「もし大村藩で屋敷受け取りの為の人数が足りなければ、長州藩邸の外を護っている者を奉行所に呼び出して幕府の命令を伝え、奉行所からも何人か人を出すので屋敷を受け取れ。屋敷を受け取った後は大村藩に差し上げる。直ぐに準備に着手し、準備が整ったら奉行所に知らせるように」

これでは大村藩への丸投げである。幕府の体面もあったものではない。これが一朝事が起きた時の長崎奉行所の実力と言うか実態なのである。稲田隼人が浅田弥次右衛門に告げると、土屋善右衛門等の組長を呼び、長州藩邸受け取りの命令を伝えた。長崎の藩邸に常駐していた脇備の者たちも武具を纏い、長州藩邸に向かった。

長崎奉行配下の役人たちも大村藩兵と並んで歩いたが、決して前を進もうとはせず、大村藩の者が先に藩邸に入った。屋敷の周りには長崎の市民が群れを成して集まっていた。奉行所の者が鉄杖を振るってこれを制しようとした。それを見ていた民衆の中から「浪人たちが後ろから襲ってきたぞ」と声がしたかと思うと、皆が我先に逃げだした。その勢いを防ぐことが出来ず、奉行所の役人が最初に逃げた。このため、大村藩士の中には浪人が襲撃したと思い込み、槍を捨てて逃げ出すものもあった。上官や主人を見捨てて逃げ出すものさえあった。

上官とは藩の上役の事で、主人を見捨ててとは家禄の大きな藩士の家来の事であろう。中間、小者たちも次第に藩邸に逃げ帰ってきて、

「大村藩の者たちが屋敷を受け取ろうとしたとき、浪人体の者たち数人が切り込み、大混乱になったのでひと先ず藩邸に引き上げて来た」と浅田に報告した。浅田は「長州藩邸受け取りについては、長崎及びその周辺に潜伏する浪士たちが不穏の挙に出ることもあろうかと予期していたが、果たしてこの事か。今、藩邸の士卒は長州邸にやっているので、邸内には少しの人数しかいない。浪士の輩は大村藩邸の様子を知ってここに来襲するかもしれない。まず備えるのが先であろう。門を閉じ、門外に出ることを禁じ、浦上警備の者（浦上には天領の浦上と

大村領浦上があり、大村領浦上を指して言っている）に命じて終夜藩邸を警戒させるようにせよ」と藩邸の者に指示した。

土屋善右衛門等は、浪人の襲撃は流言であったことを知り、長州藩邸に留まっていた。弥次右衛門の命で長州藩邸に来た岩永由右衛門は、土屋から騒動が流言によるものであったと話を聞き浅田に報告した。これを聞いた浅田は、浦上の兵が長崎に来ることを止めさせ、人を長崎奉行所にやって『長州屋敷の受書』を出させた。

『九葉実録』によれば、純熈は八月十八日付で、脚気療養を理由に長崎惣奉行辞表を提出した。

城下異変

元治元年（一八六四）八月頃であったろうか、夜陰に乗じて蓑笠で顔を隠し、密かに藩主の別邸に密書を奉ずるものがあった。また或いは、城中の大監察の部屋に匿名の書を投げ込むものもあった。その内容は、昇らが勤王説を主張し、幕府が嫌がるのを知りながら、水戸、長州藩の浪士たちを藩内の各所に潜ばせ、我が藩に危険を招き入れている罪を糾弾するものであった。

しかし、藩主は敢えてこれを咎めようとしなかった。これは皆、稲田の働きによるものだったからである。稲田は常日頃より同志を戒めて、「事をなすべき時は、まず密かに君公に伝え、その了解のもとで行うべし。もし公がこれを許されないときは、更に方法を考えるべし。各藩の浪士を領内に潜伏させていることも、密かに公も了解しての事である。」

昇は、稲田の卓見に深く感じ入った。これが本当であれば、大村藩では藩主自らが稲田、江頭など側近を使い、勤王の志を推し進めているということになるであろう。実はここに大村藩が全国に先駆けて、藩全体として勤王藩になっていく伏線を読み取ることが出来る。薩摩にせよ長州にせよ、すべての藩士が勤王で纏まっている訳ではなく、まして藩主主導ということでもない。長州藩の『忠正公伝』に、「大村藩は勤王で纏まった珍しい藩」との表記があるのはこの後の大村藩の事を言っているのだが、そう驚くのは頷ける。

当時藩内では物議をかもすことが頻々とあった。反対党の動きも活発になり、その先鋭的な動きも出始めていた。これも言路洞通の副産物であろうか。日本全国、どこの藩でも勤王、佐幕、或いは公武合体など様々な主張を支持する者が混在していた。大村藩でも同じことではあったが、藩主が方針を出しているので、公然とこれに反対することはなかった。その為、反対党の者たちは密かに集まり謀議をかさねたが、ここに来て、その動きは活発化してきた。

そのため、昇等三十七士の面々も、話し合いを持つたびに郊外の人気のないところを選んでいった。今もその跡といわれる所が山中の各所にある。また普段は針尾執政の家で『回天詩史』の輪講と称して集まり国事を語った。ある日、藩主の長崎惣奉行辞職の事で、これを建議してはどうかと言うことになった。昇は、「公然にこれを建議するのは問題だ。まず稲田に相談し、同意を得たうえで君公に意見をお伝えするのが筋だ」。稲田は君公に伝え、公も了承された。『自伝』では、暫くして藩主純熙は病気を理由に長崎惣奉行職を辞任したとある。いよいよ大村藩が動き出す時が近づきつつあった。

家老浅田弥次右衛門の失脚

かくして長州藩邸の収公は終わったが、藩内では浅田の失態を糾弾する動きが出て、昇も書面で厳しく追及した。自伝には「志士罪ヲ長崎在邸ノ執政ニ帰シ、之ヲ論シテ措カス。予モ亦上書シテ之レヲ極論ス」とあり、藩庁ではこのことを重く見て浅田を罷免。後に謹慎を命じた。これが「言路洞通」の最初の成果である。

長崎での出来事に驚いた幕府は、大村藩に新たに西山、浦上の街道に関所を設けさせ、人の出入りを監視させるようにした(『臺山公事蹟』)

何とも間の抜けたような話だが、幕吏も大村藩士もこの時点では長州藩士の気概には遠く及ばない。だが、ここから大村藩の者たちは確実に動き出していく。実はこのことがあった後、藩にも動きがあった。

藩主純熈を中心とする動きで、その中核を担う者が稲田東馬であり荘新右衛門であった。というよりその方針を明確にしたのは純熈自身ではなかっただろうか。純熈は前藩主純顕の弟で、純顕が病気により代を純熈に譲り、その後は純顕の息子に代を譲る約束が出来ていた。それが先年亡くなった於菟丸君であった。

純熈は島津斉彬、松平春嶽などと並ぶ蘭癖大名でもあった。最初に蘭学を学び始めたのは痘医たちや天文方。大村藩でも長与俊達や川原順左衛門などが始めた。その後に現れるのが「蘭癖」と呼ばれた藩主たちということになろうか。純熈はこうした時代に生まれた新しいタイプの藩主であったのかも知れない。これは、個人の資質や長崎の近さだけではなく、寧ろ参勤交代で江戸に行き、そこで様々な人々との出会いと情報があったからではないだろうか。参勤交代という制度は、こうしたところにも影響を与えていた。

長州藩長崎藩邸収公の失態について、藩庁ではこのことを問題視し、責任者である浅田弥次右衛門、稲田隼人、緒方久蔵の三名は上申書を提出した。日付は浅田が九月九日、稲田が九月十六日、緒方は九月としている。

その内容は、臺山公事蹟、渡邊昇自伝と符合する。十月五日、純熈公が長崎より帰城した。「此夜人アリ　富永快左衛門ノ家ニ潜入シ、其、塾寝スルヲ斫殺シ、各所ニ其罪状ヲ掲録ス」(『九葉実録』『臺山公事蹟』)。富永快左衛門は藩の元締役(経理の最高責任者)で、浅田弥次右衛門の実弟である。共に俗論家中の有力者であった。快左衛門の斫殺について藩庁からの捜査命令はなかったという。

十月十日　浅田弥次右衛門並びに稲田隼人の職を罷免し、浅田の禄三十石、稲田の禄十石を減じた。浅田弥次右衛門の失態は、家老にしては問題があったにせよ、それが理由で罷免とは些か責任追及の度が過ぎている感は否めない。昇にしてみれば、積年の恨みを晴らしたということになろうが、少し冷静になって考えれば、佐幕派の首魁浅田弥次右衛門が長崎で失態を犯した時、職を罷免し、謹慎を命じたのは、藩政改革の切っ掛けを狙っていた純熈の強い意志ではなかっただろうか。これを契機として、大村純熈は一気に佐幕派を藩政から退け、勤王に藩の方針を固めて行く。藩主による勤王への藩論統一の大きな一歩となった。だが、浅田弥治右衛門並びにそれに繋がる親戚の者達を中心に、その時の恨みは潜航し、幕末に大村城下で起きた藩を揺るがした大村騒動に繋がっていく。浅田弥次右衛門は、大村騒動には直接関与しなかったが、大村騒動の後、西彼杵の大村藩領松島に蟄居を命ぜられ、そこで生涯を閉じた。

毛利定広

黒田長知

同盟の行方

言路洞通の令が出される前、木戸と諸藩連合の話に及んだことがある。

昇は木戸と同様に組織論者である。昇は常日頃から諸藩連合の必要性を感じ、木戸ともその話をしていた。具体的には九州を中心とした諸藩連合である。昇は、これを「一縄の策」と称していた。

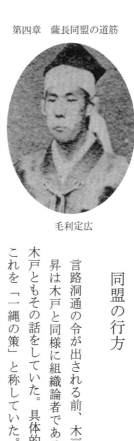

ある時木戸は、福岡藩について見どころがあると言う。近頃（元治元年［一八六四］四月二十一日）、小郡（山口市小郡）で藩主の毛利元徳（定広）公が福岡藩の黒田長知（慶賛）公にお会いし、天下の情勢について話をした。その時、福岡藩執政黒田山城と談じ、頗る話の通じる相手だと感じた。黒田はその名を立花弾正増熊といい、福岡藩勤王派を支えた人物の一人である。

木戸には、大村藩が「勤王一途」の藩論統一をしたことは伝えていた。木戸にしてみれば、長州藩としても大村藩と気脈は通じたいところではあるが、幕府から攻められている今、その様なことは出来ない。薩摩とは、西郷や小松の事は良く知っているつもりだが、肝心の長州藩の内部が固まらない今、同盟などということはとても考えられない。

藩とはそういうものなのだ。特にこの時期の藩主は、時局の複雑さもあってすべての方針を決められる訳ではない。藩の中には、勤王派もいたが、佐幕派と言おうか保守派の方が圧倒的に多いのが現状である。あるいは公武合体の意見も。その意見のバランスの中で藩主は存在している。寧ろ、大村藩の方が珍しい藩なのだ。黒田山城に会ってみないかと木戸が言った。

「君の持論は雄藩連合だったな。良い策だと思う。長州にせよ、幕軍に簡単に負けるとは思わないが、勝つとは言えない。薩摩とは貴公も知っての通り、禁門の変以来のわだかまりがある。藩の中には、薩摩憎しを唱える者は多い。そう簡単に和解できるものではない。長州も一枚岩ではないのだよ。今は打つ手がない。そこでだ、福岡藩は見るべきところがある数少ない大藩だ。特に中老の加藤司書は見るべきものがある」

「確かに、そうだが」

昇は少し考えこんだ。福岡藩は大藩中の大藩で、長崎警護もしていることから幕府との深い関係もある。だが、加藤司書と言えば幕府の長州征伐軍解隊に意見を述べたことで知られる。

「どうすればよいか」と木戸に訊ねると、長崎に小田村文助（楫取素彦）がいる。長州藩士で同志だ。何事も小田村に言えば通じると言った。大村に戻ると直ぐに同志にこのことを告げた。

先に、兄の清と長岡治三郎は長崎で小田村と会っていた。昇が帰って来たのは、丁度この頃ということになる。それから長崎に小田村を訪ね、黒田山城への周旋を依頼するため、長岡治三郎と共に明け方小舟で長崎を目指した。小田村に会って話すこと数刻した頃、偶々そこに福岡藩士の平山卯八郎が来た。

共に黒田山城に会うための方法を話し合った後、藩に戻って報告すると、直ぐに福岡に人をやるべしとの意見で、楠本と共に夜に乗じて密かに家を発して福岡に向かった。昇には休む暇などは無かった。だが、そのようなことを言っている状況ではなく、これを為せるのは昇以外になかった。

　福岡に行ったら、戸田六郎なる人物に会えという。家禄は低いが憂国の士である。彼に会って、黒田山城との仲介を頼めと平山に言われた。当時、各藩は至る所に関所を設け、旅の目的を厳しく詮議していた。二人とも、藩が出した手形は持っていない。

　福岡までは凡そ百二十キロ。昇等の足なら二日と言ったところか。そこで間道の山道を縫うようにして進み、日暮れに入って福岡に着いた。福岡城近くの鳥飼八幡宮の前までくると、店の前で休憩している人物が急に立ち上がり、もしかして大村藩の渡辺昇君ではないかと声をかけて来た。驚いてその姓名を尋ねると戸田六郎であると言う。なぜ自分の事を知っているのかと問うと、普段からよく渡辺昇の風采を聞いていると言うではないか。幼少の頃から大兵で頭が大きく、太田道灌、頼朝と綽名されただけのことはあって、昇は何処に行っても目立っていたらしい。むしろこれが幸いとなった。

「いや、実は貴公を訪ねてここまで来たところだ。実に奇遇だ」

　昇の言葉に戸田も驚いた。そこで経緯を話し、黒田山城に会う算段を相談すると、黒田は明日の早朝、福岡を発し長崎に向かうところだと言う。今からでは遅いし、人の目も気にかかる。まず大宰府に行き、そこで黒田の一行が来るのを待て。同志の桑野と申すものが随行することになっている。自分が桑野にこのことを伝えておこうと言ったが、そこに偶々、桑野が通りかかった。戸田は桑野を呼び止め、何やら話していたが、話はついたらしい。ひと先ず大宰府に行って待つことにしよう。

　鳥飼八幡宮から大宰府までは平たんな道が続く。途中、古代の防塁跡である水城を過ぎる頃、辺りはすっかり暗くなっていた。この辺りは広大な水田が広がっており、暫く歩くと観世音寺の灯りが見えてきた。その奥が古代の役所「都府楼」の跡である。すでに当時の面影はなく、今は草木で覆いつくされていた。さらに道を進むと、左手に街の灯りが見えてきた。大宰府天満宮だ。昇らは天満宮の近くに宿を取り、その夜は興奮していることもあってなかなか寝付けなかった。翌日、大宰府で黒田山城に会うことが出来た。黒田は藩主黒田公に通じる福岡藩でも大身の家臣。昇が普段に会えるような身分の人ではない。その黒田が勤王の大義を大いに話した。楠本昇も今回の出張は藩の公のものではない。木戸との話からこうなった事の経緯も話し、自分たちの考えを述べた。黒田も、大村藩の若き勤王志士達の気持ちが分かったのであろう。昇等は黒田山城の度量の広さに感激して平伏した。自分たちが黒田山城を訪ねて来たのも将にこの事であったからだ。

大村藩は小藩と言えども藩主は勤王の志が高い。閣下が長崎に至る途次、ぜひ大村に宿泊され、藩の執政に会って前途のことについて話し合って頂ければ、大村藩としては大変有り難いことである、と紅潮しながら言った。黒田もそれを約束した。唯、今日我々が閣下に会ったことが分かれば、大村藩の執政も良い気持ちはしないだろう。どうかこのことをご理解賜りたい。そう願うと、黒田も分かったと言ってくれた。

その後、黒田が福岡に帰る途次、大村領を通って大村宿の深澤家が営む本陣に投宿した時、大村藩の家老稲田中衛、江頭隼之助の二人の執政に会い、この時、密かに内約があった。これを大村藩が福岡藩との好を通じ、親睦の始めであると自伝は記す。

福岡藩は、長崎警護の重責を負う大藩。その家老である黒田が大村藩の執政らに会うということは、幕末であって見れば、双方の藩にとっても実は並々ならぬ覚悟がいる。藩とは「国」なのだ。幕府は間諜を放って、こうした各藩の動きに目を光らせていた。ここに、福岡藩勤王派の覚悟の一端を見る事が出来る。

「言路洞通」の通達

元治元年十月二十四日、城下大給以上を城中に召し、「言路洞通」の通達を純熈は自ら令した。「国事について意見在るものは、官の内外を問わず、各々その内容を忌憚なく書にして提出せよ」

大村藩の「言路洞通」は一体だれが言い出したものか。

実は「言路洞開」という言葉がある。こちらの方が一般的であろう。事実、大正九年に編纂出版された『臺山公事蹟』では「言路洞開」としている。ただ、大坂を大阪と表記し、時代が経った後の表現に改めているので、自伝に従って「言路洞通」としておく。

会津中将松平容保公が京都守護職の任に着いた時、広く世間の意見を聞くため「言路洞開」を行った。これは一種の融和政策であると言われている。ところが世情を反映して中には暴論を吐く者が多くいたという。激変する時代の中の「あだ花」とも言えようが、一藩の中で行うと、無責任な発言は皆の不快を買う。論理が必要となるのだ。この通達に藩内は騒然とした。同志は、これは昇がやったなと感じた者が多かった。

ある日、同志の者たちが集まり、建白の内容について話し合った。その日昇は遅れて参加した。

一座の者たちの目が自分に集中した。

「お前がやったのか」

「いつものことだが、意見が通ることもあれば諸君と意見が異なることもある。自分は誤解が独り歩きするのを恐れる。この際だからひとこと言わせてほしい。藩庁から初めて言路洞通の通達があったとき、松林、渡辺それぞれが相手の悪口を言い合い、陰口をたたき、空論に終始することが必ず起きると諸君らも思ったのではないか。だからこそ我らは沈黙を守り、他の人の意見をまず聞き、その後徐々に機会を得て発言し、誹謗中傷をせず、誠意をもって藩庁がなるほどと思わせる提言にしようではないか。そうでなければ、せっかく開かれた言路洞通の道が再び閉じられてしまう。藩の通達が、その様なことになってしまえば、これまでの苦労が徒労になってしまう」。皆、感じ入ったのか、そうだと賛成してくれた。

自伝ではこのように書いているが、ちょっと格好が良すぎないだろうか。もっとも書かれたのが明治二十一年の事で、思い出にふけりながらということもあろうが。

さてその後、一瀬平右衛門、一瀬衛守、福田與、福田頼三その他続々意見書を献じる者があったことを聞いた。ここで同志たちも、機至れり。我々も意見書を提出しようではないかということになった。

中村兄弟、松林飯山、渡辺兄弟が順次思うところを書面にした。

昇は文武二館の改革、士風の改革、報恩葬地、近習外様内外の別を廃することをあげた。この内、文武二館の改革、近習外様内外の別を排することは昇の真骨頂とも言うべきもの。

文武二館とは、教育の五教館と武芸の治振軒の事で、場所は同じところにあったものの、それまで別々の機関であったものを一つに纏めようとするものであった。今日の学校の授業の中に体育があるのと同じである。

近習外様内外の別とは、以下のようなものである。

近世大名の多くが城下に集住する藩が多いのに比べ、大村藩では広い藩内に武士団が暮らしていた。僅か二万七千石（慶長石高）の藩に二千八百人の武士とは全国的に見れば考えられない程多い。中世以来改易が無かったため自分の土地を持つ武士たちが広大な藩内各地に在住していた。武士でありながらも農事に勤しみ、藩の公務をこなしながら、別の仕事も持っている。藩から支給される僅かな俸禄でも、自分の土地があるのでそこからとれる農作物、あるいは土地を農民に貸して幾ばくかの金を得る。こうすることで体面が保てたのである。

郷士のようなものだが、大村藩では郷士という言葉は出てこない。これでは百姓一揆も起きようはずもない。

一方で、戦国末期の大村純忠の時代に彼を支えた武士団の多くは、新たに築城した玖島城の武家屋敷街に屋敷をもらった。これらが近習であって、領内に暮らすそのほかの武士たちは外様という二重構造になっていた。

言路洞通は、その垣根を取り払い、大村武士団の結束を図ろうとするもの。同時にそれは、藩政の中における近習武士たちの既得権をなくそうとする大改革を意味する。昇の意見でもあったであろうが、それを通す強い意志は藩主純熙が常日頃考えているものだった。その考えの一端は、荘新右衛門、稲田東馬など側近の者たちから、折に触れ、同志の者たちへ送られていたものであろう。もちろん藩主の意向であるなどとは彼らはお首にも出さない。昇も明確なことは知らない。この改革はこの後、藩の中に様々な憶測を呼ぶことになる。

上級、近習の武士達にしてみれば、下級のそれも外様の者たちが藩政に意見する。それまで考えられなかったことだ。自分たちの存在意義自体が否定されようとしているのではあるまいか。しかし巻き返すチャンスは幾らでもあると考えた者もあったろうが、その不満は上級武士団の中に確実に広がっていた。だが、この時の昇の箴言があったればこそ、藩内の武士団が纏《まとま》って戊辰戦争で多数の従軍者を輩出し、薩長土に次ぐ功績を認められた背景に繋がっていく。改革は始まったばかりであった。

数日して執政大村五郎兵衛から屋敷に招かれた。行くと意見書の事で大いに褒められた。「実は文武館の事についてだが、君の意見と福田頼三の意見が異なるのだ。意見を出し合ってみてはどうか」

福田も部屋にいたので大村執政が聞いてみると、「この日渡辺君の建議書を見て、自分の考えが間違っていたことに気付きました」と言う。そうか。では明日藩主にお見せしよう。何か話があるやも知れぬ。二三日して話が通ったので、改正令の原案を昇が起草し発令された。

その内容とは文武二館を合わせて一つとし、文士も武館に入り、武士も文館に入るべし。また藩主の近くにいる者と謂えども、四十歳に達せざる者は時間を定めて文学を学び、文学生も武館に入り各々学ぶこと。また文館の学頭を武館に派遣し、毎日時間を決めて文学の講義を行う事とした。飯山は学頭（教授）の地位にあり反対した。自ら出向いて教えるというのは礼に反する。文館に来て学ぶべきであろう。

これに兄清が細かなことにとらわれ過ぎだと反論し、ここで我々が率先して範を垂れるべきだと飯山を諭した。飯山もこの兄の言葉に従った。清が三歳年上、昇が一歳年上である。飯山に会ったとき、昇が「君が剣術が苦手であることは藩ではだれもが知っている。君の地位からすれば今更とは言っても、人心を鼓舞するのは理屈ではない。もし君が先頭に立ってやれば皆が驚くだろう」飯山はいたく感じ入ったのか、竹刀を提げて武道場に向かった。昇は自伝で二十数年前の二人の出来事を懐かしく回想している。

飯山もこの時二十五歳。五教館の若き教授であり、文館の指導的立場にある。これに対して昇は武館の指導者。若い二人が、大村藩の文と武を司っていた。他の教授らは遥かに年上で、これを快く思わない者もあったであろう。だがその不満は、この時はまだ静かに雌伏しているのみであった。

言路洞通は、意外に早くその効果を発揮した。それまで、藩内の武士たちの中に堪りに堪っていたものが、藩が通達した言路洞通によって一気に噴き出したのだ。こうして大村藩では、新たな時代の旋回が始まって行く。

藩主「勤王一途」の方針通達

ある日の夕刻、兄の清が言った。

「お前は藩の仕事で常に藩外に行き来して分からないかもしれぬが、自分が見るところ藩内情勢はひっ迫している。同志の数も一般の藩士に比べればまだ百分の一に過ぎない。だからこそ、速やかに国是を一定し、これを藩士に示す必要がある。もしそうだと思うならば、藩庁に於いて意見が通るようにしてくれないか。俺が建議するから」

清がそう言うと、昇は手を叩いて、それは良いと言った。「実は、すでに意見書を出している」

藩庁では激しい議論があった。これに異議を唱える者は「事が明るみに出て幕府に嫌疑を掛けられたらどうするつもりか」

これも真っ当な意見ではある。時に、幕府閣老の職にある者、大村家の親戚最も多しと書いている。

ある日の大坂で、閣老某家の参政が我が藩の参政を招いて、「ところで貴藩に渡辺昇と言う者がおるか」と聞いたので「確かに」と答えた。「藩の政治に参加しておる者か」と聞くので、我が藩の参政もその謂わんとするところを察し「いや、その様なことはありませぬ」。「渡辺という男、四方に奔走しておるようだ。貴藩にとっては好ましからざる動きをしているようだが」。藩の執政は直ぐに藩庁に報告した。当時、大坂の藩蔵屋敷は淀川べりにあった。丁度そんな時に、清の建議があったことになる。藩庁での採決が決められないのも、そうした理由があるからだ。

稲田が言った。「これは尋常の時の通達ではない。藩主自ら政庁に出て、主だった藩士を集めた前で通達書を読み上げ、直ちにその面前で焼き捨てられれば、藩士たちもそれが藩の秘密であることを知り、大いに警戒するであろう」。藩庁での議論は終に決定し、藩主に決済を請うた。

それから下城して稲田の屋敷に行き、藩主の通達書を書いた。そのあらましは、「余不肖ながら八百年来の家系を継ぎ、天下将に多事ならんとするの秋に際す。日夜焦慮し、終に方針を勤王一途に帰す。事もし敗れ、一身を粉砕にし藩を焦土となすも、大義のある亦顧みるに足らず。茲に恭しくこれを先祖の霊に告げ、併せて爾諸臣に令す。爾諸臣能く之れを体せよ」

これは昇の回想の中の言葉である。

「実に元治元年十月の事であった。臨時登城の命令を出し、大村家先祖の位牌を大広間に並べ、藩主自ら告祭し、直ちに大監察に之れを朗読せしむ。城中の者は喝さいする者もあれば、あるいは驚く者もあった。大監察が読み終えると公自らこの書面を取り、これを火に投じた。先祖の位牌を並べ告祭式を行ったのは、兵制改革の時とこの時の二回のみである」。これはまさに藩主純熙の藩士に向けた決意表明である。

兵制を改革するということは、兵を指揮する機構と組織編成そのものが変わることを意味し、藩と言う機構にとっては重大な決定である。江戸初期以来の古くさび付いた兵制を、新たな戦闘態勢を構築するために変える。その背景には、洋式銃の採用更には大砲の鋳造があった。「やあやあ我こそは」、江戸初期以来の戦いのしきたりは、西洋兵制の採用に変わったのだ。だが、事はそう簡単ではない。それまでの兵制の中でやって来た保守的な家臣たちは、自分たちはどうなるのかという不安がある。

ことは用意周到に準備されていた。それが言路洞通だ。これで、藩士の中の近習と外様の垣根がまず取り払われた。藩政に意のあるものは意見を述べ、それは若い藩士達に自分たちの未来は自分で切り開くことが出来るというメッセージとなった。そしてここで「勤王一途」の方針決定。大村藩は明らかに一歩踏み出したことになる。だが、藩内にはこれを良しとしない反対勢力があったことも事実で、水面下では色々と動きが起きていた。これも承知の事。反対勢力を抑えながら、いかに藩論を纏めるか。策は既に練られていた。

大村藩には藩主の行動記録としての『九葉実録』、藩の主な出来事を記録した公文書『見聞集』、そして藩内総合調査書『郷村記』が残されている。その『九葉実録』にこの時のことが記録されている。以下引用してみよう。

元治元年十月二十四日、城下大給以上ヲ召シ、公、親令ス

方今天下之形勢日増及切迫不容易時節柄ニ付見込存附之義ハ無遠慮可申出旨最前相達置候処追々忠実之建言モ有之我等存意ニ相叶深令満悦候（中略）

一、我藩小藩之身上ニ而難任心底場合モ有之応時宜一時之摘道無之氏而者不相叶候得共国論一定不致候而者一藩一致之基本難相立所謂因循姑息ニ落人候外無之候間今日改而決定持論令布告候　委細家老共以口上相達候様申聞候間其旨可相心得事

二、是迄近習・外様ト唱ヘ一切取扱之差別有之候得共全太平之旧習ニ而同シク譜代相傳之群臣ニ親疎之差別不可有之　第一上下一和之実意ニ悖候故向後近外之名目ヲ廃止シ平等ニ令親睦召遣早漏条聊無隔意弥可抽節事

三、賞罰者国家之大典ニ斯ル時勢ニ臨候而ハ信賞必罰ニ非レハ一藩士気之奮否ニ係候儀ニ付一際厳重取締偽顕之沙汰無之様可取計覚悟ニハ候得共下情不通処ヨリ自然事実ヲ誤差不當之所置モ候ハヽ聊無遠慮可申出候

（中略）

右之外軍制を始両館之仕法替質素節倹等数ヶ条連連可相達候　既ニ頃年戦國之心得ニ可罷在旨相達置候得

共未其効験不相見乍意我等始諸役人中実行不行届故ト令痛心候　何事モ既往之事者相流シ今日ヨリ改而令一新候条其旨急度相心得報國尽忠之心懸肝要ニ候也

子十月　　丹後

家中へ

其、家老の口授ニ曰ク

去年攘夷期限相違以来、朝幕ノ議論相反シ外患モ亦切迫ス　此上ハ、国論一定セサレハ因循姑息ニ陥人ノ外無之ト　乃チ国論ヲ布告ス　其、大意今度一定ノ国論一言ニ之ヲ尽セハ尊王ノ二字ニ出テス抑癸丑以来朝威日々振ハス　遂に今日危急ニ推移スルヲ原スルニ一トシテ幕府ノ策謀ニ出サルハナク、諸侯列藩往々幕府外観ノ富強ニ諂フモノ少カラス　當藩ニ於テハ、其、擯斥ヲ受ルト雖、累代封土ヲ此上ニ辱シ王室ノ藩屏タル事八百余年朝恩之洪隆固ヨリ言ヲ待タス　況ヤ、君臣ノ大義ヲ尽スハ必ス危難ノ日ニ在リ　就テハ、窮天極地王室ト存亡ヲ共ニセサルヘカラス　難然、国小兵弱何分ニモ独立シテ事ヲ挙ル事能ハス　必、先一藩ノ方向ヲ確定シ、大藩有志の驥尾ニ随ヒ　奉報鴻恩之万一ノ外ハ無之、然ニ数年以来幕府ノ嫌疑ヲ蒙リ、間諜牆ヲ窺フモノ多ク、機事漏泄シ、當藩ハ勿論朝廷ノ不利ヲ引出サンモ計リ難シ　故ニ書面ヲ以テ布告セス口上ヲ以テ申聞、且決テ違背ㇲヘカラサル旨演述ス

藩主が迫りくる天下の形勢と時局を述べた。

「大村藩は小藩であるが、国論を纏め事に当たるべし。これまで藩でも近習、外様の別があったがそれを無くし、これからは平等に意見を述べよ。賞罰は信賞必罰。軍制改革を初め、文武の二館についてもこれまでの在り方を変えるとともに、質素倹約に励むこと。既に戦国の世の心得を持ち、これまでの事は忘れ、今日からは一新して報国尽忠の心がけを持つことが肝要である」

「王室の藩屏たらん」という藩主の短い言葉の中に、極めて重大な決意が隠されている。僅か二万七千石の小藩である。小藩なるがゆえに、国論を統一し事に当たるべきである。大村藩士は約二千八百余人。小藩ではあるが藩士の数は多い。藩内でも近習・外様があった。それを無くし、平等に発言してよい。それまでの上意下達では藩士の一致団結は出来ない。これはいよいよ藩が臨戦態勢に入っていることを意味する。軍制改革、教育改革、近習の様々な既得権を上から壊そうと言うのだ。明治維新の先触れのようなものだ。

更に「然ニ数年以来幕府ノ嫌疑ヲ蒙リ、間諜牆ヲ窺フモノ多ク、機事漏泄シ」とあることも大変気に掛かる。「間諜牆ヲ窺フモノ多ク、機事漏泄シ」というのは、大村藩の機密事項が間諜によって漏泄という事である。渡邊昇自伝の中にも間諜の存在は書かれている。

確かに間諜は藩の中に紛れ込んでいて、その者によって、藩の機密事項が、恐らく高位の藩士の中から漏れていた。しかしそれらの疑わしい事実は伏せられた。渡辺昇の行動もまた、幕閣に連なる人々へ漏れていた。事実、幕閣に連なる大村家の親戚の者から、渡辺昇とはどのような人物であるかとの嫌疑が懸けられている。

大村藩も長崎奉行所に梅沢武平を剣術取立役に名を借りた密偵として派遣していた。

総登城した藩士たちを前に、藩主は時局と藩の方針を述べた後退出した。

すると家老が進み出て、「書面ヲ以テ布告セスロ上ヲ以テ申聞」書面をもって布告せず、口上を以て申し聞かすと言うのである。

すでに藩主は退席した後である。証拠となる書面は何処にもない。責任はすべて自分にある。その時は切腹して果てる覚悟。家老もいよいよ戦闘モードである。さらに続けて、大村藩は小藩であるため、国は小さく兵は数も少なく独立して挙兵することはできない。まず藩の方針を決め、志を同じくする大藩に随い、国のために働く以外はない。

しかしながらここ数年、幕府の嫌疑を受け、間諜も密かに藩内の事を窺っている。藩の内情が漏洩し、当藩の事はもとより朝廷の不利になるようなことを引き出そうとしている。よって書面を以って布告せず口上を以て申聞かす。且決して背くことの無いよう申し渡す。

昇の自伝と符合する。

つまるところ布達文は昇が起草し、全体の流れは稲田が振り付けを行った。それを命じたのが藩主純熙という構図であろうか。

長州藩に残る幕末の藩主の伝記『忠正公維新事蹟』（未完本）に記すところの、「大村藩は二万七千石の小藩でありながら勤王で纏まっている」とはこの事で、勤王で纏まった珍しい藩と書いている。長州藩からそう言われるのは何とも面はゆい気もするが、藩主を中心にして、勤王で纏まった藩としては大村藩が日本で最も早かったのではあるまいか。

長州にせよ、薩摩にせよ、元治元年十月時点で藩主を中心に藩が勤王の方針で纏まっている訳ではなく、藩内には佐幕派と言うよりも保守派が多く存在した。各藩主もそうした藩内事情を分かった上で、明確な方向性を出すことに躊躇した。その様な中で、大村藩では藩主自らが王室の藩屏たらんとの方針、すなわち勤王一途の方針を出す背景とは一体何なのか、今少し考えてみる必要がありそうだ。

ところで、幕閣の密偵の存在が、明確な事実であったとわかったのは、明治維新以後、昇が元長崎奉行と酒を酌み交わした時のことである。昇が「大村藩が薩摩、長州などと同盟して倒幕に進むとは思わなかったであろう」と言うと、旧奉行の口から「某という男が藩の剣術道場にいただろう。あれは自分が放った密偵である」。大体のところは掴んでいたと言わんばかりの返答があった。昇はこの言葉に驚いたが、長崎奉行は巧妙に密偵を放っていたのである。

大村藩にしても、密偵が藩内に入ることは想定してはいても、それが誰なのかまでは突き止めることが出来なかった。そうした危険性があることを承知の上で、勤王一途の方針を示すと言うことは、ある意味、危険極まりない事ではあった。

そんなある日、藩主が宴を催してくれた。このようなことは藩ではこれまでになく、昇は酔っぱらった勢いもあったものか、「臣下に内外の別なく、用いるに足るべき者はこれを召し出し、これに下問し、また時によっては臣下の家に出向き下情を察せらることあらば、大変有り難いと存じ上げます」と。

馬廻りとはいえ、藩主にこれだけ意見するとは昇の真骨頂か。藩主純熙もまた、それは良い事だと言ったという。日が経った頃、君側滝口禎左衛門が屋敷に来て、「公が今日の夕方、屋敷に親臨あらん」と告げたので、父母は驚喜して、ともかく送迎の準備を滞りなくせねばと慌てた。馬廻りの狭い屋敷に藩主が訪ねてくるなどということは、あり得ないことだ。父母の驚喜は無理からぬところだ。

ところが「いや、徒に普段と異なるおもてなしをすれば、かえって君公に良くあるまい。ただ君臣の礼と、敬意を払ってお迎えするのが良いのでは」と昇は言った。

夕暮れに藩主の駕籠が我が家の門を潜った。酒と肴で楽しい一夜となった。近隣の士族で、旧来は外様と称される里守人の中橋織衛等も招き、親しく杯を賜った。皆感涙にむせんだ。

公はその席で「和而不流」中国古典中庸の一説「和して流れず」を書し、自分に賜った。

同志たちはたいそう喜んだが、自分を嫌う者がこれを聞くと恨むことも甚だしかろう。

藩の文武館で、昇が常日頃壮年子弟に諭すように言っていることがある。

「天下の前途を見るに、密雲西郊よりするの状あり。恐らくはこれより三年今の平和を保つことは難しい。皆よく警戒を怠ることなかれ。書をよく読み、先哲の残した言葉について、その死に際しての気概を良く知るべし。命は重んじて惜しむ場合もあれば、清く捨てる場合がある。病を得て、婦女の看病の下で死ぬ如きは男子の最も恥とするところだ。吉田松陰の『留魂録』、藤田東湖の『回天詩史』等を購入し、これを文館の者たちに授けたのはこのためだ。ところが学士の某はこれを悪く言い、文学の本道を誤るものとして予の事を悪く言う者たちが増えている。私の事を「回天死狂」と呼んでいる。はっきり言おう。天下の大勢を察せず、日々の事に汲々としている者たちは、勝手にせよ。しかしながら、国の危急を察し国の事を憂うる志士にしても、学ぶ暇なぞあるものかなどと言う奴もいる。文館の子弟の中には、自分のことを理解するものも多いが、年配の者たちの中には表向きは何も言わないが、陰に廻れば悪し様に言うやつらも多い」

回想のボルテージは留まることを知らない。よほど藩内では昇の行動とその考えについて物議があっていたものであろう。考えてみれば、次男でありながらもその頑張りから江戸遊学を特別に許され、練兵館では桂小五郎ら長州藩士に尊王攘夷思想の薫染を受け、井伊大老の暗殺事件を目の当たりにした若き日の七年の歳月は、藩内では昇しか体験したものがいなかった。いや、飯山はいた。だが飯山は現場を知らず、思想的に先鋭的ではあったがそれゆえに机上論に偏ってもいた。帰藩した昇の事を理解できたのは、藩内でもごく僅か。その理解者の一人として藩主純熈があったと言うのは、昇にとっては救いであったに違いあるまい。

帰藩後の昇の藩外での動きは活発である。剣士として死地を恐れず、まだここでも練兵館時代の経験がものを言った。特に長州藩に対してである。長州藩の者たちからすれば、名を知っているだけでなく、顔を知っている大村藩士渡辺昇は、やがて始まる長州藩と大村藩の同盟のためには是非とも必要な人物であった。だがここに、旧態とした藩の面々との軋轢が生じたと言っても過言ではあるまい。これが時代の回天というものなのだ。

福岡藩と同盟　元治元年十一月

「禁門（蛤御門）の変」で長州兵が大敗を喫し、朝命により第一次長州征伐の軍が長州を包囲している頃、九州の諸大藩の多くは、朝命並びに幕府の命に背くことをせず、兵を以て長州の国境に迫ろうとしていた。こうした中、唯、福岡藩士の中には初めから長州に同情するものがあり、罪を犯し賊名を負った後も、その忠誠心を憐れむものが多かった。藩主黒田長溥《ながひろ》も、幕府が長州討伐の兵を挙げ、国内が内乱に陥ることを危惧していた。

長州兵が禁門に向けて大砲を撃ち、街に火をつけたことは許されざることではあるが、ここで幕府軍が総攻撃をすれば、長州藩では藩士だけでなくその民も含め皆が死地に在ることを悟り、死に物狂いで反撃するであろう。そうすれば、幕府軍も容易に長州を攻め落とすことは出来ず、住人は塗炭の苦しみに陥り、外国勢の思うつぼとなってしまう。長崎警護の役を永年に亘り行ってきた福岡藩主ならではの卓見であった。

だが、この頃、熊本藩、佐賀藩の藩士達の中には、福岡藩は長州藩と一味同心するものであると固く信ずる者が多かったと言う。薩摩藩も「八・一八の政変」以来、長州藩の者からは「薩賊会奸《さつぞくかいかん》」と罵られ、薩長の感情は融和するどころでは無かった。これが当時の九州諸藩の大方の状況である。

その福岡藩と気脈を通じようとするのが僅か二万七千石の大村藩であったのだが、大村藩では、先に黒田山城と会見を持っていたものの、藩主純熈は更にこれを確実なものにしたいと考えた。そこで、この春の「勅諚頂戴《ちょくじょうちょうだい》」の御礼、並びに天下変動についての天機伺として家老江頭隼之助に純熈の名代として上京させようと考え、その途中筑前に立ち寄り親睦の意を表そうとした。

その実は、福岡藩と同盟して王事に尽くさんとするものであった。

江頭は十一月三日に大村を発し、その供として用人稲田東馬、陪従大村勘十郎、渡辺昇、長岡治三郎、中村鐵彌が同行した。五日に福岡に到着し、藩庁に先ず来意を伝え宿に戻った。翌日、月形洗蔵が藩侯の命を以て宿に来た。その待遇たるや、最高のもてなし様であった。

月形が「二藩同心の約、既に成れり。明日、應に諸君と同じく政庁に入り、共に議するところあるべきなり」と言った。月形は、加藤司書等と共に福岡藩勤王党の中心人物である。

翌日、隼之助以下、福岡城に上った。城は遠くから見たことはあるが、城内に入るのは皆初めてであった。月形に従って中を進んだが、大村の城とは違いその広さに驚かされた。

長い廊下を渡り、月形は皆を一室に招き入れた。そこでは執政黒田山城、野村東馬、浦上信濃等が迎えてくれた。想見の禮を終り、相議して話すことができた。最初はさすがに緊張したものの、これにより大村藩と福岡藩の盟約がなった。その後、加藤司書、月形洗蔵等が我々を別室に招き、懇ろに其の心事を語り、時政を談じた。

そこで加藤が「他藩士の城中に入るは今日を以て初めとす。祝せざるべからず」と大いに宴を張り歓を尽くしてくれた。（『臺山公事蹟』）加藤家は二千八百石の大身で、司書は文政十三年（一八三〇）の生まれであるので、この時三十五歳。この後、幕府の長州征伐軍の解隊に尽力したが、福岡藩勤王派の中心人物として活躍していた。藩主黒田長溥の信任も厚い。嘉永六年（一八五三）、ロシアのプチャーチンがロシア艦隊を率いて長崎に来航した時、長崎港の警備担当であった福岡藩主黒田長溥は、若干二十三歳の加藤司書に藩士五百人を与え長崎警護に向かわせ、このことが加藤司書の名を高めた。

加藤司書

江戸初期以来、福岡藩と佐賀藩は一年交代で長崎警護の任に就き、それぞれ藩士千名近くを長崎港外に配置して防衛していた。文化五年（一八〇八）にオランダ船に偽装したイギリス軍艦が長崎に入津したフェートン号事件では、当番の佐賀藩の藩兵が長年の平穏の中で緩みが生じて大半が帰藩しており、最も近隣である大村藩も、藩主を中心に領内から兵をかき集め長崎に向かったが、その準備には数日を要した。
幕府長崎奉行松平康英は英国艦の襲撃、砲撃などを考えたが、出島のオランダ総督から火力が違うからと説得され、万策尽き果てて要求をのみ、フェートン号始末の責任を取って自ら切腹、佐賀藩主は閉門、家老は切腹という大事件に発展している。
福岡藩でも、それが大きな教訓となり、長崎警護には台場の建設も含め一段と気を引き締めていた。

エフィム・プチャーチン

プチャーチン来航の時、加藤は長崎奉行大沢安宅に協力して事に当たり、相手の要求が水、食料だけではなく日本との通商にあることを知った。長崎奉行並びに加藤司書はロシア艦隊に弱みを見せることなく対応したが、プチャーチンはある程度の日本の事情を知っていた。ヨーロッパでシーボルトにも会い、その意見をもとに江戸ではなく長崎に来航したもので、徒に事を構えることはしなかった。プチャーチンはロシアの国書を渡し、長崎奉行は水のみを補給して長崎を去らせた。日露和親条約が締結されるのはその二年後の事である。

加藤司書は、この時の体験から西欧列強の脅威が身に沁みて分かっていたし、その後の井伊直弼暗殺事件を契機とする幕府の弱腰も見抜いていた。この体験こそが、福岡藩の中に在って尊王攘夷の指導的立場となっていく背景にある。したがって空論の人ではないのだ。

福岡藩主黒田長溥も蘭癖大名として知られ、国防並びに尊王に関しては高い見識を持っており、そのため加藤司書を重用していた。黒田山城もしかりである。月形洗蔵も福岡藩を代表する勤王志士として、その名は広く知られていた。大村藩の面々も、加藤等と大いに議論することが出来た。

加藤が言うように、城中に他藩の者が入るということは、よほどの関係がない限りあり得ないこと。大村藩は小藩ではあるものの、その意図するところを高く買ってくれたのである。皆が感激していた。自伝には、詳しい話の内容に就いては書かれていないが、いよいよ動き出したと言う感がひしひしと伝わってくる。

だが今日、福岡藩が大村藩と同盟を結んでいたという事を知っている歴史家はどれほどいるだろうか。福岡在住の副島邦弘氏にお聞きしたところ、福岡にも先ずいないだろう。また福岡藩が長崎警護のため千人を派遣していたという歴史の事実を知る研究者も少なかろうと言う。

こう言うと、福岡の研究者は幕末の歴史を良く知らないと思われるかもしれないが、一方大村ではどうかと言えば、同じく長崎警備の事を十分に知らないという現実がある。これは福岡や大村に限った事ではなく、多くの藩史研究者たちが、自分たちの藩の事にしか興味を持たない。そこには二つの事が考えられよう。一つは資料そのものが歴史の荒波の中で消され存在しない。今一つは、他藩の事に関心が及ばないから資料を探そうとしない。関心があるのは江戸との関係、あるいは京都との関係。そこに関連が見いだされなければ、関心も薄れてしまう。それはどこも似たり寄ったりの構図であるように思われる。

日本近代史の嚆矢

だが、福岡藩と大村藩の関係を明らかにすることは、日本の近代化をどう理解するのかという事と直結するのだ。いや福岡藩との事だけではない。日本近代史の視点そのものだと言ってもよい。

嘗て山口市の県立文書史料館で、大村藩関係の資料調査が目的で来ましたと言ったところ、そこの専門員から「大村藩って何ですか。そんな藩があるのですか」と言われ、面食らったことは既に述べたが、山口の文書史料館では優れた検索システムが構築してあり、「大村藩」、「渡辺昇」、「渡辺清」でキーワード検索すると直ぐに資料があることが分かった。『忠正公伝』がそれだ。そこに書かれていたのは、大村藩は二万七千石の小藩ながら、勤王で纏まった珍しい藩とある。これはどう読み解けばよいのか面食らった思い出がある。

さらにそこで長州藩と土佐藩との関係資料の中に「大村藩渡辺昇の活躍と長薩和解の成立」の小見出しも発見できた。私にとって、他藩との関係を示す資料が眼前に出てきたことに、大村藩士渡辺昇を調べていたつもりが、日本近代史に直結している事に気づいた瞬間でもあった。

福岡藩は現在の福岡市を中心とする四十七万石の大藩で、幕府は福岡藩と佐賀藩の二藩に長崎警護を命じ　外国船に対する長崎警護が目的である。二藩は年番制で、約千名の武士を派遣して長崎警護を行った。千名を派遣するというのは藩にとって実に大変な財政負担である。何しろ日本三大遊郭の一つ「丸山」もある長崎である。藩士達も警護任務だけでは身が持たぬ。

文化五年（一八〇八）八月に起きたイギリス軍艦フェートン号事件では、当番の佐賀藩は既に多くの藩士を帰藩させて対処ができなくなっており、そのため長崎奉行松平図書の守が責任を取って切腹するという前代未聞の事件が起き、佐賀藩主は閉門、家老切腹と言う重大事態となった。

福岡藩にも同じく激震が走った事であろう。その後、大砲を設置するための台場が築かれていくのはこうした背景がある。さらに江戸後期、幕末になると、安政の開国で長崎が外国に開港され、ますます責任は重くなる。この事件が切っ掛けとなり、佐賀藩では磁器生産技術を支えた高度な火力をさらに向上させた反射炉の発明により、アームストロング砲などの新式武器鋳造に成功するのである。

福岡藩でも、その責任と共に外国からもたらされる情報、武器の調達などを通じて、日本の近代化を進めなければならないとの思いは、日本の他のどの藩よりも強かったであろう。大宰府で会った黒田山城が長崎に行く目的は、警護の視察のためである。加藤司書も長崎警護のために長崎を度々訪れている。加藤らの行動の背景は、正に長崎警護と直結しているのだ。近代化を進めなければ、幕府との対抗より以前に、日本が外国に侵略をうける。これを理解できなければ、福岡藩の立ち位置が理解できなくなるだろう。日本の近代化は、まさに天領長崎から起こっているのである。

「八・一八の政変」で改革派の三条実美など七卿が京を追われ九州に落ち延びる。実際大宰府まで落ち延びたのは五卿だけだが、その宿舎となったのが太宰府天満宮延寿王院である。大宰府は福岡藩内で、藩が五卿を保護したと言ってよいだろう。そこに、ご挨拶と称して、西郷隆盛、高杉晋作、中岡慎太郎、田中光顕などの諸藩の勤王志士たちが集まる。三条に付き従った土方楠左衛門（久元）の『回天実記』には、最も多く訪ねてきたのが大村藩士渡辺昇と記されている。この大宰府こそ、明治維新の九州における震源地とみて良いだろう。

だが、時代は過酷である。先走ったものがたたかれる。福岡藩にもやがて旋風が巻き起こるのである。そのことをまだ誰も気づいてはいない。大村藩の使節は大藩である福岡藩との同盟がなされたと有頂天になったであろう。福岡城での応接が済んだ後、大村藩の一行は、翌日福岡を去り京に向かった。

一行が京に入った頃、水戸藩脱藩の武田耕雲斎が兵を率いて京に入ろうとしていた。そのため京は物議が飛び交い、幕府はその対応で街は騒然としていた。京都所司代では、江頭に命令してその防衛に当たらせようとする動きがあった。そこで昇は江頭に、奏上が済めば病と称して直ぐに夜に乗じて帰途に就こうと箴言した。大村と長岡そして昇は先発して舟を伏見に着けた。ところが大村藩御用達の大黒屋に着くと、幕府はすでに命令を出して、淀川を舟で大坂に行くことを禁じていた。

皆がなんとも困った顔をして見合わせた。

ここで昇は、皆、よく見ておけとばかりに、刀を抜いて店の主人にせまり、

「幕府の禁を破って死ぬか、それともわしの命に背いてここで死ぬか、さあどちらか一つじゃ」

「ひぃー、分かりました。舟を出します。命だけはお助けを」

江頭も到着したので、すぐに出発した。舟の中で、昇の横暴ぶりが話題となり皆が笑った。大坂の藩邸に入ると、藩の者が、大村では幕府長州追討の非を論し、小倉の越前公に藩主自ら建議せんと使いを小倉に出す計画が進んでいると報告があった。

昇は江頭に、「今日の勢いを見れば幕府の兵が長州の兵に必ずしも勝つとは限りますまい。一敗地にまみれてその威信を失うであろうことは多くの者が知っていること。ここで我が藩が建議を行い、大村藩の動静が分かるような行動は慎むべき時では無いでしょうか」と言った。

昇が江戸にある時、長州藩では西洋の新式銃を備え軍備改革を行っていることをすでに知っていた。幕府方が力づくで攻めようとすれば、長州の者たちは死に物狂いで抵抗することは目に見えている。幕府もそこまでの覚

悟があるのか。天下の動静は大きく変わろうとしていたのである。

江頭はその意見に賛同し、中村と自分を急遽小倉にやり、その建議をやめさせようとしていた。

船は五日で小倉に着いた。藩御用達の商家に着くと土肥禎蔵がいて「一昨日荘新右衛門、渡辺清、楠本正隆が使いとしてきたが、建議書を渡して帰ったところだ」と言った。遅かったか。昇等は仕方なく藩に帰った。

ある日、藩主側近の山川宗右衛門から手紙が届けられた。明日、某刻、藩主の密命を帯びて屋敷を訪ねる。外出することが無いようにという内容だった。可笑しなこともあるものだと父親に話すと、父も大いに訝しんだ。傍にいた母は、お前が普段から粗暴で、主君の意に反したのではないかと心配した。そう母に言われると、昇も「そうかも知れぬ」と思わざるを得なかった。翌日、山川が来たので座敷に通した。

山川は書を出して、「これは君公からの賜りものである。但し、このことは藩でも未だ前例がないことなので公にしてはならない」謹んでこれを受け、拝見すると公自ら書いた「国歌」一首であった。

『詠若木櫻』
年《とし》経《へ》奴《つ》留《る》老樹《ろうじゅ》乃《の》花《はな》毛《も》恥《はじ》留《る》迄《まで》八《や》重《え》咲《さき》初《はつ》留《る》若櫻《わかざくら》可《か》奈《な》

この時の感激は終生忘れることが出来ない。父母に見せると感極まって泣いた。昇は祖父の位牌にこれを献じた。昇にとっては、祖父の教えは何事にも代えられなかったのであろう。親戚の者や友達にも伝わって、続々とやってきて祝いを述べてくれた。皆、こんな栄誉なことは聞いたことがないぞと言ってくれた。

京に上る前の事であったが、藩では昇を馬廻りに補して四〇石を頂き、さらに使番に列した。また、藩の政庁に出入りが許され政に参加することになった。

これは大村藩の中では異例である。まず次男が藩の政治に参加し、四〇石馬廻りに特別に補されるということは、当時の藩の仕組みの中では異例中の異例と言うほかはない。

長男が後を取る。次男は他家に養子に出されるか、厄介叔父になって寂しく暮らすか。これが江戸時代の家父長制の決まり事であった。まして馬廻り。馬廻りという職を知らない人にとっては、江戸を舞台にした時代劇で言えば、功により次男が旗本に取り立てられたと言った方が分かりやすいだろう。昇ならずとも、渡辺家にとっては「一生の誉れ」と言えよう。その後、こんなことがあった。

偶々、長岡治三郎と福岡に出張する途中、波佐見村を通り昼飯を食べることになった。

藩領の波佐見は西肥前窯業地帯の中でも、大衆向けの磁器物を産する日本でも屈指の一大窯業地帯で、大坂の淀川で「飯くらわんか、酒くらわんか」の掛け声で、食事や酒を提供した「くらわんか茶椀」の大半が波佐見で焼かれたと言う。今でも周辺の発掘調査や、淀川の堆積物の中から発見されるそうだ。波佐見の士族は、皆昇が剣を教えた門下生ばかりで、神近長左衛門というのが来て親しげに語った。「先生、近頃藩からお褒めがあったとお聞きする。村でも大変評判になっていて目出度いことだ。しかしなぁ、四〇石と言うのは少々多すぎではないか」とあけすけに言う。長岡はこれを聞きとがめ、「なんと無礼なことを」と怒って、こいつとばかりに蹴ろうとした。昇は「よせよせ、こいつはいつもこういう奴なのだ。まあ、それが良いところでもある」と止めた。考えてみれば、神近の言う通り藩内の者からすればそう思うであろうなと思いつつ福岡に行き、仕事を終えて帰藩した。

くらわんか茶碗（波佐見町教育委員会）

昇　縁談ことごとくやぶれる

ある晩、親戚一同が集まって馬廻り昇任祝いをしてくれた。

こんなことは藩でもこれまでになかった事で、渡辺一族の誉れ。賑やかな宴となった。義理の叔父にあたる北野道春は医者だが気骨があり、国の行く末についても深く憂慮し、我ら勤王党の同士でもある。

「お前が普段から藩政の事で苦心していることは、世間の者は知らないだろうが天地の知るところである。お前を羨むものもこれから一層増えるであろう。十分に注意せよ」

狭い城下の事。道春は、様々な噂があることは耳にしていた。

酒が回った頃、昇は「この度の栄誉は実に有難いことだ。唯、自分にとっては他にも重要なことが一つある」

一座の者たちが、それは何だと聞くので、

「このような時勢の中で、明日命があるやも分からぬ。何とか生きているうちに嫁が欲しい。一日でも良いから」

一同は爆笑し、誰からともなく、よし探してみようと言うことになった。

昇はすでに二十代も半ばを過ぎ、寂しい毎日が続いていた。次男であれば、本来なら家を継ぐこともできず、いわゆる部屋住みの身。家の中では肩身も狭い。嫁を取るなどということは想像も出来なかった。それが馬廻りというのだから、昇でなくとも有頂天になろうというもの。人の見る目もおのずから違ってくる。

嗚呼、これで俺も大村藩の馬廻りか。こうなると昇ならずとも嫁が欲しいと考えるのは尤もなことではある。

翌日、雄城の娘をどうかと言うことになり申し込んだ。直ぐに断られた。それで朝長、冨永、片山、松野、森の娘に次々にあたったが、いずれも断られてしまった。

さすがにその理由は書いていないが、要は昇が城下でもそれと知られた暴れん坊であるという歴とした事実。六尺豊かな大男ではあるが、決して醜男ではない。藩の馬廻りという高い位であっても全て断られてしまった。女子にも選ぶ権利がこの時代にもあったのだ。

とはいえ、それだけの理由では決してなさそうである。今の世と違って、当時の婚姻は個人間の好き嫌いではなく、家と家との結びつきを重要視した。「娘に聞いてみたところ」と言っているのは、その親や親戚の方便であろう。

昇が、藩命を受けて各地に出張していることは、城下では多くの者達が知っていた。江頭や稲田等、藩政の中心にある者たちは、昇に様々な役目を与え、昇は休むことなく事に当たっていた。藩外で、政治的な動きをすることには常に命の危険が付きまとう。それが出来たのは、昇の人脈の広さと剣士としての力量が勝っていたからである。長州藩の桂や伊藤、高杉らもまた世に知られた剣客だった。

そんな中、藩内に目を転じると藩政が勤王に傾く危険性を危惧する者たちが多くあったのも事実であった。水戸、長州藩の浪士たちを藩内の各所に潜ばせ、我が藩に危険を招き入れている罪を糾弾する者たち、夜陰に乗じて、密かに藩主の別邸に密書を奉ずる者、城中の大監察の部屋に匿名の書を投げ込む者。そのほとんどに昇の名が登場した。その者たちから見れば、昇は、危険極まりないことをやっている人物と見られたとしても不思議ではない。もし万一、藩が転覆するようなことがあれば、最初にやり玉にあがるのは昇や飯山たちであろう。

そんなところに嫁に出すのは如何なものか、親なら誰しも考えるところだ。

丁度その時、大身の大村太左衛門が病床にあって昇を招いた。

太左衛門も三十七士の一人であるから、昇に好意を抱いている一人と言うことになろう。

屋敷は玖島城と小さな川を挟んで相対する丘の上で、城の防衛上最も重要な場所に在る。従って、藩でも石高の高い武家屋敷が軒を連ねていた。石高は約二百石。大村藩では高い格式を持つ家柄である。因みに浅田弥次右衛門の屋敷とも近い。

何事であろうかと、昇は少し緊張しながら訪問した。訪いを入れると、直ぐに屋敷の者が出てきて奥の座敷に通された。太左衛門は病気のせいもあるのであろうか、少し生気には欠けていたが、親しく声を掛けてくれた。先ず、馬廻り就任の祝いを述べてくれた後、江戸での事も色々聞かれた。茶が出され、一息ついたところで、

「嫁を探していると聞くが、何か急なことでもあったか。自分の末娘で十歳になるのがいる。五、六年もたてば嫁に出すこともできる。労は厭わないのでどうだ。貰ってはくれまいか」

うっ、と声を飲み込んだ昇であったが、一体誰から話が伝わったものか。だが相手は藩の重臣。「謹んで申し上げます。ご家老のお話はこの上なく有難く存じ上げます。しかしながら、この時勢の中でいつ死ぬか分からぬ身でございます。明日があるかどうかも分かりませぬ。成長を待ってなどと、悠長なことを言ってはおれません」。十歳なんて、待っておられるものか！「余も四十九歳となった。近頃では起きることもままならぬ有様じゃ。もし願いをかなえてくれれば何時死んでも良い。どうだ」

太左衛門も下がらない。会話は続いたが、丁重に昇は断り続けた。若い女性には好かれなくとも、年上の男性には気に入られるらしい。だが、それとこれとは別だ。何とか物別れに持ち込むことができた。

そんなある日、幼少の頃からの友である楠本に「媒酌の労を執ろうと皆が言ってくれたが、言葉ばかりではないか。もうこうなれば自分で探す。どうだ、手伝え」と持ちかけた。「それが良いかも知れぬな」「誰か知ったものは居らぬか。もうこうなったら誰でも良い。年頃の娘がいる家はないか」と。少々乱暴すぎる言い方だが、昇は頭に血が上るのを感じた。ここまで嫌われるとは。楠本が「そう言えば、あの家はどうであろうか」それで一緒に和田某の家を訪ね、ありのままを言って頼んだ。和田は、お二人がこうしてわざわざ頼みに来てくれるとは大変ありがたい。しかしながら、一旦親戚の者たちにも相談し、その後で返答したいと言うので、「暫くなどとは言っておれん、今日相談して決めてくれないか」昇は焦っていた。

和田は困った顔をして、我が家の家事の事もある。ともかく相談してみようと引き取った。ところがうまくいかぬ。と言うよりダメだった。悶々としている昇であったが、この後、朗報があった。楠本の従妹に城中に侍るものがあり、これを娶るというのはどうだという。「それは有難い」天にも昇る思いがした。

楠本の骨折りには感謝しかなかった。だがこの結婚は残念ながら上手くいかなかった。その頃の昇は、藩命を帯びて常に藩外に奔走し、家にいることもままならなかった。数年しても子は出来ず、妻はこれを憂いて自ら家を出たという。昇の新婚生活はこうして終わった。自伝にもこの数行のみ。この時期、昇が最も忙しく東奔西走していた頃の事だ。昇はここで悟った。「家に妻子あるは、志士一身の累あるのみ」と。……であれば恰好よかったのだが、その後、偶々市中の某女と出来た。これが物議をかもした。稲田がひどく心配して諭してくれた。「白拍子を囲うのは止めろ」、「ウッ…………」、「もし藩の誰かが諭したとしよう。君はその時どうするつもりか」。応えることもできず、背中に冷や汗が滴った。狭い城下で、武家屋敷街と白拍子のいる市中は目と鼻の先。稲田がそういうからには、城下でも評判になっていたのであろう。遊女に手を出してしまった昇。遊ぶだけならまだ良かったのだろうが、囲ったとなれば狭い城下の出来事。噂に戸は建てられぬ。

昇の姿はどれが本当か

紋付袴姿の写真

ところで、昇の写真というのが残されている。良く知られるのは刀を携えて椅子に座り、細面の美男子だ。昇の写真として伝わってきたもので、紋付には渡辺家の家紋である渡辺星紋が染め抜かれている。三星の下に一が引かれる家紋だ。ところが、この他にも昇が写った写真があって、一つは清らと写った幕末の集合写真で大男の昇がぼやけて写っている。この当時の写真は今のカメラとは違い、被写体が暫くじっとしていなければ、ぶれた写真になる。だから写真に写るにもそれなりの心構えがいる。昇は耐えられなかったのであろう。あとは大阪府知事時代、それから元老院議員時代のものであろうか。長身で目はグリッとして、いずれも幕末の姿と相似する。先ずもってイケメンとは言えないが、それでも女性たちから敬遠されたのは、昔の乱暴者の印象が強すぎたのかも知れない。

そんな昇であったが、後に近代女性教育者、知的障害児福祉の母と言

われた清の長女である渡辺筆子（小鹿島筆子・石井筆子）は、昇に大層可愛がられ、事あるたびに助けられた。筆子も昇のことを敬愛した。

これは余談ではあるが、筆子が最初の夫である大村出身の小鹿島果と死別し、障害を持った子供を育てながら女子教育を進めていた時、今の東京都北区滝乃川で、知的障害児の保護と教育を行っていた佐賀藩出身の石井亮一が筆子に結婚を申し込んだ。

筆子は、ドイツ人医師エルウィン・ベルツも『ベルツの日記』の中で「自分がこれまで出会った中で、最も豊麗なる女性」と大絶賛した。英語・オランダ語・フランス語にも堪能で、明治天皇の皇后付きのフランス語通訳官としても活躍し、明治三十年には日本人女性を代表して、津田梅子と共にアメリカで開催された『万国婦人大会』に参加した。亮一の求婚を筆子も受け入れるつもりであったが、筆子は亮一より六歳上。ここで亮一の母親が猛反対した。筆子の歳を気にした母親をどうやって説得するか。亮一が「何とか自分と同じ年だということにしてくれないか」と頼み込むと、筆子は「それは自分の経歴が許しません」と困った顔をした。実際、筆子の経歴は皆が知っているからだ。そこで叔父昇に相談した。すると昇は「歳が上だと分かっているのであれば仕方があるまい。ではこうしよう。二歳年上と言うのではどうか。それなら良かろう」。実際、筆子の戸籍の歳は書き改められ、二人は結婚した。昇は既に会計検査院院長を退官していたが、元老院議員でもあった。今では社会問題になろうが、鞍馬天狗も粋な計らいをするではないか。

筆子は文久元年の生まれで、幼少の頃は体が弱かった。その頃に、昇は江戸から帰ってきたことになる。

筆子の記録には「叔父が病弱な私の体の事を気にして、近くの琴平神社に願を掛けるために歩いて連れて行ってくれた。幼かったため、途中できついと言って泣き出したので、ここまで歩いて来たのだからもういいだろうと、おぶって連れて行ってくれた」と回想している。（『おもいで草』一九一三年）

琴平神社は、戦国時代の大村純忠が居城とした三城城の裏手にあり、渡辺一族が守り神として祀っている。昇の住む屋敷からは歩いて二キロほど。まだ二～三歳頃の筆子には、遠い距離である。昇は本当は女子にやさしい性格なのだ。

東奔西走

その当時、藩庁の指示で東奔西走し、家にいることは少なかったが、いろいろと噂を立てる奴らがいた。昇は福岡に行く途中殺されたとか、長州で死んだとか。それを聞いた者は直ぐに母に伝えた。

母は伝えてくれた人々に厚く礼を言い、「昇が死んだという話はこれまでにも数々寄せられている。そのうちに忽然と家に帰ってくることを楽しみにして待っている」と語った。

昇は、普段から母に「死ぬこともあろうが、決して尋常には死なぬぞ。死ぬときは玖島城東門外が死に場所だ。噂に惑わされ、心を労するなかれ」と言っていた。こんなことを言われて心配しない方が無理である。胸奥は心配で心配で堪らぬが、言ってどうなる訳でもないといったところか。

その頃、藩では野澤門衛を島原藩に、浅田新五郎を平戸藩に遣わし、ともに提携して天下の動きにあたろうとしていた。昇はいずれの使節にも副使として随行した。剣の腕前も見込まれての事であろう。

丸山作楽

平戸では志々伎楚右衛門が最も力を貸してくれ、島原では坪田嘉十、丸山作楽の両人が大いに力となった。丸山はその時幽閉中で、その門人を介して議した。丸山作楽の名を知る人は多かろう。幕末の勤王志士で、明治に入ると政府で外務大丞となり対露交渉にあたり、元老院議官、貴族院勅選議員を務めた。これが切っ掛けとなり、それぞれ往来して議論を重ねることとなった。

ある日、平戸藩から桑田源之丞等が大村に来て剣槍の技を披露した。「今や両藩一藩の心を以て事を共にするの約あり」と。大村藩では、天下が乱れる気配を感じていた。それは何処の藩でも同じことのようだが、長崎が西欧列強に開かれた今、外国勢力との関係の中で日本が危機に陥る危険性を強く感じていた。それは平戸藩でも同様だった。昇は「大村藩では、今や講武場には常に藩士がいて、一般の人たちも遇している。ここは理解をしてほしい。尚且つ、剣槍の技だけでなく練兵、銃、砲術も共に行ってみてはどうだろう」と。

桑田も賛同した。平戸藩ではまだ洋式銃を正式採用していなかった。昇が「君たちの所はまだ火縄銃か。それでは自分が標的になって百間の外に立つので、安心して撃って見ろ」と言ったので、皆が大笑いをした。百間とは百八十メートルの事である。ある日郊外の射的場に伴い、桑田は火縄銃、自分は洋式銃で標的を撃ってみた。自分の銃は、弾を込めるたびに的に当たらぬものはなかったが、桑田の弾は何処に行ったものか分からなかった。桑田もやっと昇の言を信じ、大いに感心した。帰ってすぐに平戸藩侯に報告した。平戸藩主は英明な方で、文武を兼ね備え、桑田の報告を受けると直ぐに砲術家二名を大村藩に遣わした。我が藩ではこれを野外の射的場に連れて行き、火縄銃と洋式銃の性能を比べ、平戸侯に洋式銃を贈呈した。

ところがこれが平戸藩に物議を生じさせた。平戸藩の者たちは桑田が渡辺に騙されたと言い出し、桑田と昇を殺そうとする者があったという。どこの藩でも制度や方法が新しく変わろうとすると、それまでの習わし、ひいては既得権にしがみつく者たちがいる。だが、時代はそれを許さない。

五卿謁見

これより後、「八・一八の政変」により、京を追われた三条実美ら、尊攘派の公卿七人が長州三田尻に落ち延びたが、第一次長州征伐の後、幕府は官位を下げてさらに遠方に流そうとしていた。この時、九州の志士の中には公卿を奉じて兵を挙げんと欲する者たちもいたが、軽挙妄動は慎むべしとの意見が大勢を占めた。公卿に付き従ってきた里見次郎、大河内太郎及び諸方で勤王を唱える者たちが続々と大村に来て、密かに同志を訪った。城下では人目に付く。反対党の者たちの目を避けるため、山田の滝や石金堂に集まり天下の事を議論した。

七卿が落ち延びた長州藩三田尻の「招賢閣」

三条実美

里見が、志士の者たちが事をなそうとすれば、藩の規則を破って脱藩する他はないと言うと、皆は「それは違う。ここ数年間の脱藩浪士たちがやったことを見たであろう。皆軽挙妄動にして、結局何も得られていないではないか。必ず一藩の国是を定め、同志の諸藩を合従し、しかる後に事を起こさなければ、徒に事は中途で転覆し、天下は恐らく収拾がつかなくなってしまう。大村藩は勤王の志がある。それは福岡藩などとも一致している所だ」と言った。これは大村藩公の行動記録『九葉実録』の一節であるが、その意見を言っているのは昇であろう。窃に使いを出して、大村藩の考え、実情を公卿に伝えるべきではないかと稲田に話した。

稲田は、「その考えは自分も良いと思うが、大村藩の人心は未だ一つではない。この事が若し暴露されてしまえば、不測の事態になりかねない」、「事が若し失敗すれば、その罪は自分一人が負えば良いだけの事だ。君たちに累が及ぶ事はない」と。昇のその言葉を聞いて、稲田も分かったと言わざるを得なかった。

稲田が藩庁に相談すると、異論が続出したが、結局公卿に使いを出すことに決し、昇が行くことに決まった。上手くいかなかった時は、昇一人が責任を負う。昇も承知の上。一見冷たいように見えるが、これは世が乱れようとしている時の、一藩の行方を背負う武家の覚悟というものだ。

太宰府「延寿王院と五卿送蹟の碑」

赤間宿「五卿西遷の碑」

この時、公卿たちは山口を去って福岡に入り、赤間の駅に滞在していた。福岡藩ではこれを護衛し、他藩の者が勝手に面会することを警戒していた。

そこで福岡藩中老の加藤司書に面会を求め、何とかお会いできないものか相談した。すると司書は「大変難しい事ではあるが、福岡藩の者と共に謁見すると言う事であれば、出来るかも知れぬ」。昇がすかさず「貴君と共にと言う事ならどうか」と訊ねると、司書は「それは良いだろう」と言ってくれた。そこで相伴って赤間に行き、始めて三条実美以下の公卿に謁見することが出来た。

昇大宰府往復の事

福岡藩との同盟がなった今、大村藩では五卿等との関係を深める必要があった。同年二月十三日、大宰府に五卿等の居が定まると昇は度々大宰府を訪れ、土方など側近の従者を介して卿らと密かに会って話す事があった。このことは、三条実美らに随行した土佐藩士土方久元の日記『回天実記』の中にも記されている。

昇のこの時の行動が、後に、大村藩が討幕挙兵をした際、京に上っていた純熈等が帰藩の為の金が全く底を突いて金策に悩んだ時、三条卿の口添えで佐賀藩の船を使って帰藩出来た事に繋がって行くのである。大宰府は一時、薩摩の西郷隆盛、長州の高杉晋作、桂小五郎、土佐の中岡慎太郎、坂本龍馬など各藩の勤王志士達の集まりの場となっていた。

考えてみれば、長崎のような天領であれば、各藩の藩士がそこで様々に活動していたとしても可笑しくはない。しかし、これが藩地であれば、各藩の藩士たちがそこに来て活動をすることは、幕府の目からすれば「怪しい」と映るであろうし、寧ろその藩が怪しいと映るだろう。それが幕藩体制というものの現実なのだ。

幕府は、江戸初期に大名の取り潰し政策を大胆に行った。しかし、それが「天草島原の乱」で大きな社会問題になった時、幕府は強引な取り潰し政策を転換し、その代わり、藩同士が通じ合わないように巧妙に藩地の配置転換を行った。隣り合わせの大名同士は、実に仲が悪いか関係が希薄とした。だから、藩地で他領の者達が活動するということはあり得ない事であった。

それが三条実美らの「五卿落ち」によって、大宰府は、五卿にご機嫌伺の為、と称して勤王志士が集まる政治的場所に変化した。この五卿落ちこそ、その後の九州並びに長州などの諸藩が、後の薩長同盟を中心とする倒幕運動の切っ掛けと見たい。

幕府は七卿を京都から追放したが、却ってこれが九州、山口を中心とする勤王の志のある藩、そして志士たちに火をつけたと言っても良いだろう。この大宰府こそが、維新の回天の為に果たした九州の政治的中心地である。

そうしたある日、大村藩公が三条公に勤王の志があることを伝えよと、贈り物として大村湾特産の真珠数粒を昇に届けさせた。これに対し、三条公は家臣の森寺大和守を密かに大村藩に遣わして、和歌を贈られた。

逢見満久語良波万久乃保之幾可奈國志心乃友登思遍波

國を安んじようとする友と思えば逢って語らってみたいものだ。と言うような意味であろう。

朝廷の公卿からこのような和歌が贈られてくるとは、大名としても一身の栄誉。藩の勤王一途はますます高まっていくかに見えた。

丁度その頃、水戸藩士斎藤左次右衛門が大村に来た。亡くなった水戸斉昭の信任が厚く、世情でも正義の士として知られていた人物である。この時、斎藤は水戸藩を脱して浪人となっていた。幕府は、水戸藩の正義の党を怪しみ、捜査の手を強めており、これを避けて大村藩までやって来たのである。同志たちは、何とか擁護しようと策を練ったが、これを藩庁に言うと許可は出るかどうか分からない。と言って、黙って匿うとなれば藩庁を裏切ることになりかねない。やはりここは藩庁に懇願する他は無かろうと言うことになった。渡辺清、松林飯山、楠本正隆が稲田東馬に相談した。東馬は他の執政にも諮ったが、反対意見も強かった。とはいうものの、それを拒むという訳ではなく、東馬は藩主純熈に裁可を仰いだ。

純熈は、その人物がたとえ善人であったとしても、幕府の罪人であることに変わりはない、と、固くその願いを聞きいれなかった。東馬も純熈が言う事はその通りであることは百も承知の上で、ここで引き下がる訳にも行かず、純熈に懇願し続けた。その情熱には藩主もとうとう頷かざるを得なかった。

東馬は政庁に戻り、藩主の意を伝えた。この間、東馬は執政らの間を駆け回り、事は東馬の努力によって成就され、同志の皆もたいそう喜んだ。

だが、藩内ではいまだ幕府の考えに従おうとする者も多かったため、表沙汰を避けて池田山の寶圓寺《ほうえんじ》に匿った。寶圓寺は真言宗の大寺で、藩の中では最も格式の高い寺として池田の山中にあり、僧房も数多くあった。

同盟者のこのような行動は、秘密裏に行っているとはいえ、藩内でも多くの者が知る所となった。暫くすると、このことを聞きつけた佐幕派の者たちのなかには、国家を誤り災いを招くようなものだと私語する者たちがあった。反対とは言わないにしても、勤王派の動きというだけで、噂に上るのは仕方がない事であろう。それほど、国の行く末は皆の関心事であったのだ。

藩主自らが「勤王一途」を唱えているとは言うものの、いまだ藩内の意思が固まっているとは言い難く、勤王派は薄氷を踏む思いで行動していた。

大村藩危機一髪　藩主江戸参勤を中止

純熙は長崎惣奉行の職に在ったため江戸参勤は免れていたが、それを辞任した事で江戸参勤が喫緊の課題となっていた。この頃、幕府は諸大名に参勤を強く求め、更に江戸詰めの期間を延ばしていた。幕府による諸大名の締め付け策である。理由もなく参勤をしなければ藩の存亡にも関わる。純熙は参勤せざるを得ない状態であることを、昇をして大宰府の五卿及び同盟を結んだ福岡藩に伝えさせた。いずれからも懸念する声が聞かれたが如何ともし難し。この時、薩摩の西郷隆盛は五卿に謁するため博多に在った。

昇は思い切って西郷を訪ね、大村藩主が江戸参府を決するに至った事情を述べ、朝命により薩摩藩、福岡藩と共に禁門守護を行うという名目で参勤見合わせという理由がたてば大変有難いのだが。何とか薩摩藩から幕府に対して周旋をお願いできないものかと頼んだ。昇一人の考えとはいえ、薩摩の西郷に単独で会いに来て頼むとは。西郷もじっと聞いていたが、昇の言うことは理解できた。

この時、西郷等は薩筑二藩の兵を以て京都を守護し幕府を威圧することも考えていた。と言うのも、福岡藩主黒田長溥は、薩摩藩主島津重豪の九男で、福岡藩主斉清の娘・純姫と婚姻を結び婿嗣子となっていた。従って、島津家と黒田家は姻戚関係にあった。

この二藩は恰かも同盟の形であった。世上には薩長筑三藩同盟の計ありと言う者もあった。大村藩は既に福岡藩と同盟を結び進退を同じくすることを誓い合った仲。西郷もそのことは知っていたであろう。筑前藩が薩摩藩に依るときは、大村藩も亦薩摩藩に親しまざるを得ず。昇は西郷に藩の事情を話しこれに頼った。

これが大村藩が薩摩藩に友好を結ぶ最初となったと臺山公事蹟は記す。

西郷は昇の話を聞いてその苦慮する所を理解し、京都の薩摩藩邸に在勤する吉井幸輔に宛てた書を書き、「君此の書を持して上京し、吉井と論する所あるべし」と言った。昇は西郷の書を持って京に上った。ところが、幕府は諸藩士の入京を厳しく取り締まっていたため京に入ることが出来ず、空しく帰った。（臺山公事蹟）。

既に三月十五日、純熙公は家老江頭隼之助、用人稲田東馬、横山雄左衛門、荘新右衛門等を引き連れて大村を発った。昇は九州に戻り、長崎街道の起点で小倉から二番目の宿である木屋瀬宿で藩主一行を迎え、家老江頭隼之助に面会し、上京が失計であると切論し駕籠を返すようにと勧めた。隼之助も東馬や新右衛門らに話したが如何とも出来なかった。純熙公は筑前黒崎から船で海路を取り、播磨の室津に達した。

その頃、長岡治三郎が京都から馳せ下って来た。長岡も昇等と同じく上京の非を論じた。長岡は「我公の此の行たる、計の得たるもの非ず。君の前途を見るの明なきこと何ぞ其の平生に似ざるや」と昇を叱ったが、こちらも手を尽くしたことを述べ、ここは是非長岡から直接執政等に意見を述べてくれるよう頼んだ。昇が同席すれば、何か合議して言っているかのように取られかねないからだ。長岡は執政に直接会って京の情勢など詳しく話し、談判したが聞き入れてもらえなかった。

室津で藩主一行に追いついたが、純熙は「今や行途に在り、如何ともすべきなし。速やかに京都に抵り、然る後に進退を議せん」と言った。室津から純熙等は陸行し、昇は船で大坂に行き、大坂の蔵屋敷で用人加藤勇に会った。加藤は京に行くところで、昇も同行して藩地の状況などを話した。加藤も話を聞き、昇の意見に賛成した。

純熙一行は四月十二日に京に入り、十九日参内して天顔を拝した。

退朝した後、関白及び議奏、傳奏の邸に行き、天皇拝謁が滞りなく行えたことを謝した。こうした場合、藩の封禄に従い貢物をすることが決められていた。それらがやっと終わり、いよいよ東下の是非を議論することになった。純熙は悩んでいた。進むに進まれず、といって帰ることもできない。

この間、諸藩の情報も入って来た。とある藩では、藩主が出発したのを途中で藩士が強訴に踏切り、やむなく引き返した。ところが、幕府はそれを許さない。主張を貫徹すれば不測の事態を招きかねない。またある藩では、当時有名な勤王家がおり、その党の者達が奮起して藩主の東下を止めたが、藩主は出府延期の罪で、封録を没収されそうになったことなど各藩共に対応を苦慮していた。

昇は「既に天機を伺ったことで、ここは藩主が病と称し、暫く大坂の屋敷に止まり、機を見て帰藩すべし」と意見を述べたところ、「幕府に対してその命令に従わなければ、小藩がこれに対抗することは出来まい。また、公が病と偽ったところで、幕府も医者を派遣して診察を行おうとするであろう」と。皆の意見は大方この意見であった。昇は食い下がった。「凡そ人の病と言うのは、重い病もあれば軽い病もある。公の病が重い時は大坂の藩邸に帰り、病が回復したところで東上することも可能である。これが通常の事ではないか。仮に幕府が医者を派遣して診させたとしても何ということは無い。公が若し、真に病がある時、諸君は幕府の嫌疑が掛かることを恐れ、公の病を冒してでも江戸に向かわせるか。諸君が決してそのようなことをしないと信ずる」。その後も議論は百出し、とうとう朝方となった。

これより前、純熙の駕に従って京に入った時、昇は密かに公卿らを訪ね、朝廷の命を以て純熙を京に留めさせるよう取り計らってほしいと願ったが、幕府の威光を憚って大村藩の為に尽そうと言う公卿は居なかった。更に西郷からの書を以て薩摩藩邸に行き吉井幸輔に謀ったが、幕府の力は予想以上に大きく、薩摩藩を以てしても公卿を動かすことは出来なかった。我が命運も遂に窮まったかと昇は落胆した。東下の事を家臣一同議論したが、衆論は東下やむなしとの結論に至った。ここで昇も皆の意見に従わざるを得なかった

江頭執政は純熙公に、議論はそれぞれ言い分があって皆が意見を出し合ったが、東下やむなしとの結論に達したことを報告した。純熙は「諸士既に丁重に議論し、其の説なかば尽くるものの如し。熟々両議のある所を察するに東下の説の是なるに如かざるを覚う。希くは之に決せんか」。一同、皆頭を垂れて公の命を待った。

吉井幸輔

すると純煕は「衆議東下を是とするものの如しと雖も、之を今宵に決するが如きは暫く猶予すべし。寡人亦少しく見る所なきに非ず。明日を以て旨を傳えん」。その言葉を聞き、一座の者、大いに驚き顔を見合わせた。純煕も最初は東下やむなしと考えていたが、昇達の深く決したような態度と言葉を聞き、東下を引き延ばすことにした。江頭執政は、ひとまず病を理由に出府延期の願い書を幕府に提出した。江頭が皆を招いて曰く「公、疾あり、駕を大坂に返す」と。

それを聞いて安心した昇と長岡治三郎らは宿に戻り祝宴を張った。丁度その時、丸亀藩士土井大作が訪ねて来たので皆彼を座敷に通した。土井が言うのには「我が藩主は幕府の催促により、十二月前に出発して江戸に着いたのだが、幕府は抑留して某門の警備を命じた。帰藩を請うたが許されなかった。藩の俗吏どもは、唯幕府ありて朝廷あるを知らず。それで密に藩を脱して京都に上り公卿に願って朝命により藩主を国に帰そうとしたのだが敵わなかった」と言う。何とも身につまされる話で、江戸では何事か藩主達を縛る大きな動きがあるようだ。いよいよ東下の是非が喫緊の課題となった。

大村藩主は病を理由に東下を延期し、大坂に戻って養生することにしたと言うと、土井は「大村侯は誠に先見の明あり」と言った。共に酒を酌み交わし時事を論じた。色々と意見する者達もあったが、今ここで下手に動くわけには行くまい。気が付くと明け方であった。用人たちが宿舎とする旅館大観楼に行くと東馬と新右衛門がいた。部屋に入ると二人して何事か議しているようであった。

「諸君、何を議論しているのだ」と昇が言うと、東馬は「公が病のため暫く大坂で療養することを幕府に奉じて、その許可を得るための文書を草案中なのだ」。東馬はこの大事な時に、些か迷惑という感じであった。

「単に駕を戻して大坂で療養する許可を取るための文書を考えるのに一体何時まで掛かっておるのだ。これは我が藩にとって幕府から睨まれるかどうかの重要な時だ。執政か参政のいずれかの人物が江戸に赴き、閣老に直接会ってお願いしなければ、書面だけでは容易に信用されまい」。昇がそう言うと東馬も悟る所があり、昇に礼を言った。

新右衛門や雄左衛門も同じで、相伴って江頭執政の下に行き話した。江頭は純熙にこの事を伝えると、直ぐに新右衛門を正使、昇を副使として江戸に急行するよう命じた。同時に、病を以て大坂蔵屋敷に移り療養することを所司代並びに守護職一橋公に届けを出した。その日は慶應元年四月二十二日であった。この夜、江戸留守居より報が届けられた。「幕府近日長州再征の兵を挙げんとす。故に九州諸侯は参府の途に上るものと雖も各その藩に就いて出兵の命を待つべしとの幕命あり」と。純熙は直ぐに新右衛門らを召喚せしめ、帰国の旨を幕府に届出、四月二十三日払暁を以て京都を発し帰国の途に就いた。

新右衛門と昇は金谷宿外大井川河畔で追って来た使いに会い、事情が急転して藩主の帰国がかなったことを喜び、直ぐに帰藩の途に就いた。臺山公事蹟は次の様に記している。「公の参府せずして京都より直に帰藩したること、その事情の変転したる跡を見れば、殆ど天幸に似たり。当時若し公をして足を挙げて逢坂山の東に出でしめん乎、昇等固より死を以て之を諫めんと欲す。義盟の士、何ぞ独り昇をして死なしめんや。必ずや某侯の士、其の主の駕を途上に要して喧騒したるが如き失態あるを免れざりしならん。幸いにして公、善く志士の決意を看取し暫く病を称して大坂に止まるに決したるも当時の勢、幕府をして公の帰国を承認せしめんこと決して容易に非ず。一たびその処置を誤らば某侯の幕府より出府延引の罪を得たるが如き危険なきを必すべからず。是れ誠に我が藩君臣の深く計り遠く慮りて以て憂慮する所なきを得ざりし所なり。幸いに幕府、長州再征を布告し、西諸侯の参勤を中止せしむ。我が藩に在りて是れ正に虎口を脱したるものなり。是れ道窮まりて却って通じたるものなり」。海を航して帰らん」と言うので、参勤の例を破って玄海を航し、二昼夜で時津に達して長崎に到り、長崎での巡視の儀を終り五月十五日を以て帰城した。文久元年四月を以て大村に帰って来てから、明治維新の年まで純熙は一たびも江戸に行くことは無かった。

「此の事我が藩の勤王事績に於て関係甚だ大なり。故に君臣の苦慮亦極めて大なるものあり。是れ特に此に其の

委曲を詳にする所以なり」と。（臺山公事蹟）

虎口を脱したかに見えた大村藩であったが、幕府の締め付けは意外なほど大きく、大村藩が思ってもいなかった大事件が起こる。

第五章　福岡藩転覆

乙丑の獄（変）

慶應元年（乙丑・一八六五）六月、福岡藩では突如、勤王派が大粛清された「乙丑《いっちゅう》の獄《ごく》（変）」が勃発する。加藤司書ら、藩の改革派の指導者たちが一斉に検挙されたのである。その理由は様々に付けられた。だが天下の形勢を知れば、それはあり得ないことではなかった。

丁度その時、昇は長州に出張した帰りで、大宰府に公卿を訪っていた折りにこのことを知った。五卿の従者であった水野、土方、清岡らと相談し、何とか加藤等を救わんと奔走したが何ともできなかった。何が起こっているのだ。この福岡藩に、何が起こっているというのだ。呆然自失。訳が分からぬ。これは大変なことが起きようとしている。その時の昇にはまだ事態が理解が出来なかった。既に勤王一途を掲げた大村藩にとって、福岡藩は大村藩の命運を預けたも同然の大藩だ。そんなはずはない。あってはならない。

大村藩にも、福岡藩の事件のことは急報が入っていた。直ぐに渡辺清を福岡に派遣し、探索に当たらせようとした。福岡にいた昇は「直ちに藩に戻り、藩の使節をして救うほかにあるまい」と土方等に言い、唐津街道の立花峠（現糸島市二丈）を過ぎたあたりで夕暮れとなった。この時の沈痛な気持ちは如何ともしがたく、詩を朗吟しながら先を急いでいると、突然自分を呼び止める声がした。

「昇ではないか！」。振り向いて顔を覗くと、何と兄清ではないか。「兄者、大変なことになった。実は加藤らを救うため、公卿らとも相談したところだが何とも上手くいかない」、昇は顔を赤らめながら、その窮状を語った。

清が「これから福岡に行って、何とか加藤らを助ける算段を考えよう」と言うのを押しとどめ、「今となっては無駄だ。兄者はこのまま平戸藩に行ってこの窮状を伝え、平戸藩からも使節を福岡藩に送り、公然と意見を述べさせるようにしてくれまいか。そうでもしなければ、一書生の言う事など福岡藩の者が聞くはずがない。自分はこれから直ぐに藩に戻り、大村藩も使節を発して共に救援するよう話すつもりだ」、「分かった。それが一番だ」ここで兄弟は分かれた。その時、立花峠は暮色に染まりかけていた。

福岡藩鎮撫使派遣

大村に戻った昇は、直ぐに稲田に会った。

稲田も福岡の状況が切迫していることを知っていた。使節派遣はもとより賛成だが、まず江頭執政に報告し指示を待てと言う。江頭執政を屋敷に訪い福岡の状況をつぶさに述べた。

「前の年、閣下は福岡で加藤司書と会い、あれだけ胸襟を照らし意見を交わされたではありませんか。その加藤がいま縛に就き、死罪になろうとしております。江頭閣下、ここは義によって大村藩から救いの手を差し伸べていただきたい。これは加藤一身の事に止まらず、大村、福岡両藩の信頼関係に及ぶ事でございます。長崎はもとより、外国勢力が各地で闊歩しております。このままにしておけば、日本はどうなりましょうか。一刻の猶予もありませぬ。今日を見るに、日本を守るべき幕府の権威は衰微甚だしく、ここは天皇の力を挽回して意志の統一を図り、日本国のために事に当たるほかはありませぬ。今、天下の情勢は、幕府方、勤王方と拮抗している所でありま す。加藤はその先頭に立って福岡藩を勤王に導いてきた第一の人。この難にあたって、手をこまねいておられましょうや」

昇は一気にまくし立てるように言った。

執政は静かに昇の話を聞き暫く考え込んだ。江頭はこのような時、動揺を顔には出さない。昇がしびれを切らしたように江頭の顔を覗くと、「うむ、分かった。事は急を要するが、他の執政らにも事の成り行きを伝えよ」直ぐに主だった執政を訪うと、一様に使節派遣について賛成してくれた。もとより江頭も考えは同じだ。純熈公は江頭を使節に命じ、中老大村太左衛門を副使となし、大村一学、朝長熊平、兄清と昇に随行を命ぜられた。平戸藩も中老井関某らを派遣し、福岡藩に加藤等の助命嘆願を願った。

だが、こうした動きに対し、会津藩も福岡に使節を派遣して勤王諸藩の動きを封じようとした。

江頭は、藩庁に黒田公に謁見したい旨を願い出たが、許しが出ない。福岡藩の重役たちとも話をしたものの、言を左右にし願いは聞き入れられない。何とももどかしい日々を過ごしながら福岡に逗留すること一月がたった頃、福岡藩庁からやっと返事があった。「この度の事は、福岡藩の内情の一つであって、天下の形勢に関するような大事ではない。しかしながら、貴藩の藩公より丁寧なご挨拶があったことは、我藩公も深く感謝申し上げている。この事で、加藤等を決して厳罰に処するようなことはない」。その言葉に一同も胸をなでおろし、喜びを胸に大村に帰ってきたが、その年の十月「加藤司書ら皆死す」の報が届く。

大村藩には大激震が走った。勤王の為、福岡藩とは連携が取れているはずだった。あの黒田山城が大村に来て話し合い、我が藩の執政等も福岡の城中に招かれ盟約はなったはずではなかったか。福岡藩は佐賀藩と共に千名近い藩士を長崎に派遣し、年番で長崎警備の重責を負う大藩。長崎を通じて、諸外国の動きを最も良く知っているはずだ。その藩が主だった者たちを粛正した。大村藩にとってみれば福岡藩の「転覆」なのだ。

第一次長州征伐で、加藤司書は福岡藩を代表して、長州藩が幕府恭順の意思を明らかにしている今、これ以上長州藩を叩く必要はないとあれほど動いたではないか。

大村藩の江頭執政とも胸襟を開いたはずの中老加藤司書を始めとする福岡藩勤王派の者たち。英明な福岡藩主黒田公も、そのことは知っているはずだ。だが幕府は、長崎警備の要である福岡藩のそうした動きを十分に警戒していた。会津藩が使節を送ったのも幕府の意を介しての事ではなかっただろうか。

福岡藩主黒田長溥《ながひろ》は、薩摩藩主島津重豪《しげひで》と側室の子として生まれ、重豪曾孫の島津斉彬《なりあきら》とは二歳しか年が離れていない。二人は江戸の薩摩藩邸でともに過ごした。黒田斉清《なりきよ》の婿養子となり黒田家を継いだ。それ故、薩摩藩とは関係が深い。福岡藩は五卿を大宰府に招き入れ、大宰府は勤王志士達が最も集まる場所となっていた。そうした意味では、福岡藩が西南諸藩の中で最も勤王に力を注いでいた。月形洗蔵は冒頭でも記したが、「月形半平太」のモデルとして坂本龍馬が司馬遼太郎の小説に登場する前の国民的ヒーローであったし、平野國臣も勤王志士としてその名は広く知られている。

藩主長溥は加藤司書に命じ、薩摩藩と長州藩の仲立ちをしようとしていた。これが成功すれば「薩長筑同盟」が出来ていたかもしれず、時代の流れは少し早まったかも知れない。

だが福岡藩内の勤王派にも問題はあった。勤王派の中にも急進派があり、その中にさらに過激な者たちがいた。そうした動きは幕府間諜もつかんでおり、藩内の保守派にも急進派の行き過ぎが目に余っていた。

黒田長溥は暗愚な殿様ではない。むしろ名君である。その蘭癖ぶりは薩摩の島津斉彬にも劣らなかったし、時代の難局は誰よりも知っていたはずだ。長溥は、幕府と朝廷がお互い協力しあう公武合体を望んでいた。ところが、藩の中では急進派が力を持ち、それゆえ幕閣は長溥の態度に強い懸念を示した。

時代の転換への処し方は、早くても危ない。福岡藩は、将にその頂にあったと言っても過言ではない。幕府が長溥に圧力をかけたとしても、それは当然の事であったろうし、長溥自身も急進的家臣の暴発には手をこまねいては居られなかった。

乙丑の変で加藤司書、武部武彦など重責にあった者七名が切腹、月形洗蔵《つきがたせんぞう》らは斬首、野村望東尼《のむらぼうとうに》らは流刑という厳しい沙汰となった。長溥にとっては、望まぬことではあったが、幕府恭順派たる藩内保守派の怨嗟の声は大きく、長崎警護の重責を負う藩として、幕府の圧力を受け、他に方法がなかったのだ。

この事件は、その後の福岡藩にとっては重大な藩の転覆に繋がり、大藩である福岡藩が維新の大業に乗り遅れる背景となった。さらに廃藩置県前に起きた「贋札事件」によって藩主は明治新政府から藩知事を罷免された。時代の先端にあった藩が、時代の中で翻弄され、藩内には大きな亀裂だけが残り、何とも皮肉な結果となってしまった。

野村望東尼

渡辺 清

後の話になるが、明治十年、西郷隆盛が決起した西南の役に、福岡藩から呼応した加藤堅武《かたむ》は加藤司書の遺児で、乱は直ぐに鎮圧され、捕えられた加藤らは処刑された。その時の福岡県令が誰あろう昇の兄渡辺清である。

後に玄洋社の総帥で大アジア主義者の巨頭となる頭山満は、明治九年に起きた秋月の乱に呼応して旧福岡藩士の蜂起を画策し投獄されていた。そのため、翌年に起きた西南戦争は獄中で知ることになったのである。玄洋社からは、後に総理大臣となる広田弘毅を輩出するが、幕末に醸成されていた福岡の勤王家たちの思いは、雌伏しながら近代日本の中で生き続けるのである。

この時、清は賊となってしまった堅武の妻子を匿い、さらに清の妻が病で亡くなったこともあり、後にその妻女である千施《ちせ》を妻に娶った。

大宰府都府楼跡には、県令渡辺清（第四代福岡県令で、明治七年九月から十四年七月の七年近くを務めて、乙丑の変、贋札事件ほかで人材の枯渇した福岡県を

太宰府政庁建つ跡に建つ３基の石碑。左から「太宰府趾碑」（県令渡辺清記念碑）、「都督府趾碑」、「太宰府碑」。

立て直した）の記念碑が建っている。盟友西郷隆盛が鹿児島で挙兵し、自らは鎮圧する側の福岡県令。その時の清の思いは如何ばかりであったろうか。福岡藩の方針転換は大村藩にとって藩存亡の危機となった。

朝長熊平が「もう一度福岡藩に使節を送り、その信無きを攻めるのはどうか」と言うので、「福岡藩の方針は既に決まっている。これを争っても、先方は藩法によってとしか言うまい。斬首ではなく切腹を言い渡したのも、大村藩からの忠告によりそのような措置にしたと言われるのがおちだ。ここで干戈を交える訳にもいくまい」。

奥方様の帰藩と御殿建設の顛末

この頃、幕府にも方針転換の動きがあった。

既に幕府は諸侯の参勤交代を緩め、その夫人を江戸にとどめ置く江戸初期以来の祖法を改め、それぞれの藩に帰す方針を定めていた。この制度は徳川幕府にとっては大名からの「人質政策」で、これを再び旧来に戻そうとする動きである。これには、各藩も喜んだ事であろう。というのも、藩の財政にとって江戸藩邸は、特に藩主奥方をして金を浪費せしめる場所であったからだ。

ここで大村藩では問題が起きた。藩主の母親が江戸に帰れると聞いて大いに喜び、出発の準備を始めたのである。これには家臣一同が驚いた。昇も、執政大村五郎兵衛や同志たちに、幕府の威信もかくの如しと言えども、何ともはや、これはどうしたものかと言う他はなかった。

すでに参勤交代も緩み、藩主も藩に長く留まることが出来るというのに、再び奥方様を江戸にとなると、その費用は莫大で、とりわけ九州の諸藩にとってはどうにもならなくなってしまう。執政もその通りだと言って御夫人にご意見申し上げたところ、老夫人はその言葉に怒り出し、意見を聞くような状態ではなかったのだと愚痴をこぼした。

執政大村五郎兵衛は、大村藩では最も家格の高い御両家と呼ばれた家柄で、千四十石を頂く大身である。そんな五郎兵衛であっても何ともならない。徳川二百数十年の因習は、こんなところにも影を落としていた。老夫人にしてみれば、大村の片田舎よりも江戸の方が良いに違いない。こうなれば江戸にある人質も案外と心地よいのだ。それに、女の立場でなければできない独特のネットワークも築かれている。その中心にあるのが姻戚関係だ。小藩である大村藩にとっても、この姻戚関係による大藩との結びつきは大きい。

さて、困ったときは昇に任せよとばかりにそのお鉢が昇に回って来た。何とか説得せよとのご下命。稲田もいるではないか。兄清もいるではないか。何で自分なのかとは思いつつも、分かりましたと言う他はない。幾日もせず、執政から城内二の丸御殿に招かれた。座敷に通されると老夫人も既に座っておられた。昇も初めてお会いする高貴なお方。恭しくその前に平伏した。執政は、そちの考えを披歴してみよと言う。

それはご自分から言うべき事ではないかと執政の方を見やると、執政は目をそらしてどこを見ているのか。呆然としながらも、昇の腹は既に決まっていた。こんな時、昇は覚悟も早い。

「今や天下の大勢を見るに、一見平和のように見えまするが、その実態は決してそうではありませぬ。これから必ず騒乱の世になりましょう。江戸が戦乱の地となることも決して遠い話ではないように思われます。故に、勤王の諸侯は幕府の命令であっても、すぐに動こうとしないのはこうした背景があるものと存じあげます。このような時期に、我藩が率先してこれを奉じたとすれば、天下の笑いを招くのみならず、薪を火に投じるようなもので、大村藩は進退に窮することになりましょう」と。さらに昇は続ける。

「長崎では、西欧列強がひしめき、その実力は到底今の日本がこれを排除できるものではありませぬ。安政の開国まで大村領であった戸町村と居留地となっている大浦には、領事館や西欧人たちの屋敷が立ち並び、その勢いたるや凄まじいものがあります。今天下は、徳川幕府が往年の力を無くし、天皇のもとに新たに結束を図らねば、この日本が危うくなろうとしております。大村藩は、既に藩主自ら〝勤王一途〟を掲げ、藩士たちも一丸となって事に当たろうとしている今、恐れながらご夫人がこれをご理解召されず、江戸に上ると言われるのであれば、この大村藩を窮地に貶めることに相なりまする」

昇の外に、老夫人にここまで意見を述べる者は藩では見当たらぬ。直言居士。それが昇の良いところであり、裏表もない。老夫人もその言葉に些か悟るところもあるように見えた。「分かった。江戸に帰るのは暫く考え直すこととしよう」。だが、その顔には怒りと不満が現れていた。「ご理解賜り、誠に忝《かたじけな》く存じ上げます。江戸のことはさておき、何か私共で出来ることがありますれば何なりと」「そうか、そうであれば城近くの海を埋め立てて、そこに御殿を造営せよ」

これには大村執政も大いに窮した。今は田植えの後で、田の草取りなどで百姓たちは忙しくしており、農事から離れることなど出来ない。そこで執政は再び昇を呼びだした。

昇も何事かと思って大村執政の前に行くと、執政は苦虫を噛み潰したような顔で、

「困ったことが起きた。老夫人が直ぐに御殿を造営せよとのご下命だ。ところがこの時期だ。農事で人が集まらぬ。どうしたものか」

しばらく考えた昇、

「何とかなりましょう。建物を建てるには大工が必要で、今は農事が忙しくどうにもなりませぬが、海を埋め立てる土石運びなどの作業は文武館の諸生を使えば可能です」

すぐに文武館に行き、諸生に事情を話した。これに賛成したもの十人中八九人。反対した者もいた。藩のために砲台を築くのとは訳が違う。何で我々がそこまでしなければならないのか。

そういう気持ちは昇にも痛いほど分かる。分かるが

「若し、老夫人が皆が止めるのを振り切って江戸に上るようなことにでもなれば、天下の大勢を見るに、大村藩にとって大きな災いとなるであろう。故に、ここはどうあっても老夫人の心を慰撫し、災いを未然に防ぐ時だ。諸君、これを非とし傍観するもよしだ。さあどうする」こうまで昇に言われれば、だれも反対できなくなる。

ここで諸生達は、暑さをものともせず作業に従事した。これを聞きつけた村々の士族たちも、争うように来て手伝った。

◇

ところで、御殿造営については後日談がある。

明治に入り、昇が大阪府知事をしている時、老夫人は淀川べりにあるかつての大村藩邸に数日泊まられた。昇がご挨拶に伺うと、酒が振る舞われた。老夫人もお飲みになり、酔いに任せて、

「初めてそなたに会ったのは、あれは二の丸御殿であったな。あの時のことを思い起こせば、今でも髪の逆立つ思いがする。今日の昇を見ると、昔日の昇とは全く違うようだ」

「確かに。あの時は若気の至りとはいえ、ご夫人のご尊厳を冒してまで東上の非を申し上げましたのは、二の丸御殿ではなかったかと」

あの時の、はらわたの煮えくり返った思いも今は昔話となった。

兵制改革

慶應元年十月も終わり頃、福岡に出張していた藩士から、加藤司書らの切腹、斬首などの処刑の報がもたらされた。大村藩にも衝撃が走ったが如何ともならなかった。

その頃、藩主純熙は英国式練兵の必要性を感じていた。既に文館の改革を進め、言路洞通の発令により、大村藩に籍を置くすべての藩士達は自分の思うところを藩庁に具申できる仕組みを作っていたが、兵制改革並びに調練について、ここに手を付ければ旧来の指導者と指導法にまた問題を生じるのは明らかである。

そこで、山鹿・長沼・荻野・渕山等諸流派の師家に命じて人を選ばせ、渡辺清、川原鼎《かなえ》らに総括させて、長崎で西洋式調練を学ばせた。数ヵ月して調練が終わった藩士たちが帰ってくると、藩公自ら銃をとって調練場に向かい、兵卒と共に訓練に加わった。

これにより、藩の西洋銃隊の必要性を訓練に参加した者たちの多くが理解するようになったが、藩内には旧来の方式を捨てきれず、批判する意見もあった。

暫くして純熙は西洋銃隊に転換することを決め、渡辺清、川原鼎を挙て兵学取立の職に就け、山鹿、長沼二流を廃し、それまでの指導者たちを指南役に使いながら一般西洋銃隊の制度を初めて定めた。『九葉実録』では、それを慶応二年八月と書いている。

軍備の西洋式改編は、それまでの因習や一部武士団が持つ既得権を排除した新たな組織改編であった。更には言路洞通に代表される藩内すべての武士団の藩政参加の具現化でもあった。これにより大村藩士約二千八百人が一体となって維新に向けての準備が進められたととらえれば納得は行く。

こうして純熙の藩政改革は少しずつ、そして大胆に進められて行った。この改革は、近習の中から出て来たというより、藩主主導で行われている感が強い。

稲田にせよ江頭にせよ、藩主が方針を立て、それを何らかの形で近習の者たちに密かに伝える。その意を汲んでか、或いは触発されてか、昇は純熙が期待した以上に動いた。

ここに、藩内守旧派との軋轢が生じるのである。

不平の徒　密に党を結ぶ

対馬藩と福岡藩の騒動は、大村藩の藩士達にも当然のことながら、危機感を抱かせる契機となった。長崎惣奉行辞任後の元治元年十月、「勤王一途」を藩の方針としたのは藩主純熙自身であった。それが執政たちの示す方針に繋がるのだが、元治元年十一月の第一次長州征伐発令、福岡藩との同盟、天狗党投降、大村藩長州征伐中止建議、五卿の大宰府落ち、大村藩五卿との誼、福岡藩の勤王派が粛清される乙丑の変、福岡藩転覆とその内訌調停と、大村藩を取り巻く環境は激変した。

藩士達の中には、そうした執政らの方針に対して、藩の行く末を誤るものとして不平を抱く者達が増えていた。慶応二年の正月が明けた頃、文武館の御成門に俗謡を貼り付ける者があった。

御成門とは、藩主が文武館を訪れる時に使用される専用の門の事である。柱が黒く塗られているため、「黒門」という通称名が付いた。

ほくろさん　今はお前も昇りつめ　廉に見とれているかいな

ほくろさんとは、顔にほくろがある執政大村五郎兵衛を指し、廉は松林廉之助（飯山）の事で、
〔大村五郎兵衛さん　今は執政に取り立てられ　昇や廉之助の意見ばかりを取り入れているが大丈夫かな〕
と言ったところだろう。

唐団扇　孔雀尾を振る　初旦

という句もあった。

唐団扇とは執政針尾家の家紋で、クジャクは針尾九左衛門の名に掛けたものである。

執政らに対する反感。勤王党リーダー格の昇と飯山。藩の方針に異論を唱える者たちが、姿は見せぬがその存在を明らかにしつつあった。

慶応二年二月、執政が藩主の命を藩士に伝え、藩政に対する注意を喚起した。その内容は、近頃、国家の為と言って匿名で封書を投げ込み、誹謗中傷の落首をなす輩がいるが、今後このようなことが無いようにという警告であった。

大村藩主を中心に執政や勤王三十七士、それに対する佐幕派というよりも保守派と呼んだ方が良いようだが、どの藩でも多かれ少なかれ対立はあった。それが幕末動乱というものだ。ただ藩主が断固勤王方であるところに大村藩の特殊性があった。

彼杵宿「二十六聖人出港の地の碑」

こう言うと、藩主を中心とした勤王派と佐幕派の対立を思われるかもしれないが、事はそれほど単純ではない。急旋回する時代の渦の中で、その価値観や立ち位置も流動化していく。それこそが昇たちが体験した幕末の姿だった。昇を取り巻く周囲の環境は、これから激変していく。

そんな中、藩庁では剣術指南長井兵庫の職を免じて昇をこれに代わらせ、武館剣術取立の席に列した。その通達は、昇が長州藩にいた時のことで、帰途彼杵の宿（長崎街道主要宿の一つで、二十六聖人が長崎に向け船出した場所）に着いた時、ある士族が来てその祝いを言った。

昇は初めて知ったことで、それはどういうことかと疑念に感じながら大村に戻った。

大村に戻って直ちに武館に行き、従来通りの席についた。浅田千代治が来て、前日に貴公の栄進が決まった。新たな席につくようにと言われた。そのことを知らない訳ではないが、自分としてはまだ納得がいかないでいる。

すぐに柴江運八郎、田島右左見、宮村佐兵衛、浅田等の先輩を一室に招き、

「藩庁は剣技を知りて剣理を知らず。剣の腕でいえば、自分は諸兄にも引けはとらない。だが、剣の道を勝敗で論じることはできない。経歴からしても長井は異論のないところだ。ここは藩庁に話し、長井を職に戻したい。共に藩庁に稟議しようではないか。これが言路洞通と言うものであろう」

昇の言葉に一座顔を見合わせ、田島が昇の言い分はわかったと言った。

すぐに執政大村五郎兵衛を訪ね意見を伝えた。

執政は「このことはなにも藩庁から出た意見ではない。武館については既に具申されている所でもある。しかし諸君の言い分も分からぬではない。明日藩庁に諮り意見を聞いてみよう」と言った。

翌日、十九貞衛、中村平八が昇に迫ってこう言った。

「長井は小人物のくせに武館の首席となっている。我々は常日頃から快しとは思っていなかった。今やっと霧が晴れたような気がしていたのに、君が反対意見を藩庁に具申するとはどういうことだ。なぜ一言我々に相談しなかったのだ」

「諸君らが長井を小人物であると嫌うのは何か意図があるのか。長井はもとより我々のような志士ではない。だが剣技の技量からすれば、彼をおいて他にあるまい。君たちに相談しなかったのは、自分のそうした気持ちがあったからだ」

こうして二人は去ったが、結局、藩庁では自分の意見は入れられず、昇が取立の席に就くことになった。

藩庁の命令では仕方あるまい。だが何故そこまでして。昇ならずとも考えたであろう。その背景に藩主純熙の意図があったことをこの時の昇はまだ知らない。

「これで益々武館においても自分を嫌う者が増えて来るであろうな」

昇は周囲に不穏な空気が漂い始めているのを感じていた。

五教館での出来事

この頃、五教館でとんでもない事件が起こった。文館に上野某という少年がいた。歳は十二歳であった。あるとき彼は吉田松陰の『留魂録』を読みながら感極まり、涙が頬を伝って流れ落ちた。と思う間もなく大声を上げ、突然脇差を抜いて自らその喉を突いた。その刃は背中側に三寸ほど出ていた。皆驚いて助け起こしたが、既に死んでいた。昇は、藩庁にこれを賞せしめんと密かに具申しようとしたが、どう理由を付けたらよいものか。

そこで後進達の為にも、と飯山に一文を書いてくれないかと頼んだが、飯山は首を縦に振らない。

飯山を諭すように、「愚かと言えば愚かだ。だが少年は義に感じ入り、その思いの深さによって激して身の危険を忘れてしまったのだ。憐れんでしかるべしではないか」飯山も意図するところを解し、哀惜の文を起草した。少年の家族もこれを誉れとした。その後、訓導の田中慎吾が内々に意見をしにやって来た。

「君は常日頃、悲憤慷慨《こうがい》の書ばかりを選んで子弟に読ませ、しかも大義のためには死をもってなどと指導しているが、それがこのような事態を招いたのではないか。若し史家がこのことを書くとすれば、昇の普段の言動が上野を殺したと言われても仕方あるまい」田中にしてみれば、昇の日々の言動は若い者たちを扇動しているように見えていた、というより、事実そうなのだ。

「彼のしたことは愚かに見えるかもしれない。罪は私にある。甘んじてそれは受けよう。しかし在天の松陰先生はその心情を分かってくれるはずだ。君も書ばかり読まず、詩を書いてばかりいないで、少しは死に場所のことなど考えてみてはどうか」それを聞いた田中は憮然として去った。

今の私たちが『留魂録』や『回天詩史』を読んでも高揚感に浸るということは殆どないし、自ら刀を突き立てて死ぬなどということは起こり得ようもない。だが、時代は思わぬ衣を纏うものだ。

学生時代、全共闘運動が華やかなりし頃、高橋和巳の『我が解体』が多くの学生、知識人たちに支持されたし、集会に参加すれば訳も分からずシュプレヒコールをした。多くの思想書にせよ、中身は読まなくとも、それを持っているというだけで何かしら高揚感に包まれた甘い感覚を覚えている。迫り来る時代の危機感の中で、得体のしれない高揚感が大村藩の武士の子弟たちの間に伝染病のように広がっていった。

藩でこれを鼓舞できたのは、若き日に六年間の江戸遊学を果たし、その中で桂小五郎ら長州藩士、或いは水戸斉昭の元で尊王攘夷思想を体現した武田耕雲斎や藤田東湖を始めとする多くの水戸藩士、そして全国から集まっている若き志士たちや、攘夷で意気投合した試衛館の近藤勇らと共に過ごした昇だからこそであった。そして同時に、それは一時代の持つ狂気と言っても良いだろう。

藩主純熙の時代に対する思惑は、昇や飯山をして、若い子弟たちに確実に根付き広がり始めていた。

第六章　長薩和解

長州藩、薩摩藩と同盟を結ぶ

「小藩微力素ヨリ之ヲ独行スルヲ得ス。必勤王大藩ノ後ニ従テ其ノ志ヲ達セサルヘカラス」

藩主自ら藩論を「勤王一途」に決定した今、小藩の命運は勤王の志のある大藩との同盟に掛かっていた。それが福岡藩であったのだが転覆してしまった。そのため大村藩は最大の危機に直面した。

純熙一行が京から戻って暫くたった慶応二年六月、幕府は第二次長州征伐を発令する。

大村藩庁でも今後の方針について議論が交わされていた。このままでは、如何に長崎惣奉行を務めた大村藩主でも、幕府は見逃すまい。「窮鼠猫を咬む」の例え通り警戒されているに違いない。幕府間諜も目を光らせているだろう。躊躇していては福岡藩の二の舞を踏む。その為には使節を薩長二藩に遣わし、同盟の盟約を取り付ける他はない。ことは急を要した。稲田に相談すると、それから間もなく純熙公は自らその考えるところを書し、昇に薩長二藩の藩公に届けるよう命じた。

藩公は「幕府の考えを変えさせる力がある藩は薩摩をおいて他にはない。だが薩摩が事をなそうとするためには、長州と意見が合わなければならない。薩長が互いにいがみ合うことがあれば、天下は必ず乱れる。今は薩摩、長州が一つに纏まる絶好の機会である。我々大村藩は、その後に付き従い平生の衷心を遂げん」（『九葉実録』）

坂本龍馬と長崎で話す

長州に行こうとしていた時だったが、土佐藩士吉井玄蕃が大村に来た。話をするうち、昇の考えと坂本龍馬は考えがよく似ている、一度長崎で会ってみてはどうかと言うので、長崎で坂本龍馬と会った。坂本と会うのは初めてだったが、その名前は既に聞いていた。坂本は天保六年生まれだから、昇よりも三歳年上である。

中岡慎太郎（石川清之介）

坂本龍馬

長崎というところは、ともかく狭い。山が海の近くまで迫り、狭い土地に町家は軒を重ねるように立ち並び、人通りは多い。さらにそこには全国雄藩の蔵屋敷と称する藩邸が数多く置かれていたし、どこにも長崎奉行の息のかかった者、間諜が多くいた。当時の藩邸は今でいう大使館だ。だから藩邸で会うなどという馬鹿なことは出来ない。関係が筒抜けになってしまう。

歴史上の長崎で活躍した人は多い。古くは宣教師ルイス・フロイス、天正遣欧使節、日本最初のキリシタン大名大村純忠、トーマス・グラバーに坂本龍馬。そして陸援隊の中岡慎太郎、勝海舟、蝶々夫人に至るまで。

だが、全国雄藩の多くが長崎に藩屋敷を構えていたということを知る人は案外に少ない。すでにペリー来航の嘉永年間には四十八の藩邸があったと言われ、藩邸を建てることが出来ない小藩は大きな商家に間借りをした。その後の安政の開港で福井や土佐などの大藩が藩邸を構えた。さらに続いて全国の大小の藩が藩邸を設け、有能な藩士たちを派遣した。江戸、京都と並んで大名の藩邸が多かったのが長崎である。「江戸の吉原」、「京の島原」、「長崎の丸山」と日本三大遊郭が出来たのも、こうした背景があるからだ。

坂本の亀山社中は寺町通りの上手にあった。

入り口となる通りには多くの寺々が甍を重ね、通りを隔てて料亭が多かった。寺町と言われる一帯は、通りを挟んで内側が長崎奉行の警察圏、外側は長崎代官高木家の警察圏。亀山社中は長崎代官が支配する微妙な場所にあった。密談するには酒楼が一番良い。指定された酒楼に上ると坂本は既に待っていた。酒が進むうち、幕府の体たらくに話が及んだ。長崎というところは、大浦の外国人居留地を中心に、西欧列強の領事館が置かれ、坂本はグラバーとの親交を背景にして西洋武器の調達に道を開いていた。このままでは日本が西洋の牙のもと、その足元に組み敷かれることが痛いほど分かっていた。

今や、幕府とか国（藩）とか言っている場合ではない。これからは日本だよ。俺たちは日本人だ。坂本は口角泡を飛ばして言った。昇も、坂本の気持ちは良く分かった。長崎には、西欧列強の者たちがひしめいている。幕府は遠隔の地と言うことで、そこまでの危機感を江戸と共有できているとは言えない。

第一、長崎奉行にしても家格の低い千石クラスの旗本なのである。フェートン号事件があった後も、もっと家格の高い旗本をと言う長崎奉行の箴言に対して、それは外国を付け上がらせるだけであって、幕府の威厳を整えるためにも、今のまま家格の低い旗本で十分と幕閣は考えていた。江戸幕府とはそうしたものなのだ。現場を知らず、それまでの因習、権威から脱却できない体質が出来上がっていた。居留地の大浦は、ペリー来航後の安政の開国までは大村藩領であった。大浦に住んでいた大村藩の武士達は、天領となった時に退去するのが常であるが、幕府は元から住んでいる大村藩の武士たちに居留地警備の役目を与え、彼らは居留地周辺に留まっていた。だから居留地の情報は他藩の者たちよりも多く知っていたに違いあるまい。

今の日本で事をなそうとすれば薩長が手を結ぶ他はないという話になった。坂本は薩長同盟の必要性を熱っぽく説いた。坂本は、長州の事情については、土佐勤王党時代からの同志中岡慎太郎から詳しく聞いていた。その中岡は、五卿が長州三田尻に滞在している頃から三条実美の随員としての信を得て、対外折衝を行う役割を負いながら、禁門の変や下関戦争で戦い、昇と同様に、早くから長州と薩摩の協力関係の必要性を早くから痛感していた。

それを聞いていた昇も「一縄の策」と自ら名付けた九州雄藩連合を説いた。意見はほぼ一致した。

坂本は「薩摩の西郷や長州の木戸とは意は通じているのだが、如何せん長州も一枚岩ではない。問題は高杉だ。今は高杉が長州を動かしている。高杉を味方につけなければ、桂も動くことが出来ない」と言った。

昇も、坂本が言わんとすることは理解できた。

「貴公は高杉と親交が深いと聞くが、何とか高杉を説得してくれないか」。大村藩の渡辺が支援してくれれば、高杉も心強いに違いあるまい。

「分かった。高杉は無二の親友だ。高杉も我々の考えは理解できるはずだ。今、長州は幕兵に取り囲まれている。今しかあるまい」。

坂本とは初めて話したが、不思議と初めてという気はしなかった。長崎は、そういう所であった。オランダ人を始め、イギリス人、フランス人、ロシア人、アメリカ人などの西欧人、唐人と呼ばれた中国人や東南アジアの人々、そしてオランダ通詞や唐通事たちが狭い町中に数多くいて、日本で最も西洋を体現できる場所であったのだ。語学を学ぶ者たち、医学を学ぶ者たち、武器を買い集める者たちなど、全国各藩の俊英たちで溢れていた。それが天領長崎であった。

開国後しばらくして、貿易量こそ横浜に抜かれるが、通詞の数は長崎の方がはるかに多い。狭い天領の中に、福岡、佐賀、薩摩、長州、熊本、福井、土佐、宇和島などの大藩や、中小の藩が大きな蔵屋敷を作り、商売と最新の学問を学ぶために優秀な藩士を送り込んでいた。長崎は町人の町という印象が強いが、各藩から派遣されてくる少壮の武士たちで賑わう町でもあったのだ。更に、博多や堺等の商人たちが大きな店を構え、その繁栄は例えようもないほどであった。彼らは料亭でよく飲んだ。料亭というところは情報を得るにはうってつけの場所だった。日本永代蔵の中で井原西鶴は「長崎に丸山という所なくば、上方の金銀、無事に帰宅すべし」と書いているが、今でも長崎の名料亭として知られる花月（引田屋）にその名残をとどめている。三菱の創始者である土佐藩士の岩崎弥太郎が丸山で遊び、土佐藩の公金をつぎ込んで危ない目に遭った話は嘘ではない。

幕兵に囲まれた長州へ行く　高杉、木戸との再会

昇は坂本と会った後、直ちに大村に向かった。

時津まで陸路を行き、そこから舟を使えば大村の城下までさしたる時間は掛からない。直ぐに藩庁に報告した昇は、「今や同盟の諸藩多く志を翻して佐幕に傾く。独り薩長二藩の強硬にして幕府に対抗し相下らざるあるのみ。今日に於て二藩に告ぐるに、我国是の在る所を以てし、緩急相依頼するの意を明にし、二藩の連合を堅からしむるは誠に国家の急務ならず」。藩の執政はこれを諒とし、藩公も亦これを允《ゆる》す。（「臺山公事蹟」）

その時、長州の伊藤俊輔（博文）は長崎の薩摩藩邸に在った。長州と薩摩は禁門の変以来、犬猿の仲ではあったが、西郷と木戸の会談以降、その一部ではあるのだが、明らかに関係が修復されつつあることがこの事からも分かる。

伊藤は幕末に西欧留学を果たしていたこともあり、西欧諸国の圧倒的経済力、軍事力を知っており、また開国派でもあった。この時期、尊王で開国派と言うのは、なんとも難しい立場である。四国連合艦隊による馬関攻撃についても、帰国後、戦争回避のため英国公使オールコックとも会見してこれを止めさせようと奔走したが、結

局適わなかった。

さらに第一次長州征伐では、幕府恭順派（俗論派）が実権を取りつつあった時、高杉が功山寺で挙兵すると、力士隊を率いて真っ先に高杉に呼応し、俗論派を退け正義派が実権を執る原動力の一人となった。伊藤とは江戸にある時以来の知り合いで、伊藤は剣術の腕も立つ。昇は和田勇馬とともに長州行きを準備していたが、伊藤と長崎で会い、同行を約束してくれた。

伊藤俊輔（博文）

偶々幕吏が、伊藤が長崎に潜伏していることを察知し追跡に及んだが、すんでのところで昇と和田そして伊藤は小さな和船に身を投じ、長崎を去って一度藩地である西彼杵の港に寄港し、船を乗り換えて平戸に赴いた。平戸田助の港で平戸藩志々岐楚右衛門と会談を持ち、数日の間、風を待って馬関に到着した。実に慶応二年七月二十日の事であった。（「臺山公事蹟」）

長崎の薩摩藩邸に、長州藩の伊藤俊輔がいること自体、薩摩藩と長州藩の深い関係が読み取れるのだが、事はそう単純ではない。長崎から小船で逃げた時、昇と伊藤は口論になったらしい。口論の詳しい内容は伝わっていないが、次第に口論から取っ組み合いになった。何しろ腕力のある二人である。和田もどうしてよいか分からず狭い船中での事、とうとう船頭が怒って、これ以上喧嘩をするなら船から降ろすと怒鳴られ、それで二人は静かになったという逸話が残されている。

翌二十一日、昇は馬関の白石正一郎の屋敷に高杉晋作を訪ねた。高杉は幕軍との戦闘で忙しかった。今の長州藩は一枚岩ではない。長州藩の中にも高杉が組織する奇兵隊の外、伊藤が指揮する力士隊など諸部隊がある。それを藩主が統帥している訳ではない。幕兵に囲まれて攻められているという一点において、長州人が纏まっている。それを何とか纏めているのが高杉晋作であり、長州藩の実権を握っている者は木戸ではない。まして藩主でもない。ともかく戦争真っ只中にあって、高杉の存在はやはり大きい。

昇は諸藩の情勢から薩長同盟が必要であると高杉に説いた。高杉はしばらく考え込むように、事の可否はしばらく置くことにしよう。少し待たないかと言う。話は「奉勅始末の書」の事に及んだ。

「今の天下の形勢を見れば、小憤を以て、前途の大体を見誤るときではない」。昇が高杉にそう諌言すると、高杉の傍に控えていた者が憤然として「貴様、何を言うか。我らは今、薩賊會姦を討ち、その肉を食らわんと誓い合っている時に、ここで薩摩と和するなどと聞きたくもない」と刀を抜かんばかりに罵った。高杉に、この人は誰かと問うと、豊後の長三洲であると言う。昇は長を知らなかったが、広瀬淡窓の門に学び、その後尊王攘夷を唱えて奇兵隊に入った人物で、書を能くし、維新後は、明治天皇に書道を指導したことで知られる。

この時、昇も相当頭に血が上ったと見え、「貴公が勤王志士であることは分かった。だが、幕府の嫌疑が掛かると狼狽して踵《きびす》を返すように長州に逃げ込んだのではないか。天下の志士と称している者は、往々にしてこのような者たちが多い。徒《いたずら》に人の言う事を聞かず、兎のくせして虎のように振る舞うのと同じようなものではないか。今、薩摩を除けば幕府の鼻息を窺わない藩は幾らあると思うか」

議論が激しくなったところで高杉が止めに入った。「明日になって話せ」とその場を引き取った。その時の高杉は冷静そうに見えたが、実は疲れ切っていた。

暫くして、奇兵隊の中村琢磨が来た。予てより知る者であった。「渡辺さん、貴公の話は隊中でも頗《すこぶ》る問題になっている。皆が怒っているぞ。このままでは貴公に害が及ぶことが心配だ。今、長州はこういう時なのだ。少し発言は戒めた方が良い」

昇もまだ興奮が治まっていない。「今天下の大勢を見るに、薩長二藩が私怨を捨て、国のために大義を示す時ではないのか。薩長二藩が力を合わせ、幕府に対抗するとなれば、大村藩もそれに従うし、他藩も呼応するであろう。今の幕府は旧態然として、因習にしがみつき腐り切っているぞ。このままにしておけば、外国勢力の前に日本は清国と同じような目に遭うのは必定ではないか。長崎には外国の軍艦も来ており、その脅威は計り知れない。君たちが分からぬ筈はないだろう」

中村も何も言い返せない。そんなことは分かっているつもりだ。渡辺が言うのは正論だが、その正論は今の長州藩では通じない。「今ここで、自分の身がどうなろうと構わない。どうか自分の真意とするところを奇兵隊の隊士にも伝えてほしい。私の心の内を知りたければ、ここに来て話し合おうではないか」高杉もじっとそのやり取りを聞いている。高杉は分かっているのだ。これは慶応二年六月に幕府が征長の兵を挙げ、すでに長州藩の四境を取り囲んで各所で戦闘が始まっている時の様子である。

このやり取りから分かるように、それより以前、西郷隆盛と木戸孝允が会談して薩長が誼《よしみ》を通じた書面を残し、その書面に木戸孝允から依頼された坂本龍馬が裏書をした。これが薩長同盟の始まりであるとする話もあるが、あくまで西郷と木戸に代表される両藩の開明派の間で交わされた誼であって、藩を挙げての同盟という中身には至っていない。

木戸にせよ西郷にせよ、藩の外交方ではあっても、全権代表ではないのだ。長三洲《ちょうさんしゅう》が「肉を食らってやりたいほどだ」と息巻くのに、奇兵隊の者たちも同調しているのだ。これが慶応二年七月二十一日当時の長州藩の実情である。長州藩の諸隊とは奇兵隊、力士隊、遊撃隊、八幡隊、御楯隊などがあり、藩の正規兵とは異なる部隊が多くあった。その中には武士ではなく百姓と言われる異なる階層の人々が数多く登場していた。

長 三洲

藩存亡の危機は長州藩を戦国の世に戻していた。それを短期間のうちに可能にしたのは西洋の新式銃の登場である。蛤御門の変で長州藩は幕軍、会津、桑名、薩摩の軍の前に敗れ、主力は壊滅的な被害を受けた。寧ろこのことが、藩の危機を前にして武士階層ではない人々を駆り立て、新式銃を手に敵にあたらせた原動力であった。

「櫻山神社招魂場」中央に吉田松陰の銘

では、百姓町人たちが高価な新式銃をどの様にして持つことが出来たのか。その答えは長州藩の地理的位置と関係がある。日本海を南下する大型帆船は、そこから瀬戸内に入り大坂を目指す。日本海と瀬戸内海の交通の要衝の地に在るのが長州藩。従って経済的にも潤うのである。この高い経済力を背景として、進んだ武器の調達が可能で、それは同時に、刀で地位を築いて来た武家に対して、学問と新たな武器の入手で新しい世界を築き始めた。これが長州藩が時代を先駆ける切っ掛けになったと見たい。

長州藩では民兵が活躍したが、長州藩以外、西南諸軍含め、どこの藩でも戦ったのは武士たちだった。

高杉が指揮する諸隊は、政治的主張も異なり、謂わば党派集団の集まりと言った方がより近いだろう。それを纏めているのが高杉であり、それ故に高杉の立場は微妙な位置にあった。この時期、長州は蛤御門の変で主力の者たちが多く討ち死にし、その恨みは薩摩、会津に向けられていた。その恨みが簡単に収まる訳はないのだ。長州にせよ、薩摩にせよ、藩全体が勤王で纏まっている訳ではない。さらに言えば「攘夷」はまだ捨てきってはいない。渡邊昇自伝は、当時の長州に渦巻いている緊張を見事に伝えている。

高杉と会った後、昇らは櫻山の別邸に二日留まった。櫻山とは、高杉晋作の発議により、吉田松陰を筆頭に久坂玄瑞など殉国の志士達の霊を祭るところである。

二十三日、昇と和田は周防小郡に来ていた。高杉や伊藤は、桜井某という武士を護衛のために付けてくれた。奇兵隊の中にも渡辺らに危害を加える恐れのある者たちがあったからである。

この日、昇は小郡から山口にいる木戸に書を寄せて面会を求めた。この時、幕軍が取り囲んでいることもあり、薩摩、芸州、津和野藩の者は山口に入ることを許されていたが、その他の藩の者が往来することを拒んでいた。その為、大村藩人である昇も容易に山口に入ることが出来ず、小郡に滞在していたのである。木戸から返書があっ

井上聞多

野村素助

て、三田尻に移った。

　三田尻には、井上聞多《ぶんた》（薫）のほかに薩摩の黒田了介（清隆）、村田新八、長州の野村素助《のむらもとすけ》もいて、一晩同じ蚊帳の中で臥して話し合った。木戸の周りには薩摩藩士たちがいるのだ。その頃、芸州の兵が幕軍と一緒に長州軍を攻めたとの報が入り、井上は「これで長州も危なくなるぞ、長州のためを思えば、芸州と意を通じて幕府に当たるのが良いと思っていたのだが。こうなれば、薩摩と芸州を結び付けるほかはあるまい」などと言った。

　こうしているうちも、長州の藩庁からは中々許しが得られず、八月上旬になって、やっと許しが出て山口に入ることが出来た。長州藩庁では井上五郎三郎、瀧彌太郎を応接方として昇らを歓待し、湯田に於て長州公世子に謁見した。昇は大村藩公の書を呈し、世子は昇に刀を、和田勇馬に刀の鍔を贈った。

　この後、木戸を訪ねて薩摩との和解を勧めた。木戸も之を肯定し、その考えを詳らかにした。昇は薩摩との融和の必要性を説き、「今や、幕府の兵が長州藩の四境に迫っている。この先どうなるものか予断を許さない情勢だ。長州藩の気概を世に示す良い機会かもしれない。書を会津に送り、長州、会津二藩の軋轢の理由を明らかにし、一戦を交え雌雄を決しようではないかと言えば、会津はこれに応ぜざるを得まい」と。

　木戸も暫く考え込んだが、それも良いかもしれないと言った。二、三日逗留していると、木戸は高杉に宛てた書を見せてくれた。切々とした内容に昇も大いに感激した。その内容は自伝には記されていないが、恐らくは幕兵が迫った今、長州藩士とその民が過去の因習を一切捨て、一丸となって対処すべきと共に、外国勢力の脅威のある中で長州藩は、そして勤王の志のある藩はどうあるべきかを説いたものであろう。事を為すためには、薩摩との同盟が絶対に必要であると。

昇もこれしかあるまいと頷くと、木戸はこれから馬関に戻って高杉と今一度話し合ってくれないかと頼んだ。

もとより承知。直ぐに馬関の櫻山に高杉を訪ね、木戸の書を手渡した。だが、高杉の考えは少し違っていた。そこで再び木戸を山口に訪ねた。その往来は二、三回に及んだ。

高杉が、ここまで頑なだったとは。かつて、高杉は幕府が文久二年（一八六二）に長崎から上海に派遣した経済動静を探る目的の「千歳丸」に乗船した。その上海で見たものとは、アロー戦争に敗れて列強に半植民地化されている中国の実態。さらには各地で起こっている太平天国の乱による混乱と、これを鎮圧できない当事者能力を著しく欠く清朝政府。一方、不衛生な街の様子と民衆の生活の貧しさなどを目の当たりにし、日本の海防への強い危機感を抱くようになっていた。

清朝は、フランス、イギリスに太平天国の乱の鎮圧のための軍派遣を依頼した。その結果、居留地を中心として、西欧諸国による中国の植民地化の動きを目の当たりにしたのである。「眠れる獅子」と恐れられた清朝が、今や外国勢力の前に無力化し、当事者能力を著しく欠いている。これが西欧列強進出の恐ろしさか。高杉はこの時に痛感した。この体験こそが、高杉をして日本の近代化を推し進めさせる原動力になって行くのだ。

ハリー・パークス

この時、千歳丸には薩摩から五代友厚、大村藩から医者の尾本公同、天文方の峰源助などが乗っていた。峰は維新後、その時の体験を各地で講演した。五代友厚と言えば、大河ドラマでもその名が知られるが、外国の情勢をつぶさに見たということが、その危険性を熟知する所以となって行く。

文久三年（一八六三）の馬関での外国船砲撃に始まり、元治元年（一八六四）にイギリスを中心とする四国連合艦隊と馬関で戦い、敗れてイギリスのパークスから「彦島」の割譲を求められた時、これは長州藩一藩の戦いではなく、幕府の命令に従って戦ったまでの事。それを長州藩に彦島を割譲せよと言うのは、長州藩では判断できないので幕府と交渉せよと問題の矛先をすり替えたのは、上海での経験があったればこそ。

もし彦島を割譲すれば外国居留地となり、そこから日本の植民地化が進められると見た高杉の判断は、当時として最も正しいものであり、高杉でなければできない事であった。強大な軍事力を持つ西欧諸国の力を高杉は誰よりも知っており、危険がある事を肌身で感じていた。だが奇兵隊の中にすら、薩摩憎しを唱える者たちは数多くいるのだ。ここに高杉の本当の意味での苦悩があった。

あるとき高杉が、考え込むようにして言った。

「万一、長州の危機が去り、藩が平定された暁には、自分はこれ以上長州に留まることは望まない。その時は、長州藩を脱し大村藩に逃げ込みたい。山中にでも安住できれば、それが良いのだが」。寂しそうに言った言葉の意味は、昇には痛いほど理解することが出来た。

その頃、高杉は疲れ切っていた。幕軍との対峙の中で部隊を纏めて戦う以上に、長州藩の中でも異なる考えを持つ者たちをどの様に纏め導いて行くべきか心を砕いていた。昇は、「分かった。大村領内には潜伏できるところが方々にある。その時は任せてくれ」。そう言って別れたが、昇は高杉の言葉の中に一抹の不安を感じていた。

自伝には、この後、高杉に会ったという記載はない。

その高杉が翌慶応三年四月に病を以て世を去ったと自伝に書いた時の、昇の心情は如何ばかりであったか。高杉は天保十年の生まれであるから昇より一歳年下。ここで昇は生涯無二の友を亡くすこととなる。

昇と高杉がいかに心を許し合った仲であったかを知る貴重な資料が、下関市吉田の東行庵にある「高杉晋作（東行）の本箱」である。その蓋の左上に野村望東尼の和歌で号は「望東」、下段には、藤田東湖の回天詩史の一説が書かれ、「東民」と記されている。東民は渡辺昇の号で、三人の関係性がよく現れている。

高杉は「西海一狂生」の号も持つ。大村から長崎に至る海の事を西海と言う。ここから高杉と昇の関係を考え

るのは、考えすぎであろうか。（巻頭口絵に●「高杉晋作の本箱」写真・釈文を参照）

長州藩主『忠正公伝』第二〇編第九章第四節　土佐藩との関係、小見出しに出てくる「渡辺昇の奔走と長薩和解の成立」とは、坂本との関係及び高杉、木戸らと交流全体の事を指していると思われる。

ある時、木戸が「実は困っていることがある。長州は幕兵に取り囲まれ真っ暗だ。敵情を知るすべがない。何とか敵情を探ってみてはくれまいか」と言った。その後、昇は同僚の北條新二郎と共に芸州に赴き、帰りに船で馬関に向かっていた時、風にさえぎられて上関の港に入った。すると長州兵士七八人が来て船を検閲し、昇を見て幕府の間諜だと言い出した。

大村藩士渡辺昇であると何度も言ったが信ぜず、切り掛かろうと殺気立っていた。如何ともしがたい状況で、刀を両刀とも脱して、「これをそなた達に預けよう。縄で縛りお主たちの隊長の前で切れ。但しその前に隊長に一言いいたい。自分の首は木戸準一郎に送れ」と。

兵士たちの中に動揺が走った。何か互いに相談し合っている様子。少し落ち着いたところで、「この関の守備隊長は誰か」と聞くと、「大田某である」と兵士の一人が言った。「大田市之進（御堀耕助）の同族ではないのか」とさらに聞くと、その父であると言う。なんと市之進もこの関にいると言うではないか。

「市之進に大村藩の渡辺昇が来ていると伝えてくれまいか」

兵士たちは顔を見合わせて何やら相談し、そのうち二人がどこかへ走って行った。暫くして帰ってくると、「大変申し訳ない事をした」と平謝り。昇も「貴公らが役目に忠実なのには感服した」と言ってこれを許した。

四境に幕兵が取り囲んでいる今、長州藩の者たちは改革派も保守派も一つにならざるを得ない。兵士たちにも緊張が走っているのだ。幕府の動きが却って長州藩の人々の心を一つにした。何とも皮肉である。

大田市之進もすぐに舟でやって来た。兵士の無礼を詫び、今は風向きが悪い、上陸して暫く滞在しろと言うので、楊井楼に上って酒を酌み交わし時事について語りあった。あの時の事は今思い出しても感慨一入のものがあ

山田顕義

る。かつて江戸の練兵館で共に剣の修行を積み、大老井伊直弼が桜田門外で暗殺されたとき、それを最初に知らせてくれたのが大田市之進であった。また昇が練兵館の塾頭をやめた時に、次の塾頭に指名したのが大田であった。天下騒乱の気配が濃厚な今、馬関で市之進にこのような形で再び会えようとは。

後日、再び会った時に大田は、「天下の事は、今はどうなるものか分からない状況だ。ここで分かれて後、若し死ぬようなことがあれば、できれば貴公の刀で死にたい。どうだ、ここで刀を交換しないか」と言うので、昇は腰の小刀を大田と交換した。大田は昇の着物に「為玉砕勿為瓦全」と書した。昇も求めに応えて「談笑於死生之間」と大田の背に書いた。

ところで、これには後日談がある。明治になって、元長州藩士山縣有朋、山田顕義と酒を酌み交わした時の事。山田が笑いながら、お主の命は自分の刀のもとにあったということを知っていたかと聞く。「否、知らぬ」と答えると、山田は「思い返せばもう二十年も前のことになるか。上関の船中で、お主を切り殺そうとしたのは自分だ。もしあの時、大田がいなければ、今日と言う日はなかったであろうな」と言った。

山縣が怪しんで、それはどういうことだと聞くので、その時のことをつぶさに話すと、三人は手を打って笑いあった。あの時の事を思い起こすと、まだ夢の中にいるようだと自伝の中に記している。

大田が、同志の者たちが昇を頼って大村藩に落ち延びることがあるやも知れぬ。自分もそうなるかもしれないと言うので、昇は「わが大村藩領には島嶼部が多くある。潜伏するには最も良いところだ」そう言って別れた。

その後、木戸に会うことが出来た。木戸が、困ったことが起きたので相談に乗ってくれないかと言う。

何事かと聞くと、長州藩の者三名が人を殺したという。これはあってはならぬことだが、その事情も良く分かる。だが長州藩では私怨による殺人を厳しく罰している。法においては免ずることが出来ない。そこで、昨日密かに藩を脱藩させた。

実は大村藩に行って貴公に保護を求めるよう書を渡したところだ。その書はまだ見ていないだろうなと言ったが、何とか大村藩に潜伏させてくれないかと頼まれた。昇はそのことを承諾して大村に戻った。偶々、松林飯山と市外で出会った。松林が「楠本に会ったか」と聞くので、否と答えると、楠本が昇を松原宿に出迎えて緊急に議することがあると言う。

彼杵宿から舟に乗ってきたので途中の松原宿は通り過ぎた。議するところと言うのは、もしかすると長州藩士の事ではないかと聞くと、松林はそうだと答えた。長州の浪士は今、長崎港外の大村領福田村におり、藤田小八郎が応接しているという。木戸が昇に大村藩に潜伏させてほしいとの手紙を寄こした者たちだ。同志に相談し、稲田が藩庁に議したところ、江頭執政がそれは駄目だと言っていると言う。

昇は、江頭執政の判断は事情が分からない中では実に正しいと思った。松林は、同志の者たちが君の帰りを首を長くして待っていたところだ。藩庁に行って江頭を説き伏せろ。君が直接行って説明しないと江頭は納得しまいと、その顔には怒気をはらんでいた。

すぐに登城し江頭執政に面会した。江頭は、「今や我が藩は長州藩との信頼関係は深いものがある。その長州藩で罪を犯したものを大村藩が庇護すると言うのは、長州藩を売ることになる」と堂々とした態度で何故、駄目だと言っているかを話した。

「江頭執政の言はその通りである。しかし執政の高論は只、事の表面のみを見た説である。これまで私が長州に行き、木戸や大田との会談で託された脱藩浪士三名の事は、長州藩にも複雑な内情があると言うことである」と言うと江頭執政はしばらく考え込み、「分かった。明日藩庁に議してみよう。心配するな」と言った。

その後、藩庁での裁断も決まり、福田村に行って三人を大村郊外の家に潜伏させた。

昇　薩摩へ使節

長州から帰藩し、直ちに執政並びに藩主へ報告を行った。昇が無事帰藩したことを純熈も大いに喜んだ。家に帰って休む間もなく、すぐに執政に呼び出された。何事かと城に行くと、執政から薩摩へ行くよう指示があった。純熈の親書をもって薩摩に行けと言う指示だ。つらいことを言うようだが、ここは昇でなければ他の藩士では務まらないのだ。

薩摩藩はこの頃、特に他藩の者が領内に入ることを厳しく禁じていた。これは薩摩の伝統的政策であって様々な小説などにも記されるところである。坂本龍馬が傷をいやすために、妻のおりょうと共に霧島温泉に行った事が新婚旅行の始まりなどと言われているが、実はそれこそが坂本龍馬薩摩エージェント説となる所以なのである。薩摩は入りにくいところなのだ。薩摩弁が分かりにくいのも、隠密が入ることを警戒しての事と言うが、我々にしても東北弁は聞いても分からないので、それは少し違うのかも知れないが、さてどうすればよいものか。

そういえば、村田新八が長崎にいたな。こういう時に、昇の人脈がものを言う。そこで長崎に滞在していた薩摩藩士村田新八に密かに会って藩主の意向を伝え相談した。新八とは三田尻に木戸を訪ねた時にも既に会っており、新八は昇が訪ねて来たことを大いに喜んだ。実は新八も薩摩に帰ろうとしていた時であった。そこで同行して大村藩の考えを伝えるよう力を尽くそうと約束してくれた。

薩摩藩の三国丸が間もなく長崎から薩摩に帰ることになっている。一緒にどうかと言う。もとより願う所。藩に戻って藩公に報告すると大いに喜んでくださり、副使として宮原俊一郎を付けてくれた。村田新八は後に品川の薩摩屋敷で、西郷隆盛と勝海舟が江戸城無血開城談判を行ったとき、控えの間に中村半次郎と共にいた人物の一人で、実はこの時、兄の清（清左衛門）も同席していた。（青柳有美画「薩摩藩邸の談判」）

昇自伝では三国丸と記しているが、正確には三邦丸という。イギリスで造られた蒸気船で原名をゼラールと言い、薩摩藩がイギリスから購入した。四一〇トンと言うから当時の日本では大型の蒸気船である。

昇が大村藩の使節として選ばれたのは、大宰府の三条ら公卿を度々訪れていたことが背景にある。公卿に付き従った土方久元の史料では、西郷も公卿を訪れていることが知られている。昇も西郷とは藩主の江戸参府に当たって、薩摩藩と福岡藩と共に大村藩を禁門守護の名目で止まらせる方法は無いかと相談している。

江戸時代を通じて、長崎と薩摩を結ぶ最短ルートは、長崎から小さな峠を越え、長崎港の裏側に当たる橘湾の港町・茂木から出るのが最も早い。茂木からは間近に島原や天草を望むことができ、その先が薩摩である。風さえよければ、福岡に行くよりも近い位置関係にある。茂木には今でも「薩摩屋」の屋号を持つ商店が存在する。

小松帯刀

西郷隆盛

薩摩が長崎に蔵屋敷を持ち、長崎にもたらされる異国の情報や物流に重きを置いていたのは当然の事である。
それが蒸気船の登場で、風や海流を考慮せず、直接薩摩へ行くことが出来るようになっていた。長崎を発して新八と共に鹿児島に到着した。鹿児島に着くと、先ず新八の家に行った。このとき西郷は桜島に狩りに出ており、新八は西郷に大村藩渡辺昇が藩命を帯びて薩摩に来ていることを知らせた。
数日が経って西郷に面すると、西郷は来意の目的を了解し、自分が話をしておくので執政小松帯刀に会って話せと言った。西郷は昇より十歳年上で、その夜は、大変な歓待で旧交を温めた。小松帯刀を屋敷に訪れ、大村藩公の親書を島津公に呈したいことを願った。小松は天保六年の生まれであるから昇より三歳年上である。ほどなくして、島津侯は君臣奈良原幸五郎を遣わして、昇らの来意を諒とすう。

る旨を述べられ、藤田屋と言う旅館を宿舎に宛て、その待遇は甚だ慇懃《いんぎん》であったという。

さらに一日が経ち、再び奈良原が来て、大村藩主の薩摩藩主に対する懇親の意を承諾する旨返事があった。

「於是薩州ノ親睦始テ成ル」と大村藩の藩主行動記録書『九葉実録』に記す。

昇は大村藩主の書面を島津侯に呈したのち、西郷隆盛に大村藩との同盟について時局を交えて話をした。西郷とは既に面識はあったが、胸襟を開いて話すのは初めてであった。

「貴藩公からのお申し出は、確かに承った。唯、このような時局である。書面を以てのご返答は致しかねるが、それで宜しいか」と西郷が聞くので、「それで充分である」と答えた。

実際、同盟、密約を書面で残すと言うことはあり得ない。その書面がないから、密約は無かったという者があれば、それは時代というものを理解していない者と言わざるを得ない。

こうして大村藩は長州藩、薩摩藩との同盟を成し遂げた。

第七章　「一縄《ひとなわ》の策」機運熟す

木戸孝允と長州で会談

慶応二年（一八六六）六月に始まった第二次長州征伐も、将軍家茂の薨去に因り慶喜が将軍職を継ぐと、幕府は九月に征長の兵を解いた。だが小倉では戦闘が続いており、完全終結は翌年一月を待たねばならない。

将軍薨去が理由とはいえ、明らかに幕府側の敗退という感が強い。小倉口での戦いは、肥後細川勢が参戦し幕府側が優位に立ったものの、指揮をする小倉藩主小笠原長行は明確な方針を立てることが出来ず迷走。結局、幕軍の戦闘終結で細川勢は退いた。この時、佐賀勢は戦争に加わっていない。この戦いで、幕府の威信は大いに傷ついたが、だから薩長を中心とする維新になだれ込むかと言えばそうではない。

幕府対薩長と言う構図だけでは計れないものがあるのだ。未だ多くの藩で、武士の既得権は生きていたし、薩摩・長州に対して距離を置く藩が多かったのも事実である。時代はそう簡単に変えられるものではない。

その年の十月初め、木戸が書を昇に與て、

「足下に面語せんとすることあり。希くは一たび我が藩に来れ、一縄の策亦悄熟せり」

昇が常々言っている九州山口諸藩連合たる「一縄の策」の機運が熟したというのだ。これを受けて十月に大村を発し長州に向かった。十月も終わり頃、木戸は薩摩からの使いの黒田嘉右衛門（清綱）等を屋敷に招き、その席に昇も招かれた。そこで何が話されたのか臺山公事蹟にも書かれていない。

十一月十九日、木戸は藩命を受けて長州藩の軍艦丙寅丸《へいいんまる》で薩摩に向かった。昇もこれに同行した。船中では薩摩との事を色々と話した。

木戸が「いよいよ機は熟した。これで薩摩藩ともやっと同盟が実現しよう。長かったが、藩内の者もこの度の幕府との戦いで分かって呉れたであろう」としみじみとして言った。昇は、高杉の事が気にはなっていたが、それにしても幕府の弱体ぶりは想像した以上だった。昇の言う「一縄の策」が実現しようとしている。

木戸が「薩摩からの帰り、長崎で銃を購入したい。渡辺君すまないが薩摩への同行は止めて銃の購入の斡旋をしてはもらえまいか」と言った。長崎の長州藩邸は既に幕府によって没収され、長州藩士、とりわけ顔の知れている木戸が長崎で鉄砲を買い付けることは出来ない。

「そういうことか、であれば難しい事ではない。分かった、準備をしておこう。そこでだが、出来れば長崎からの帰り大村領に立ち寄ってもらえまいか。わが藩の重臣たちに会って事は急を要すと木戸さんから話して欲しいのだが」。「分かった。そうしよう」木戸と別れて、平戸の田助港に上陸した。

それから平戸藩士の志々岐楚右衛門、桑田源之丞等を訪い、薩長連合・列藩合同の事について話をした。既に長州藩は薩摩との同盟に向けて、着々と事を進めている今、大村藩も、長州、薩摩とは気脈を通じている。ここは九州の勤王諸藩が一つになり事に当たる時ではないか。平戸藩も我々と共に行動しようではないかと話した。平戸藩でも、藩論は統一されようとしていた。実際、戊辰戦争で大村藩と平戸藩は開戦当初から兵を出し、特に秋田角館の奥羽列藩同盟軍との壮絶な戦いでは、双方とも多くの兵を亡くしている。

十二月某日、木戸は丙寅丸で長崎の港に入った。この時、長崎奉行は長崎港の出入りを厳しく監視し、特に長州人の出入りを固く禁じていた。丙寅丸は薩摩藩の旗を掲げていたが、船を見れば長州藩の「オテントウ丸」であることは一目瞭然。奉行所の者は船中の者を捕縛しようと準備を進めていた。

この事を知って、土佐藩浪士吉井玄蕃は木戸に急を知らせ、長崎を去らせようと動いたが、木戸は既に外国商館と鉄砲購入の交渉をしているさなかで、何とも困り果てていた。これでは鉄砲の購入どころでは無い。

そこで急を聞いた昇は長崎奉行所に走り、その役人の大熊直次郎を訪ねて「浪士たちが、奉行所の手の者が長州藩の船を拿捕しようとしているのを知り、その虚に乗じて逆に奉行所を襲おうとしているという情報が密かに寄せられた。十分に警戒成されるよう」と告げた。大熊は慌てて奉行に急を伝え、襲撃に備えて奉行所の防備に手を割いたので、長州の船を捕らえるどころでは無くなった。

かつて、長崎奉行所と大村藩が長州藩邸を収公した時にも、それを見ていた民衆の中から「浪人たちが後ろから襲ってきたぞ」と声がして、皆が我先に逃げだしたことがあったが、昇もうまくやったものだ。

木戸は大慌てで武器購入を纏め、船を出して大村藩領松島に寄港した。

松島は江戸中頃から「火の付く石」として知られた石炭を瀬戸内の塩田に薪に代わる燃料として供給し、また良質の砂岩で出来た砥石は「大村砥」といって大坂界隈に出荷されていた。大村藩領内でも有数の廻船繋ぎ場で、問屋や宿も多くあり賑わう場所であった。さて、ここまでくれば長崎奉行所も手は出せない。

大村藩家老江頭隼之助、用人大村一学と昇が藩公の命を奉じて松島に至り、木戸の一行を饗し、盛宴を開いて歓待した。江頭隼之助は江戸の練兵館で剣を修行し木戸とは旧知の仲であった。木戸は要点だけを隼之助に語り、手土産として国産の刀鍔を贈り、隼之助は大村藩刀工林重秀の白鞘一本を贈った。

ここで隼之助は歌一首を詠じて木戸に示した。

夢の夢　夢の夢にて　過ぎこしを　今宵はさめて　君と語りつ

木戸等歓待を謝して去る。　　　（『臺山公事蹟』）

これが十二月何日の事であるか事蹟には書いていない。

その後、木戸から饗宴のお礼の手紙が昇に宛て送られてきた。その手紙は今、大村市立歴史資料館に在る。それは次のとおりである。

拝啓其後彌

御壮栄に可被為居与大賀此事に奉存候さて先頃は大夫参政始態々遠路御出浮不容易蒙御高意且不存寄拝領物等被迎付實に御禮難申盡奉萬謝候一統之ものよりも宜御禮申上呉候様申出候于時此度肥後御藩河上謙斎と申仁暫弊国滞在に相成居候處近来彼御藩も回復之模様有之候趣一應帰国之心得に而先陽崎まで罷越候都合に而出途と相成申候就而は前以彼藩中之様子も承知に相成度由に而何分にも老兄へ御願仕呉候様にとの事に御座候眞に回復之都合に御座候得は是又

皇国之一幸に而従来思召之邊とも相合し一段之事と奉存候何も同人より御依頼申上候事に付い曲御直に御承知可然様於弟等も奉願候さて又其後上国之光景も得と承知不仕頻に来春戦争之用意は有之候と歟申説而已傳聞仕候何そ御新聞も被爲在候九州之義も如御高説何卒今日之機會に一なわ之御良策被爲立度奉祈願候一旦邪気之爲に被相壓候ときは所詮神州之回復は不思寄事と奉存候一橋氏も彌宣下相済武備等尤急速用意有之候由に相聞申候先は右御禮旁奉呈其中時下

御自玉第一之御義に奉存候匆々頓首拝

十二月念八

尚々機應にも時下御時保第一之御事に奉存候何分にも九州一致之御良策は只管祈願奉り候且又先々相願置候斎藤先生妹君へ之御答書は御序に弟まで奉願候御答書取帰り不申候に付而は甚不平に而不都合至極御降

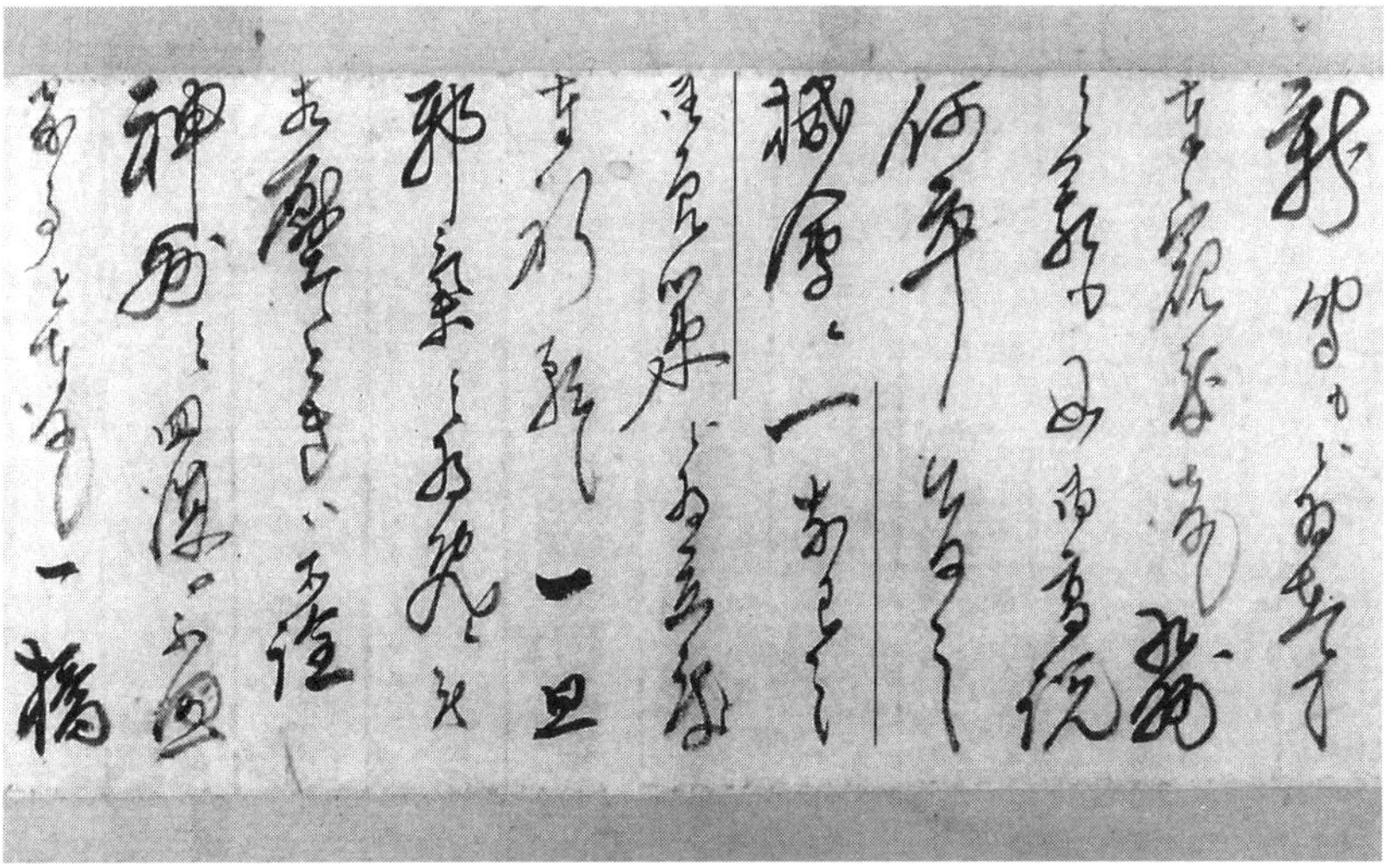

「一縄之策」の実現を願った木戸の手紙。（大村市立歴史資料館蔵）

察奉願候敬白

東　民　老　兄御直訴

竿　鈴　生

木戸孝允文書第二　昭和五年二月

木戸公傳記編纂所蔵版

この手紙の日付は十二月念八とあり、十二月二十八日の事であるので、昇自伝の内容と符合する。

この中に「一なわ之御良策」「九州一致之御良策」が出てくる。

昇が言う一縄の策とは「九州諸藩連合の暗号なり」と書いており、長崎で会った坂本龍馬との会談でも、坂本の「薩長同盟」に対して、昇の「一縄の策」が登場する。

中央ではとんでもない事態が起きていた。

慶応二年十二月二十五日。孝明天皇崩御。

翌慶応三年一月九日、満十四歳の明治天皇が即位した。朝廷は新たな政治の季節を迎えることとなる。

だが、天皇崩御の報が大村藩にもたらされるのは翌年二月の事。年が明けて早々、大村藩でもまた藩を揺るがす大事件が勃発した。

大村騒動

高杉が死の床に就いていた時（死去は慶応三年四月十四日）、大村藩では「大村騒動」、「丁卯之内訌」と呼ばれる大事件が勃発した。長州藩『忠正公伝』には、「大村藩では何やら起こっている様子。情報が全く入らない」と書かれている。事件のあらましはこうだ。

五教館の教授で勤王思想家として全国にその名を知られる松林飯山が、正月三日、謡い初めが城中で開かれた夜、自宅間近まで帰って来た時、何者かの手によって一刀のもとに斬殺された。

そこは武家屋敷街の一角である。道幅は三間ほど。決して狭くはない。あと五十メートルも行けば長崎街道に接する。と言うより、飯山の屋敷自体が長崎街道に接する角地にあった。武家屋敷街での事、夜は人通りも少ない。その時、飯山には従僕が付き従っていた。飯山を襲った賊は、飯山の隣の浅田有右衛門の邸内に潜みながら飯山の帰りを待ち受け、暗闇の中から躍り出て一刀のもとに飯山を切り倒した。暗殺者は暗闇に紛れ、あっという間に姿を消した。

松林飯山遭難の碑

従僕は直ぐに屋敷に駆け込み、知らせを聞いた家の者が駆けつけた時には、飯山は既に事切れていた。同じ頃、三十七士同盟の盟主、家老針尾九左衛門も屋敷の傍で何者かによって切り付けられ深手を負った。何とか刀を振るって応戦し、屋敷に逃げ込んで一命は取り留めた。

後から分かったことだが、時を同じくして昇も刺客たちから拳銃で狙われていた。その夜、昇は父雄太夫、兄清と共に下城した。暗殺者は何度か場所を変えながら機会を待ったが、結局手を下すことが出来なかった。相手が渡辺家の三人ともなれば、たとえ拳銃で狙ったとしても誰かの目に留まったであろう。

この襲撃は、明らかに藩内勤王派のリーダー達を同時に狙った犯行である。

特に昇と飯山は、若くして藩校五教館で文学を飯山が、剣を昇がリーダーとして教えていた。その様にしたのは、藩主純熈の強い意志でもあったのだが。一方で、藩内にはそれを良しとしない藩士達も多くいた。

荘新右衛門、松林飯山、昇、清、長岡治三郎等は江戸詰めの経験もあり、それぞれの交友の広さから、日本国内の情勢や志士達の動きには通じるものがあった。

しかし、藩から出ていないものにとっては、世の動きが分からない、あるいは分かりづらい。特に慶応三年正月と言えば、第二次長州征伐で小倉での戦闘はまだ終わってはいないし、孝明天皇崩御の知らせもまだ大村藩には届いていない。熊本藩、佐賀藩などの大藩も、その後の動向でどちらに向くか皆目分からない。

木戸、江頭会談にしても、木戸が薩摩に行った事は機密事項として藩では伏せていたであろうし、そうした動きが起こっている事を藩内の者が知っている訳ではなく、知っていたとしても大村藩は危ない橋を渡ろうとしていると危惧したであろう。『自伝』から事件のあらましを追ってみよう。

正月三日、新しい年を迎えた将にその時、事件は起きた。城中謡い初めから父と兄と連れ立って帰ったその夜、昇が家で父と兄とで酒を酌み交わしていると、北野道春が緊急の書を寄こした。針尾執政が下城の路で何者かに切られたという。犯人が誰かは分からなかった。大変な傷を負ったが、死んではいないという。兄の清が刀を帯び針尾の家に駆け付けようとするのを止め、これは危険だ。自分が行った方が良いと押しとどめ、

「ここは賊を捕らえるのが先だ。兄者は直ぐに同志を集め、今後の策を相談してくれ」

そうこうしている間に、同志たちにも変が知らされ、昇は大丈夫かと続々と家にやって来た。

楠本が遅れてやって来たが、松林飯山も賊に襲われ、一太刀の元に切られて絶命したことが伝えられた。

二人が切られたことはどんな意味があるのか。

昇は考えた。この変が伝えられれば昇は必ず針尾の屋敷に行くだろう。これを路上で襲おうとの策略ではあるまいか。

「ここは試しに一人で行くことにしよう。誰か拳銃を持って自分の後をつけてみてはくれぬか。もし何かあれば、賊を傷つけるだけで事は足りる。そうすれば、賊の住処が知れようというものだ」

楠本と戸田又蔵が後ろからついて来た。

昇がわざと渡辺家の家紋の入った提灯を携え愛宕山下までくると、何やら私語してくる者たちがあった。「賊か」。刀をいつでも抜き合わせられるようにして進むと、山川民衛、根岸主馬、原三嘉喜等が昇を訪ねてくるところであった。途上、終に何も起こらず、針尾の屋敷に着いた。

大傷を負った針尾執政は床に就いていたが、三人が来ると、「よく来てくれた。こんなことでは決して死なぬぞ」と気丈に言った。

昇は「この事件は大村藩にとっては、良い結果になるかもしれませぬ」と言った。慰めではない。「賊を捕らえるについて、自分には密かに考えるところがあります。災い転じて福となすの例えもあります。どうかご安心ください」

切られた傷痕を見ると、かなり深かった。

屋敷を辞去し、松林の家に行った。上小路《うわこうじ》の武家屋敷街は暗くひっそりとしていた。松林の屋敷は小路の突き当りに在る。屋敷には灯りがともされ、人の騒ぐ声がしていた。

訪いを入れ座敷に通された。飯山の遺体は座敷に寝かされていた。遺体を見ると殆ど体を切り割っていた。その刀傷は一刀のもとに肩口から腰の近くにまで及んでいた。見ただけで、賊が凄まじい手練れだと直感できた。恐らく飯山は、一刀の元に絶命したであろう。

飯山の父杏哲老人にお会いすると、老人は悲しい顔を見せず、平静の如く快活に話をされた。それが却って痛ましくも思えた。

廉之助（飯山）には子が無く、その嗣の事に話が及んだ。武家ではその家名を残すために、こうした時、嗣子をとるのが一般的であった。それをしなければ大村藩士としての家名は途絶えてしまう。

弟の周道が家を出て森家に嗣子として入っている。これを飯山の跡取りにするのは如何にと問うと、老人は「若しそのようなことになれば、周道もまた賊の手に殪れることになるかもしれない」と言った。「国の為、賊手に殪れるは、松林家の名誉ではありませんか」と昇達はやや気色ばんでそう願ったが、老人は首を縦に振らない。暫くして、老人も悟ったのか「確かに、貴君たちの言う通りかもしれない」と言う。それで周道が松林家の跡をとることとなった。

後年の事であるが、城下で最も重要な内田川の橋を、老人が私財をはたいて架け替えた。

家に帰ろうとすると、既に辺りは明るくなり始めていた。何故、自分が狙われなかったのか、自問してみたが何とも分からない。この時、昇は自分も狙われていたことなど知る由もなかった。

兄と共に五教館に行くと、同志の者、藩士の子弟等が集まって館を満たしていた。同志が密かに話をし、賊は一体何者であるか意見を出し合ってみた。

皆の意見はほぼ同じであった。

そこで、探索の方法を定めようと皆が言い出したが、昇は声を落として皆にこう言った。

「藩の主だった子弟が、今ここに集まってきている。賊の一味もこの中にいるやも知れぬ。一旦ここは解散して新たに血誓の法を定め、必ず保証者を設け、若しこの誓いを破る者があれば、その保証者も共に死を以て償う。尚且つ、同盟者は常に文館（五教館）に寝泊まりし、そこから勝手に出ないようにしてはどうか」

皆がそれはいいと言ったので、事はすぐに決まった。

◇

日ならずして、藩内から誓いを立てて馳せ参じる者千名を数えた。

恐らく、藩内の若い藩士達が変を聞きつけ、我先にと集まって来たのであろう。五教館は異様な空気に包まれていた。その為、組織の編成が急務となった。そこで、これを分けて隊となし、隊に隊長並びに副隊長を置き、十の部隊が編成された。

また遊撃隊を編成して部隊の上に置き、井石忠兵衛、中村平八、長岡治三郎、楠本正隆、渡辺兄弟が組織の長となった。文館では学業は暫く止め、賊徒探索に従事することを藩庁に願い、藩庁もこれを許した。

当時藩内には、水戸及び長州の志士が故あって脱藩し、大村藩内に潜伏するものが多くいた。彼らも事態を聞きつけ、ともに探索に当たりたいと願う者があったが、これは一藩の細事で、諸君らの手を煩わせるものではないと昇が断った。文武館に集まった年少有志の者たちは血誓し、死を以て国家の為に刺客の一団を逮捕誅殺しようとする旨を藩庁に建白した。これを慶応三年正月八日と事蹟は記す。

何しろ、彼らの師である松林飯山が切り殺されたのであるから。

昇が提唱した言路洞通の令は、特にこれまで藩政に関わる事の出来なかった若き藩士たちを奮い立たせた。

ここに藩公は、城下大給以上を城中に召し出し訓令した。昇の予言は的中した。事蹟に書かれた事項を記してみよう。

正月二十八日。公、城下大給以上を城中に自書を以て藩士の一和同心国家と糾罪を共にすべきことを諭し、且厳に。刺客の徒を探偵し、必ず厳罰を加ふべきことを命ず。

二月三日。家老大村五郎兵衛、病を以て職を辞す。允さず。

二月九日。旧臘（昨年の意）二十九日、主上崩御につき今日大坂留守居役野澤半七を本使とし松田要三郎を副使とし京都に至り、代りて奉弔せしむ。勅答を賜ふ。摂政家に傳奏野宮氏に物を贈る。

二月十九日。京都に於て孝明天皇の御為に香奠銀二枚を泉涌寺に献す。

二月二十二日。刺客の徒の逮捕せられたる者に対し始て糺問席を開く。

二月二十五日。在京の藩吏、藩に報じて曰く「薩人大久保一蔵再次臣等の寓に来り時勢大いに變じたるを以て薩侯将さに入京せんとするが故に大村侯も亦偕《とも》に入朝し国事に協力せられたしとの旨を語れり」と。此報三月八日を以て大村に達す。

是月長州の士、杉孫七郎、長崎に到らんとして先ず我が藩内松島に滞泊し、藩政府の斡旋により長崎に往く。

三月十八日。刺客徒雄城直紀の白状に依り大村邦三郎、大村泰次郎の其の黨たるを知る。（二人因て切腹して罪を謝す）

是月江戸用人大村靭負京都を過ぎ、天皇崩御の奉弔に対する勅答書を大村に賚《もたら》し帰る。

五月九日。刺客の徒の罪案を定む。大村五郎兵衛の家老職を免ず。養子泰次郎の事に坐するを以てなり。

五月十六日。和田藤之助、京都より大村に来り上国の人心恟々たり。恐らくは大変動あるべしと報ず。

五月二十三日。荘新右衛門東海道藤澤より逃亡す。

此月密使を京都の薩邸に派し、公の直に上京する能わざる所以を報ぜしむ。

六月九日。是より先藩政府議して謂ふ薩藩士京都の邸に在りて銃隊の練習を事とす。我が兵名を藩邸に就て之を傳習するに託して兵を京都に出さば以て幕府の疑いを避くるに足らんと、公其の議を可とし新精隊十五人を選び渡辺清左衛門（清）をして之を統括して上京せしむ。清左衛門等此日坂本龍馬と同じく土佐藩の船に乗じ長崎を発す。

六月十二日清左衛門等大坂に達す。

大久保一蔵（利道）

◇

これは事蹟の一部であるが、慶応三年正月二十八日、純熙は城下大給以上に総登城を命じ、暗殺事件の犯人並びに首謀者に厳罰を加えることを宣言。これを受けるかのように、二月三日には家老大村五郎兵衛が病を理由に辞職しようとしたのを、藩主並びに藩庁はこれを允《ゆる》さなかった。藩が揺らいでいる時に、家老の辞職は憶測を呼ぶ。しかしこの事が、大村五郎兵衛を新たな窮地に追いやることに繋がって行く。

孝明天皇崩御の報が大村藩にもたらされるのは、将に事件の渦中。

「二月九日、主上崩御につき今日大坂留守居役野澤半七を本使とし松田要三郎を副使とし京都に至り、代りて奉弔せしむ」と。

孝明天皇は、ペリー来航後の日米和親条約に反対の立場で、当初は強力に攘夷を主張した。これが活動家たちにより攘夷運動となり、尊王に結びついて尊王攘夷となるのだが、孝明天皇は次第に現実的な公武合体策をとるようになる。そこに起こったのが、徳川十四代将軍家茂への皇妹和宮降嫁である。これは天皇家と徳川家が縁戚になることで公武合体という融和を図る策であった。

和宮の降嫁によって、天皇家と徳川家は国内安定に向けて協力し合う立場となったが、尊王攘夷派と言われる者達の中には、それを良しとせず過激行動に走る者も多くいた。

孝明天皇は家茂《いえもち》に「攘夷決行」を迫ったが、これも軍事行動を意図するものではなかった。しかし長州藩はそれを絶好の機会ととらえ、文久三年に馬関で外国船への砲撃を行った。これに怒った孝明天皇が「長州追討の勅命」を出し、宮中から攘夷過激派の七卿の追放「八・一八の政変」に繋がるのである。

当時の日本列島を俯瞰《ふかん》的に見れば、外国勢力の跋扈《ばっこ》に危機感を抱く大村藩を始めとする九州の諸藩並に長州藩が、攘夷によって外国勢力の排除を考えるのは当然の事であろう。

幕閣の井伊直弼は、外国勢力の力を知っていたから開国に踏み切った。いや、踏み切らざるを得なかった。

そこに起こってくるのが「尊王」と「攘夷」。元は別のものだが、これが時代の持つ価値観の激変の中で、攘夷を唱える者達は幕府に対抗する権威として尊王を唱え、それが「尊王攘夷運動」となって幕末日本のパンドラの箱が開かれるのである。刻々と変化する外国勢力の動きと、国内政治の流動化。将軍も天皇も好むと好まざるとに関わらず、時代の激流の中で翻弄される運命にあった。

この時、昇二十九歳。飯山は二十八歳にして賊の凶刃に倒れた。

純熙公は、城下に住まう主だった藩士たちに臨時に総登城を命じ、皆の前で、「このような変が起きたのは余の不徳の致すところである。故に、自ら引退することを決心した」と話した。藩主自ら引退と言う言葉を口に出し、その決心を明らかにしたのである。

驚いた老臣たちはこれを押し止め、純熙も暫く様子を見ようと言うことになったが、登城した藩士等は純熙の決心を知り、大いに心打たれ賊徒の探索と共に、自らの処するところを悟った。

賊徒に対しては、法を以て厳しく対処することを決め、もし情によって犯人を知っていながら告げなかった者は、同罪とするものとした。ここで志士たちは奮起したのである。

各自の見るところ、犯人のめぼしはあるものの、確証が得られないのでどうにもならない。ある日稲田が昇に、雄城直紀についてどう見るかと訊ねるので、それに答えて、「先日、愛宕社の前を過ぎたところで雄城に出会った。彼の挙動はどうもおかしかった。君も良く注意を払ってほしい」と言ったものの、確証がない。

そこでちょっとした罠を仕掛けてみた。「藩庁では、凡そ人を殺して、その殺す所以の罪状を公にしないのは、それが私怨から出ていることで、これは志士がすることではないと言われている」と仄めかすと何が起きるか。

ある日、密かに藩主に宛てた書を城中大監察の寮に投げ込んだ者があった。純熙はこれを読んだ後、密かに稲田にその書を見せた。稲田はその大意を昇に告げた。「国事を私宅に議し、或いは諸藩の浮浪の士を藩内に潜伏させ、我が藩の危機を顧みない所業である」と。昇はその時直感した。

とうとう引っかかったな。その出処も凡そ見当が付く。何故なれば、浮浪の士を藩内に潜伏させていることを知っている者は、藩公と我が同志たち、それを除けば長井兵庫、冨永弥五八、稲吉正道在るのみ。

後で聞いたことだが、同日、冨永等三人が多羅山に登り、寺僧に水戸藩の脱藩者は如何なる人かと聞いた。寺僧が知らないと答えると、彼らは大いにこれを詰問したと言う。これが動かぬ証拠だ。

「君公にお願いして、その書を見せてもらえまいか」

稲田にそう話したところ、君公は既にその書を火に投じたと言う。如何ともしがたし。

その頃、文館では騒動が起こっていた。探索が手ぬるい、優柔不断ではないかなどと騒ぎ立てる者たちがあった。自伝では彼らの事を「壮士」と呼んでいる。

杉 孫七郎

頭に血がのぼっている乱暴者とでも言おうか。緊迫した時代とは言え、遊撃隊の者達ですら、彼らの言動には手を焼いていた。それを何とか抑えているのが昇であった。楠本が、このままにしておくと、いつ彼らが暴発するか分かったものではない。何とかならぬものかと心配したが、昇は暫く放って置くしかないだろうと、うて合わなかった。

偶々、長州藩の杉孫七郎が密かに書を寄せ、急に会って話をしなければならなくなった。松島まで来てくれないかと言う。稲田にも話し、二人が松島に行くことになった。松島に着いた頃、文館にいる者達の中で血の気の多い壮士達が兵を集めて愛宕山に籠り、犯人と思しき者たちを撃とうとしたので、遊撃隊の者達はこれを制した。

松島からの帰り、長崎の大村藩邸に詰めている濱田《はまだ》彌兵衛《やひょうえ》に会った。同志の一人である。

その話によれば、長井兵庫が「予は正月四日の未明に大村を発したるを以て、三日の夜の事変を知らず」と言ったそうだ。それはどういうことだ。昇はあることを思い出していた。

「兵庫が長崎に行った折、帰る途中式見村に立ち寄って村横目の林佐兵衛に密かに昨夜云々の変ありと言い、且つ堅く佐兵衛の口を禁じて他人に漏らすことが無いようにと言ったと岩永啓藏から聞いた。一人には之を知れりと言い、一人には之を知らずと言う」何とも怪しい話である。

松島から帰ると、月番執政大村太左衛門に会い、杉氏来藩の事を報告した。すると執政は、このことは後で良いから直ぐに文館に行けと言う。文館では若い者たちが朝から犯人逮捕に向けて大騒ぎしている。遊撃隊の者達もその鎮撫に困惑しているところだ。執政も困惑の表情を浮かべていた。今日にしてこのような粗暴の挙に若い連中が出るとは。藩でも収拾がつかない事態になりかけている。何か間違って伝わっているのではないか。

前日、壮年の者達が昇に犯人逮捕を迫った。その時、松林飯山の四十九日の祭壇に、鮮血凛凛たる賊の肉を捧げん。万一これを供せざるも、必ず事を明らかにしてその霊前に告げ、併せて事の顛末を諸君らにも示そう。暫く待てと言い、壮年の士達もこれを了解したはずだ。

松林が凶刃に倒れてまだ三日、なぜ暴挙に出ようとするのか。執政はともかく速く行って鎮めるようにと昇を促した。文館に行くと、皆が騒いでその混乱ぶりは凄まじいものであった。ここで昇は怒り心頭に達して皆を一喝した。

「なんだこのざまは。貴様たち何を血迷っておるのか。皆が怒りに任せて動けば、藩はどうなると思う。あの福岡藩での出来事は知っていよう、対馬藩も大変なことになっているのだぞ。お前たちはそれでも大村藩の武士か」

昇の怒りは収まらない。

「誰だ、騒動を企てたやつは。面前に出よ。言いたいことがあればはっきりと言え」

昇のあまりな剣幕に、皆がしんと静まり返った。昇は皆を睨みつけながら、皆、部屋に戻れと言った。遊撃隊の者達に、どうなっているのか経緯を聞いた昇は、騒ぎを起こした中心人物である壮年の深澤行蔵、宮原俊一、山岡齋宮を家まで連れて行き、お前たち、余の面前で腹を切れと怒鳴りつけた。

なぜ約束を違えるのか。三人とも涙を流して答えることも出来ない。暫くして、昇は徐々にこれを諭し、四十九日とした約束はまだ三日しか経っていない。君たちは何と忍耐がないものか。余は、不肖なりと言えども、決して約束は破らぬぞ。三人は何も言うことが出来ず、涙ながらにその罪を詫びた。

昇は、直ぐに遊撃隊の元に戻り、鎮撫の労に感謝した。探索の状況を聞くと未だその糸口も掴めていなかった。

昇は松島からの帰り、舟の中で一策を考えていた。

「君公に宛てた書は、既に焼かれてしまっているが、そのことはまだ誰も知らない。そこで偽の書を新たに作り、再びこれを藩庁に投げ込めば、賊を捕らえる切っ掛けになるやもしれぬ」

井石は手を叩き、「根岸陳平に偽の書を書かせよう。う〜む。これは名案だ」。話が纏まると、遊撃隊の諸氏と共に馬で竹松村に行き、人のいない官舎の一室に入って偽の書を作成した。楠本は「偽書の法たる物を以て筆を釣るべし」即ち「騎馬提燈の柄を以てこれを釣る」の例えだと言った。

さてこれで、犯人が何かしら動けば動かぬ証拠となる。書が出来た。一見誰の手によるものか分からない筆遣いだ。文館に帰り、柴江運八郎、戸田又蔵にその書を竹頭に挟み、夜に乗じて執政稲田中衛の門に立てさせた。

翌日、稲田執政が手紙を届け昇を呼び出した。行くと「昨夜、門外にこの書があった」と言って書を見せてくれた。昇はびっくりしたように大声を発した。

「なんと！これで事は明らかになった。他藩の志士を潜伏させていることを知っているのは、我々の同盟者を除けば指を折って数えても極く僅かである。これを文館の皆に見せよ」。

稲田は「まず是を君公にお見せし、その後で皆に下付しよう」と言い、直ぐに城に上り、君公に呈した。君公はそれを見て、「前日の書の中身と変わらない、書体も同じだ」と言われた。字には書き手のくせがでる。一見すれば、誰が書いたものか察しは付く。だからそれを分からないようにくせのない字を書くのは案外と難しいものだ。昇等はこれを逆手に取った。

その書は文館に下付され、昇は直ぐに遊撃隊の皆に議し、長井兵庫、冨永弥五八、稲吉正道、鈴田左門、深井源八郎の五人を捕らえようと藩庁に具申した。藩庁でもこれを許し、小目付を文館に派遣した。

文館ではあらかじめ賊と思しき人物たちの親戚を城中に召し出し、捕縛の理由を明らかにして、彼らが逃げ出さないようにした。若し逃がすようなことをすれば、その累は一族にまで及ぶ事となる。又、壮士数人を小目付に従わせ、それぞれの家に行って捕縛した。この日は二月二十一日で、松林が遭難して実に四十九日の事であったと臺山公事蹟は記す。

取り調べが開始され、稲田東馬、福田千太夫、土屋善右衛門と遊撃隊の諸氏に事件糾弾の事を任せたが、一問一答しても未だその端緒を得ることは出来なかった。ある日、長井兵庫の取り調べが行われ、その問答が激しくなったところで昇も同席を乞うた。長井兵庫は昇がかつて剣術で恩を受けた人物で、そのことは誰もが知っている。藩の規則にのっとってこれが許されるかどうかは分からなかったが、別室で長井と話すことが出来ないものか、旧交に免じて彼の心情を聞きたいと皆の前で願った。長井も、それは自分も望む処であると言った。稲田が独断でこれを許し、皆席を立った。

二人だけになったところで、昇は、

「曖昧なことを言うのは日頃の貴殿らしくない。男子たる者、この大事に臨んで、なぜはっきりと弁明しないのか。罪が無ければそのことをはっきりと示すべきではないか。そうすればここを出て蒼天白日の身となるではありませんか」と。

剣術の指導を受けていた長井を糾弾する立場に今はいる。長井もしばらく考え込んでいたが、

「我が長井家は戦国時代より大村家に仕え、先祖の長井大炊は大村純伊公の危機に、自分の首を差し出して大村家を救った由緒ある家柄である。ところがこの醜態、どうして先祖の霊に顔向けできようか。だが、襲撃した者は別にいると見ている」

「では何故、そのことを獄廷で言われなかったのか。それを言う事が、あまりに忍びないと思われたにせよ、藩の一大事に関することではないか」

「自分が知る所として君に話をすると言うのではどうか」

「それを聞かせていただこう」

「隈央《くまなかば》、浅田千代治等、大いに藩の行く末を案じ暗殺を企てていた。山川丈兵衛がこれを諭したが、制することが出来なかったという。これは丈兵衛が私に語ったことだ。そうであれば、襲った者はこの中にいると見るが」

昇は長井を退出させ、このことを稲田達に話した。皆一応に驚き、喜んだ。「これは、大収穫だ。直ぐに奴らを検挙すべきだ」

この日は尋問を止め、山川丈兵衛、隈央、浅田千代治を捕らえる算段をした。この時、文館に福田清太郎という者があった。文館では外出を禁じていたが、その挙動が常に怪しかった。ある日、「父に言われた」と言って館を外出した。

晴天の霹靂

昇がその父親に使いを出したところ、

「今や藩内の変に際して、息子が諸君らと行動を共にしていることを嬉しく思っている所だ。例え命じたいと思うことがあったとしても、敢えてそのようなことはしない」と言った。使いの者が帰ってこれを報告した。

これは怪しいと昇は直感した。深澤行蔵に、賊徒は夜間に会合するのは明らかだ。冨永か稲吉の家に深夜床下に潜んで様子を探って見てはどうかと言っておいた。それで深澤は毎夜稲吉の家に行き、床下に潜って潜伏し、明け方近くに抜け出すことを続けた。ある夜、行蔵は眠り込んでしまい朝を迎えてしまった。

女中が水を汲みに来たので、行蔵も出るに出られず、終日呑まず食わずで床下に潜んでいた。すると福田清太郎が来て数時間も密談していたが、声はかすかにするものの、何を話しているのかは分からなかった。夜のうちに床下をやっと抜け出して、翌日文館に出て仔細を報告した。

この後、稲吉を捕縛した。その妻は冨永好左衛門の妹で、稲吉が逮捕されたとき、冨永に稲吉の平生の事を訪ねさせた。それによると、稲吉のところには福田が時々来て話をしていたという事であった。これは動かざる証拠だ。楠本とともに福田清太郎を問い詰めた。まず、稲吉とは何の話をしたのかと。清太郎は「腕にこぶが出来たので治療してもらった」と言う。

そんなことで数時間もかかる訳はないだろう。なぜ嘘までついて館を出たのかと問い詰めると、言葉に窮すればたちまち黙秘する。

昇は諭すように「今回の事件糾弾の事では、暗殺を企てた者達を捕まえるまでは、何人もこの文館を出ることは無いように皆で堅く誓約したはずだ。ところがお前は、自ら何度もこの約定を破り、うそを言って何度も文館を出たな。事ここに及んでは、たとえお前を救いたいと思っても如何ともすることは出来ぬ。当初規定した通り、お前に切腹を申し渡す以外にないではないか」

昇は怒りに任せて、そう一気にまくし立てた。だが少し怒りが収まると、まだ年も若い清太郎の事を思い、「今一度考え直せ」とそう言った。自分が賊の血を見ることを一日も早くと望んでいたが、ここまで来て、我が藩の藩士達の血を見ることに躊躇する自分がいることに気が付く昇であった。

「賊がこれを聞けば手を叩いて喜ぶであろう。お前が秘密を守ろうとする堅い気持ちは我らも称賛するが、それは大義に背くことになりはしないか。お前がその約束を違え、秘密を語ったとしても、誰が攻められようか。よくよく考えて決心せよ」。清太郎は何も言わなかったが、その顔を覗くと死を決する者の様であった。

昇は、その隊長である常井邦衛を呼び、本人も覚悟をしているようだから、軽はずみなことをせぬよう良く監視しておいてくれと頼んだ。その夜、一杯飲んで第六寮で寝た。深夜、自分を呼ぶ声がする。飛び起きて誰かと見ると清太郎であった。

「少し話したいことがある」と言うので監察部屋に行った。二人が対坐すると、清太郎は頭を垂れ、手を膝の上に置き暫くじっと考えている風だった。漸くしてその重い口を開いた。

「先刻来、懇切な説諭を受けたが、心はなお決することは出来ず、一言も発することが出来なかった」そういう清太郎の顔は、何かを悟ったように見えた。

「あれから一睡もせず考えてみたが、今は自分がしでかしたことを大変悔やんでいる。事の次第を詳らかにすることは大義の上からやむを得ない事だと悟った。飯山先生が刺客に襲われて以来、文館の同学の諸君らは言うを待たず、藩の人々がこれほどまでに集まって、身を粉にして犯人探索をする姿を見て自分も深く感動し反省もした。それでこの事件の真相をお話しするのもやむを得ない事だと思っている」

「その犯人と言うのは、一体誰か」昇がそう言うと、

「お願いがござる。これは藩の為を思ってしたことで、私怨でしたことでは決してない。どうか罪を憎んでその人を憎まないでほしい」。清太郎は静かにそう言い、昇に頭を下げた。

「針尾執政を襲撃したのは隈央と自分の二人で、松林教授を切ったのは雄城直紀である。永島唯助、山川応助、筒井五郎次は、貴殿を撃とうとしたがその機会を得ることが出来なかった」

昇はここで初めて自分が狙われていたことを知ったのである。何と運が良かった事か。

慶応二年の暮れの事になるが、藩主の老夫人の強い求めで着工していた御殿も出来上がり、夫人は大いに喜び、酒を諸生に賜った。この時ばかりは昇も大いに飲み酔っぱらった。その後、事件は起きた。だが昇自身にはそれが事件であるという認識はこのとき全くない。何しろ気が付かなかったのだから。

さて、老夫人から賜った酒は実に美味かった。これは栄誉の酒である。このようなことは初めてだ。五教館の諸生達も集まって大いに飲み、夕方になってふらつきながら五教館の御成門の所まで来た。

そこで、城から帰って来る兄清を待った。酔っているものだから自然と睡魔に襲われた。夢の中で自分を呼ぶ

声がする。はっとしてあたりを見回すと、誰もいない。また眠った。

そんなことが三、四度続いた。そうこうしているうちに、兄が来た。

「自分を呼んだか」と兄に聞くと、「否、知らぬ」と言う。奇妙なこともあるものだと二人して家に帰った。

後に、乱の首謀者たちが逮捕されると、その時昇を殺そうとしていた者の正体が分かった。

その日、大身の大村邦三郎、浅田重太郎らは騎馬で遠出し松原村まで行った。夜になって五教館近くまで戻ってくると、大鼾をかいて寝ているものがあった。顔を覗き込むと昇である。この機を逃してはならん。馬を五教館前の冨永治部の屋敷の門内に繋ぎ、戻って昇を殺害しようとした。近づくと、昇は気が付いたように起き上がった。昇の剣の腕前は誰しも知っている。慌てて物陰に身を隠すと、たちまち昇はまた眠り始めた。それが三四回に及び、結局襲撃は失敗したという。あの時感じた気配はこれだったか。初めて知った事で昇も動転した。

昇は気を取り直し、

「例え、一旦方向を誤ったとしても、悔悟してその罪を隠すとは一体どういうことか。その考えは如何なものか。まだ問いたいことはあるが暫く待て」と。

席を一旦立ち、楠本の寝所に行って密かに彼を起こした。楠本は何事かと起き出してきたが、昇の話を聞いて驚き、二人で清太郎の元に行って尋問を続けた。清太郎は、襲った者達が藩の為と思ってしたことのその訳を話した。

「澤井源八郎、鈴田左門等は初めから事件には関与していない。我らは二人が捕まったので、藩庁も何を間違ったと笑っていたところで、一時は安どしたことであった」。二人は清太郎の自白により犯人たちの考えが明らかになってきたが、清太郎の気持ちを憐れみ、潔く自白したことを褒めた。

「今後、我らからお前に命じるまで、謹慎しておれ。自ら死に急ぐことはせぬように」

清太郎を部屋に戻し、常井邦衛を呼んで刀を取り上げさせ、その監護を行うよう指示した。三月十二日の夜の事であった。

翌朝、清太郎が自白したことを遊撃隊の諸士に告げ、藩庁の事件糾弾係には書で知らせ、直ぐに月番執政大村太左衛門の屋敷に行くよう指示した。二人が執政大村太左衛門の屋敷を訪れると、直ぐに糾弾係も屋敷にやって来た。先ず、昨夜、清太郎が語ったことを伝えると共に、犯人捕縛の手順について意見を述べた。

皆、犯行の真実の一端が分かったことにほっとした。清太郎の自白が無ければ、犯人特定は難しかったからだ。執政は事の次第をまず藩公に知らせ、藩の前例に従って賊徒の親戚に賊の捕縛を行わせるよう手配した。このような時、その親戚に捕縛させると言うことは、もし万一、犯人をわざと逃がすようなことがあれば、同罪となって厳しいお咎めが下される。取り逃がしたと言うだけでも家の恥、或いは家禄を取り上げられることもあった。

清太郎の自白によって、安田達三、末松辨次郎が賊の一味であることは分かったが、二人は未だこのことは知らない。彼らは文館にあって賊徒の探索に当たっていた。

執政等は「もし賊徒が誰であるかを文館の皆に告げれば、彼らが怒りだして二人に何をするか分からないぞ」と言う。尤もなことだ。そこで諸隊の者達を集め、今日、賊を捕らえることが出来るかもしれないとそのことだけを言い、詳細までは詳らかにはしなかった。それで隊の者達を各部署に配置した。

賊の親戚が藩庁の命で呼び出された。彼らは何事かと思って藩庁に来たが、捕縛する者の姓名は未だ告げなかった。達三、辨次郎は自分たちが捕縛されることを知らず、その親戚の者達が文館に来て、「お前たちに嫌疑が掛っている。藩庁からお前たちを捕縛するよう命じられた」と伝えられると、二人は驚き、どうしたら良いか分からず狼狽したが、縛に就いた。その他の賊徒はそれぞれ屋敷に居たところを捕らえられ、五教館内の牢屋に入れられた。

その後、糾弾係が毎日のように聴取を行った。最初は中々本当のことを言わなかったが、既に清太郎の証言もあっていることから、隠し遂せるものではないと悟り、次第に白状に及んだ。三月十八日になって、村部俊左衛門、中村弥源太、安田與三左衛門、今村松倫等を捕らえた。この日、雄城直紀が引き立てられ尋問を受けた。そこで直紀が大変な事を口にした。

「我々はすでにその罪状を告白した。しかるに、暗殺に関与した御両家（大村邦三郎、大村泰次郎）の罪を問わないのは何故か」

驚いてその訳を聞き質すと、直紀の顔に戦慄が走ったのが見えた。猶も、その罪を問わないとは一体どういうことかと聞き質すと、やがて直紀は観念したように、この二人が賊の盟主であると告げた。

何という事か。糾弾係の者達は、大村藩の御両家が事件に関わっていることを知り、これは大変なことになったと驚き、渡辺兄弟、正隆は急ぎ稲田の屋敷に行き相談することとした。御両家は、大村藩の初期から藩主家を支える家として、藩政を通じて最も格式のある家柄である。徳川家であって見れば、尾張、紀州、水戸の御三家にあたる。その当主がこの度の事件に係わっていたとすれば、大村藩としては大変なことになる。

「若し、両人を捕らえてその罪を暴き、刑場の露と消えるようなことにでもなれば、藩の体面に関わる一大事だ。ここは自らが潔く切腹する他に方法はあるまい」

さて、これをどうするかだ。我々が行けば、公に罪を糾弾することになってしまう。

「浅田進五郎に二人を説得させてはどうか」。昇がそう言うと、稲田も楠本もそれが良いだろうということになった。浅田進五郎は泰次郎の実の兄で、邦三郎の妻の弟である。

屋敷に昇と正隆が行くと、進五郎は何事かと出て来た。座敷に通され事の次第を打ち明けると、全く知らぬ事であったらしく、進五郎は驚いて言葉を無くした様子だった。少し落ち着いたところで、昇は、藩の名家の名を穢す訳にはいかないので、進五郎から説得してもらうよう頼んだ。

進五郎にとっては青天の霹靂《へきれき》、兄弟の事でもあり、最初こそ驚き躊躇の色を示したが、終に悟ったように「白状する者があってそこまで分かっているのであれば致し方があるまい。藩の為だ。分かった。そうしよう」と声を振り絞るように言った。

進五郎の苦渋の決断に二人は涙を流した。

進五郎は御両家の当主たる二人の屋敷に向かった。途中、親戚の井石忠兵衛をその屋敷に訪ね、事の次第を告げて一緒に邦三郎の屋敷を訪ねた。邦三郎は最初驚いたが、進五郎は犯人らの自白があったことを伝え、士道に従い自ら判断するよう勧めた。邦三郎もその罪の重さを自覚し、自ら切腹することを決心した様子であった。この時、邦三郎二十九歳。昇とは同じ歳である。進五郎が戻って来て、昇等にその仔細を報告した。

その深夜であったが、邦三郎が昇に書を届けさせ、直ぐに貴殿に会いたいので屋敷に来てほしいと書いてあった。急いで屋敷に行くと、邦三郎は座敷に昇を通し、親しげに語った。

「お主とは若い頃には仲良くしていたが、その後は二人とも忙しくて疎遠になってしまったな。実は一身上の事であるがやむを得ぬことが起こってしまった。仔細は語れぬのだが、責任をとって切腹しなければならぬ仕儀となった。とはいうものの、不肖にして切腹の作法が分からぬ。それで、その作法について貴殿に聞きたいと思い今宵招いた次第だ」そう言った時の邦三郎は、既に死を決したような面持ちであった。「自業自得とは言うものの、死後の事に関して心配がない訳ではない。君もこの度の事件については知っていよう」

昇は何も知らないふりをして、自決するその理由を聞いた。邦三郎は恥じるようなそぶりを見せ、その賊徒たちにうっかり乗せられ約束してしまったことなどを淡々と話した。

「今や幕府も力を無くしかけているとは言え、国が乱れることがあってはならぬ。藩の行く末を案じ、間違いが起きぬようにとの最初の思いであったが、どこでどう間違えたことか、大変な事をしでかした連中がいる。何故そのようなことになったのか訳が分からぬ。自分の知らぬところで起こったこととは言え、言い逃れは出来ぬ」

邦三郎は宙を見るようにそう言った。

「君は正月三日のあの事件の事を知らなかったのか」

「あのようなことをするとは。とはいえ、事を起こした者達と血盟を結んだのは事実だ。だから言い逃れをしようとは思わぬ。ただ、主君には何とも申し訳ない気持ちだ」、

「事ここに至るや。君が一身の死を以て君公に詫びようと言うのは、誠に以って正しい判断であると思う。我が藩の門閥である君が、若し罪を得て縛り首になるようなことがあれば、君の家の恥と言うことに止まらず、大村藩末代までの恥となろう。そのことを思って、君は切腹しようと言うのだな。僕は誠に頭が下がる思いだ」。

久しぶりに言葉を交わした邦三郎が、そこまで決心している姿に接し、心から敬服した。静まり返った部屋の中で、邦三郎は昇に切腹の作法について聞いた。切腹の作法は、名の在る武家であれば誰もが一応は知ってはいよう。名家ともなれば、切腹の作法書の如きはあるものだ。だが、いざともなれば不安があったとしても可笑しくはない。あるいは相手が昇だからこそ聞いたのであろうか。

「切腹は、作法に則って醜く死ぬより、寧ろ快く死ぬことこそ武士の面目とすべし。肥後の武士で堤松兵衛と言う男が、先年、京都で切腹したる際、その鮮血を以て〝大空を照り行く神や知らすらん国の為にと盡す心を〟と言う辞世を自書して死んだと聞く。僕は平生これを以て切腹の典型と考えている。君が切腹する時も、このような覚悟が要る。但し、切腹の時に使う刀は、長いものを選んではならない。最も短いものが良い」と忠告した。

邦三郎は奥から短刀数種を出して、どれが良いか選んでくれと頼んだ。

昇はそのうちの一刀を選んで邦三郎に与えた上で、「今回の事に関与したのは君だけか」と問うたところ、「大村泰次郎も、賊に加担した」と言った。邦三郎もすべてを悟っている風であった。

「そうであれば、君一人だけが身を清くするということは出来ないであろう。速やかに書を泰次郎氏に送り、同じく死を以てその罪を君公に謝るべきことを勧告した方が宜しかろう。尚且つ、君も君公にその罪を詫びる書を認め、心静かに切腹されたい。泰次郎氏への手紙は君の自筆でなければならないが、君公への遺書は家臣の者に命じて書いても構わないだろう」

邦三郎は筆を執って泰次郎宛の書を認め、家臣の森槙之丞を呼び、罪を君公に謝する書を認めさせ、更に告げて、「自分の死後、一切の事は渡辺氏の指示を待ち、敢えて違えることが無いように。長井兵庫は終世の怨敵である。彼の肉は、たとえ腕一本でも良いので墓前に供せよ。それが出来ないときは、死んでも死にきれない」そう言って、時世の歌一首を残して自刃した。

其の君公に宛てた書に言う。

「謹て奉言上候」

私儀当家相続以来、先祖の志を続御奉公申上度心得罷在候共、昨年夏頃限可也、村部俊左衛門、長井兵庫、本田外衛、深澤司書、今道新九郎、雄城直紀、山川丈兵衛、同應助、末松辨次郎、相見。一味同心之誓約、相談仕候付国家の為、忠義を尽し候約束に候得は、血誓には及間敷と度々相断候得共是非是非、一同に頼込相迫候間不得止連判状に相加居候。然處去正月三日之夜の変動に立至。右は前以承知不仕義にて御座候得共、於私も重々奉恐入候。殊に最前御直書も奉拝見退て勘考仕候得は、全く不肖の私故、奸邪之者共に被誑御国法を犯し、党を結び候段、今更申上様無御座奉恐入候。今日に相成奉恐入候得共、先祖の儀も御憐察被下、血脈不絶様、御所置被下候はば、死後に至り難有仕合奉存候恐惶謹言

三月　　　　　　　　　　　　　　　　　　　　　　　大村邦三郎

その辞世の歌に曰ふ

今更に　こころの底に　かへり見れば
味方と思ふ　人ぞ仇なる

私は大村家相続以来、先祖の志を継いで御奉公しようと思ってまいりましたが、昨年夏頃、隈可也、村部俊左衛門、長井兵庫、本田外衛、深澤司書、今道新九郎、雄城直紀、山川丈兵衛、同應助、末松辦次郎が屋敷を訪れ、大村藩の安泰の為、忠義を尽くそうと一味に加わるよう説得されました。当初、血判書まで作る必要はないのではと思っておりましたが、是非に是非にと一同の者達に頼み込まれ、致し方なく血判書に署名致しました。然るに正月三日の夜のあの事件に立ち至り、まさかその様なことをするとは思いもかけず、私も驚き、どうしたら良いものか恐れ入った次第であります。

殊に藩主の御直書を拝見し、全く持って自らの不肖を感じざるを得ず、このような奸邪の者たちと共に藩の法を犯して徒党を組んでしまったことに、今更申し開きすることは出来ません。

この様な仕儀に立ち至りましたが、先祖の事もどうかご賢察くださり、私が自害した後も、何卒血脈が絶えぬようご処置下さいますれば有り難く存じ上げます。

もう一方の中心人物である大村泰次郎は、その時文館にあって犯人探索にあたっていた。昇は複雑な胸中を記している。泰次郎が文館で学んでいた頃、父親の城代浅田大学から昇に教育を託されたことがあった。昇も随分と指導したつもりだったが、その頃の泰次郎は馬耳東風の感があった。そういう事であったのか。今更ながらに自分に指導力がなかった事を悔いた。

泰次郎はかつてその同志に、密かに昇の刀を抜いて調べたところ、鋒が少し折れ血痕が浮き出ているのを見たことがある。これは昇が冨永快左衛門(浅田弥次右衛門の弟)を殺した証拠だ、と言っていたということが徐々に明らかになった。

これはかつて京に在る時、やむを得ず刀を抜いた時のものだが、彼らはそのことを知らない。筒井五郎治も獄庭で同じことを言っていた。この辺り、反対党では昇を犯人に仕立てる策動が行われているようだ。

さて浅田進五郎は、邦三郎が泰次郎に宛てた書を昇から受け取ると、文館に行って泰次郎に示し、「お前は君臣の大義を忘れ、藩主に対して大変な大罪を犯した。事は既に露見し、邦三郎もその罪を認めている。お前にも間もなく刑吏の捕縛があるのは免れない。若し、逮捕されるようなことにでもなれば、お前ひとりの罪では済まなくなる。大村家を支えてきた先祖の名誉迄傷つけてしまうことになるぞ。士道に則り、潔く自決せよ」。

進五郎の顔を泰次郎が覗くように見上げると、その顔には怒気がはらんでいた。泰次郎にとっては大切な兄である。その兄がこうして自らやって来てくれた。怒気をはらんでいるとはいえ、兄弟の情は如何ともし難し。

泰次郎は決然、その罪の重さを悟り、「一たび岐路を誤った弟の事を思って、兄がこうして諭しに来てくれている。心配する勿れ、自分は既に死を決している」。その目から涙が流れ下った。

進五郎もまた涙をのみ込み、震える声で、「お前は浅田の家を出て名門の大村家を継ぎ、この度間違って先祖の名を辱めてしまった。しかしながら、お前が思ってしたことは、藩の行く末を思っての事だ。その心情はなんら恥じるものではない。また、お前が今日に至るまで同盟の義を守り、親兄弟と言えども、誰にもそのことを告げなかったと言うのは、朋友との信義を重んじたもので悔いることではない。今や事が敗れ、死に就くと雖も、これは志士の恥じる処ではない。心静かに逝け」

泰次郎も「心既に決す。また何をか言わん。兄者もどうか自愛せられよ」。兄弟は涙を揮って相別れた。

その後、泰次郎は文館を出て屋敷に戻った。

進五郎は戸田圭次郎を呼んで訳を話し、屋敷に行って泰次郎切腹の介錯をするよう頼んだ。

戸田はこれを承諾して屋敷に行くと、泰次郎は養父五郎兵衛に詫び状を書き、辞世の和歌を残して既に自害した後であった。

大村五郎兵衛に宛て、次の様に謝した。

一筆申残奉謹上候。元来不肖之私無存寄御座大切の御家へ御養被成下難有奉存候。就而は国家の為、急度憤発奉公之心得罷存候央、兼而附合之者一同合心奉報御国恩旨相談仕候故度々相断候得共是非是非との事にて連判状に相加はり不正之筋とは更に承知不仕候處、去る三日夜の暴動に立至り恐入候次第に御座候。不忠不孝生而奉拝尊顔候に不忍申訳の為自殺仕候、最早道義を誤り候私、決而御追慕日下問敷奉存候。實に賊名を以て御家を穢し大罪無々可被遊御憤怒重々奉恐入候先御暇乞旁切迫中一通如斯御座候恐惶謹言

三月　　　　　　　　　　　　　　　　　　　大村泰次郎

尊大人様

辞世

悔ゆるとも　悔ゆるとも亦　及なし
　早きこころの　ことぞ恨めし

一筆申し上げます。元来不肖の私を御家の養子として迎えて下さったことは大変有り難く存じ上げます。この度は藩の為、私も一同同心の上お役に立ちたいとの思いでおりました。是非に是非にと頼まれて連判状に名を連ね、不正の筋とは全く知らず、去る正月三日の暴挙に立ち至り恐れ入った次第です。不忠不孝にて合わす顔もなく、自ら命を絶つことをお許しください。賊名を以て御家の名を穢し、お怒りの事と重々存じ居りますが、永のお暇を頂きたく存じ上げます。

泰次郎は死に臨み、その自害も立派な態度で、その姿は烈士のようであったと臺山公事蹟は記す。

二人が切腹したのは三月二十日の事であるが、雄城直紀は自白をした三月十八日、獄舎で自ら首を括って自害

した。その後、捕らえられた者達から賊徒の名が次々に挙げられて行く。その中には賊に与する者達もあったが、何ら確証の無い者たちの名前まで上がっていた。集まった壮士達の中には、直ぐに捕まえて厳罰をという者が騒ぎを大きくしていた。

その頃、京から中村知一が薩摩の大久保一蔵（利通）の言を知らせるべく帰ってきた。

「薩人大久保一蔵再次臣等の寓に来り時勢大いに變じたるを以て薩侯将さに入京せんとするが故に大村侯も亦偕《とも》に入朝し国事に協力せられたし」。臺山公事蹟は、この報三月八日を以て大村に達すと記す。

機を失する訳にはいかないが、藩内の内紛は未だ治まった訳ではなく君主が国を空ける時ではない。今兵を出すということは出来まい。直ちに出兵の議を藩庁に質した処、官吏の中にはその非を論じる者が多くいた。

昇は「国是を勤王一途で纏め、薩長と藩の存亡を共にするとの藩主の意思は既に示されている。何故細かなことに拘り大局を見ないのか。出兵を非とするのは現状を見れば分からぬわけではない。しかしそれは、我が藩の事だけを考えていないか。その発言はただ藩の体面を保つ為だけではないか。では、禁門守護あるいは銃隊の操練を名目として出せば如何か」

このような時、昇は有無を言わせない。

実のところ、機はそれほど切迫しているのだ。それを肌で感じているのは、大村藩の中では昇だけであろう。長州藩、薩摩藩と大村藩の同盟の中身についても、果たして藩の重役たちはどこまでその経緯と中身を知っているのか。昇との温度差は藩庁の中にもあるのだ。それを理解しているのは、藩主純熈、稲田そして昇か。

議論は続いたが、終に禁門を守るために銃の操練を行う事を名目にして、兵を京に挙げることに決まった。昇は文武館の子弟を率いて自分が京に上ることを請うたが藩庁はそれを許さなかった。

昇は重ねて頼んだ。「かつて木戸に約束をした事がある。若し天下に急ある時は、大村藩は真っ先に兵を挙げると。今やその時。義においてその約束を破る訳にはいかない」

これに対して稲田は冷静だった。

「賊の一味の首領が捕らえられたと言っても、まだ事件の全貌が掴めた訳ではない。藩は未だ危機の真っただ中にいると思って良いだろう。このような事態の時に、君が国を出てはならん」と昇を押し止めた。

既に文館には犯人逮捕の為に藩内から千名を超える若者たちが集まり、彼らはそこに寝泊まりしている。そこには常に暴発の危険性があるほどに彼らの熱は高まっていた。これを纏めるのは至難の業。それを纏めていたのが昇であった。そのことを知るのは稲田であり、遊撃隊の者達であった。稲田が昇のはやる気持ちを押し止める訳がここにあった。

暫く待て。藩庁の者達とも相談してみよう。

稲田には考えがあった。兵を出すにしても顔が知れている昇であれば京で怪しまれるであろう。密かに兄の清を招き相談を持ち掛けた。「今、藩内事情を察するに、昇をして京に赴かせることは出来ない。かえって藩内に混乱が広がるであろう。ここは貴君にお願いしたいのだが」

清もそれを承諾した。暫くして稲田が文館に来た。昇と遊撃隊の者達が集まり、そこで稲田は、兵を京に上げるについては藩庁並びに藩主に報告したことを述べ、「清を隊長として兵を京に上げることにしてはと思うがどうか。清（家兄）を代わりに出せば、木戸も大村藩の内訌の事情を察してくれるはずだ」と稲田が言うと、清も「承知致した」と応じた。

昇は清の剣の腕前を良く知っているので必死になって止めたが、清も引き下がらない。

清もお前が藩に留まれば、自分も安心して死ぬことが出来ると応じた。「若し、兄の戦死の報が入った時は、自分が壮年の兵を率いて京に上りたい。どうか皆も承諾してほしい」昇も食い下がった。

そこで藩庁では、清に「新精隊」を率いさせ京に向かわせる事となった。

藩ではすぐに準備を始めたが、まず京の情報を集め、薩摩藩主の動向を見極めたうえで新精隊を出すことにした。一方、犯人探索は進んでいた。それぞれ白状する者があったが、大村邦三郎並びに大村泰次郎が自刃した今となってはその全貌を知る者はいない。首謀者の雄城直紀は、邦三郎が自刃する二日前に牢内で自ら首を括って死んでいる。そうした中では、私怨も入交り、あいつが怪しいと申し立てる者が後を絶たなかったし、そ奴は父の仇だ。捕縛は自分にやらせて欲しいと願い出る者もあった。

藩主純熙は早い段階から、処分については最も苦心焦慮した。これを執政等に任せず、専ら公平厳正を旨として事にあたった。糾弾係の者には次の様に訓令した。

「賊徒妄誕《もうたん》を逞しくし国法を蔑《べつ》にして忠良の重臣を殺傷す、その罪九族を絶つと雖《いえど》も尚且つ足れりとせず、然れども彼等頑迷不霊《がんめいふれい》にして事理を解せず国家の体裁を憂うるの一念激発して斯《かか》る暴挙に出でたるものならん、其心事聊《いささ》か愍《あわれ》むべきものなきにあらず、殊に惨戮酷刑《ざんさつこっけい》は却て士民の怨嗟《えんさ》を招き遂に朋黨鬩墻《ほうとうげきしょう》の紛擾《ふんじょう》を醸成すること世の通弊《つうへい》にして古今其の例に乏しからざるなり、故に罪は須らく其證《あかし》を具し獄は只血盟同謀《どうぼう》の徒に止め苟《いやしく》も賊徒の告白供状に據《よ》らざれば徒《いたずら》に他に波及すべからず、要は天憲を正し禍根を断つに在るのみ」

賊徒の輩は国法を破り、忠義に篤い重臣を殺傷した。その罪は九族（その家の先祖から孫曾孫）を絶っても足りない。だが彼らにしても藩の事を考えてこのような暴挙にでたことであろう。ここで犯人並びにその縁者に至るまで極刑に処することは、かえって恨みを招き入れることになる。罪はその真実によって裁き、血盟した者だけに止め、それも自白によるものでなければならない。徒に他に波及させること無く、掟に従い禍根《かこん》を絶て。

対馬藩の内訌、福岡藩の尊王急進派の粛正を大村藩は間近で知っていた。

対馬藩では多くの者達が複雑に敵対する者達の凶刃によって倒れた。『勝井騒動』と呼ばれた藩主継承問題である。一方福岡藩は主導者をなくして混迷していた。その後明治維新の大業に乗り遅れ、藩衰亡を招くことになる。純熈の心配もここにあった。

今藩内で大粛清を行えば、薩摩、長州との同盟の約束が果たせなくなる。事態はひっ迫していた。薩摩の大久保から「時至れり」との報も届いている。だから、粛清、混乱は最小限に留めなければならない事情があった。

純熈にしてみれば、今日の事は自分に責任の一端があることぐらいは承知の上のことである。

長崎惣奉行辞任の後、元治元年十月に藩の主だった藩士を城中に総登城させ、「勤王一途」を藩の国是としたが、これは未だ討幕を意味するものではなかった。それ以降、福岡藩との同盟、第一次長州征伐、五卿の九州大宰府落ち、福岡藩勤王派の粛正、第二次長州征伐と目まぐるしく世の中は変わって行った。

思想としての尊王攘夷から、実態としての尊王開国へ。

純熈の勤王一途の方針は次第に尊王開国に向かいつつあるとはいえ、藩内では未だ危惧する者達も多い。だが、事件の探索を契機として、藩内の者が千名以上城下に集まり異様な熱気に包まれている。旋回する時代の雰囲気が、得体のしれない熱気となって藩内を支配しようとしていた。今はまさに、その最終盤に差し掛かり、討幕の烽火が上げられようとしている時だ。

これ以上の藩内の混乱は避けなければならない。そうした思いが訓令からも読み取ることが出来る。

三十七士同盟という藩内勤王派は、針尾九左衛門を盟主としているものの、それを影で動かしているのは誰あろう純熈である。

藩主と勤王派を繋ぐ者として稲田東馬があり、稲田東馬からの指示を昇は見事にこなした。

昇の長州藩人脈を中心に、福岡藩加藤司書や大宰府の五卿との繋がり、また剣士としての技量と胆力。幕末の動乱期に在って、これは昇にしか出来なかったことであろう。だからこそ、危ない橋も数知れず渡って来たし、薩摩の村田新八の周旋により西郷や小松とも会い、大村藩との同盟を纏めた。

だが、昇のこうした動きは、藩では極秘任務。昇が治振軒の剣術取り立てになったのも、元をただせば藩主純熙から出ていること。それは藩内では詳《つまび》らかにされていない。というよりも詳らかにするなどということは出来ない。それが政治だ。それも平時の中での政治ではない。時代の趨勢を読み取り、藩という国家の命運をかけての政治なのだ。周りの者達も、その胸中は複雑である。

長井兵庫にしてみれば、なぜ治振軒の剣術取り立て役が自分から昇になるのか。雄城直紀の妹は浅田弥次右衛門の後妻であったし、反対党の人々の立場、不満もそれぞれ違うところに在る。浅田弥次右衛門の縁戚に繋がる者たちは、深澤繁太郎、浅田千代治、浅田重太郎、稲吉正道、今村松倫、村部俊左衛門、山川丈兵衛等がいる。浅田千代治は弥次右衛門の弟、重太郎は嫡子である。弥次右衛門がこの事件にどのように関わっていたのかは分からないが、全く知らなかったという訳ではあるまい。この部分だけで言えば私怨である。

だがその不満は、別の所に在る藩政に対する不満、懸念を掬い取るかのように広がって行った。そして、それが「血盟」という形で結んだ時、思わぬ結果を招いた。正月三日の血の粛清である。その粛清は血盟団の同意のもとに為されたのではなく、浅田弥次右衛門一派を中心とする一部の者達の暴走行為として行われた。

こうしたことが、江戸や京都では脱藩浪士たちによって、攘夷という半ば暴走的な行為として行われていたが、それが大村藩では上級藩士達によって惹き起こされたのだ。

御両家の大村邦三郎、大村泰次郎も藩主の内に秘めた考えを分かっている訳ではない。藩主純熙にしてみれば、勤王一途を宣言したものの、藩の内部がそれで固まっている訳ではない。むしろ保守層の方が多いと言うのが実情だろう。純熙としては、はっきりと意思表示はしないものの、何時でも佐幕派に与する者達と見ていたかもしれない。だから、薩長と共に兵を挙げるという事には、藩内情勢からは中々突き進めない事情がこの時はあった。御両家であるからといって自分と考えが同じではない者に、心中を悟られる訳にはいかない。それは藩の転覆に繋がるからだ。

しかし、針尾、飯山、昇等の考えと行動は、少しずつ周囲に漏れ出し、反対党の者達から見れば藩を揺るがす「何やら怪しい企て」と映っていた。この時、昇等は知らなかったが、長崎奉行が放った幕府間諜は、既に大村藩剣術道場に紛れ込んでいた。この事を昇が知るのは、明治維新後に旧長崎奉行経験者と東京で酒を酌み交わした時に彼の口から明らかにされる。

重苦しい空気の中で探索は続いた。その中に白状する者があり、村部俊左衛門が捕らえられた。ある時、昇が獄舎を巡検していると、何やら大声で叱っている声がした。近づくと楠本であった。「何を怒っているのだ」と聞いたが楠本は答えない。そのまま、獄舎を出て行ってしまった。獄舎の番人に聞くと、在獄の士は村部俊左衛門で、楠本の妻の父であることが分かった。楠本にそのことを話すと、俊左衛門が家に帰りたいと泣き言を言うので「従容として刑場で処刑されるが良い。狼狽の醜を晒すな」と叱ったのだと言う。

村部の妹は浅田弥次右衛門の三妻で、子息喜久蔵の妻は今村松倫の妹であると言う。狭い城下の武家屋敷街というのは、嫁のやり取りを通じて、ある意味がんじがらめの所がある。そんな時、捕らえられた血盟派の屋敷から、荘新右衛門の書が出て来た。その内容は、藩の中には様々な考えの者たちがおり、事に当たって急激な世論の変化に惑わされることの無いようにというものであったが、取りようによっては急進的藩論に与せずともとれる。又、雄城直紀等の言を聞いたことが記されており、これが大いに疑われる事となったのである。

壮年の者達の中には、江頭に責任が及ばないのは、昇がこれを護っているからではないのかと訝《いぶか》しむ声が聞かれた。昇にしてみれば、荘新右衛門は練兵館の剣術の先輩であり、藩にあっても良き理解者、稲田と共に藩主の傍に在って、勤王方を支援した人物ではないか。それがこんなことに。更に父の江頭執政にも疑いの目が向けられようとしている。

昇は「罪を憎んでその人を憎まず。罪を犯すものがあれば、骨肉の親といえども顧みることはない。江頭執政とて同じことだ。どうして私情を挟むようなことがあろうか」と言ったが、荘新右衛門の加担が疑われると、藩庁では江戸詰めの新右衛門を国に返すよう指示した。

もし荘が帰藩すれば、人心が錯乱することが心配された。江頭達にも累が及ぶ事になるかもしれない。そこで密かに稲田に相談した。稲田も昇の考えに賛同し、何か策があるかと問うた。但し、そのことが若し勤王派の同志に分かってしまえば後でいろいろと物議を醸すであろう。稲田にせよ昇にせよ、荘はこれまで苦楽を共にしてきた同志の様なものだ。

針尾、飯山殺傷事件での犯人追及とはいえ、荘が事件に関与しているとは思えない。だが、血盟を結んだ一味の一人となれば、藩法に従って罰せざるを得ない。

稲田が、ともかく自分がこのことにあたろうと言ったので、荘の実父である執政江頭を屋敷に訪い、荘が血盟に加担している事実を告げた。江頭は、自分の子が深く藩の事を思っているのは良く知っている。だが、今この時、何を申し開きできようか、と言った。

昇はその心情に心を深く打たれ、「もし出来ますれば、荘に宛てた私の書を執政の書の中に紛れて届けていただくことは出来ましょうか」と言った。江頭も分かったと言うので、書を認めた。内容は、事件探索に中で荘が血盟に加担していることが分かった。潔く自刃するようにとのものであったが、外国に逃げるようにとも綴った。

その後、荘は国に帰ると称して藤澤の宿まで来た時、そこから密かに脱して横浜に往き、外国船に乗ろうとしたが、目指した船は既に出港した後であった。偶々、付き従った大村藩の書生が、荘がいなくなったので急いでこれを探そうとしたため、結局、外国船での逃亡を諦め水戸に逃れた。

その情報は様々な所から寄せられ、そこに踏み込んだ時自害して果てた。その日を、本経寺過去帳では慶応三年七月十七日とする。享年三十六歳。その間、探索方の中からは、江頭執政に対しても怪しむ声があった。遊撃隊の中にもそうしたことを言う者たちがあった。疑心暗鬼が藩内に広がりつつあった。

荘が自刃した報が大村に知らされたのは八月九日。若し捕まって大村に送られ取り調べられたとき、その累は、たとえ関係がなくとも父親である江頭執政に及ぶ事が十分に考えられた。その報を聞いて、江頭は胸をなでおろしたと自伝は記す。

一見、親も子もないような言い方だが、江戸時代武家社会の法に従えば、家禄没収と言うことは十分に考えられた。それが大村藩の執政ともなればなおさらの事である。そのことは荘新右衛門も十分心得ていたであろう。話を戻すと、藩では様々なことが起こった。あの人物が何やら怪しいと誰かが言うと、直ぐに捕まえてしまえという壮士たちが多くいた。

遊撃隊の皆は、彼らの動きを抑えることに苦慮せざるを得なかった。事件も徐々にではあるが解明されつつある。これからは探索方の者達の人心を鎮めることも必要だ。これを疎かにしては、薩長との同盟関係だけではなしに、藩自体が危うくなる。

そこで昇は楠本に、江頭の娘を針尾家の息子に嫁がせてはどうであろうと言うと、楠本もそれはいいと言うので、稲田に相談してみた。「この度の事件は、二つの派閥の闘争のようにして起こったことだが、正奸の論は既に決した。これ以上の混乱は抑える必要がある。これからは互いが笑い合える状態に一日も早くしたいものだ。言わば一幕の劇が幕を開け、今その幕が閉じようとしている。そこでだが江頭の娘を針尾の息子に嫁がせて、藩の安泰を図ると言うのはどうであろう」。

これに応えて稲田は「君が常に国の事を思う心は実に感心する」と褒めてくれたが、自分の心をここまで見抜き褒めてくれたのは生涯の中でもなかったことだ。楠本を訪ね、共に江頭の屋敷を訪った。

江頭は「二人の意思に任せる以外はあるまい」と言ってくれたので、針尾の屋敷に行った。「お二人がこうして来てくれたことに従わざるを得ない処ではあるが、この事に就いてだけは、頗る苦慮するところがある。察してくれぬか」と針尾は断りを入れた。何度か頼み込んだが、どうしてもだめだと言うので、江頭の屋敷に行って

大村（小鹿島）右衛門

小鹿島 果

そのことを告げ、共に酒を飲んだ。「国難未だ解決されず、自分を誹謗中傷する者達がなんと多い事か。こんなことを今誰かが聞いたら喜ぶであろうな」酒が回った勢いで半ば自嘲気味に昇が言うと、

江頭も笑って、「その通りだ。お主を誹謗するところは皆同じだ。以前、安田志津磨と長井兵庫が来て、藩庁では常に昇の意見ばかりを入れ、彼の言った事を一度たりとも行わなかったことはない。藩士達の多くが不満を抱いている。私にも、なぜ昇を排して藩内の多くの者達の望みを聞かないのかと言った。私も彼らの意見に賛同するところもあった。しかし、昇に会ってその意見を聞くと正々堂々として乗ずるところはなかった。ともかく会って話すことだ。そうすれば真意も分かるであろう。そう言った事があったな。安田たちは憮然としておったがな」。江頭に嫌疑を掛ける者もあったが、それを証明するものは何処にもなかった。

探索方はあらぬ混乱だけは避けたいと思いつつ、名前の挙がった者達には聞き取りを行った。その中には、医者で長崎の医学所で指導的立場にいる長与専斎、大村弥門、大村右衛門、加藤勇などの名も挙がっていた。大村右衛門（明治になって小鹿島《おがしま》右衛門《うえもん》と改称）は後にその息子である果《はたす》の元に、清の長女筆子（後の小鹿島筆子・石井筆子）が嫁ぐことになる大村藩の名門である。

名前は上がっているものの、それを証する証拠はない。こんなことばかりやっていては、人心は乱れるばかり。いろいろと言う者がいるが、想像の域を出ない話ばかりだ。昇は大村弥門の屋敷を訪ね、内訌に関して事情を聴いた。弥門は笑って一片の書を見せた。弥門を誹謗する書が裏門に貼られていたらしい。とるに足らないものであった。

帰って文館に入ろうとしたところで稲田に出くわした。「今から大村右衛門を訪ねようとしていたところだ。唯、一歩間違えれば、騒動になるやも知れぬ。君の兄弟だ。一緒に行ってくれぬか」そう昇が頼むと、稲田も分かったと言って付いて来てくれた。昇は単刀直入に切り出した「村島才吉という者が、内訌の事を貴殿に相談したと言っているのだがそれは誠であろうか」。

「否、何時だったか才吉が来て、文館に入学したいが保証人がいない事で困っていた。その後、渡辺と楠本がこれを許可したので入館することが出来た。そういう話だ」。

その他、いくつか問答したが何れも一笑に帰した。昇も、自分の高ぶっていた気が次第に治まっていくのを感じていた。これ以上の詮索は、もはや藩に害をもたらす。文館に帰って壮年諸士を招き入れて、二人と会って話したことを告げた。「諸君。二人の疑いは晴れた。巷の説に惑わされず、唯、勤王一途の精神に立ち戻り共に進もうではないか」。皆も大いに悟る所があったようで、席を後にした。

昇は各隊の主だったものを集め、大村泰次郎は自刃したが、彼にはまだ子がない。泰次郎の家は、我が藩の最も大切な家柄である。ここは泰次郎の後を継ぐ人物を選び、藩庁にこれを請うてみてはどうだろう言うと、皆もそれが良かろうとなった。

そこで誰が良かろうかと相談すると、大村右近が良いのではないかと皆が同意した。この意見を藩庁に建議したところ、藩庁でもその意見を許し嗣となすこととなった。

自伝は次の様に記す。

「丁卯ノ変、前後の画策、是に於て始めて其の終結を告げたり」

対馬藩の内訌、福岡藩の転覆と、大村藩を始めとして九州の諸大名は我が事としてこれを見て来た。西欧列強の前に、遠く江戸にある幕府はなすすべを知らず、明確な姿勢を示さず、唯その場しのぎをしているようにしか見えなかった。時代は、天領長崎と九州の西海岸の諸藩を中心に軋み声を上げていた。

第八章　大村藩　兵を京へ

三十七士同盟

五月に入り、京都から和田藤之助が帰って来た。京では町の人々が何か只ならぬ気配を感じている様子。近いうちに大変動が起こるかもしれない。そんな緊迫した雰囲気であると伝えた。

藩でも、薩摩藩との約束の事もあり、ここで一機に緊張が高まった。まだ騒動が完全に収まっているとは言えない。しかし事態は切迫している。藩庁では新精隊を京に上らせることを決め、清を呼び出した。清もその時が来たことを大いに悟り、直ぐに出発の準備に取り掛かった。清が新精隊の十五名を率いて大村を出発するにあたり、純熈は親しく清を召し出し、京に入れば薩摩藩と結び、事を進めるよう命じた。

清は感極まり「もし、事成れば君の手柄、もし事が破れて成らねば、我が首を京都四条河原に晒させ、兵士は離散させ、些かたりとも藩に迷惑のかからぬよう致しまする。これで生き別れとなるやも知れませせぬ」と悲壮な覚悟を示した。昇は大村から舟で対岸の長与堂崎まで兄を見送った。

舟に揺られているあいだ兄弟は一言も発せず、清は瑠璃碧《るりみどり》に輝く海の色と大村湾の景色を胸に焼き付けた。

昇が子供の頃に祖父に連れられて大村湾の対岸にある琴海村に行った時の事を思い浮かべていた。あの時もこんな小さな小舟であった。長崎にも何度この小舟で渡った事か。だが今度の舟行は些か趣きが違う。そのことが二人の胸を重くしていた。小舟は滑るように大村湾を横切り、堂崎の浜に着いた。

清が口を開いた。「例えここで別れた後、何があったとしても決して後ろを振り向いてはならぬぞ。良いな。私も覚悟は出来ているつもりだ。これはお国の為にすることだ。お前も覚悟して掛れ」。

「それは良く分かっているつもりだ。これまでやって来たことに何ら悔いるものはない。兄者も振り向くことなかれ」、昇も声を振り絞って答えた。

「お前は兎も角も大村を離れてはならぬ。事件はまだ終わった訳ではない。事件を解決し、藩の人心を落ち着かせる事が何より肝心だ。悲嘆相交るものがあり、二人は大杯を傾けて別れた。

清は長崎に行き大村藩蔵屋敷に入った。そこで新精隊の者達と共に船を待った。

新精隊は維新を前に新たに編成した部隊で、武家の次男・三男で構成されていた。平時であれば、家でくすぶっている若者達である。藩の存亡を前に、彼らは大村藩兵として招集された。大村騒動で藩内から集まった千人の武士たちは、その中から血気盛んな若者が選ばれ、戦いの最前線に送られて行った。

六月九日、新精隊十五名は坂本龍馬と同じく土佐藩の蒸気船夕顔丸に乗じ長崎を発した。

この後、船は馬関に着き、清が白石正一郎を訪ねたことが『白石正一郎日記』に記されている。

夕顔丸に乗船するに際し、先に昇は長崎で坂本に会い、事情を話して乗船させてもらうこととしたのである。

夕顔丸といえば、坂本龍馬が慶応三年に長崎から京を目指して乗船し、その時、新国家体制の基本方針を起草したとされる「船中八策」を書き上げた事が多くの小説に出てくる。今日の研究ではそのようなことは無かったと否定されているが、その夕顔丸に清たちは乗っていたのである。夕顔丸が大坂に着いたのは六月十二日と臺山公事蹟は記す。もし昇が載っていたら、その時の様子ももっと書かれたであろう。

坂本は長崎に在る時、昇と連絡を取っていたことがこの一事から読み取れる。その後、坂本は京で襲撃者の剣で斃れる直前、昇に新選組による暗殺の危険が迫っていることを伝えた。

さて、大村騒動で罰せられた者達は合わせて三十名を超える。これに家族を含めた縁座者も加えれば六十名近い。いずれも藩の要職、或いは家格の高い家柄の者達ばかりであった。

その者たちの名と年齢、処刑の方法、それまでの家禄等について、とられた処置を次に記す。

〔内訌の断罪者〕

1　雄城直紀　二十六歳、三月二十八日獄死、のち梟首、松林飯山暗殺、知行百石。妹は浅田弥次右衛門の後妻。

2　大村邦三郎　二十九歳、三月二十日切腹、知行八四六石　御両家の当主

3　大村泰次郎　二十一歳、三月二十日切腹、御両家当主大村五郎兵衛知行千四十石　養子

4　今道晋九郎　二十四歳、五月九日斬首

5　末松辨次郎　年齢未詳、五月九日斬首

6　冨永弥五八　年齢未詳、五月九日獄門、知行八十三石

7　深澤司書　二十九歳、五月九日斬首、知行三十石

8　深澤繁太郎　年齢未詳、五月九日斬首、一族深澤幸貞の娘は今村松倫の妻、一族中橋幸泰の後妻は村田鉄斎の妹、三妻は浅田弥次右衛門の妹

9　本田外衛　年齢未詳、五月九日斬首、知行百石

10　浅田千代治　三十八歳、五月十日獄門または斬首、浅田弥次右衛門の弟

11　浅田重太郎　二十七歳、五月十日獄門または斬首、浅田弥次右衛門の嫡子

12　一瀬衛守　四十三歳、五月十日獄門または斬首、知行二十六石

13　稲吉正道　年齢未詳、五月九日獄門（梟首）とも、知行八十石、侍医、今村松倫の従兄

14　今道琢磨　年齢未詳、五月十日没、永牢士道召放、知行五十石、姉は安田志津摩の妻

15　今村松倫　四十七歳、五月十日没、但し五月九日梟首とも、知行二十石、妻は浅田弥次右衛門の妹

16　隈　可也　二十九歳、五月十日没、但し五月九日斬首とも、知行三百石

17　隈　央　二十六歳、五月十日斬首、可也の弟、針尾九左衛門襲撃犯

18　鈴田左門　年齢未詳、五月十日永牢士道召放、知行七十一石、妹は一瀬衛守の妻

19　筒井五郎治　二十四歳、五月十日斬首、但し五月九日梟首、引き回しの上獄門ともある、渡辺昇暗殺未遂犯

20　永島唯助　三十一歳、五月十日、引廻しの上獄門、知行十石、渡辺昇暗殺未遂犯

21　中村弥源太　三十二歳、五月十日没、五月九日梟首とも、知行三十石、後妻は本田外衛の妹

22　松添唯助　年齢未詳、五月十日斬首、その他未詳

23　村部俊左衛門　五十九歳、五月九日斬首ともまた獄門とも、知行七十五石、妹は浅田弥次右衛門の三妻、娘は楠本正隆の妻、子息喜久蔵の妻は今村松倫の妹

24　安田達二郎　三十一歳、五月十日没、五月九日斬首とも、安田志津磨の子

25　安田志津磨　六十四歳、五月十日没、五月九日斬首とも、知行四十石、新陰流剣術師範

26　山川応助　二十四歳、五月十日没、斬首、渡辺昇暗殺未遂犯

27　山川丈兵衛　五十一歳、五月十日斬首また縊死とも、知行二十五石、妻は浅田弥治右衛門の妹

28　山川丈兵衛二男某　年齢未詳、五月十日永牢、士道召放

29　長井兵庫　四十歳、五月十七日引廻しの上獄門、知行五十石、治振軒取立役、松林飯山殺害、針尾九左衛門殺傷の指揮をしたとされる。

30　福田清太郎　二十一歳、五月十九日切腹、針尾九左衛門襲撃犯の一人
31　村田徹斎　四十九歳、五月二十七日服毒自殺、知行三十石、蘭方医
32　荘新右衛門　三十六歳、五月二十三日自害、知行六十石、父は家老江頭官太夫、兄江頭隼之助も家老

〔この事件に縁座した者〕
1　浅田弥次右衛門　配流、蟄居、知行二百十二石没収、改めて十五石、嫡子重太郎、弟千代治の獄門、斬首によるものか
2　大村五郎兵衛　知行一千四十石の内二百石没収、隠居
3　雄城五郎右衛門　嫡子直紀の件により知行没収、十五石とする、蟄居
4　隈　外記　知行三百石没収、新たに二十五石、蟄居
5　筒井準太郎　弟五郎治の件により知行百十六石没収、新たに二十五石
6　村部俊左衛門の悴及び家族　悴は遠島、家族は城下御構

（外山幹夫『もう一つの維新史』一九九三　新潮社より）

＊尚、荘新右衛門は、荘家では記録から七月十七日自害としている。

いずれも大村藩では高禄を頂く家柄、その中で浅田弥次右衛門に係わりの在るものは、
松林飯山暗殺犯の雄城直紀の妹は浅田弥次右衛門の後妻。
深澤繁太郎の三妻は浅田弥次右衛門の妹
浅田千代治は浅田弥次右衛門の弟
浅田重太郎は浅田弥次右衛門の嫡子

稲吉正道は今村松倫の従兄
今村松倫の妻は浅田弥次右衛門の妹
村部俊左衛門の妹は浅田弥次右衛門の三妻、娘は楠本正隆の妻、子息喜久蔵の妻は今村松倫の妹
山川丈兵衛の妻は浅田弥治右衛門の妹

当時の武家社会を考えれば、失脚させられた浅田弥次右衛門とそれに繋がる人々が不満を持つのは当然であろう。その失脚が、この事件に暗い影を落としている。処刑された人物の出自、その妻の出自を見れば、浅田弥次右衛門に関わる人々のなんと多い事か。その中心で動いたのが雄城直紀、稲吉正道、山川丈兵衛、村部俊左衛門たちで、婚姻を通じて浅田弥次右衛門との関係が深い。

藩内にくすぶる不満を掬い取るかのように御両家取り込みに成功し、血盟団結成に繋がって正月三日の事件を引き起こした。血盟に参加した御両家は、暗殺事件に関して具体的には関わっておらず、事件発生に驚いたと言うのが真相であろう。しかし血盟を行った以上、罪を免れることは出来ない。

この他、雄城直樹、長井兵庫は藩の剣術指南として知られるが、昇が藩校の治振軒剣術取立に抜擢されたことは、彼らから見れば昇が藩の勤王方で暗躍し、更には藩主に気に入られていることが恨みに繋がったのではなかったのだろうか。

血盟派に参加した人々も様々な立場の者達であるが、浅田弥治右衛門に繋がる「恨みを持った人々」が、御両家を巻き込み、藩政に疑念と恨みを持つ様々な人々を仲間に引き込んだ時、この事件は起きた。

浅田家は、キリシタン大名大村純忠を支えた武士団の朝長一族が、江戸期に入って本家が浅田性を名乗るようになったことを始めとして、姻戚関係を通じて藩主家とのつながりが最も深い家柄である。

その本家は城代の浅田大学で、嫡子が同盟側の浅田千葉之介である。浅田を名乗る家も「血盟派」と「同盟派」

の二つに分かれている。しかし浅田弥次右衛門に連なる者たちの不満が、藩政に対する別の不満と合わさった時、このような悲劇が惹き起こされたのだ。決して思想的ではないところに、事件の特殊性と悲劇が隠されている。

一方、三十七士同盟に名を連ねる者も高禄の者達ばかり、それが城を取り囲む武家屋敷街の中に住み、それも僅か二万七千石の小藩の狭い武家屋敷街での出来事だったのである。

三十七士同盟と言われる者も、大村騒動終結時に於いてもまだ三十七名ではない。関与が疑われた加藤勇が同盟者に名を連ねるのはこの年も暮れの事であるが、三十七士同盟の顔触れは以下のとおりである。

〔三十七士同盟〕

1　浅田千葉之介　大正元年没、城代浅田大学の嫡子、四百十三石、妻は藩主純熙の妹。
2　針尾九左衛門　四十四歳、家老、四百六石、三十七士同盟盟主。
3　原三嘉喜　二十八歳、三百五石、近習伽番、妻は浅田大学の女。
4　稲田東馬　三十四歳、二百五十石、側用人、家老。
5　大村太左衛門　四十六歳、百九十六石、家老、妹は渡辺兄弟の叔父北野道春の妻。
6　松田要三郎　三十四歳、百五十九石。
7　山川宗右衛門　三十七歳、百五十六石、大目付。
8　大村勘十郎のち右近　明治四一年没、百五十三石、用人、大村五郎兵衛養嗣子、格外家老。
9　福田弘人　四十歳、百三十三石、郡奉行。
10　土屋善右衛門　四十二歳、百十石、脇備者頭。
11　野澤衛門　明治四十三年没、百一石、近習番頭。
12　根岸主馬　四十歳、百石、勘定奉行。

13 加藤　勇　明治三十八年没、八十石、監察兼侍講。
14 中村平八　四十一歳、八十石。
15 澤井六郎太夫　三十九歳、六十一石。
16 小佐々健三郎　明治三十二年没、二十騎馬副。
17 松林廉之助　二十九歳、五教館祭主。
18 楠本正隆　三十歳、六十石、二十騎馬副。
19 梅沢武平　二十九歳、六十石、二十騎馬副。渡辺兄弟とは従兄。
20 中尾静摩　四十六歳、五十石、作事奉行。
21 常井邦衛（父誠一郎とするものあり）三十六歳。
22 戸田圭二郎　二十九歳、四十六石、中小姓。
23 渡辺清左衛門（明治になって清・本文では清で統一）三十三歳、四十石、硝石方並精錬方用掛。
24 渡辺　昇　三十歳、四十石、治振軒剣術取立役。
25 長岡治三郎　二十九歳、四十石、五教館頭取。
26 長岡新次郎　三十四歳、四十石、出納役。
27 十九《つづ》定衛　明治二十五年没、四十石、先手士鉄砲組支配。
28 山川清助　明治十七年没、三十三石、側詰。
29 村山与右衛門　明治十四年没、三十石、異変方。
30 朝長熊平　明治三年没、三十石。
31 柴江運八郎　三十四歳、三十石。
32 藤田小八郎　明治二十三年没、三十石。

33　久松源五郎　明治二十七年没、二十五石。

34　北野道春　四十六歳、二十石、医師、渡辺兄弟の叔父、後妻は大村太左衛門の妹。

35　濱田彌兵衛　四十二歳、十三石、中小姓祐筆。

36　中村鉄弥　年齢不詳、知行高未詳、渡辺らと同程度か。

37　根岸陳平　四十歳、知行高未詳、渡辺らと同程度か。

（外山幹夫『もう一つの維新史』より）

石高からすれば、御両家の大村邦三郎、大村泰次郎を除けば、殆ど変わりはない。いずれも城下の上級武士団と言って良いだろう。

彼らはいずれも狭い武家屋敷の中で入り乱れるように暮らしており、大村騒動血盟の士たちには重い処罰と共に、屋敷は没収され、家禄を大幅に削られて地方に移された。

三十七士の碑

疑われた荘新右衛門

血盟党に加担したことが疑われた荘新右衛門の事が、その息子である荘清次郎の残した事蹟『落葉集』に詳しく記されている。（『落葉集』荘清次郎　大正十五年　私家版）

荘新右衛門は家老職などを務める江頭官太夫の次男に生まれ、荘家の養子となった。十八歳で父に従って江戸へ上り、斎藤弥九郎の練兵館に入門した。そこでめきめきと腕を上げ、塾頭を務めるまでになった。その後の塾頭があの桂小五郎である。新右衛門は昇からすれば大先輩なのである。

新右衛門は二十一歳の時、桂に塾頭の座を譲り、諸国武者修行の旅に出た。訪れたのは、館林藩、古河藩、土浦藩、水戸藩、笠間藩、宇都宮藩、奥州白川藩、会津藩、仙台藩、弘前藩、山形藩、庄内藩、信州上田藩等など二十四藩に及んだ。

大村藩が神道無念流を採用し、その息子歓之助を大村に招聘したのは、誰あろう新右衛門の功績である。後年、渡辺昇が「言路洞通」を藩に建議した時、藩庁に在ってこれを通すのに尽力したのが新右衛門であった。

大村騒動の一件では、同盟派とは一定の距離を置き、藩主純熈の意を汲んで革新派ではあるが穏健的な立場であった。しかし血盟派の人々との書簡が公にされるに及び、嫌疑を受けたのである。これに衝撃を受けたのは執政である兄の江頭隼之助であった。この時代、弟が疑われればその兄も疑われる。藩を揺るがす暗殺事件であれば猶更のことだ。

昇は、江頭執政に頼み、早く藩庁に出頭するようにとの江頭の手紙の中に昇の手紙を入れ、潔く切腹するか外国に逃れるかどちらかにせよと伝えた。予てより、新右衛門が海外事情視察に深い関心を持っていたことを知っての事であった。新右衛門は帰国の途中、家来を見物に行かせたのち出奔し、密かに横浜に向かったが、目指した外国船は既に出港した後であった。

家来並びに兄隼之助に宛てた手紙が残され、息子の清次郎はその手紙の内容を『落葉集』に所収した。

正月三日の暗殺事件の後、自分の考えを書いた手紙が血盟党の者の屋敷から発見され、それが元で自分に嫌疑が掛けられたことを知った。元より、暗殺が行われることは全く知らないことであるし、血盟して同志になった覚えもない。偶々、長井兵庫等の言を聞いたと言う、微々たる嫌疑であったが、自分の書いた手紙が、血盟党の者の屋敷から押収されたことで、更に嫌疑は深いものとなった。あるいは血盟党の者が、荘新右衛門も仲間であるとでも言ったのであろうか。

だが、国元では事態が抜き差しならぬところまで来ていた。兄隼之助や昇の手紙がそのことを物語っている。一方、家来たちは新右衛門の出奔を知り、泣く泣く江戸に戻って、藩庁にその旨を報告した。新右衛門は仕方なく江戸にもどり、代々木の斎藤篤信斎（練兵館初代斎藤弥九郎）の別業に身を寄せた。篤信斎は事情を知って新右衛門を屋敷に匿い、屋根裏に潜ませ食事も自ら運んでいたという。

暫くして、大村藩の者達が屋敷に訪ねて来た。大村藩では、藩の子弟の稽古を委託していた関係で篤信斎に米二〇〇俵を給していた。この者達には知らぬと言ってはみたが、篤信斎は家族の中にも匿うことに反対する者がおり苦心していた。その内応は長男新太郎（練兵館二代斎藤弥九郎）によってなされ、大村藩邸に通報が行ったようであった。そのため、篤信斎は新右衛門を江戸に置いておけば却って危険が迫ると考え、夜陰に紛れて密かに常陸龍ケ崎の門弟の千葉氏の元に手紙を携えて逃した。

大村藩では、これを幕府に願い出て関八州の役人に詮議を依頼した。篤信斎は再び危険が迫っている事を知り、さらに逃そうと末子新太郎を龍ケ崎に急行させた。龍ケ崎に着くと、既に大村藩の者達が屋敷に来ており、新右衛門の引き渡しを巡って千葉氏と押し問答になっていた。

その問答を襖越しに聞いていた新右衛門であったが、その藩士の中に甥の朝長熾之助もいた。親戚の者までが探しに来たということは、もはや抜き差しならぬところまで来ている。事ここに至れば、屈辱を忍んで命を長らえるより、清く自決すべきと悟り、庭に降り築山の後ろに廻って端座し、切腹して果てた。時に慶応三年七月十七日の事と記す。その遺髪は大村にもたらされ、昇が密かに執政江頭に届けたと言う。

断絶の憂き目にあった妻や子供たちは、その後大変苦労したが、文久二年に生まれた息子清次郎は大変優秀で、東京帝国大学、エール大学を卒業した。

三菱の創始者岩崎弥太郎の長男である久弥の家庭教師を務め、久弥は米国に留学を果たす。清次郎も同じく米国留学した。父新右衛門が切望していた外国遊学が、奇しくも息子清次郎によって果たされたのだ。帰国後清次郎は三菱に勤める事となった。製紙事業を主に担当し、三菱製紙創業に尽力。三菱合資会社専務理事・監事を歴任した。久弥は帰国後間もなくして、弥太郎、叔父弥之助の後を継いで三菱合資会社の社長となった。

その清次郎が、明治二十二年に結婚した時、旧藩主純熈を始め主だった旧藩士を招待しての席上、渡辺清が立って、祖父江頭官太夫が国事に尽くしたことを縷々話した。「江頭官太夫君は覇気英邁の士にして、思慮深く且つ果断の士であって、実に大村藩勤王の基礎をつくられたる人である。自分（清）が出藩せしめられて、今日あるは全く官太夫君の御蔭であると言わねばならぬ」と挨拶し、さらに続けて「新右衛門君が江戸に修行に出でしめられたる時、祖父官太夫君は金五両を紙に包みこれを封印して先考に渡し、万一の場合の用意にせよと与えられたのであるが、先考は後日修業終りて帰国せられたる節、その五両の金子を封のまま祖父官太夫君に返されたのである」と。

また、新右衛門の自害を知って練兵館で弟弟子である木戸孝允は、一首を寄せた。

思わざる　風にさそわれ　行旅の
　まよわずやとれ　蓮の蕾に

この歌は、新右衛門の遺髪と共に壺に入れて埋葬したが、明治三十年、法事供養の為大村に帰った時、石碑を建てて改葬した際、その壺を開けたところ、歌を記した短冊はそのままの形をしていた。ところが、空気に触れたせいであろうか、見る見るうちに煙のように消え失せてしまったという。

さて、清次郎の息子は清彦と言い、東京帝大経済学部を卒業して三菱合資会社に入り、三菱造船に配属。昭和七年に三菱商事に転じた。三五年社長となり、四一年会長に退いた。また三菱重工業、ホテル・ニューオータニなどの取締役も兼任した。その姿を写真で拝見したことがある。

大村市にある日蓮宗本経寺のご住職佐古亮尊師から見せて頂いたのだが、真ん中に背が高く大柄の荘清彦氏、その脇に日本精工社長の今里広記氏（長崎県波佐見町出身）、佐古亮尊師の三人。当時、荘氏は三菱商事会長、今里氏は日本経済界の各種団体の理事を務め、経済界の潤滑油と評されていた。

大村出身の者で、日本経済界で最も成功したのが荘清彦氏だと言われている。その清彦氏は昭和四十二年に亡くなったので、あの写真は三十年代後半の撮影であったろうか。

大村騒動が残したもの

大村騒動「丁卯之内訌」が、関係した者達の重い処分で幕を下ろした。この騒動が大村藩に残したものとは何だったか。明治三十年の『史談会』で昇は次のように語っている。（明治三十年『史談会速記録』）

「ともかく、丁卯の内乱がなければ俗論や反対党を苅除《がいじょ》することができず、また反対党があれば戊辰以前に兵を京師（京都）に出すということも出来なかったと思います」

幕末期、国内の諸藩では多かれ少なかれ意見の対立は存在した。藩とは小国家であり、今でいう地方自治体ではない。強大な力を有する徳川幕府と、その支配下の大小様々な藩。時代と共に幕府の締め付けも弱まり、代わって西欧列強の脅威が増す中、各藩共に時代の趨勢に関して高い関心を示していた。

それを勤王、佐幕で対立的に分けるのは間違いとは言わないが、時代が抱え持っているものとはそれほど単純ではない。

長州藩、福岡藩、薩摩藩、対馬藩、大村藩等の西南諸藩が少し違ったのは、主に西からやって来る西欧列強の脅威に敏感にならざるを得なかったことであろう。

いずれも長崎に蔵屋敷を置き、西欧列強の動きに敏感であった。

長崎警護を通じて諸外国との接点が多い佐賀藩にしても、時代の趨勢の中で軍備増強、子弟教育を通じて国力の増強を図っていた。この事が、西南諸藩と関東を中心とする東日本の諸藩との、時代に対する温度差となっていたのは間違いではないだろう。藩の中に様々な意見があることくらいは、昇も気にはなっていたであろうが、まさか暗殺が行われるとは思いもかけなかったことであろう。

犯人探索の過程で、藩内に抜き差しならぬ衝撃と疑心暗鬼が渦巻いた。探索のため、広い藩内から藩士千名が城下に集まり、藩校五教館がその合宿所となった時、これが戊辰戦争に続く大村藩兵の主体となって行く。疑心暗鬼は藩内を揺るがした。血盟党ではなくとも、藩政に一抹の不安を抱く者達も多かったであろう。その者達にまで、疑心暗鬼の暗い影が落とされていた。

このままにしておけば、藩の人心は大きく揺らいでしまう。藩主純熙、最側近稲田にしてみても、何より早い犯人探索と、その終息を図ることが必要だった。それは、昇も同盟者の者達も同じような思いであったろう。

大村弥門、大村右衛門にも疑いの目が向けられたが、会って話すことによってその疑いは晴れて行った。これ以上の詮索は無用。そう思った時、この事件は多数の者達の処刑によって終結を見、大村藩としての結束に変わって行った。

大村藩兵　京で立ち往生

京に出兵した大村藩ではあったが、この時、長州藩は幕軍を退けたとはいっても、包囲が解けた訳ではなく領地内に閉じ込められた状態が続いていた。さて大村藩兵達。大久保から「時至れり」の報があったため、僅かながらでも急いで京に出兵しては見たものの、戦いが起きる様子はなかった。大村藩兵の営舎は薩摩藩の下陣、上京区の今川道正庵に置いた。表向きは薩藩の藩士としてである。兵の数も徐々に増やしてはいたものの、次第に、大村藩が兵を京に出しているという噂が広がって行った。

やがてその噂は、新選組の耳にするところとなった。小藩であるがゆえに、そうした噂が立つのは何としても避けたかったが、西郷に動く気配はない。大村藩士達は、京の町を出歩くわけにもいかず、なんとも気まずい雰囲気であった。

天下の形勢も、徳川慶喜の働きによって幕府の支配力が蘇り、同時に我が藩の事を怪しむ動きも出て来た。道正庵の大村藩兵が薩摩と事を謀ろうとしているのではないかと。そうした状況は地元の大村藩にも伝わって来た。大村騒動の処断からまだ日は経っていない。

藩内も表向きは沈静化しているかのように見えるが、いつ何時、再び不満が噴き出すかも知れぬ。特に幕府から睨まれるのはまずい。純熙もこれは危ないと見たのであろう。昇を京に上らせ、幕府の嫌疑を避ける道がないか画せと命じた。京に着くと、直ぐに兄清に会った。

「藩主純熙公も大村藩に嫌疑が掛っていることを大変心配しておられる。門には薩州下陣の表札が掲げられてはいるが、中にいる者が大村藩兵であることは、世評既に明らかである。これを散し、幕府の嫌疑を避けなければ純熙公に嫌疑が掛ってしまう。ここは隊を二つに分けて一隊を自分に預け、大村藩兵が京都を去ることを世間に分からせるよう仕向け、また兄者は残りの兵を薩摩藩邸に入れ、然る後、事が起これば大村藩兵として動けばどうか。薩摩の大久保に自分が懸け合おう」。

清はそれを良しとせず、兄弟の間で大激論となった。激論の最中、不覚にも兄に悪し様な言葉を投げた。兄は怒り、その怒りを止めることが出来ず、刀の柄に手をかけた。「刀に斃れるのは、常に自分の期するところである。今、兄の手にかかって死ぬことは幸いである」。さあ、切れとばかりに昇は着物の襟を開いた。偶々同席していた和田勇馬が清を制し、その場は何とか治まった。兄がこれほど激高した姿を見たのは初めての事であった。宿に帰り、直ぐに寝た。だが興奮は冷めない。

その未明、門を叩く者があった。何事かと思って出ると、兄からの手紙が届けられた。直ぐに支度をして兄の元に行くと、床の間に「嗚呼忠臣楠子之墓」一幅の書軸が掛けられ、兄がその前に座していた。「この書に大いに感ずることがある。昨夜は一睡もすることが出来なかった。前途の事を思えば、昨夜の自分の言葉には非がある。お前の言う事が正しい。意見に従おう」と。

昇も、言い過ぎたことを謝し、兄が分かってくれたことを喜んだ。

陣を出て西郷の元へ行き、事を起こすのが遅いと詰め寄った。西郷は、今はその時ではない。機未だ至らずと全くうて合おうとしない。それでも昇は、このままでは大村藩が疑われ矢面に立たされると食い下がった。

西郷は、「渡辺君、君の説は我が薩藩に長州藩の覆轍を踏ましめるものだ」と言った。長州藩の覆轍とは、蛤御門の変で長州藩が朝敵の汚名を着せられたことを指している。戦いには大義名分が必要なのだ。大義は天皇の為。各藩はその大義がいずれにあるかに耳を澄ませ、目を細めて静かに見ている。とは言え、このままではどうにもならない。

大久保一蔵を訪ねて藩状を伝え、道正庵の大村藩兵を分けて、その一隊を薩摩藩邸に入れることを求めた。

大久保は大村藩の切羽詰まった事情を理解し、藩邸に行ってそのことを吉井幸輔に議した。翌日、書を寄せて、吉井の了解が取れたことが報告された。

坂本龍馬の忠告

再び大久保を訪れ、前途の事を相談した。丁度その時、坂本龍馬、石川清之介が大久保の屋敷を訪ねていた。石川清之助とは中岡慎太郎が普段に使っていた偽名で、一般的には石川清之介の名で通っている。座敷に通されると、坂本が昇に、君は直ぐに大村に帰った方が良いぞと気色ばんで言った。訳を聞くと、近頃密告する者があって、幕府が新選組隊長近藤勇に君の暗殺命令を出していると聞く。

確かにそういう事もあろうが、では君たちはどうなのだ、と昇は聞き返した。

坂本は「実は、永井玄蕃から怪しまれていたのだが、近頃では却って信頼されるようになったのだ」心配するには及ばない」と言った。その経緯は自伝には記されてはいないが、永井玄蕃と言えば坂本龍馬暗殺の指示を出した人物として様々な方面から名が上がる人物である。共に酒を酌み交わし、日暮れになったので屋敷を辞した。その帰途、途上に人がいた。黒衣黒袴、言わずと知れた新選組である。

自伝では「黒衣黒袴」と書き、新選組の衣装としている。映画やテレビでよく見かける「鋸歯紋《きょしもん》」ではない。言わずと知れたと書くからには、当時は皆、新選組の仕事着としての衣装は「黒衣黒袴」であると知っていた。切り合いになれば、必ず血を帯びる。だから黒衣黒袴というのが正しかろう。

気を配りながら歩を速めてみたものの、やはり二人組は自分の後をつけてくる。酒を飲み過ぎたのがまずかった。さてと考えた昇は、通りにある袴屋に立ち寄り奥で水を所望した。二人は店先に立ち、主人を呼んで、今この家に入ったものはここに住んでいる者かと問うている。「否、そうではございません。偶々御用で入ってこられたのです」。店の主人がそう話しているのを聞いて心を落ち着かせ、刀の鯉口を切って今一度感触を確かめ、その店を出た。

店先にいた二人は黙って道を開け、振り返ると、またつけてくる。人通りの在る所で、彼等とても刀は抜けまい。北野天満宮の前までくると、空が暮れて来た。振り返ると二人は猶も後をつけてくる。昇は心密かに神に祈った。どうか自分の忠誠心を擁護し、自分の身に何事もなきよう。神社の裏門近くで、人がいないところに来たので、ここで待ち伏せて撃退しようと構えた。練兵館で塾頭を務めた昇ですら、命のやり取りともなれば緊張するのだ。ところが彼らは現れなかった。それで近くの酒楼に上り、人をやって和田勇馬を招いた。

共に酒を飲み、事の次第を語った。酒が回ったところで和田が言った。今、清は薩摩の者達と共に島原の街にいる。言わずと知れた京の花街である。そこに行って驚かしてやろうではないかと。「それもまた一興だ」。二人は直ぐに酒楼を降り、花街島原に向かった。

二人になったので少し安心した昇であったが、既に日も落ち、辺りは闇に包まれている。提灯の明かりを頼りに二条城のお堀端を歩いていると、先ほどの二人組が現れた。突如、後ろから呼ぶ声がする。「渡辺！来たれ」と。振り向くと、彼らは剣を抜いて迫って来た。

已むなし。考える間もなく、剣を振るった。僅かに切っ先に感触が残った。暗闇の中でもあり、それが何者であるかは分からなかった。一人は、逃げて行ったようだ。和田は驚いて膝ががくがくしていた。

自伝ではこのように書いているが、この件は、菊池寛、本山荻舟共著『日本剣客伝』（昭和二年　文芸春秋社）、池波正太郎の『近藤勇白書』（昭和四十八年　角川書店）では「切った」となる。実際切らなければ、渡辺昇の命はなかったであろう。自伝ではさすがに具体的に切ったとは書けなかったものとみえる。直ぐに現場を離れ、島原遊郭に行って兄に事の次第を話した。清も驚き、直ぐに京を去るように昇に勧めた。

そこで、近日中に大村藩兵が帰国すると世間に分かるように方々に知らせ、特に送別の宴を島原の山城楼で開いた。ここは新選組が常連にしている処で、新選組にそれと分かるようにどんちゃん騒ぎをしたと書いている。

酒楼での大村藩士達の騒ぐ情景は、池波正太郎を始めとする小説家の作品に度々登場する。

　翌日、大村の兵は道正庵を出て伏見に向かった。ここから淀川を舟で大坂に下るのだが、京に留める者たちはあらかじめ決めておいた通り、暫時、少しずつ抜けて薩摩の藩邸に入り、衣帯を変じて薩人と同じ服装に擬し、そこで事の発するのを待った。これを統括したのが兄の清である。

　こうした訳があって、清（清左衛門）の事を、後世になってからも薩摩藩士と思った者達も多かった。後に坂本龍馬と中岡慎太郎が襲われたことが薩摩屋敷に報ぜられると、薩摩屋敷から薩摩藩士と共に清は駆け付け、その時の状況を明治三十年、史談会の席で話しているのはこうした経緯がある。（『史談会速記録』）

近藤勇の友情

　昇らが大坂の大村藩蔵屋敷に到着すると、間もなく京にいる和田勇馬から書が届けられた。昇が京を発った後、新選組隊長近藤勇が宿舎に訪ねて来たと言うのだ。それに和田が応接した。

　和田が宿舎の二階にいた時、下宿先の者が下から和田を呼ぶ声がした。誰かが訪ねて来たらしい。階段の上から覗くと編み笠姿の一人の武士が玄関口に立っていた。

　大村藩の渡辺さんがここにいると聞いてやってきたのだがと言うので、和田は渡辺が既に帰ったと答えた。武士は編み笠をとり、自分は新選組の近藤勇だと名乗った。二階から顔を覗かせていた和田は、一瞬たじろいだ。昨日の今日だ。まだ新選組に襲われたあの時の緊張は忘れていない。それもまさか新選組の隊長近藤勇が。和田は生きた心地がしなかった。

　だが近藤からは不思議と殺気は伝わってこず、近藤も和田の気持ちを察したのであろう。静かにこう言った。

「渡辺さんの事を良く知っている者だ。七、八年前のことになろうか。江戸で剣術道場を開いていた時、渡辺さ

後藤象二郎

んには随分と教えを蒙った。自分の恩人だと今でも思っている。京に渡辺さんがいると聞いて、会うことが出来ればと思ってここに来たのだが、そうか帰ったか。帰ったとあれば如何とも仕方がない。しかしそれは良かった。渡辺さんに会うことがあったら伝えてほしい。良くこの京師から去ってくれたと」。

一見、訳の分からないその言葉も、和田は近藤が渡辺を逃すためにやって来たことを感じ取った。勇が自分を脱走させようとの情は、恐らく虚偽ではあるまい。後にこの事を知った昇は勇の心根を有難く思った。

この一節は、池波正太郎の『近藤勇白書』（角川文庫）では次の様に書かれている。

◇

渡辺は、たちまち旅支度をととのえ、鳥が立つように隠れ家を飛び出していった。それを見送った和田佑《ママ》（勇）馬が、二階へ戻って、またも夕飯の食べなおしをはじめたとき、階下の小間物問屋の主人が来客を告げた。

「土佐の後藤象二郎様のお使いやそうで」と、いう。

「一人か?」

「一人きりでございます」

「よし」

思い切って、和田が大刀の鯉口を切って階段から下をのぞいて見ると、店先に編み笠をかぶった立派な武士が一人で立っている。（笠をとらん。おかしい）

和田が尚も、注視していると、編み笠の武士は早くもその気配を感じたらしく、階段口を見て、

「渡辺さんはご在宅か?」と、声をかけて来た。

「渡辺は、いま不在ですが……」

「まことか？」

「おりませぬ」

いいつつ、和田は刀の柄に手をかけた。

「およしなさい。拙者はな、渡辺氏の古い友達でござるよ」

編み笠をとった武士の顔を見て、和田佑馬は愕然とした。武士は近藤勇であった。

和田は、二度ほど市中を行く勇を見かけている。

「渡辺さんがおらぬのであればよいが……今夜は危ない。それで知らせに来た。貴公も、ここを出られたがよろしかろう」

勇はそういい、すぐに身を返して、あっという間に夜の闇の中に消えた。

土方歳三ひきいる一隊が［綿屋武助］方を包囲したのは、それから半時（一時間）のちのことで、渡辺も和田も姿を消してしまっているからどうにもならない。

土方が、大いに口惜しがって本所へ帰って間もなく、近藤勇が酒の香りをぷんぷんさせてやって来た。

総長室へ入って行く勇を土方が追いかけてきて、

「総長。どこへ行っておられた？」

「山絹さ。ときにどうした？……渡辺は切ったか」

すると、土方歳三はつばでも吐きたそうな顔つきになり、しばらく勇をにらみつけていたが、

「ま、いいでしょう」

怒鳴りつけ、さっさと出て行った。

◇

土方歳三

この文章を読む限り、池波が史料としたのは『渡邊昇自伝』である。『臺山公事蹟』には出てこないからだ。

流石に池波は、細かなやり取りを再現している。

自伝は更に続けて、近藤勇が渡辺暗殺を幕府要人から命じられた背景まで記している。

明治維新の後、對州藩（対馬藩）の多田荘蔵と昔話をした。多田は対馬藩の勤王志士で「対馬の人切り」などとも言われる人物だが、あの時代、剣に自信がなければ京などの物騒な所で生きて活動することは難しい。

多田が、新選組に捕まって屯所で縛られているとき、一人の者が近藤勇に、大村藩の渡辺昇が京師に在り、これを捕縛せよと命じていたと言う。

近藤は、

「渡辺の事は良く知っている。彼が何の罪を犯したというのか」

「大宰府の公卿を奉じて、幕府と事を構えたことだ」

「渡辺とは旧知の仲ということで言う訳ではないが、彼は浮浪の浪士ではない。大村藩邸留守居役に命じて捕まえさせては如何か」

多田は、壁を隔ててこのやり取りを聞いていた。嗚呼、渡辺さんも自分と同じ辱めを受けるのかと憮然たる思いであった。

「蓋し、其の命せし者は永井玄蕃に違いあるまい」と、昇は回想する。

それから数日後、和田が書を以て知らせを寄こした。

また、何事か。

不安な気持ちでその書を開けると、昨夜賊あり、坂本龍馬、石川清之介が殺されたと書かれていた。

何と！　あの二人が。

あの得難き二人がか。

あの時二人は、自分に危機が迫っていることを伝えてくれた。それが今、自らが難にあってしまった。あの日、盃を交わしたのが最後となってしまった。何という事か。昇は呆然自失した。

大政奉還の後の出来事である。

坂本にせよ石川（中岡）にせよ、薩摩や長州のように武力で討幕しようとは考えていない。外国勢力の日本進出の野心がある中で、なるべく穏健に雄藩の政権参画と権限移行が望ましいと考えている。ここが薩摩や長州とは立場が違う。

大政奉還したとはいえ、幕府はその主導的地位を手放しはしない。幕府主導により、薩摩、長州の牙を抜きつつ、雄藩参画による穏健な政権運営を狙っていた。

混沌とした政治的情勢がそこにあった。それが京師でもあった。

薩摩の西郷らも幕府の意図は見抜いている。だから幕府を怒らせて戦いに持ち込み、新政府樹立が目的である。ところで、この時期渡辺昇は、なぜ幕府から付け狙われたのか。

既に長崎奉行は、大村藩士渡辺昇の行動をつかんでいる。藩主を糾弾することは、歴とした証拠がなければ困難である。そこで、各藩の間を動いて結束を高めている渡辺昇が睨まれる。大村藩の武道場である治振軒には武道修業の名目で長崎奉行の密偵が入り込んで、渡辺らの動向を調べている。

福岡孝悌

だが、天領長崎で事を起こすわけにはいかない。大村藩は長崎奉行所と共に市中警備を受け持っている訳であるから。だからその場所が京師であったのだ。

渡辺暗殺は、大村藩に対しても無言の警告となる。

維新の後、土佐藩の福岡孝悌《たかちか》とこの事件の事を話した時、昇の話を聞いて福岡も思い当たったのであろう。自伝には次のように記されている。

「坂本、石川をして事を誤らしめたのは自分に責任がある。何となれば、当時、

永井尚志（玄蕃）

永井《なが い》尚志《なおゆき》（玄蕃）に二人の事を話したことがあった。土佐藩は公武合体を考えており、玄蕃は自分の意見に大いに賛同してくれた。それで、坂本、石川にも玄蕃の考えが土佐藩とも一致すると話をした。二人はこの時の私の言葉に安心し、それが元で暗殺されたのだ」

福岡は、苦悶の顔つきとなっていた。昇も福岡を責める気はない。あの時、様々な事が考えられ、福岡も良かれと思ったことが、そうではなかった。

信じなければならぬ。そうしなければ時代は何も進まない。だが、落とし穴は至る所に在った。それが口惜しくもあった。

第九章　王政復古の大号令

分水嶺

昇は大村藩兵と共に備後の鞆の浦に寄港した後、大村藩に帰った。

帰って直ぐ、天下の形勢が切迫してきた。王政復古の大号令である。

薩摩の大久保一蔵が、藩士中村知一を大村藩に派遣し、変（戦い）が避けられない情勢になって来たと言う。

この時、朝廷内部でも、様々な闘争が行われていた。

臺山公事蹟によれば、「前大納言岩倉具視は、大納言中山忠能、前大納言正親町實慶、及び西郷吉之助、大久保市蔵等と謀り王政復古の大令煥発を奏上す。斯くて十二月八日に至り朝廷急に薩、長、土、芸、尾五藩に令して（中略）長藩士毛利慶親父子の官職を復し岩倉具視の参朝を命じ、三条実美、東久世道禧等の官位を復して斎《いっ》く朝に立《たた》しめ、翌九日を以て王政復古の大号令を発せられる」

　さらに次の様に続く。「大詔煥発して維新大業の基礎漸く成るや、直ちに佐幕系と目すべく各大臣諸侯卿二七名の参朝を停めて謹慎を命じ更に会津侯松平容保《かたもり》の京都守護職及び桑名侯松平定敬《さだあき》の京都所司代を免じ、会桑二

松平容保

藩兵の宮門守護を黜《しりぞ》く」。

岩倉具視、西郷隆盛らは、朝廷から佐幕派の公卿らを排除し、さらに会津の松平容保、桑名の松平定敬を宮門守護の任を解いた。朝廷内部から、佐幕派勢力を一掃するのが狙いで、幕府、徳川慶喜を追い詰め、徳川方から開戦を仕掛けさせる計略は着々と進められたのである。

大久保には、常に議していたことがある。天下の変、素より何時起こるやも知れぬ。事が起こった後、これを知るというのは昇が最も遺憾とするところである。その時は必ず事前に知らせてほしい。大村藩が薩長と共に立ち、事をなせるよう願うのみ。大久保はそれを約束した。中村が大村藩に来たのは、その時の約束を大久保が守ったからである。すぐに同志にこれを報告し対応を議した。ところが彼らといえども、この報告をすぐには信ぜず躊躇する者が多かった。この時にあたってもか。昇は切羽詰まる思いを抑えることが出来なかった。

天下の形勢は、一陰一晴。幕府も薩摩も必死になって日々画策している。日ごとに目まぐるしく変わる状況は、誰も予想することが出来ないほどのものであった。人を信用することが出来ないのも仕方のない事であろう。だが、一旦其の機を逃すようなことがあれば、勤王一途を掲げた我が大村藩は、千載一隅の機会を逃すことになってしまう。すぐに藩庁に赴き掛け合った。ここは、昇でなければ分からない切迫した状況認識と、三十七士同盟の仲間とはいっても、藩内の事しか知らない者達との間で拭い難い温度差があった。ここが、明治維新で大村藩がその活躍を認められたその分水嶺にあたる。

藩庁で、昇は必死に幹部の者達を説得した。

「薩摩の大久保が、藩士中村知一をわざわざ京都から大村藩へ派遣した。機は既に熟している。藩内の紛糾も何とか治まった。この危急の事態を迎え、藩公自ら京師に赴き禁門を守護する時である。これに反対する意見が多い事も知っている。諸君の意見も分かる。しかしながら、天下が今まさに大きく変わろうとしていることは明らかだ。我らは朝廷の臣である。自ら進んで禁門を守護する。誰がこれを非難することが出来ようや。幕府と言えども、亦禁門を護る立場ではないか。一藩を犠牲にしてでも敢えて突き進もうと、藩の国是は既に決定しているではなかったか。願はくば、禁門護衛の名を以て、薩長二藩と行動を共にすべし。嘗て、自分は藩主の命を帯びて薩長二藩に使いして、君公の手紙を届け盟約を結んだのは、今日この時の為ではなかったのか」

昇の大演説に、藩庁の者達は大いに感ぜざるを得ない。というより反論は出来ない。事が切迫していることは誰しも一応に感じていた。時節を逸すれば、勤王一途の藩論は腰砕けになってしまう。藩論はこれで纏まった。大村藩が、薩摩、長州と共に討幕挙兵に乗り出した瞬間である。

一方、薩摩の西郷も手をこまねいていた訳ではなかった。慶応三年十月十三日に朝廷から「討幕の密勅」が薩摩藩に、十四日に長州藩に下されたものの、同時に徳川慶喜は大政奉還してこれに対抗した。これで討幕の密勅はその意味をなくし事実上取り消された。虚々実々の動きである。

松平春嶽

幕府は、混迷する政局の中で朝廷と幕府が合体し、幕府の命令を朝廷の命令とする。即ち幕府が目論む公武合体とは朝廷の取り込みで、大政を改めて幕府に委任させるという意味での幕府権力の再構築にあった。しかし、政局の急展開の中、最後の切り札が大政奉還であったのだが、慶喜を中心とする幕府政権、さらには武士を頂点とする江戸初期以来の支配体制は、そこから脱却は出来ていない。それは開明的大名であるはずの松平春嶽や山内容堂もその世界観から脱却できてはいないのは同じこと。

一方、長州では第二次長州征伐を戦う中で、百姓、町人などが戦いに参戦している。既に既存の価値観は、時代が突き付けた実態の前に突き崩されつつあった。長崎では外国宣教師らによって女子教育も進められ、男女同権の思想も入っていた。幕府を中心とする江戸の武士たちが、遥か江戸で古いままの空気を吸っている時、長崎を中心として、薩摩、長州、佐賀、福岡、熊本、土佐、宇和島、福井等の大藩の武士たちは、新しい時代の空気を吸っていた。時代の価値観は、西欧世界との接触、戦争、教育により大きく変わっていたのだ。

さて、討幕挙兵の中止も江戸の薩摩藩邸に伝えられたが、その噂は既に広まっていて、薩摩藩邸ではすでに火が付いた志士達を抑えることができずにいた。実のところそれは西郷の思惑のもとにであった。西郷は、そうした志士達を使い江戸市中で薩摩の仕業と分かるように町の各所で放火、幕府との取引のある商人たちから略奪を行わせた。志士たちは薩摩屋敷に逃げ込み、幕府を挑発して薩摩憎しの機運を高めさせた。この中心で扇動した一人が薩摩藩士益満休之助である。

西郷としては、幕府側から薩摩に対して開戦を仕向けさせる策略である。戦いには、大義名分が必要なのだ。昇が京の薩摩屋敷で西郷に開戦を迫った時、「この薩州に長州の轍を踏めと言うのか」と言ってうて合わなかった事があった。西郷は昇にも作戦を打ち明けるような稚拙なことはせず、ひたすら幕府側の暴発を待った。

薩摩から戦いを仕掛ければ、多くの藩が幕府に与する。そこには、ひりひりする様な心理戦が仕掛けられていた。だから幕府側もうかとは乗らない。だが、目の前の暴挙を前にして薩摩と事を構えなければ、江戸町民は黙ってはいない。それは幕臣も同じこと。

この時、将軍慶喜ら幕府の主要な者達は京に上っている。幕府は譜代大名を中心に、江戸市中警護を命じていた。薩摩藩が頻発する小規模な事件の首謀者であることは、火を見るより明らかだ。

庄内藩を中心に上山藩等が兵を出し、これに幕府新徴組が加わって品川の薩摩藩邸を十二月二十五日未明に包囲。とうとう、江戸薩摩藩邸を焼き討ちする暴挙にでた。益満休之助は一連の騒動の首謀者として幕府方に捕まり、斬首される手前で勝海舟によって、半ば引き取られた。西郷の目論見は成功した。こうなると薩摩側も、もう後には引けない。

こうした薩摩藩を中心とする一連の動きと、幕府による坂本龍馬、石川清之介（中岡慎太郎）、渡辺昇の暗殺計画は符合している。

大村藩挙兵

十一月上旬、大村右衛門、和田藤之助が京から帰り緊迫した様子を報告した。大村右衛門は、後に秋田救援に赴く大村藩北伐軍の総大将となる。

「公速ニ闕下ニ朝シ、積年の宿志ヲ達スヘキノ秋ナリ　之を遅々セハ恐クハ自機ヲ誤ラン、必ズ海ニ航スルニ如カスト」。

大村藩では藩主を先頭に兵を京に上げることに決した。船が最も早い。昇は直ちに長崎に行き、薩摩藩の五代才助（友厚）を訪ねて切迫した事情を話し船を求めた。ところが、その時大型の蒸気船は長崎に居なかった。五代の周旋で、和田藤之助と深沢南八郎を薩摩に派遣し大型汽船を借りようとしたが、薩摩では将に上洛の兵を出す準備をしており、大村藩に貸す蒸気船が無かった。

五代友厚

そこで再び五代に相談すると、五代は方々に掛け合ってくれたが百人を載せることのできる蒸気船が見当たらない。困った昇は、小汽船で大型の船を曳かせることは可能かと尋ねると、五代はそれならできるだろうと言う。それで宇和島藩の小汽船『豊瑞丸』で、福井藩の大型帆船（商船）を曳かせることにした。

その時期、林宇一（伊藤博文の偽名）が長崎に潜伏していた。昇は林を潜伏先に訪ね、「今や天下の為に為すべき時が来た。これより藩主を奉じて京師に赴き、禁裏を守護するの時である。だが、ここに至って藩主も藩の者達も西洋の事情がよく分からない。お主が知っておる西洋事情とやらを記して教えてくれないか」と頼んだ。

林は分かったと応じ、直ぐに書に纏めてくれた。昇は礼を言って君公に上程した。藩庁では上京の令を発した。藩士達は、いよいよその時が来たと思って、緊張した。時に、慶応三年冬日と記している。

木戸から頼まれて藩内に潜伏させていた長州藩士らが、大村藩が兵を出し、君公自らがそれを率いて上京するという話を聞きつけ、自分たちも一緒に従わせてほしいと懇願してきた。昇は言った。それは駄目だと。今日の出兵は、藩の名分を明らかにしての禁裏の守護の為のものである。諸君らは藩に戻り、一旦藩庁に自首してその身を清め、その後天下に尽くすべし。長州の藩庁が君たちを害することが無いよう、必ず自分が保証する。

彼らは直ぐに大村を発して馬関に至り、各々その罪を藩庁に自首した。君公は浅田進五郎とともに昇を長州にやって彼らの罪を赦されんことを願い、併せて自らが上京することを報告させた。

長州に入った昇は、木戸に会って大村藩の状況を話した。木戸は、大村藩主自らが禁門守護に向かったことを知り、昇が平生の持論としていたことを、昔年の約束を違えず実行していることに痛く敬服した。「予の如きは百事百敗、何の面目やあらん」、「願はくば、共に京師へ発しようではないか」。そう誘いをかけると、木戸は分かったと言った。その時、瀧弥太郎が長州藩公の命で浅田の来意を謝し、その旨承知したことを伝えて来た。

木戸と共に長州を発し、備後の尾道駅に到着した時、長州藩の杉徳輔（杉孫七郎）が兵を率いて来宿するのに出会った。そこで初めて、京師で変が勃発したことが伝わって来た。杉が、京師の変が果たして事実であれば、明日は福山に入り、福山藩がこれを阻めば戈を交えよう。兄等も、我が隊と一緒に進もうではないかと言うので、それは良いのだが、我が藩主は兵を率いて京師に向かっている所だ。唯、今どのあたりにいるのかが分からない。我が心は、速やかに京師に入り、藩主を助けてその一翼を担いたいと願うのみと答えた。

浅田は、昇とは意見を異なり、杉の言に従って共に京師を目指そうと言った。昇はその言葉を聞き怒った。浅田は一藩の責任ある立場ではないか。今は個人の感情に流されるべき時ではない。これが死地を何度も踏んだ経験を持つ昇の凄さである。私情には流されない。翌日、尾道を去って兵庫の港に着いた。

丁度その時、藩主一行を載せた船も兵庫の港に着いたところだった。昇等も直ぐに君公に謁し、ともに無事を喜んだ。浅田と昇は長州藩主から来意を感謝されたことをまず報告し、京師での変勃発の事を話した。翌日、姫路を過ぎるころ、京師での戦況の様子が詳しく知らされた。君公にお知らせした後、執政の宿舎に行ってすぐに京師に向かおうと迫った。執政は困った顔つきで「藩を発つ時、勘定方の者が金は大坂に送ると言っていた。実を言うと、今金が底をついて全くないのだ」。戦争に行くのに金が全くないとは。昇、唖然茫然！　気を取り直し、「君公の駕籠を除けば、閣下をはじめ皆徒で進めば宜しい。京師に入るのは寸刻を争う時ではありませぬか」、執政も苦渋の顔つきであった。貧乏藩の悲哀。これで京師に入れないとなれば、大村藩末代までの不覚。偶々、松屋次郎兵衛に頼み込み、五百両を借り受けることが出来た。

立往生

さて、出発という時、急報が神戸よりもたらされた。備前藩執政日置帯刀《へきたてわき》が外国人を切ったらしい。後に神戸事件と言われるもので、居留地の外国人は臨戦態勢に入った。外国人たちは兵を出して神戸の居留地を護り、陸路も彼らによって既に封鎖された。事件のあらましは概ね次のような経過をたどる。

慶応四年（一八六八）一月三日、戊辰戦争の開戦と共に、錦の御旗を掲げた薩摩藩を中心とする官軍は、備前藩に西宮方面の警備を命じた。家老・日置帯刀率いる兵が大砲を伴って陸路を進んだ。

一月十一日、備前藩兵の隊列が神戸近くに差しかかった時、付近の建物から出てきたフランス人水兵が行列を横切ろうとした。これは日本側から見ると武家に対する非常に無礼な行為で、「生麦事件」とよく似た構図となった。これを見た備前藩の滝善三郎正信が制止に入った。しかし、言葉が通じず、強引に隊列を横切ろうとする

東久世通禧

水兵に対し、滝が槍で突きかかり軽傷を負わせてしまった。

これに対して水兵数人が銃を取り出し、これを合図にして備前藩兵が発砲し、銃撃戦に発展した。この小競り合いで、備前藩は全く予期していなかったが、偶々居留地を検分していた欧米諸国公使たちに銃口を向け、射撃を加えることに結果的になってしまった。国旗に向けて発砲したことが外国人を怒らせたのである。

現場に居合わせたイギリス公使パークスは激怒した。彼らは兵庫開港を祝って集結していたのである。各国艦船に緊急事態を通達し、アメリカ、イギリス、フランスの水兵が備前藩兵を居留地外に追撃し、双方撃ち合いとなった。備前側では、家老日置が射撃中止を命令した。幸い、お互いに死者も無く戦闘は終わった。

これが原因となって、列強諸国は居留地防衛の名目で神戸中心部を軍事占拠し、兵庫港に停泊する日本の船舶を拿捕した。これに大村藩の艦船が引っ掛かったことになる。これは日本側にとっても微妙な時期で、朝廷は諸外国に対して徳川幕府から明治政府への政権移譲をまだ宣言しておらず、伊藤俊輔が折衝に当たるも決裂するに至る。

一月十五日になって、急遽、開国和親を朝廷より宣言した上で明治新政府への政権移譲を表明、東久世《ひがしくぜ》通禧《みちとみ》を代表として交渉を開始したのである。大村藩主たちは事情が分からないまま、この事件が背景となり、船を拿捕されたことになる。その日は一月十一日であった。この日付は自伝には書かれていないが、臺山公事蹟「豊瑞丸抑留事件」に日付が記されている。既に、薩長軍は錦の御旗の元で正式に官軍とされ、旧幕府勢力は一夕にして賊軍と認知されるに及び、佐幕派の諸藩は大いに動揺した。

六日夜、将軍慶喜は大坂城から少数の側近を連れ海路で江戸へ退却。これにより旧幕府軍は戦争目的を喪失し、各藩は戦いを停止して兵を帰した。こうした京師での詳しい情報は、まだ大村藩の者達は知らない。

さて、話を戻そう。これでは武器を輸送することが出来ない。加えて、我々の船もどうなるか。その時、昇は風呂に入っていた。そこへ滝口禎左衛門が息せき切って飛び込んできた。「執政が君を直ぐに呼べと言っている」、「どうした。何かあったのか」

昇は「船が、外国人たちによって乗っ取られた。一大事だ。これでは京師に武器を運ぶことが出来ない」と笑って答えた。「この様な事態ともなれば、どうにもならんな。船の事も、暫く放っておくほかあるまい。とるに足らん事だ。ただ君公を安全な場所にお連れすることが先決だ。風呂を上がったら、すぐに執政の元へ参ろう」

そこへもう一人、小佐々水衛が飛び込んできた。「大洲藩士達が武装して執政の宿にやって来た。渡辺さんの名を出して、若しいたら会いたいと言っている。すぐに来てくれ。執政の命令だ」。

直ぐに服を着て執政の宿に赴き、大洲藩士に会った。彼らは物々しく武装してひどく興奮していた。「今、我が大洲藩は、西宮守護の命を受けている。ところが外国人たちが神戸に集結し、その部隊が京師に入ろうとしているらしいとの噂だ。幸い、大村藩侯がこの地におありと聞く。願わくば君侯に建議して、我が藩と共に外国人を討つ様願いたい」

昇も一呼吸おいて、「我が大村藩は、朝廷のご命令でここに来ている。その他の事態で、そのご命令を曲げることは出来ぬ。若し朝廷のご命令とあれば、諸君らと共に外国勢と戦おう」。その言葉に、大洲藩士も言い返すことが出来ない。

重ねて、昇は、「密かに思うことがある。聞いてほしい。今や京師で戦が起き、外国勢がこれに乗じようとしている。ここで迂闊に立ち回れば、外国勢に利するだけである。今は、これまでのように幕府の意のままに動く時ではあるまい。国内の政を一新し、諸藩が一致団結の上で外国勢にあたる時ではないか。外国人の件は、後日、対処すれば宜しかろう。貴藩は、今この地に在って、守護をする役目である。願はくば、朝廷の意あるところを呈し、後日、これに処するというのは如何に」

昇の言に、大洲藩士達も感じるところがあったものと見え、礼を言って帰って行った。

直ぐに執政の元に行き、考えを述べた。「神戸で外国人が道を封鎖していることなど、今となっては取るに足らない事。唯、君公が船に乗っておられなかったのが幸いでありました」。執政は昇に直ぐ神戸へ行って状況を報告せよと命じた。長岡治三郎が同席しており、壮士四十五名を従わせようと言ってくれたが、否、深澤行蔵一人で良い。心配するなと言った。小舟で神戸に至り、松屋に入って船頭村上松右衛門に会った。

松右衛門が言うには、外人が来て船を奪い、直ぐに動力となる機械を壊し、船員を縛り上げて全く食事も与えず、無情極まりない事態となった。それで、何とか彼らを助けたい。こういう時、昇は妙に知恵が働く。「まず食べ物を与えるのが先だ。小舟で麺を売る者を雇い、握り飯を作って舟に乗せ、夜に紛れて蒸気船の傍を来往して麺を売る声を発すれば、必ずこれを呼ぶに違いあるまい。その時、すきを見て飯を渡したらどうか」と。

松右衛門も、それは良い、やってみようということになった。これが殊の外うまく運び、捕まった者達も飢えずに済んだと言うことだ。

余談ではあるが、大坂の淀川では、往来する船の乗客に飯や酒を売るため、「飯くらわんか、酒くらわんか」の掛け声で小舟が往来していた。この時使われたのが西肥前大村領波佐見の焼き物で、「くらわんか茶椀」として広く知られている。こうした情景は東南アジア各国周辺の海浜部でも行われているが、上手くやったものだ。

昇は行蔵と共に居留地を目指したが、街頭や道筋は外国の兵が護っており、日本人の出入りを許さなかった。昇も行蔵も困り果てた。最も困ったのは言葉だ。言葉の分かる者が誰もいない。昇も全く外国の言葉が分からなかった。困ったときに出てくるのが昇の知恵だ。こうしては居れん。

「よし、思い切って出て行けば、彼らは自分を縛り上げ、必ず通訳官を介して、わしの事を聞く事になるだろう。うむ、これしかない」

この辺りが、昇の昇たる所以。「必ず彼らは自分を責める。そうすれば、わしは彼らの無礼を責めてやろう」、

遠藤謹助

こう言うと行蔵は「自分も共に縛に就こう」と言ったので、それは駄目だ。お前は居留地の外にいて、何か事が起きたら皆に伝えよと宥めた。場合によっては、手紙で知らせるので、その時は頼むぞと言い置いた。

居留地に向かって進んでいると、長州藩士遠藤謹助に出会った。謹助は外国語が分かる。謹助とは旧知の中である。「嗚呼、天は我を助け賜うか」、謹助を捉まえて事情を話し、通訳をしてほしいと願った。謹助も喜んで応じてくれた。この辺り、昇の交友の広さが身を助けた。謹助が、居留地に入るためには、刀は外して行かなければならないと言う。自分も刀を行蔵に預け、居留地の関所の前に立った。外国人兵士は、自分達を護衛して集会所に連れて行った。

暫くすると、一人の外国人が現れた。外交官であろう。「備前藩の者達が戦争が起きたと言って、我が大村藩の船を奪った。どのような理由であるか分からない（昇は備前藩の者達と言っているが、実際に船を奪ったのは外国人である。それは昇の方便であろう）。我が国が、封建制度の連邦国家であることは諸君等も良く知っていよう。先年、長州の馬関で戦争が起きた時、貴国等の軍艦は、長州藩以外の藩を攻めたであろうか。即ち、あの事件は長州藩がしたことで、今日起きていることの責任は備前藩にある。なぜ彼らを責めないのか」。

出てきた外交官も「前年、長州で戦争になった時、各国の者は幕府に責任を求めた。それは、我々の国と条約を締結したのが幕府だからだ。そこで幕府は、長州藩の如何ともしがたい態度に、これを討伐することとした。その為、幕府は長州攻めの兵を送ったが、今や幕府の兵は長州藩の前に敗れ、幕府の威信はどこに行ったものか。今の日本は無政府状態ではないか」と言う。

続けて「無政府状態となれば、我々もその兵力を以て居留地を護らなければならない」と言ったので、昇も黙ってはいない。「無政府状態だから、兵力を以て土地を奪うと言うのであれば、何をか況や。今我が方の兵力が

アーネスト・サトウ

弱いからと言って、唯口惜しい限りだ。だが、朝廷は政を自ら行い、幕府が貴国等と約束したことを護るのは明らかである。君たちはこれを無政府状態と言うのか」。

外交官も昇の言葉に、「朝廷からは、未だ何の通知もなされていない。我々としてはどうしようもないではないか」と返答したので、ここで昇は大いに我が意を得たりと思い、居留地を出て彼らの動きとその考えを手紙に認め、京師の大久保一蔵の元に届けさせた。『臺山公事蹟』ではこの日を一月十二日と記す。

さらに事蹟ではもう少し詳しく書かれており、ここには思いがけない人物の名が記されている。

「公、渡邊昇に命じ兵庫に赴きて之が回収の処置を為さしめんとし副ふるに深澤南八郎、長井三代造の二名を以てす。（中略）英仏両国領事に面せんことを請ひしに彼等出てて接する者三人ありて其中の英人サトウ（後、駐日英国公使）なる者日本語を善す。乃ち謹助を介して問答するところあり」。

サトウとはイギリス外交官で日本語に堪能なアーネスト・サトウの事であろう。昇はここでサトウを知るのであるが、その実名は自伝には出てこない。後段の話になるが、江戸城総攻撃を前に、兄清と長州藩士木梨精一郎が西郷の命令で横浜のパークスの元へ行き、居留地において負傷兵の収容治療を願った時、パークスは怒り心頭で国際法を持ち出して官軍の非を責め立て、清等は這う這うの体で退散して西郷に報告する。その時の様子を、清は明治三十年十一月二十一日の「史談会」の中で話し、これが永く江戸城無血開城談判の様子として伝わったのだが、後に荻原延寿氏の『遠い崖　アーネスト・サトウ日記抄』七（江戸開城）が翻刻出版され、渡辺清、木梨精一郎の談話が採用されている。因に、アーネスト・サトウは横浜にはおらず、渡辺清の談話は西郷と勝の談判を伝えた貴重な資料となった。偶々、福岡藩の蒸気船も外国人によって拿捕されてしまった。

その艦長が昇の元に来て言うには、「外国人たちは無情にも、艦艇の返還を求めても聞かず、自分も何処に相談してよいものやら思案に暮れていた。居留地の外国人が言うには、昨夜、大村藩の渡辺昇と言う人物が来てこの事を議した。彼は良く事が分かっている。渡辺に相談せよと言われた」。

相談と言うのはそれか。ところで彼らと何を話したのかと問うと、「艦船を返さないと言うのであれば、自分は責任をとってここで腹を切る」と外交官の前で言ったそうだ。その言葉に嘘はあるまい。だが、外国人の外交官にしてみれば、目の前で切腹されては困る。「今、外国人の前で腹を切ったからと言って、彼らは意に介さないであろうし、一個人の感情で議する時ではない。必ず朝廷がその対処法を議して外国人達と話し合うまでは、現状ではどうしようもない。だから今、京師にいる大久保に手紙を書いて、ここの状況を伝えて居る所だ」と。

昇の言葉に福岡藩の艦長も悟る所があったようで、礼を言って宿に引き上げた。偶々、東久世通禧、寺島陶蔵、伊藤博文が居留地に来て、新たに朝廷が政を行う事が決定された旨、各国公使に伝えた。東久世は「七卿落ち」の一人で、昇は大宰府で知己を得ていた。外国事情にも長け、明治初頭に外国事務総督となり、神戸事件の対応を伊藤博文と共に任された事で知られる。

一月十五日、開国和親を朝廷より宣言した上で明治新政府への政権移譲が表明され、神戸事件に対して東久世通禧を代表として交渉が開始された。この話を聞いて遠藤と共に居留地の集会所に行き、朝廷の親政の事を納得したかと問うと、納得したと返事があった。然らば直ぐに我が藩の船舶を返せと言うと、彼らも分かったと答え、こうして船は引き渡された。捕まっていた船員たちは大いに喜んだ。

だが、船の機関は外国人によって壊されてしまい、修理をしなければ動かなくなってしまっている。なんとも困った事態だが、偶々姫路藩が朝廷に帰順することを請い、朝廷では其の実を表せしめるため、讃州高松藩を征討させることとしたことを昇が聞きつけた。

姫路藩では、薩摩の五代才助が兵庫にいることを知り、五代に汽船を求めたいと相談があった。そこで昇は才助に会い、大村藩の小汽船を姫路藩に貸すと言うのではどうかと相談を持ち掛けた。五代は分かったと応じ、こうして姫路藩との契約は成った。更に、船舶の返還は長崎港で行い、機械は現況のままで良いと契約書に書かせた。五代はそれは無用だと言ったが、強いてそのように書かせた。

後日、才助は笑いながら、「兄の策略は如何なものか。姫路藩では船舶修繕の為、三千円を払ったと言うぞ」

京師に入ったのち、昇もその顛末を藩主と執政等に報告したところ、褒めてくれたと書いている。尤も、呆れてものが言えなかったのかも知れないが。

兵庫を発する時、東久世、寺島、伊藤と同じ船に乗り、大坂に着いた。船中で、東久世に申し上げたことがある。神戸の事件は、幸いにも大事に至らず、鎮定することを得ましたが、長崎ではこれに類することが起きるやもしれません。ご油断召さるなと。

それに応えて東久世は、今、仁和寺宮が大坂におられ、関西の事を統督しておられる。必ず長崎の鎮定の任を渡辺昇に命じるであろうと言った。到着したその夜、総督宮の召状が昇の元に届けられた。昇は、思うところがあって、病と称して出なかった。大村藩の大串貫一が代って総督府に行き、渡辺昇の辞令を拝領した。

大村藩
渡　邊　昇
長崎表江出張被仰出候事

長崎の外国人居留地

大坂を発して京師に入り、三条実美公へ謁を請うた。三条公は、偶々病気で床に臥せっておられたが、寝室に通された。昇は、総督府からの辞令の事を詳しく話し、頭を下げ、「願はくば、この任は大村藩主に御命じ下さるようお願い申し上げます。自分は藩主を助け、大いに朝廷の為働く所存で御座います」

「大浦居留地」南山手から大浦居留地を望む（慶応三年の直前）。幕末、長崎・横浜などが欧米の諸外国に開港されると、外国人たちの居住地域が設けられた。長崎では天領に接する大村領戸町村大浦を割譲し、居住地にあてられた。写真の右手前の洋館は、長崎で最初の本格的ホテルであったベルビュー・ホテル。その下の大浦川を挟んで、大浦海岸通りから東山手に掛けて洋館群が建ち始めている。左前方の建物は出島。（長崎大学附属図書館蔵）

また、神戸での一件を詳しくご報告した。若し、昇が辞令を受けていたら、「義経の二の舞」になる。この辺り、朝廷の公卿たちは武士の世界があまり分かっていない。と言うより、統治そのものが分かっているとは言い難い。次の日、朝廷は大村藩侯に勅使を差し向け、長崎総督を命じた。臺山公事蹟はこれを正月二十四日とする。大村藩の者達は、これを大いに喜んだ。昇もこれで一安心した。ところがまた問題が起きた。藩に帰る旅費がない。貧乏藩の悲哀も、ここに尽きるか。執政が昇を呼び出して言った。「藩を出る時、参政の井村が軍資金は大坂に蓄えてあると言った。ところが大坂の藩邸に聞くと金が全くないと言う。お主、何とか策を講じよ」

実はこの時、昇は病に罹り高熱を発していたが、情報収集などで寝ている暇もなかった。薩摩、長州、公卿たちとの交友面識がある者は他にいないのだ。余人をもって代えがたし。偶々寝込んだところへ稲田が来て見舞ってくれた。床から起き出して稲田と心配事について話した。

「藩公も、長崎総督の命を受け、要職に就かれたことは良かった。だが長崎の地は、数百年来佐賀、福岡の二藩と我が藩が警護に関わって来た。それが今、我が藩が単独で長崎を治める事となれば、二藩はどう思うであろうか。このような時勢の中で外国人居留地を抱え持ちながら事に当たるとすれば、いろいろと障害も生じよう。そのことを恐れる」。稲田も同意見だと言った。

長崎には、出島を中心に大浦に外国人居留地がある。その規模は横浜や神戸の比ではない。外国人たちとの通訳、交渉なども、専門の人材、そしてそれに従事してきた家柄があって初めて為されること。言ってみれば、海外交易を支えて来た統治と経済システムが長崎奉行の元で出来上がっていた。長崎奉行所も、奉行らが江戸に帰った今、その統治システムが混乱していよう。

大浦居留地には、イギリス始めフランス、アメリカなどを中心とする外国領事官、さらに対岸の稲佐にはロシア領事館が置かれ、出島にはオランダ領事館があった。国が混乱すれば、外国勢力がどう出てくるか、純熈や昇等の心配事もますます大きくなるばかり。それも、京や江戸からすれば遠国だ。これまでは長崎奉行所があって、

澤 宣嘉

その元で長崎支配がなされてきたが、それを護るのは、大村藩一藩で出来る事ではない。そこまで言われて、稲田もはっとした。今までの浮かれた気持ちは吹っ飛び、現実に引き戻された。

昇が言った。「公卿一人を選び、藩公と共に政を行うことが出来れば、二藩に頼ることもあるまい」。稲田はこれに大いに賛成し、宿舎に帰って行った。それから幾ばくもなく、手紙で知らせて来た。

君公は君が病で臥せっていることを心配され、馬を下された。直ぐに三条公の元に行き、先の話をお願いせよと。直ぐに三条公の元へ参内して長崎の事情を話し、公はその旨を了解され、正月二十六日、澤宣嘉が九州鎮部長崎府総督に任命された。

澤宣嘉《さわのぶよし》は八月十八日の政変で朝廷を追われ、長州に落ち延びた七卿の一人である。その後九州には行かず、福岡藩の平野国臣らに擁立されて但馬国生野で挙兵するが敗れ、脱出して四国に落ち延びて伊予国の小松藩士らに匿われた。

昇はその病重く、とは言っても、昇に代わる者がいない。高熱に苦しみながらも必死で務めを果たしていた。二月二十六日、純熙の命で昇を澤家に遣わし、総督宣下の栄を賀した。その夜、偶々土方楠左衛門に出会った。三条実美らの五卿が大宰府に落ち延びた時に、五卿を護って付き従った人物の一人で、大宰府に三条等の公卿が幽閉されている時、昇は度々五卿の元を訪れ、その仲介役が土方であった。

土方も渡辺昇の事は良く知っており、最も五卿を訪れた一人と記している。昇が度々、三条公にお会いできるのも、こうした経緯があっての事。三条公も昇であれば気兼ねなく親しく話すことのできる相手であった。

土方が昇を認め、懐かしげに声をかけて来た。「渡辺君ではないか」。昇も、まさかここで会うことが出来るとは、驚いた顔をしていると、土方が親しく話しかけてきた。大宰府にある時は、貴兄とはよく飲んだものだ。必ず謡っ

鍋島閑叟

たのが「再会期すべからず、死して安楽国に見えされば、将た京師の三本木か」と。
三本木は京都の丸太町から荒神口までの加茂川西岸を指し、水楼が多かったことで知られる。頼山陽の生地でもある。また桂小五郎の愛妾幾松もかつて此処にいた事がある。土方は、「今や幸に京師に相見る。祝杯を三本木に挙げば如何に」と誘ってきた。病気で頭は重く寒気もしていたが、生きて再会したのであれば仕方があるまい。

三本木の金波楼に上がって飲んだ。ところが病のせいであろうか、酒は苦く茶を飲んでいるようであった。それよりも藩主帰藩の為の金策の事が気にかかっていた。三条実美の家臣森寺大和守が同席していた。彼も大宰府以来の旧知の中である。

昇が森寺に思い切ってこう切り出した。「先に三条公にお会いしていた時、佐賀の鍋島閑叟《なべしまかんそう》（直正《なおまさ》）公が屋敷に訪ねてこられた。三条公は病で臥せっているからとお会いなされなかったが、閑叟公は、兵を幾隊、軍艦幾艘を率いて京師に至る。願わくば佐賀藩にも分に応じた命令を頂戴したいと、三条公の家臣に伝えていた。そうであったな」その時の事を、昇は思い起こしていた。

「森寺殿、お願いがござる。これから貴殿は三条公の元へ行き、佐賀藩の船を大村公が長崎に帰るために供するよう計らってはもらえまいか」森寺は承知したと言って酒楼を降りた。暫くして帰ってくると、三条公は大村藩が直に佐賀藩に頼んではどうかと言ったと言う。

公卿という者は、世間の事情に疎いものだ。頭が益々痛い。「もしこの事を、わが大村藩から頼んだとしよう。その時、佐賀藩は我が願いを撥ねつけるであろう。そこでだが、我が藩公は既に長崎総督の命を受けている。これは私事ではない。早く長崎に帰らねばならない理由がここにある。陸を歩いて行けば日にちも掛る。一刻の猶予もならないのだ」森寺殿、今一度三条公に謁し、この事を翌々お願いしたい。

森寺も、昇がそこまで言ったので事を理解し、再び三条公の元へ行き、戻ってきて三条公が承知されたことを報告した。ほっとしたのか、酒の味も少しはするようになった。宿舎に帰ると既に五更（午前三時から四時頃）真夜中である。宿の部屋には灯りが煌々と灯り、稲田東馬、一瀬伴左衛門、横山雄左衛門等が、まだ起きて金策の事を話していたが、良い方策が見当たらず、皆途方に暮れていた。

昇が「諸君、心配するな。帰藩の旅費は何とかなりそうだ」と言ったので、皆顔を見合わせた。「直ぐに帰り仕度に取り掛かれ」と重ねて言うと、「酔っぱらって何を戯言を言うか。ここに来て一緒に金策を考えようではないか」と、よほど頭に来たのであろう。稲田が憮然とした顔つきで言った。

昇は笑いながら「明日を待て。さすれば金も降ってこよう」皆あっけにとられたが意に介せず、床に就いた。明け方に目が覚めた。熱が高く、体が動かない。苦しいがどうしようもない。水を口に含んだが頭を上げようにも上らない。ふらふらする。それで再び布団をかぶって寝た。午後を過ぎた頃、佐賀藩の使節が宿に来た。

朝廷から命が下り、佐賀藩の汽船で大村藩侯一行を長崎にお連れせよとのことである。随行の藩士の数を教えてほしい。また出発の日取りについても、本日と言われても宜しい。大村藩侯の都合にお任せいたす。

丁重に礼を言い、出発の日取りについては後ほどお知らせ致すと返答した。

佐賀藩の使節が帰ると、一同大喜び。皆躍り上がって喜んだ。「昇、やったな。ところでお前、今度はどんな手を使ったのだ」皆が喜び怪しむので、笑いながら「諸君は常日頃、自分が四方に奔走して、藩の金を贅沢に使うのを責めた事をお忘れか。今、その時の鈎が返って来たと思えばよい」

執政が昇の病著しきを心配し、「お主は先に船で長崎に帰れ。船で休養して病を治すが良い。長崎に帰ったならば、予め諸般の準備をせよ」と言ってくれた。藩公が長崎府総督に任命されるということは、こんなにもすごい事なのか。皆も今更ながらに驚いた。昇は深澤南八と共に、また澤家の家臣近藤某を共に大坂を発した。船中で、昇の病はいっそう重くなり、人事不省に陥った。

ある晩の事、賊が入って来たような感じがしたので、飛び起きてこれを捕まえ、刀を抜いて切ろうとした。我に返って辺りを見回すと、南八は熟睡していた。気が付くと寝間着は汗でぐっしょりと濡れていた。驚いて南八を起こした。南八が目を覚まし、昇は今あったことを告げ、自分の刀に血が付いていないか調べてくれと言った。南八も、昇の顔が真顔であるので、驚いて昇の刀を抜いて調べた。血は付いていない。南八も安心したように昇を見返した。これも高熱のなせる業か。これまで死地を幾度も潜り抜けて来た昇だからこその事であった。病はなかなか癒えない。船が長崎に近づいた時、藩内の港に船をつけ、長崎には行かず家に帰って病気療養した。一月ほどして幸いに病から回復することが出来た。

大村藩兵　江戸城総攻撃に参戦

その頃、と言うより少し前の事になるが、兄清は京師の薩摩藩邸に入っており、将軍慶喜と岩倉、西郷らの息詰まる攻防の渦中にあった。岩倉らが考えた「討幕の密勅」は、慶喜が発した「王政復古」により封じられた。西郷は江戸で薩摩藩の仕業と分かるように放火、強奪を行い、これが江戸の人々の薩摩憎しに火をつけ、幕府側から開戦させようとしていた。その間、京師では坂本龍馬と中岡慎太郎暗殺事件（慶応三年十二月）があり、徐々に双方抜き差しならない状態に近づいて来た。

薩摩藩邸にいる清ら大村藩兵も、じっと推移を見守っている。年が明けた一月二日、西郷と清が伏見以南に幕兵を防ぐべく方策を練った。何時でも来い。戦闘の心構えは出来ていた。

慶応四年（一八六八、明治改元は九月八日）一月三日、鳥羽・伏見で戦いが勃発した。

大村藩で、昨年の一月三日に松林飯山が反対党の者から暗殺されて丁度一年目の今日、今ここに近代日本の行方を決する戦いが始まった。薩摩兵を主力とした維新軍の兵約五千人、一方幕府軍は兵約一万五千人。武器も最新式で武装した幕府側が勝っていた。

違っていたとすれば、戦いに挑む薩摩兵たちは、すでに死を決して戦いに臨み、兵の練度、さらには指揮命令系統の徹底であろう。一進一退の攻防が京の市街で繰り広げられた。

だが、四日「錦の御旗」の登場と共に、形勢は一気に逆転する。「錦の御旗」とは天皇の軍を意味する。これで慶喜は一気に戦意を無くした。当初、慶喜は「幕府と薩摩の私戦」という単純な構図を考えていた。幕府軍は朝廷を護るための出兵であって、朝廷への敵対は考えていない。そこに朝廷の「錦の御旗」が登場したことで、幕府側が賊軍となったのである。幕兵にとっては堪ったものではない。

とうとう、徳川慶喜は大坂湾に停泊していた幕府の蒸気船で江戸に逃げ帰った。これまで、天皇を巡って幕府と薩摩・長州は様々な駆け引きを行ってきた。それは、どちらが「玉」を握るかのせめぎ合いであり、権力闘争であった。それが「錦の御旗」の登場によって、維新側に旗が上がった。

ここに至るまで、朝廷内部でも幕府側、維新側、あるいは中道派など様々に権力闘争はあった。その内実は兎も角、しかしこれを単に幕府対朝廷、江戸対京都の権力闘争とは見たくない。

私がこの話を始める時に、寛政四年（一七九二）のラクスマン来航、文化元年（一八〇四）のレザノフ来航、文化八年（一八〇八）のフェートン号事件から説き始めたのは、外国の脅威を背景にして、既に長崎では近代が始まっていたと考えるからだ。

その延長線上にペリー来航があり、日米和親条約、通商条約、尊王攘夷運動、大老井伊直弼の暗殺事件に繋がって行く過程こそが、新生日本の誕生に深くかかわっているという事を云わんが為である。

さて戦いが始まる前の一月三日、朝廷は大村藩並びに彦根、平戸、大洲藩等に大津駅警衛の勅旨を伝え、大津守護を命じた。清は大津から京都に侵攻する幕府軍を阻止するために大村藩兵およそ五〇名を率いて大津に入った。これが大村藩兵が藩旗を掲げて戦いに参戦した最初である。

大村藩兵は、午後十一時に大津に到着したと『臺山公事蹟』は記す。ところが彦根、平戸、大洲藩の兵が来ない。この時、噂が広がっていた。徳川の歩兵五百人、散兵隊二百人、大砲隊三百余人が大津攻略を狙っていると。

こうした中、大村藩兵は僅かな兵で夜通し市中を警備した。大津は、幕府の援軍が京に上る要衝の地。一方、大津に大村藩兵が布陣していると斥候から報告を受けた幕府軍は、大津に官軍が多数結集していると誤認して大津への進軍を控えていた。翌日、彦根、佐土原、備前、阿波の諸藩兵が到着した。それで部隊もようやく整った。

この幕府軍の京師進行を抑えた第一の功は大村藩にあり。これが後に朝廷よりその功を褒められた理由の一つである。結局、大村藩兵が大津を抑えたため、大軍と思って幕府軍は進軍を躊躇した。何ともあっけない結末であった。それで大村兵は助かったと言おうか、明治維新で功を立てることの一助となった。

戦いで大事なことは、如何に武功を立てたかよりも、初戦でどのように戦ったかにある。大村藩は小藩ながら、薩摩、長州と共に、最も危険な初戦に出兵したのである。これは、藩主純熙が二万七千石の小藩をして、藩の命運を賭して薩摩、長州との同盟を果たし、幕府との戦いに兵を出したことに尽きる。

鳥羽・伏見の戦いで、圧倒的な兵力と進んだ武器を有しながらも、錦の御旗の前に将軍慶喜は突如戦いを放棄して江戸に逃げ帰り、その後は、朝廷に恭順の意を示すべく自ら蟄居した。様々な見方、評価はあろうが、あの時、日本を取り巻く国際情勢を最も的確に把握していたのは将軍と幕閣の一部だけであったろう。かつて大老井伊直弼が朝廷の勅許を得ずして、開国、通商に踏み切ったのもまた、日本を取り巻く国際情勢を分かっていたからである。

朝廷はそこが分かっていない。それが幕府大老としての決断の理由であった。

幕閣以外、その状況を知る者は皆無。それが幕藩体制の末路であり、それを知りえない者達、諸藩の志士が「尊王」を掲げて「攘夷」を決行する「尊王攘夷運動」の実態ではなかっただろうか。もし将軍慶喜が、戦いの場にいる主だった武将たちに意見を聞き、それ以上の戦いを望んでいたら、国は乱れ、日本は西欧列強の餌食となり、多くの土地が外国の植民地となった可能性は否定できない。

幕府は江戸後期に、上海に商業目的の為の調査船千歳丸を出し、その船に長州の高杉晋作、薩摩の五代友厚が乗船していたことは先に記した。彼らは、上海で清国が退廃の極みに沈み込み、太平天国の乱が起きた時、乱鎮圧のための軍事力に欠けた清朝政府から頼まれ、フランス、イギリスの西欧列強が賊徒鎮圧の為、兵を出して鎮圧した。その結果として居留地の外国の権限を強め、結果的に植民地化を進めて行ったことを間近で見て来た。

この時、大村藩からは医師の尾本公同、天文方峰源助が乗船しており、彼らも同じく上海の状況を見ていた。

この情報が、大村藩の中枢にどのように伝えられたのかは、大村藩史料では読み解くことが出来ない。藩主のみが知り得る情報だったのであろうか。

当時の幕府にとっては、それはまだ幕府内の機密事項であったろう。幕閣を中心とした幕府中枢だけがそのことを知っていた。「知る者は語らず」将軍慶喜が下した恭順の判断は、国内戦争に歯止めをかけるための、ぎりぎりの判断であったと見たい。大村純熈は一月十三日に京に到着し、朝廷からは大村藩の出兵を賞して、感状を賜った。

大津に対陣中の清も馳せて公に謁した。

大村藩全隊を以って箱根の関越え、三島着陣

思い返せば、大村から兵を率いて東上した時、清は決死の覚悟を示した。

「事成らば藩主の功、不幸にして若し敗れた時は家臣である自分一人が責を負い、首を二條河原に曝さるることも辞せざる所なり。こう申し上げて京に上りました。君の御尊顔を拝することは、或いは出来ないのではと思ってまいりましたが、それも今日を以て終わりとなりました」

清は感激の気持ちをそのままに君公に申し上げると、純熈も、

「幸いにして、王政復古の大業がなり、再び会うことが出来たことは、予と汝との喜びのみならず、実に皇国の為

に賀すべし。朝廷では、汝の出軍を賞して感状を出された。これに勝る喜びはない。想うに、兵の強弱はその数の多寡に依ってのみ決せられるべきにあらずして専ら士気如何に由る。しかしながら、今は一人でも兵が多い方が良い。予の手兵をお前に預け、漸次兵を増発して汝の元に兵を送ろう。それをもって前途の大任を果たせ」と。

そのため、長岡治三郎、山岡平九郎、本川自哲、大隈寛次郎、鈴田宗助、山川武三郎ほか十人を清に与えた。因みに、長岡治三郎は第一回文化勲章を受章した原子物理学者長岡半太郎の父である。清はその純熙の言葉に感激し、大津へ新たな兵を引き連れて戻った。清は西郷を支える側近として在った。薩摩藩の西郷を総大将とし、将軍慶喜を降らせるためである。清は西郷を支える側近として在った。官軍は進むと共に軍の勢いを増した。錦の御旗の元、様子見をしていた九州、中国の諸藩も、雪崩を打ったように兵を送り込んだ。

この中に徳川譜代の彦根藩がその初期から参戦していることも注目したい。彦根藩主で幕府大老の井伊直弼はペリー来航を契機として、それまで幕府の祖法となっていた鎖国政策から開国に踏み切った。それが尊王攘夷運動の火をつけ、桜田門外の変で暗殺される理由である。あの時点で、西欧列強の力を知っている者は僅かな幕閣とそれに繋がる者達以外はいない。海外情報の収集、接触、交渉は幕府の専権事項で、その他の藩は自由に関わることは出来ない。それを破れば藩は改易となる。

その祖法を幕府自らが破った訳で、それが尊王攘夷運動の原点になってしまうのだが、それは「知るものと知らざる者」の対立の必然であって、時代の必然と言っても良いだろう。そうした彦根藩の動きは、鳥羽・伏見の戦い以降の動きとして知るべき点である。

官軍は、薩摩藩、長州藩、佐土原藩、大村藩で編成された西郷率いる主力部隊が東海道を。

薩摩藩、長州藩、土佐藩、鳥取藩、彦根藩、大垣藩、西大路藩、高須藩等の混成部隊が中山道を進んだ。

正月十八日、大村、備前、佐土原、彦根の四藩の兵が先鋒となり、二十一日に四日市へ着陣した。

二十三日になると亀山、膳所、藤堂藩が加わり、桑名への進撃を議した。大村藩と佐土原藩は先鋒の任を得て進んだ。その途次、桑名侯の世子が藩の重役三人と家臣併せて三十名ほど、亀山藩の兵に送られて四日市の本営に来て降伏することを求めて来た。

二十四日、参謀の木梨精一郎が大村軍の元に来て、桑名藩の投降を全軍に知らせ、攻撃中止の命令を下した。

木梨精一郎

斯くして、桑名は「城明け渡しの事」、「大坂に於て慶喜に従い、暴行の末逃帰の徒を引き渡すこと」、「脱刀して寺院に謹慎すること」の三ヶ条を以て降伏を約束し、二十八日午後、大村藩兵は桑名に到着し、大手門外で一斉射撃を行い、直ちに本丸に登った。一方、佐土原藩兵は裏門より入り、五番二重楼に火を放って占領の式を終わった。城明け渡しの作法に則っての事であった。

二月十二日、関東進撃軍は桑名を発し名古屋に着陣した。

十六日、大村藩兵は関東進撃の先鋒を命じられ、翌十七日佐土原、薩摩、長州の兵と共に発し、同夜東海道五十三次の宿駅である池鯉鮒宿に到達した。夜になって、大村藩から砲隊銃隊士が合流した。砲士七人、銃士十三人、大砲二門である。

その後、吉田、荒井、浜松と進み、二十二日に袋井に着陣した。そこに江戸から大村に向かう土屋善右衛門以下十三名が来て、大村隊に加わった。土屋も大村三十七士同盟の一人である。

その後、二十四日に藤枝宿まで進んだところで、長岡治三郎を斥候として駿府の様子を探らせた。その報を受け、二十五日駿府に着陣した。

ところで、清の談話によれば、各藩の装備、兵の調練には格段の差があった。

薩摩と佐土原、大村藩はイギリス式の訓練を受けている。装備も火縄銃ではなく新式銃である。

彦根は流石に井伊直弼の出た藩だけあってフランス式の訓練を受けており、装備も新式銃である。

ところが他の藩は、新式銃ではなく火縄銃で、まだ鎧を着ている。兵の調練も旧式と言おうか、これでは幕府側が新式鉄砲で攻めてくれれば素早く動けずに戦いようがない。兵の配置にしても山鹿流であるし、重い鎧と火縄銃では戦うのも困難である。西郷が大村藩に先鋒を命じるのも頷ける。

さて大都督府の命令は、諸軍は駿府にとどまり、大総督宮のご到着を待つようにというものであった。だが事はそんなに待ってはいられない。大都督府も「戦いの仕方」が分からない公卿たちが多い。ここで時間をかければ、江戸の幕府軍は態勢を立て直すであろう。問題は「箱根の険」だ。ここを抑えられてしまうと進軍はままならない。

西郷も全く同意見であった。

そこに勝安房から西郷に手紙が届けられた。今その手紙はないが、その内容は清が覚えていた。

「徳川慶喜は、大坂を引き揚げて江戸に参ったが、朝廷に対しては恭順することを示している。我々もその意を汲み恭順の意を呈している。然るに、朝廷からは兵が差し向けられ、今にも江戸城に総攻撃する勢いであるが、如何なるお考えであろうか。若し徳川家が朝令を拒み、征討の兵を拒んで戦うとなれば、徳川方は大坂湾に二隻、また二隻を以て九州・中国から登ってくる兵を防ぎ、二隻を東海道筋のしかるべき処に配置し、二隻を以て東海道を下る兵を攻撃し、残る四隻を横浜に置いて港をしっかりと守る。そうすれば江戸を目指して進軍する兵も躊躇するであろう。自分がそうしないのは朝廷への恭順を示しているからである。貴公とは従来意見を戦わせた友ではないか。天下の大勢は既に分かっていることではないか。手を合わせて頼んでいる者に、兵を差し向けると言うのは如何なる考えか。平生に不似合いな行動と思う。この事はしばらく置くこととして、兎も角も征討の兵を箱根以西に留めてくれなければならぬ。そうしなければ、将軍の意も、我々家臣の奉じる考えも全く解せず、乱暴者が沸騰するであろう。今、江戸の人心は沸騰寸前で、右往左往し制止が出来ない状態に陥る。若し、今官軍が箱根を越えたならば、我々としても恭順の実を上げることは出来ない。従って、是非、箱根の西に兵を留めてほしい」というものであった。(明治二十一年六月　渡辺清談話『江城攻撃中止始末』史談会速記録第六十八号)

西郷は、諸藩の隊長を集めて勝からの手紙を見せた。「諸君、この勝の書を見て何とお考えあるや。実に、首を引き抜いても足りぬのは勝である。人を何と思うたか。官軍を何だと思うているか。恭順の意があると言うのであれば、官軍に向かって注文をするなどと言うことは無いはずではござらぬか。彼の戯言は今日に始まった事ではない。勝は申すまでもなく、こうなれば慶喜の首も引きぬかねばおさまりませんぞ。箱根を前にして、滞陣をするなどと言うことは出来る筈もないではござらぬか。諸君どう思われるか」

西郷が顔を真っ赤にしてそう言うと、各藩の隊長たちもその通りだと勇み立った。西郷は、明日から直ぐさま東征に懸かるからその覚悟で出陣されたいと言った。

ここからは、西郷と勝の虚々実々の駆け引きが繰り広げられる。勝にしてみれば、何とか幕府軍の暴発を防ぎながら、将軍慶喜の為にも、より良い条件を朝廷から引き出したい考え。勿論幕府軍の中には主戦派も多くいるので、勝も板挟みなのだ。

清の談話によれば、その時分の官軍の行軍というものは、鉄砲を担ぎ、腰には大小の刀、挙句に装束も重たいとくると、行軍も漸く日に五里、六里。六里行くのは少しきつい程であったと回想する。三日目に興津駅に着いた。時に斥候に出していた長岡治三郎が蒲原宿から戻り「輪王寺宮、大総督宮に謁し慶喜恭順の兵に警護せられている。戦いは未だ測ることは出来ない。宜しく速やかに進んで箱根の険を押さえるべし」と言う。

西郷は直ちに進軍の会議を開き、小田原に進軍することを決めた。長岡治三郎は薩摩の中村半次郎、相良治部の二人と共に、早駕籠に乗って小田原に向かった。

清は西郷に「幕府が輪王寺宮に依って官軍を箱根の嶺外に留めんとするのは、表では恭順を示すに似たるも、その真意は素より測り知るべきにあらず、今我が使節この判断の境に臨む。宜しく応援として大斥候の一隊を進むべきなり」と進言した。

清は、箱根を抑えている小田原藩の動向が気に掛かっていた。小田原藩は譜代の大久保家が治める十一万三千石の藩で、江戸の要衝となっている。その動向次第では、進軍も儘ならなくなってしまう。清は西郷に、箱根の関がどうなっているか、大村藩兵を斥候として出したいと申し出た。多くの兵を動かすと時間もかかるので、藩兵の内から精鋭を選び直ぐに出発したいと思うと言うと、西郷も清の申し出に、自分もどうにかせねばならぬと思い、薩摩藩の兵を遣わそうと考えていたところであったと言った。

清は大村藩の部隊の内から隊の半隊を率い、残りの半隊を土屋善右衛門に託して三島に急行した。吉原宿で昼飯をとっていると、土屋が半隊を率い追いついて来た。「これでは上の命令を蔑するもので、このような行動は軍規を乱すことになるぞ」と怒った。土屋が言うには、隊士達が自分たちも一緒に参軍したいとの思いを押さえつけることが出来ず、総督の命を待たずにやって来たとのことであった。

とはいうものの追い帰すわけにも行かず、書を西郷に送ってその罪を謝し、大村藩兵全隊を以て三島に着陣した。その時、甲府に出していた密偵から情報が届いた。その者が言うには、甲州では既に戦端が開かれ、幕府の大鳥圭介が小田原藩に応援の兵を求めに来て官軍を箱根で防ごうと謀ったが、小田原藩は動かず。直ぐに兵を江戸に求めるべく、昨日江戸に戻った所であると。

よし、ここは機先を制して箱根の関を乗っ取るぞ。翌早朝、松明を灯しながら箱根の関の手前、一里半ほどの所までくると、輪王寺宮の使、僧戒善院が大村藩の陣の先頭部隊に来て、土屋善右衛門が応接した。「輪王寺宮が大総督宮へ嘆願すべく西上の途にあるを以て先鋒隊を三島に駐屯せしめられたし」とのことを請われた。

輪王寺宮とは天台宗上野寛永寺の菅頭で、徳川家康を祀る日光東照宮も天台宗である。仏教界においては、天台宗の本山として信仰を集めていた。その使節であるから粗略には出来ない。江戸では、官軍が攻めてくるというので、あらゆる方面から徳川慶喜助命嘆願の願いがあり、その嘆願の為出発されることとなった。官軍総督有栖川宮との直接嘆願である。

善右衛門は「軍の進退は、唯朝命に依るのみ、他の嘱託似るにあらざるを以て、又如何とも為し難し」と述べ、さらに進んで清の前に行くと、輪王寺宮の使いであろうが何であろうが、我々は朝廷の命に依り進軍している官軍であると言った。ところが僧は輪王寺宮の使いと称して威丈高である。

清は立腹し、先鋒隊を三島に駐屯せしめられたしとは何事か、兵を止めることは相成らぬ。これを妨げるならば兵を以て処分すると言った。輪王寺宮と言えば、権現様を祭る最高位の宮。それに仕える僧侶は、いつもの調子でいたのであろう。時勢が分かっていない。清は、「どうなりと勝手にするが良い。兵に気を付けい」と言ったところ、それではどうにもならぬので、我々だけでも先に通れるようにしてほしいと言う。

清も、それはご勝手にとやや突き放して言った。

我々は君たちを捕縛しようとは思わぬ。僧侶を捕らえても何の益にもならぬので、勝手に行かれたが良いと言うと、僧らはそのことを書面に認めてもらいたいと言った。清も頭に来ていたのであろう。それには及ばぬ。その場所に行ってその訳を言えばすぐに通すからと言ってやった。そんなやり取りをしているうちに夜も明け、僧たちは遂に通って行った。明け方、清は兵を率い、途中出会った相良治部等と共に箱根の関に行った。

こちらも音を立てずに行ったので、関所の建物の障子はまだ閉ざしており、中ではだれか起きているような気配であった。清は兵を率いて関門の前に行き、兵を整列して建物の中にいる役人に、起きよと言わぬばかりにラッパを鳴らした。清はその建物の式台に草鞋のまま飛び上がった。奥の方で何やら騒ぎ声が聞こえた。

そこで、我々は官軍先鋒の大村藩の者で、これよりこの関を受け取るので左様心得よと言うと、恐る恐る出て来た関所役人は委細承ったと、なんとも拍子抜けしたことであった。

時に、小田原藩では官軍の兵が東下することに、何か藩命が下っているのかと問うたところ、書付は無いが、兎に角、官軍の兵には抵抗してはならぬとの命令である。これには清も些か驚いて、この関門を引き渡すか引き渡さないかは小田原藩の重大事である。それを一戦もなしにたやすく関門を渡すと言う。お主たちはそれで務めを果たしているとでも言うのか。

それを聞いて役人は、お点前がそう言われるのは尤もな道理であるが、官軍の通行を妨げてはならないとのお達しがある以上、仕方のない事であると言う。関所の官吏は慇懃にこれを迎え入れて応接した。官吏が言うように、小田原藩では藩主が朝廷の命に従うことを決め、関所を守る官吏もそのように取り計らったという事である。

幕府健在の時の箱根の関といえば、「出女《でおんな》に入り鉄砲」の言葉通り、その役人は威張っていたことを皆が知っていた。出女とは、女が偽って江戸を出ることで、特に大名が江戸に置いている妻を国元に引き取りはせぬかと警戒されていた。入り鉄砲は、江戸で騒乱を引き起こす目的で入る鉄砲のことである。箱根の関ではそれらを厳重に取り締まったことで有名であった。それを思うからこそ、拍子抜けしてしまったのである。

清は、関所の役人に武器一切を提出するように言いつけたが、これがまた旧式の武器ばかりで、火縄銃はあっても使えそうなものはなく、その他、槍やら刺股《さすまた》やら、これでは何の役にも立たぬものばかりで、受け取ってもしようがない。あきれ返ったものの、すべて押収した。それから、近辺の絵図を出させた。絵図は関所にとっては大変重要なものであるが、彼らは意外にも恭順の風で、清はそれを受け取った。

さて、関所を受け取った以上は先に進まねばならぬが、かといって関をそのままにという訳にも行かない。往来の人も調べねばならぬ。兵の往来に差し支えぬ限りは、往来を止める訳にはいかない。関門の番もせねばならない。そうすれば兵を分けてここに留めなければならないようになるが、この先で戦いが始まることにでもなれば、兵が足りず、十分に戦う事も出来なくなる。実に困ったことになったものである。

兎も角、自分らは関門を超えて行かねばならぬ役目がある。それで、関所は受け取ったが、我々には先を急ぐ使命がある。ここは、拙者からそなた等にこの関門を預けるが宜しいかと聞くと、彼らは、ご命令の儘にと言う。然らば、これから拙者の命を守り、これまでと同じように心得て関の通行を検査してよろしい。但し、官軍の兵の往来を止めては決してならないと伝えた。

受け取った銃器はこのまま束ねて預けるので紛失せぬよう命じ、大村藩兵は是より関を超えて波多宿に進軍するので、もし何か用向きの事が出来れば、人を差し向けてほしいと頼んだ。彼らは承ったと答えた。それで暫時兵を休ませて昼食をとり、波多宿へ向かった。

清たち大村藩兵は波多宿に宿陣して番兵を配置し、西郷達官軍の兵が来るのを待った。三日ばかり駐屯していると、西郷の号令で本道と、足柄越と韮山を通って三道に分かれて進み、小田原に於いて合するので、君も小田原に向かえとの報があった。さて、輪王寺宮は到底聞き入れてもらえず、官軍も既に箱根を超えた。この上は仕方がないので、清が小田原に到着する三日前にお引き上げになられた由。

小田原に到着して、他藩兵の到着を待っている所に、江戸から練兵館の斎藤新太郎がやって来た。弟の歓之助が大村藩に抱えられて剣術指南をしている。父篤信斎は水戸公とは昵懇の仲である。昇から凡その事は聞いているが、清は斎藤新太郎とは面識がない。偶々、大村藩兵の中に山田慎造という者があって、新太郎の剣術の弟子であった。新太郎は、江戸の事情を話したいと言うが、何のために来たのかは分からなかった。

清にしてみれば、官軍の様子を探りに来たのではないかと思うのも仕方があるまい。佐幕派という訳ではあるまいが、滅多なことでは会う訳にも行かぬと少々疑いの目で見ていた。そこで、用向きの事を山田に聞かせると、新太郎の話では江戸では大騒ぎとなっている。将軍慶喜の事は素より、大久保一翁や勝海舟も朝廷との協議を進めているとの噂で持ち切りであると。それは自分たちが訊いていることと同じだ。

ところが兵士たちは、なかなかそうはいかぬから、幕府の重役たちは甚だ困っているということだ。中でも榎本武揚はあくまで幕府の威信を回復し、再び政権を執らねばならぬと主戦を唱えている。その為、内輪では大変揉めているようだ。既に半蔵門には砲台を築き、如何なる暴動が起きるやも知れぬ。半蔵門は、紙一重で直に西の丸に達する位置にある。新太郎も、官軍が江戸に入ることを歓迎するが、官軍の事を我々から言うのも如何かとは思うが、先ず江戸城に対しては大都督の本陣

大久保一翁

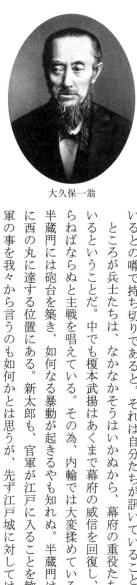

は池上本門寺が適当であると思われる。

また、横浜に早く手を付けて官軍がこれを奪っておかなければならぬ。またそれを奪うには鎌倉が大事である。ここに兵を置かねば、横浜を奪うことは到底出来ない。大都督も鎌倉に御出陣になり、横浜次に池上本門寺へ御出でになるが宜しかろうなどと言った。その意見を聞いて、我々が考えていることと同じであるが、果たして信用できようか。兎も角、西郷の到着を待った。

漸くして西郷も到着し、そのことを報告すると、直ちに鎌倉へ行けと言うことになった。清が兵を連れて鎌倉の探索に行くと、何の別状もない。二晩ほどして、西郷から三月十五日に江戸城を攻撃すると命令が伝えられた。そのつもりで十三日までに到着せよと言うので、取り敢えず兵を纏め五日に藤澤宿に着いた。

イギリス公使パークスとの会談

そこに東海道先鋒参謀の長州藩士木梨精一郎が、大都督西郷隆盛の命を受けて大村藩兵の元に来た。西郷は江戸城を攻撃するに付いて、官軍は実に江戸は不案内であるため、負傷者が出た場合その治療は如何ともしがたい。それで横浜の居留地に行き、イギリス公使のパークスに会って彼の世話で横浜に病院を建ててもらいたい。或いは英国の病院があればそれを使わせてほしい。且、医師並びにその他一切の事を依頼せよと言う。

大村藩の渡辺清を同道し、共に横浜に行って談判せよとの内命である。直ぐに行けと言うので、それは実に尤もな話であるので、木梨と同道して横浜に向かった。

通弁（通訳）を頼んでパークスに面会を求めると、パークスは幸いにも在邸で面会することが出来た。先ず木梨が、この度左様左様の次第で江戸城を攻撃することとなった。その為、病院が必要になった。そこで大都督の西郷から、貴君に依頼をして病院を世話してくれとの願いである。そう言うと、パークスは怪訝な顔をして、「意外なことを承る。我々の聞くところでは、徳川慶喜は既に恭順の意を伝えていると言う。その恭順しているものを攻撃するとは如何なることか」と、その顔は明らかに怒っている。

木梨が「それは貴君の関する所ではない。我々は何処までも戦えと言う命令を受けてここに来た。兎も角、病院を用意して欲しい」と言ったところ、パークスは急に怒り出し「そのようなことは出来ない。世界中いずれの国でも、恭順即ち降伏している者に向かって、戦争を仕掛けると言うことは無いはずである。その様なことが許される訳もない。その上、今日は誰から命令を受けてこられたのか」と。

木梨もその言葉に威圧され「大都督の西郷からである」と言うと続けてパークスは「大都督とは、一体どのような人か。誰からそのような命令を受けている者か。朝廷朝廷と君たちは言うが、それは一体何者であるか」。パークスの怒りの勢いは収まらない。清もはらはらしながら聞いている。

「一体、今日の日本に政府というものは無いと思う。それは如何なることかと考えてみよ。元来、居留地の外国人が如何なるものかご承知でありましょうや。若し、その国で戦争が起きる場合、居留地の人民を統括していると処の領事にまず政府の命令が届けられなければならない。それに今日まで何の命令もない。また命令を発するに際して、居留地警護の兵を出さなければならない。その手続きが出来たうえで戦争を始めるのが道理である。それが出来てはじめてその国に政府があるというものである。然るに、今日、それらの事は何一つもない。それ故、自分は今日の日本が無政府の国であると思うのである」と。

木梨はその言葉に、ただ茫然としている。返す言葉が見つからないのだ。

パークスは更に続ける。「密かに聞くところによれば、君たちは江戸に向かって兵を進め、東海道の兵とか中山道の兵とかが進軍していると言う。如何なる次第であるか一向に分からん。それ故、先達て自費で船を雇い、兵庫に遣って大抵の事は分かるであろうと様子を聞いたところだ。またご存知かも知れぬが、居留地には貴国より警護のための兵は出していない。然るに、君たちは兵をどんどん送り込もうとしている。こうした状況では、この居留地に如何なることがあるか判ったものではない。それ故に仕方がないので、我が海軍兵を上陸させて居留地を守らしている。今、赤い服を着た兵士がそれだ。国際法を無視し、この様に乱暴な国がどこにあると言うのか」

木梨も清も、全く返す言葉もなく、何とか言葉を継いで、パークスの怒りを鎮めようとはしたものの、こちらに非がある以上、病院云々の相談どころでは無かった。しかしそれでは務めも果たせず逃げ帰ってしまったことになる。兎も角、こちらの対応が間違っていた。勘弁していただきたい。唯、これはお願いであるが、万一怪我人があった時は、ここで治療だけはお願いできないであろうかと言うのが精一杯。

その言葉も終わらぬうちに、パークスはついと席を立って、中に入って戸を閉めて出てこない。仕方もなく二人は顔を見合わせ、居留地を出て近くの茶店に立ち寄り、これはどうもいけない。パークスの言うのが道理であるから明日の江戸城総攻撃は出来ない。早く各国領事に大総督から通知を出さねばならん。

そこで清は、直ぐに品川に行き、西郷にこの報告をすることとした。木梨とは横浜で別れ、馬で品川に向かい、午後四時頃に品川に到着した。直ぐに西郷に会い、横浜での事を逐一報告した。

第十章　江戸城無血開城談判

西郷と勝の新生日本に託した思い

西郷も、パークスの話を聞き、最初は困惑していたが、暫くして、「良い良い。しかしそれは却って幸いであった。この事は自分から言うてやろうか、成程それは宜し」と言った。

清は最初、その言葉の意味が分からなかったが、西郷の顔を見るとそうまで憂いてはおらぬ様子であった。

勝安房が急に、自分に会いたいと言って来ている。勝は必ず明日の江戸城総攻撃は止めてほしいと言うであろう。勝は今、実に困った様子である。西郷はじっと考えながら、ここで君の報告を勝に聞かせれば、我等に害がある。そこでだが、パークスとの話は伏せておいて、明日の討ち入りは止めなければならぬ。止めた方が良かろうと言った。勝がすでに品川に来ているから、君も一緒に来てはどうかと言われ、それではお供致しましょうと言うことになった。

勝とは、長崎の海軍伝習所時代に既に面識はあった。その時、西郷と一緒に行ったのは、薩摩の村田新八と中村半次郎で、清の談に依れば、自分は付け足しのようなものであったという。村田新八の事は、昇が藩主の命を帯び

勝 海舟

村田新八

中村半次郎

て薩摩に使いした時、長崎から一緒に渡ってくれた人物で、その話は聞いていた。

慶応四年（一八六八）三月十四日、場所は品川田町の薩摩藩邸である。勝安房は肩衣の武家装束、西郷以下の者達は、戎《じゅう》服と言って西洋風の軍装であった。清の談話に依れば、下はズボンである。この時、次の間に控えたのは、官軍側が村田新八、中村半次郎（桐野利秋）、渡辺清左衛門（清）、幕府側は大久保一翁と名前は分からない者としている。山岡鉄太郎（鉄舟）の可能性もあろう。

この時のやり取りを、史談会速記録の清の言葉で再現してみよう。勝がまず切り出した。

徳川慶喜が恭順の意を示しているのは既にご承知のはず。大坂城を引き払って江戸に帰ったというのが、既に事実上、恭順の大意を達する精神である。我々もまたそのような考えで、慶喜公の命に依り、どこまでも恭順ということでやっている所である。ついては、出来うれば箱根以西に兵を留めてもらわねば、この江戸にいる大勢の旗本やら、又それぞれの藩の者達も状況次第では、どのように沸き立つものか知れぬ。これが我々の願いであった。

今我々は、彼らをどうやって鎮撫するか、一命を賭して思案している所だ。我々としては、将軍慶喜以下、何としてでも朝廷に頭を下げ、和平の意思を貫く所存である。

然るところ、密かに聞くところでは、明日江戸城総攻撃を計画されているという事であるが、兎に角、それだけは見合わせて頂きたいと願うため、こうして参上した次第である。

薩摩藩邸で行なわれた江戸開城の談判（西郷隆盛Ⓐ、勝海舟Ⓑ、中村半次郎［桐野利秋］Ⓒ、渡辺 清［清左衛門（清）］Ⓓ、村田新八Ⓔ、『新編 大村市史』第４巻 近代編より転載。原画は青柳有美画「高輪薩州邸の談判」〔日本近代史研究会編『画報 近代百年史』第２集〕）

西郷は、恭順と言うのであれば、其実を挙げて頂きたい。我々が命ずるところにより、将軍慶喜はどこ迄も引きこもって謹慎しようという事である。そうであれば相当の所に引きこもって宜しい。上野であろうとも或いは別の場所であろうともご勝手である。

江戸城は直ぐにお引渡し願えるかと西郷が言うと、勝も直ぐにお渡し申そうと応じた。

兵器弾薬は如何に。それもお渡し申そう。

軍艦は如何に。

これに対し勝は、陸軍の事であれば自分が差配するところのもので、穏当に渡そうと思うが、軍艦となれば、自分の思うようにはならない。実際海軍を任せられているのは榎本である。釜次郎（榎本の本名）は我々と一々同意とは申し上げがたい。しかしながら、今ここで官兵に対して粗暴の挙動をするとは思い難い。本人もその気持ちは無いでありましょう。

されど軍艦の受け渡しの事だけは到底私は受合われませぬ。素より、江戸城も明け渡さねばならず、弾薬も差し出さねばならない事は承知であるが、西郷殿、よくよく我々の心底をお察し願いたい。

勝は必死の面持ちで言葉を継いだ。

旗下八万騎と言うが、これに伴う家臣や御家人などの幕臣は更に莫大な数となる。また幕府幕兵に準ずる各藩の兵もそれぞれ江戸市中に大勢いる。今、この江戸市中の混乱と言うのは、容易ならざるものがある。私も既に、殺害されようとしたことが数度ある。

朝廷の為に尽くすとあらば身命は少しも惜しくはないが、今死んでみたところで、徳川家は一体どうなるとお思いか。大久保一翁を始め、ここにいる者は皆々同様の考えである。

斯く申し上げると、あるいは諸君からお疑いを受けるかも知れないが、我々は、官軍から疑いを受くると同時に、我が幕府の重役その他の者達からも疑いを受けている。その間に挟まって居るのが拙者達であって、又その間に挟まって誠意を尽くそうとされるのが慶喜公である。慶喜公と言えど、号令を発してその通りにすることが出来ない今日の形勢である。然るに、明日兵を動かし江戸城を攻撃するならば、何等の変動を引き起こして、慶喜公の精神も水泡に帰するのみならず、江戸は勿論の事、天下の大騒乱となることは目に見えている。

西郷殿には予てより申し上げていることであるから、大抵はご了承の事と思うが、兎も角も明日の戦闘だけは止めて頂きたい。

西郷のこれに対するも実に要点だけを聞き、格別他の事を言い出す訳でもない。これもまた見事な対応ぶりであった。

もとより西郷は彼のパークスの一件を心に承知して居るから、その事は一言も口に出さぬが、心中では明日の攻撃は止めなければならぬという気を持って居ったと見え、段々話も進んだところで、然らば宜しい、先鋒隊の挙動は拙者が預かる所であるから攻撃だけは止めようが、我が注文通り貴君がなさるか、明日の攻撃兵は中山道にもあればその他にもあるから、これ等には攻撃中止を伝えることと致そう。

勝は、それは実に大慶である。直ちに慶喜公の所に帰り、その号令を以て早々鎮撫して、必ず官兵に向かって粗暴の挙動をなすことがなきよう、殿に申し上げるつもりである。

西郷は、それはそうであろうが、先ず第一に城、兵隊、兵器を渡さねばならぬ。これを是非急いでしなければならぬと言う。

勝は、それは暫時待って貰いたい。

その事については甚だ苦しむ処である。

内情を能く考えて貰いたい。今日若しその令を発せば、不満を抱く家臣たちが慶喜公を生捕りにするかも知れぬ。我々も命を真っ先に取られるであろう。敢えて命を惜しむ訳ではないが、徳川三百年の功も斯くの如くしては天地に対しても申し訳なく、又朝廷に対して大罪を蒙る訳であるから、唯、将軍が鎮撫するというまでにとどめて置いて貰いたい。後はまた後で如何様ともしようと言う。

西郷も、然らば宜しい。その積りを以て慶喜も降るように、何処までもその方針を以て鎮定するがよい。此方は恭順がどれ位出来るかを見ましょう。故に明日の攻撃は止めようと言って別れた。

勝も満足そうな面持ちで引き取った。

清は談話で「実にその時の話は能く順序も立ち、実に見事なものであると敵ながらも感じ入った位でございます」と昨日の事のように思い起こして話した。談話はさらに続く。勝が引き取った後に、板垣退助が馬を飛ばして西郷の元にやって来た。板垣は中山道から兵を率いて江戸に入り、市ヶ谷の尾張藩邸に在ったが、攻撃中止の命令を聞いて驚き、なぜ攻撃を始めないのかと西郷に問うため馳せて来たのである。

板垣は西郷の所に来て、何を以て明日の攻撃を止めたのかと詰問調で西郷に迫った。勝が罷り出たということは密かに聞いたが、勝がどう言ったかは知らぬが、進軍を止めるとは如何にと、興奮して西郷に迫った。

板垣退助

西郷も板垣が怒って来るであろうことは既に予測していたと見え、これに対して言うには、先ず待て、こちらにも一つ大きな問題が起こった。この席にいる渡辺清左衛門を横浜のパークスの元に遣って、負傷兵の治療を願ったところが、パークスは国際法を持ち出して、戦争を始める前には必ず外国人の安全を守るため、各国領事官に通知をしなければならないこと。更に慶喜は恭順の意を伝えて謹慎している。これを攻めるというのは国際的にも理解されないとの事である。

確かにパークスの言う事は一理ある。どうもこれに対しては仕方がないところである。これを無視して戦いを起こすことは、天皇や宮様も望まれないであろう。その為、明日の江戸城総攻撃は一旦止め、徳川方がどう出るか見ようと思うておる。板垣もそういう事情があるのであれば異存はないと言って引き上げた。談話では、板垣が西郷の言う事に納得して帰ったと、ややあっさり目に言っているが、実際は激しいやり取りがあったのではあるまいか。

この江戸城攻撃を止めた原因は右の次第で世間の人の知らぬことです、と結んでいる。これが「江戸城無血開城談判」の様子を、世間に対して最初に伝えた、明治半ばの史談会席上における清の談話である。

清がここで話す気持ちになったのは、既に西郷も亡くなり、もうあの時の話を伝えても良かろうと思ったからであると言っている。勿論、清にしてみれば、パークスがなぜあそこ迄怒ったのか、その背景を知る由もない。

レオン・ロッシュ

あの時、幕府側についていたのはフランスである。フランス公使ロッシュは徹底抗戦を幕府側に進言した。

フランスの軍人たちが訓練した幕府の新式銃で武装した陸軍、そして優秀な軍艦を持つ海軍。その軍隊をもってすれば、薩摩、長州の軍を破ることは出来る。

これに対して薩摩側についたのがイギリス。西欧列強にもそれぞれの思惑がある。それにうかと乗っていれば、さてどうなったであろうか。勝は長崎の海軍伝習所にいた。そこで得た海外の知識は、勝の世界観としてあった。一方、西郷にしてみても外国の動きと狙いは薄々知っていたであろう。その情報を得て学ぶ場所が九州であり長崎であったのだ。

清の談話はまだ続く。近代日本の初期を形づける情報ゆえ、今少し紹介しておこう。江藤新平が、佐賀の兵を率いて中山道から江戸に入った。この事は後から聞いたのであるが、江藤は江戸に到着すると、直ちに町奉行所に踏み込んで、その書類を悉く取り纏めた。この事については誰も気が付かないのである。

維新後に至って皆がその書類を基にしてやったことが余程ある。その後に至って大蔵省でも民部省でも、布令を発することにつき、参考となって益を得たること少なからざることである。これは江藤の功であると思います。この日本歴史に残る会談により、江戸の町は救われた。若し、戦争になれば江戸は焦土と化し、そこから惹き起こされる日本国内の動揺は戦国時代の様相を呈したかもしれない。それに外国勢力の軍事的介入を許せば、長崎にせよ、植民地化されることが考えられたはずである。

さて、清の談話には出てこない重要な会談が、西郷と幕府の山岡鉄太郎（鉄舟）の間で駿府に於いてすでに交わされていた。上野寛永寺で謹慎中の徳川慶喜は、警護役の高橋泥舟を傍に呼び、官軍に恭順の意を伝えてほしいと言ったことから、高橋は代って義弟の山岡鉄太郎を推薦した。

山岡鉄太郎（鉄舟）

山岡は西郷を知らなかったこともあり、勝海舟を屋敷に訪問する。勝は山岡とは初対面であったが、その物腰から山岡の人物を大いに評価し、進んで西郷への書状を認めたという。偶々、薩摩の西郷が行わせた江戸市中焼き討ちで幕府方に捕らわれた後、勝が自邸に軟禁していた薩摩藩士益満休之助を護衛につけて送り出した。

偶然は重なるもので、山岡と益満は浪士清河八郎が結成した虎尾の会に所属し、旧知の仲であった。山岡は徳川慶喜の使者として三月九日に駿府の大総督府に益満と共に急行した。西郷は勝からの使者と聞いて山岡と会い、山岡の真摯な態度に感じ入り、その交渉に応じた。この会談で初めて西郷から徳川家へ開戦回避に向けた七ヶ条の条件提示がなされたのである。
『海舟日記』に拠れば、慶応四年三月十日条
「山岡氏東帰、駿府にて西郷氏へ面談。君上の御意を達し、且、総督府の御内書、御所置の箇条書を乞うて帰れり。嗚呼、山岡氏沈勇にして、その識高く、能く君上の英意を演説して残す所なし。尤も以て敬服するに堪えたり。その御書付は、

一　慶喜儀、謹慎恭順の廉を以て、備前藩へ御預け仰せつけらるべき事
一　城明け渡し申すべき事
一　軍艦残らず相渡すべき事
一　軍器一宇相渡すべき事
一　城内住居の家臣、向島へ移り、慎み罷り在るべき事
一　慶喜妄挙を助け候面々、厳重に取調べ、謝罪の道、屹度相立つべき事
一　玉石共に砕くの御趣意更にこれなきにつき、鎮定の道相立て、若し暴挙致し候者これあり、手に余り候わば、官軍を以て相慎むべき事右の条々実効急速相立ち候わば、徳川氏家名の儀は、寛典の御処置仰せつけらるべく候事」

山岡は、第一条だけは絶対に受けることは出来ないとして断固拒否し、西郷との間で問答となったが、山岡が、もし立場を替えて西郷が島津の殿様を他藩に預けろと言われたら承知するかと問うと、西郷も山岡の立場を理解し、第一条は西郷が預かる形で保留となった。

山岡はこの結果を持って翌十日、江戸へ帰って勝に報告。

西郷も十一日に駿府を発って十三日には品川田町の江戸薩摩藩邸に入った。

西郷は、最後まで主君への忠義を貫かんとする鉄舟の態度に触れて心を動かされ、その主張をもっともだとして認め、将軍慶喜の身の安全を保証した。

これによって江戸城無血開城への道が開かれることとなった。

江戸城無血開城の中身は西郷と鉄舟の交渉でほとんど決まっていた。

このあたり、西郷の人柄と立場がよく表れている。

渡辺清の談話から判断する限り、西郷は、渡辺清にもそのことを知らせてはいない。木梨も同じことだ。

西郷はこの事を官軍の首脳の誰にも話さなかったのではなかったか。とすれば、この時点では、西郷は自分の腹の中だけに収めていると見た方が良いだろう。

一方、山岡は江戸に帰り、勝に真っ先に報告した。将軍慶喜が親衛隊長の高橋泥舟に西郷との接触を命じ、高橋が動けぬからそれを山岡に託し、山岡は西郷を知らぬから勝の元を訪れ、その人となりを聞いた。否、そうではあるまい。慶喜が高橋に相談したところはその通りで良いだろうが、命を受けた山岡は勝に相談した。そのことは慶喜も知った上での事。

ここで勝を西郷の元に行かせると、万一、西郷が応じなかった場合、次の手が打てなくなってしまう。その役割を担ったのが山岡鉄舟であった。さらに言えば、勝はイギリス公使パークスに会談に関して相談を持ち掛けたのではあるまいか。

パークスも日本がこれ以上戦争になって江戸が大混乱に陥るのは良しとしない。何も知らない木梨精一郎と渡辺清が、横浜居留地でイギリス公使パークスに会い、パークスから国際法を持ち出されて散々に叱られて二人は進退窮したが、清の報告は西郷にしてみれば勿怪の幸い。これで勝との会談のお膳立てが出来た。

板垣の件も、西郷は知らぬ顔でパークスの一件を持ち出して板垣を説得した。西郷は板垣等官軍参謀たちを説得する材料として、敢て木梨と清をパークスの下に遣り、パークスもそれと知った上でひと芝居を打ったのではなかっただろうか。こうして江戸城無血開城は成った。

従って、この時の事はこうであったとか、全てをさらけ出すような稚拙な行為は、西郷、勝、山岡はしていない。少しの手柄話程度にはしたかも知れぬが、それは世間の要望に抗しきれず、むしろ本当の事を隠す「巧妙に作られたお話」であろう。

西郷が西南の役に斃れたのが明治十年。この時の話を清がするためには、時が必要だったのだろう。

こうした理由から、品川での談判の席に陪従したものは、幕府側が大久保一翁と名前は分からない者としているが山岡鉄舟で、官軍側が西郷の護衛役として薩摩の中村半次郎、村田新八、そして上手く舞台に引き出され目撃者となったのが大村藩の渡辺清であった。

山岡の話にせよ、品川談判の話にせよ、また或いはパークスとの話も含めて、阿吽《あうん》の呼吸とでも言おうか。まさに時代の難局で、英雄たちがその舞台を回していた。

江戸城の授受

西郷は、勝安房の降伏条件を大都督府に伝えるため、兵の進軍を止めた。慶喜を水戸に謹慎させることとし、江戸城は尾張藩に交付し、軍艦兵器も同じく尾張藩が管理するよう方針を定めた。

四月四日、先鋒副総督柳原前光、西郷以下参謀五名を従えて江戸城に入り、勝安房、大納言一橋言茂、中納言田安慶頼等にその旨を伝え、城を領収した。慶喜は城を出て上野寛永寺に一旦居を移した。

十日、勝安房は寛永寺に至り、城明け渡しが無事済んだことを報告し、辞した後、馬で江戸城の周りを三度巡視し、士民が動揺せぬよう目を配ったと言う。

十一日、西郷隆盛以下、海江田武次、木梨精一郎、榛葉一平、谷村長兵衛及び渡辺清を従え、二重橋門より西の丸に向かった。田安中納言が衣冠を着して式台にこれを迎え、先導して大広間において勅諚《ちょくじょう》を拝謝し、尾張藩をして城地を領せしめた。

これで、江戸城明け渡しの儀礼が終わった。

慶長八年（一六〇三）に徳川幕府がここに始まって以来、実に二百八十二年にして初めて皇室に収められることとなったのである。鳥羽・伏見の役以来、僅かに四ヵ月後の事であった。

この間、何事もなかったわけではない。九段坂に駐屯していた幕兵数百人の武器を押収しようとしたが応ぜず、熊本藩兵と大村藩兵が向かってこれを収納した。幕府の者達からすれば、おめおめと武器を渡してなるものかと思うのが当然。この時は何とか押収することが出来た。

こうして見ると、幕府の旧家臣たちは恭順しているかのように見えるが、その憤懣はマグマのように溜っていた。それが噴き出さずにいたのは、将軍慶喜がまだ上野寛永寺にいたからである。

さてここからは、清を中心に土屋善右衛門、長岡治三郎らの聞き取りに基づく臺山公事蹟によって、大村藩隊の行動を追ってみることにする。

それから間もなく、関東各地で反乱が起き、清たち大村藩兵にも出動の命令が下った。下総小山地方で反乱が起こり、官軍は敗退した。その為、大村、津（藤堂）二藩に応援の援軍を送るよう命令があった。

幕臣並びに東北の武士達の中には、将軍が恭順の意を示しているものの、これに服せざる者も多く、脱走して官軍に抗した。その一隊は結城城（茨城県結城市）を陥れ、宇都宮に迫った。この勢いは凄まじく、官軍は持ち堪えることが出来ず、古河、館林方面に退却した。

大村と津藩は、二十日江戸を出発。二十四日雀宮駅に着陣した。その頃、東山道軍の主力は宇都宮城を奪回していた。清は単騎で馳せて宇都宮に行くと、薩摩の将伊地知正治は深く応援の労を謝した。

伊地知は関宿《せきやど》を押さえるよう清に頼んだ。関宿は利根川河畔に在って、弾薬糧道補給の要衝である。

大村藩兵はその夜の内に間々田に入り、翌早朝、利根川を下って関宿に到着。そこの武家の屋敷に陣を置いた。まもなく清は軍監に任じられた。軍監は軍の司令官である参謀の下で全軍の動きを監督する重要な役目である。その後、大村藩兵は行徳に向かい、そこに陣を張った。時に情報があり、船橋方面の賊徒が佐土原藩兵に敗れて八幡方面に退却し、官軍はこれを検見川、佐倉方面に追撃中であるという。

偶々そこに薩長の兵が軍監の相良治部と共に到着した。

官軍は検見川に上陸して寒川に宿陣し、斥候を出して敵の動静を探り、明日の早朝を以て進発することとした。この時、大村藩兵は先鋒を任せられ、士気は大いに上がった。皆、刀を磨き、銃を確かめ、七日明け方に寒川を発して八幡近くに到達すると、俄かに我が軍の先鋒が賊徒の先鋒と衝突し、銃撃戦が始まった。戦いは一時間ほどに及び、敵兵は退散。それを薩摩、長州、備前、佐土原、津の兵と共に追い、五井川に至った賊徒は川を挟んで堤防に上り、舟を陸に引き上げて防戦した。

官軍もこれを攻めようとするが、水深が深く徒で渡ることが出来ない。大村藩兵は直ぐに川の上流に回り、渡船数隻を奪って密かに川を渡り、佐土原兵と共に賊の不意を突いて壊走させた。

官軍はこれを追い、姉ヶ崎城に迫り、総攻撃してこれを陥れた。この戦いは官軍側が戦死者一人、負傷者二十八人、賊徒が遺棄した屍は五、六十人を数え、負傷者は百四、五十人を数えた。官軍側の大勝利である。

柳原前光

大村藩兵が先鋒を任されて戦った最初の激戦であった。

この戦いで、房総の賊徒による反乱は殆どが姿を消した。

軍監相良治部《さがらじぶ》は全軍を督して海路江戸に帰り、清は兵を率いて富津、佐貫、久留里を経て大多喜に至り、副総督柳原前光《やなぎはらさきみつ》に謁して戦闘経過を報告し、柳原に随いて陸路で江戸に凱旋した。この辺り、清のまじめな性格が表れている。

江戸騒乱

将軍慶喜が水戸に謹慎するため上野寛永寺を出ると、それを待っていたかのように江戸では、それまで将軍を守っていた幕臣たちが、他藩の藩士も加わり官軍に対して蜂起を開始した。上総の木更津に領地を持つ請西《じょうさい》藩一万石は、林忠崇《ただたか》が家督を相続した。歳は二十歳前であった。慶喜が恭順の意を示したのちであったが、幕府内でも徹底抗戦を唱える者達も多く、幕府遊撃隊の中にも恭順派、抗戦派が分かれた。

山岡鉄舟もその一人であったが、恭順派となる。抗戦派の一人、伊庭八郎は上総の請西藩に蜂起を求めた。藩内では恭順派、抗戦派の二つの意見が戦わされたが、藩主忠崇は抗戦派に与し、何と藩主自らが凡そ七十名の藩士たちと共に脱藩したのである。忠崇は上総で敗れ、その身柄は沼津藩に託されることになったが、脱藩した旧藩士達と共に伊豆、相模、甲州の諸州を巡り、官軍に抗せんと説いて回った。

林 忠崇（昌之介）

その報が江戸の大都督府に届いた。このままにしておけば関東で反抗する藩が増えるであろう。そこで東海道先鋒副将柳原を鎮撫に向かわせた。柳原は出発に際し、清と相談して大村藩士和田藤之助を加え、藤之助も清の許可を得て山田慎造、宮原謙造の二人を伴った。この時、因州の中井範五郎、佐土原の三雲爲一郎の二人も選ばれて軍監に任じられ、伊豆、相模の監察となった。

五月六日、和田は山田、宮原及び従卒の彌十の三人を従えて任地に向かったが、直ぐに小田原藩が態度を翻し、賊徒と通じているとの報告があった。

箱根の関を敵の手に渡してはならぬと、三雲は小田原に行って藩状を監察し、中井は箱根に行って小田原藩の関を守る兵を監督し、和田は沼津に在って藩状を確かめ、且帰順した諸藩に出軍を命じた。今将に林忠崇等の武器を押収しようとしたが、小田原藩では官軍の命に依り伊豆、相模を守っているので沼津に出軍することは出来ないと言ってきた。五月十五日、和田は沼津出陣の事を伊豆、相模の軍監に報告させようと山田を小田原に遣わした。山田は命を帯びて小田原に赴き、その帰途十九日に本箱根で中井と会い、その命を受けてそこに留まり小田原兵を指揮することとなった。

この日、林忠崇は沼津を脱し、密かに小田原藩の兵と通じ、箱根の関所に迎え入れたという情報がもたらされた。中井もこれを察知して、五月二十一日密かに箱根権現堂に至り、対応を協議することにした。その時、関所の兵は既に賊徒を迎え入れており、そうとは知らない中井らを襲った。山田慎造は剣術に優れ、賊に突撃して四、五人を倒したが、衆寡敵せず、一行十三人は悉く凶刃に倒れた。林等賊徒たちは小田原に至り、三雲爲一郎を捕らえようとした。

二十三日、危機が迫っていることを感じた三雲爲一郎は逃れて江戸に帰り、小田原藩の翻意を大都督府に報告した。その報に驚いた大都督府では直ちに追討の決定を行い、同日、問罪の使いを小田原に派遣した。一方、沼津では五月十九日、和田藤之助の宿泊する宿に訪ねて来た者たちがあった。

夜半、しきりに戸を叩き、宿の主人を呼んでいる。その声に、既に布団に入っていた藤之助も怪しみ、起きて刀を差したところに、数人が刀を抜いて乱入してきた。藤之助も刀を抜いてこれに応じ、僅かに隙を見て遁れ、沼津藩重役黒澤彌兵衛の屋敷に駆け込んだ。宮原謙造は逃げて見張り番所に行き危難を免れた。しかしながら、従卒彌十は奮戦したが賊に切られて死んだ。和田は黒澤と相談して追捕の兵を出し、賊徒の探索を行わせた。

偶々、沼津藩に拘留された林等の一味は、続々と脱走しているとの報があった。そこで和田は沼津藩に直ちに追撃するよう命じたが、沼津藩の兵は因循にして全く進もうとしない。賊徒はその隙に乗じ、遁れて箱根の関を乗っ取った。

和田は五月二十一日、三島宿で賊の間諜山本七兵衛を捕らえ、そこで初めて沼津藩士の中に賊徒に通じている者だけでなしに、駿河、岡崎藩でも脱藩して賊徒に加担している者が多いとの実情を知り、宮原と松下の家来野口喜源次に通じて後事を託し、甲府に陣を敷く柳原卿に謁して、沼津公を副将府に留置してもらうよう献策し、残党を掃討する為援兵を求めた。

二十五日再び沼津に帰り、二十八日大挙して三道より進み、箱根の関所に至れば、官軍がすでに関を奪還していた。先に、大都督府は問罪の使いを発するにあたり、大村藩兵にも応援の兵を出すように命が下った。時に大村藩兵は五月二十五日夜、飯能より凱旋の途時に在り、参謀となった渡辺清は命令を拝命すると、海路で進軍することとし、大村益次郎に汽船の準備を願い出た。陸路を行けば、三日は掛かるからである。

大村藩兵が二十七日に品川から出発しようとしていたところ、小田原藩が降伏してきたことが伝えられた。このため江戸に留まり、桜田門外杵築邸に入って屯所とした。

さて、敗れた忠崇らは沼津を逃れ、東北の戦いに転戦するが、相次ぐ敗北と盟主である仙台藩の新政府への恭順、徳川家存続の報を受け仙台で新政府軍に降伏した。維新後、忠崇は秩禄処分によって収入は完全に断たれ、生活は困窮した。明治六年（一八七三）になって、東京府に下級役人として登用されたが、明治八年、東京府権知事楠本正隆と意見が衝突し辞職した。

大名としての地位は剥奪され、その後も生活の困窮は続いたが、明治二十六年（一八九三）、西郷隆盛が朝敵扱いを解かれたことにより、旧藩士たちによる家名復興の嘆願が認められ、華族の一員となって従五位に序された。昭和十二年（一九三七）には旧広島藩主浅野長勲が死去し、忠崇は生存する唯一最後の元大名となった。

楠本正隆知事と、どのような意見の対立があったかは定かでないが、明治八年といえば岩倉や大久保らが欧米視察旅行から帰り、日本の新政治体制が西欧をモデルとした全く新しい体制に移行しようとする将に過渡期である。九州では佐賀の乱、秋月の乱、山口では萩の乱が引き続いて起こり、明治十年には最後の武力反乱となる鹿児島の西南の役に繋がっていく。旧体制とその価値観しか知らなかった日本人の前に、と言うより主導的立場にあった旧武士達の前に、西欧を模した新政治体制が施行される。旧体制の破壊と新たな体制への再建。明治新政府の「ごいっしん」によって時代の価値観は激変して行く。その激変の過程の中で、新体制推進派の急先鋒楠本と、守旧派の忠崇の考えが違っていたのは当然の事と言えよう。

上野彰義隊

将軍慶喜が水戸に謹慎するのを待っていたかのように、将軍を警護していた彰義隊は官軍と雌雄を決しようと急速に兵備を整えて行った。これに旧幕臣たちや他藩の藩士も糾合して、その数は日増しに膨れ上がり、官軍に対して蜂起を開始した。彼らは上野寛永寺を拠点とし、その数は二千人とも三千人とも言われる数となった。

この時、官軍は既に加賀を経て越後の境まで兵を進めていたが、未だに越後は態度を詳らかにせず、一方奥州地方では九条総督が仙台に進んで陣を構えていたが、奥州各藩の藩論の動向は定まらず、ある藩は密かに賊徒に通じ、ある藩は首尾一貫せず、状況を見て勢いのある側に付こうとする動きがあった。

官軍の多くは、江戸を離れている。こうした中で、平穏を装っていた江戸では彰義隊の動きが活発化して行くのである。

彰義隊は奥羽の動き、奥羽では彰義隊の動きをそれぞれ見ていた。更に、榎本武揚の海軍はその動きを支援した。

薩長を基軸とした西南諸藩は、江戸後期以来、幕末に至る西欧列強の横暴を見て来た。

それが、禁門の変では長州藩兵の暴発を、会津、薩摩の両軍が武力で退け、それがために一時期、長州藩士を中心にして「薩摩憎し」の感情が高まっていた。だが、薩英戦争、馬関戦争で西欧列強の力を現実のものとして痛感した時、薩摩と長州は恩讐を超えて同盟することとなった。大村藩も含め、九州を中心とする西南雄藩が、薩長同盟を基軸とした討幕連合に加担していくのはそうした背景があるからだ。

だが、奥州、東北諸藩はそうした体験が西南諸藩とすると希薄であると言わざるを得ない。それ故、徳川家への忠誠、徳川の藩屏たらんとした会津藩を守ると言うのは、武士としては至極当然の成り行きのように見える。

更にもう一つ。薩長同盟の必要性を知る渡辺昇が幕府軍包囲網の中で、高杉に会って薩長同盟の必要性を説いた時、その旗下にあった豊前の勤王思想家長三州が「薩摩と同盟せよとは何事か。肉を喰らってやりたいほどだ」と刀を抜かんばかりに迫った。

これは第二次長州征伐が起こった頃の様子で、この時点では明らかに薩長同盟は成っていない。これは昇の自伝に依れば、慶応二年七月二十一日の事である。

西郷と木戸が会談し、意を通じた書面に坂本が署名したと言うものは、あくまで西郷と木戸（達）の間で交わされたものであって、藩主同士が交わしたものではない。

当時の薩摩でも、長州でも、藩主の元に藩士すべてが勤王に纏まっている訳ではなく、西郷を中心として勤王方に与する薩摩藩士、木戸を中心に勤王方に与する長州藩士達と言った方が、時代を説明するうえでは適切であろう。

この辺り、司馬遼太郎の小説『竜馬がゆく』に影響を受けた人たち（研究者も含めて）が、これで薩長同盟がなったかのように考えるのは、確固たる資料を検証した結果とは言えまい。

だから薩長同盟が無かったと言おうとしているのではない。寧ろ薩長同盟の端緒と捉えた方がよい。

更に昇が西郷に「薩摩と長州が結び会津を討て、恨みは会津に向けよ」と言った時、新生日本の誕生の為には、他に敵を作り出すと言うストーリーが必要で、長州藩にとっては「禁門の変の恨み」を唯一濯《そそ》ぐものであった。

そうした中で、奥羽越列藩同盟は時代の必然であり、一方、長州藩にとっては親兄弟を討たれた恨みを晴らすための戦いであり、朝廷にとっては新たな秩序を築くための戦いでもあった。

その前哨戦が、上野の彰義隊の蜂起である。

蜂起の動きを察知した官軍は、五月十四日、大都督府が討伐の命を下した。

参謀は作戦を練り、各藩の部署を定めた。この時、清は既に官軍参謀の地位にあった。

薩摩藩は先鋒隊として寛永寺の正門、湯島より黒門口から攻め、彦根、筑前、肥後、鳥取諸藩はこれに続く。

長州、大村、佐土原藩を先鋒として、筑後、肥前、館林藩がこれに続き、次いで団子坂方面から迫り、筑後、筑前、肥前の三砲隊を配置して上野を監視する。

備前、尾張、甲州、佐土原の砲隊を駒込水戸邸に置いて本郷口の備えとする。

大村益次郎

一橋より水道橋方面は、阿波、尾張の二藩が警備。蔵前より吾妻橋方面は紀州藩。聖堂坂方面は新発田藩。

森川宿追分は備前藩が警戒にあたり、さらに紀州兵をして大川筋の橋、鳥取兵をして千宿の大橋、備前兵をして江戸川筋を守らせた。

この他、肥前の兵は下総の古河城に詰め、広島兵は武州の忍城を、筑前兵は川越方面を警備させた。賊の援軍を防ぐためである。そうしておいて僅かに根津方面のみを開けて、賊の退路と為す。このように議決して、十五日を以て攻撃を開始した。

部署が定まると、参謀の大村益次郎が清に「上野で敗れれば、賊は必ず裏門より本郷に逃げるであろう。大村藩は長州、佐土原藩と協力し本郷より根津に出てこの賊にあたるべし。而して足下は佐賀兵の為、大砲監督に当たれ」

翌十五日未明、大村藩兵を並べ検閲を行う。その数百余名。

大村藩隊総督は土屋善右衛門、軍監は長岡治三郎、以下小隊長、半隊長、分隊長、兵士の編成である。

兵士は皆新式銃で武装し、大砲は二門、医師数名、中間が十余名いる。

午前三時、大村藩兵は江戸城馬場崎門に集合し、諸藩兵が到着するのを待って共に前進して本郷の加賀藩邸に入り、隊を左右二隊に分け、右隊は団子坂口、左隊は根津に向かった。

出発に当たり、清は両隊に「加賀藩邸より山内を砲撃し、薩摩兵が黒門口に突入した後、命令を下すまでは決して攻撃してはならない」と訓令した。両隊が暗闇の中を静かに進み、右隊が千駄木より団子坂に出ようとしたところ、突如、伏兵が崖下から垣を隔てて大村藩兵を狙撃した。

昨夜から風雨激しく、道はぬかるんで霧も深く、応戦しようにも暗くて前が見えなかった。敵の銃弾が雨の如くに降り注ぎ、容易に前に進むことが出来ない。伏射して僅かに陣形を保つのが精一杯であった。近くは沼地で、雨で水嵩も増し、思うように前に進めない。一方敵兵は地理に明るく、我が方の兵の背後に回って挟み撃ちにした。後続の諸藩の兵は未だ至らず、大村兵は死地に陥った。

ここで右隊の隊長宮原俊一郎は決するところあり、命令を下し率先して敵の中堅を突いた。それに続けと士卒らも奮戦したが、宮原は銃弾を受けて倒れた。それを扶けて建物の陰に隠れ、大村兵はその囲みを何とか脱し根津権現社内に退いた。

清は加賀藩邸の砲隊を指揮し、砲撃準備が整ったところで、馬を馳せて団子坂に赴く途中、銃声が起こったのを聞いた。その命に背いて攻撃を始めたのではないかと根津権現に至れば、その戦いの実情を知り、後援部隊の到着を待った。

間もなく井石が率いる左隊が、備前の砲兵と共に来て右隊と合流した。左隊はこれより以前、加賀藩邸を出て根津に進み、根津総門口に於いて敵兵と遭遇し、長州藩兵と備前の砲隊と力を合わせてこれを破った。そこに右隊が苦戦していると聞き駆けつけた。

この時、各方面の戦闘は激烈を極め、大砲の砲声が天地を震わせた。根津団子坂の官軍は敵兵の前に苦戦していた。地の利に精通した敵兵は、民家の建物を巧みに利用し鉄砲を撃ちかけた。官軍は進むに進めず、ここで清は民家に火を掛けることを決意した。これは官軍が禁止していたところであったが、戦略上臨機の手段に出ざるを得なかった。民家が燃え上がると、敵兵は退いた。清は大村兵を指揮して長州兵と共に団子坂に進んだ。敵兵は浄光寺坂を押さえて防塁を築き激しく応戦した。激戦は数刻続いたが、終に官軍はこれを破り、敵兵は走路に火を放って天王寺の山門に退いた。午後も遅くになって、薩摩軍は正面の黒門口を破り、諸藩の兵もこれに続き、屍を超え、刀を振るって山門に突入し伽藍を焼いた。その火は天を焦がした。

大村兵は長州兵と共に谷中門口を遮り、敵兵の走路を押さえた。このため敵兵は輪王寺宮を奉じて根津口の囲みを突破して東北方面に逃れた。戦死者の屍は累々として鮮血で地は塗れ、上野の山の猛火は市街に及び、夜中になってやっと火は下火となった。大村藩兵は夜になって兵を引き、午後八時頃、松江藩の藩邸に帰陣した。

翌十六日、備前、長州、佐土原、肥前の諸隊と共に、敵の残党がいないか本郷、駒込、根津方面を探索し、その影が見えなかったので、戦報を大都督府に報告した。この戦いでの大村藩兵の戦死者は無く、重傷を負った者は小隊長の宮原俊一郎ほか二名、軽傷者一名であった。

上野を脱した賊徒と幕府を脱走した兵たちが、武州青梅地方に出没し、その勢いは侮るべからざるものとなった。総督府は、大村、備前、筑前、筑後、佐土原藩の兵に五月二十一日を以て追討の命を発した。この時清は大都督府参謀に任ぜられ、五藩の兵を統べて江戸を発し、川越藩の兵を先導として青梅街道を進み田無宿に宿陣した。その夜、偵察兵が戻り「賊兵は既に青梅を去って飯能にあり、その数は二千人余り」と報告した。

進軍し、飯能の手前一里半、入間川を隔てて扇町谷宿に陣を敷き、斥候を放って敵の動静を探らせたところ、敵は入間川の沿岸に若干の兵を置いて歩哨とし、防備を固めていることが分かった。

佐土原兵と大村兵がまず行動を起こした。入間川を渡り、佐土原兵が笹井村に至ると、林の中から伏兵が起こり、両軍、ここで戦いが始まった。大村兵は砲撃の声を聴き、そこに駆け付けて賊を敗走させた。伏兵があるかもしれないので、空が明るくなるのを待って佐土原、大村両軍が進み、敵は退路を断って防戦したが、官軍の銃撃に支えることが出来ず、飯能に退いた。官軍がこれを追って進むと、敵兵は街に火を掛け、僅かに能仁寺に立て籠もった。官軍は野砲を放ち、硝煙が上がる中で、二藩の兵が突破して寺門に入り、火を寺房に放った。こうして賊徒は掃討され、午前十時過ぎに戦いは終結した。
五月二十四日、筑後の兵を警備のために残し、五月二十五日雲州邸に帰陣した。

東征軍と大村藩兵

伊達慶邦

上杉齋憲

六月七日、総督府より令あり、奥羽追討の令を発す。

「宜しく他藩の兵と共に、品川から海路常陸の平潟に向かうべし」

松平容保は大坂を脱し江戸に着くと直ちに会津に帰り、兵備を整え始めた。総督九条道孝は、既に岩沼に在ったが、仙台公伊達《だて》慶邦《よしくに》、米沢公上杉《うえすぎ》齊憲《なりのり》その他、東北諸藩に令し、会津を討つよう命じた。

会津藩主松平容保は、書を伊達、上杉の二侯に送り、心を痛めていることを伝え、助けてくれるよう頼んだ。

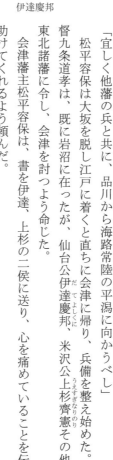

この書を読んだ二侯は激を奥羽諸藩に伝え、仙台藩の呼びかけに応じて白石城に集結し会談を持った（『白石会談』）。白石会談は慶応四年閏四月十一日、秋田藩、磐城平藩、弘前藩等の二十七藩が参加し、仙台藩、米沢藩両藩が連名して会津藩寛典処分嘆願書等を総督九条道孝に提出したが、総督はこれを却下し、却って伊達慶邦等に対して賊に味方するのかと言い、軍を速やかに進めるよう命じた。

この態度に慶邦等は大いに怒り、この戦いは薩長が私情の為に会津を攻めようとしていると為し、慶邦公は、公然と君側を清めると称して、会津を援けて薩長討伐の同盟を結び、仙台、米沢の兵が先ず白石城を陥れて東北の咽喉を押さえ、

世良修蔵

九条道孝

官軍の参謀世良修蔵を福島に殺してその罪を数え、二十七藩再び白石に会し、連携して極力官軍に抗せんとした。総督九条道孝が、なぜそこまで強硬な態度に出たのだろうか。実は最も強硬な意見を持った者が長州藩士で参謀の世良修蔵であった。参謀であるから、九条の下で全軍を指揮する立場にあった。九条総督は参謀世良の意見に押し切られたのであろう。世良は、鳥羽・伏見の戦いに参戦し、長州藩隊を指揮して戦い、新政府軍の勝利に貢献した。その後、薩摩の大山格之助と共に新政府の奥羽鎮撫総督府参謀となり、会津征伐のために総督九条道孝以下五百余名と共に東北に派遣され、仙台藩に本陣を置いた。

会津藩は鳥羽・伏見の戦いで敗れたとはいえ、三代将軍家光の異母弟で初期徳川政権を支えた人物の一人、保科正之を初代藩主とし、以来、徳川の藩屏たらんとする家風を継承し、忠誠を果たしてきた第一の藩である。伊達並びに上杉侯は、そうした会津藩主松平容保《かたもり》の心情は痛いほど分かっており同情的であった。

会津討伐の出兵を躊躇する仙台藩に対し、強硬に出兵を促したのが参謀世良修蔵である。世良にしてみれば、禁門の変以来の会津に対する恨みがあり、それが会津攻めに如実に出た。世良の傍若無人な振る舞いは目に余るものがあり、仙台藩士を嘲る言動もあって、周囲からの反感を高めていった。

その世良が、仙台藩士六名、会津藩士三名らによって宿を襲われ、捕らえられた上で、阿武隈川の河原で斬首された。この時、奥羽越列藩同盟は必然のものとなり、最初に狙われたのが世良であった。

これを機に官軍は奥羽越列藩同盟を相手として攻めることになった。

さて九条道孝の娘の一人節子《さだこ》姫は、後に大正天皇の皇后（貞明皇后）となるのであるが、学習院女子部に在った時、それを教えたのが清の長女筆子（小鹿島筆子）であった。筆子はオランダ留学の経験もあり、西洋思想、男女同権を盟友津田梅子と共に女子教育に持ち込んだ。節子姫は大正天皇の妃となった後も、知的障害児教育を進める筆子の良き理解者として度々支援を行った。

また皇后の意を受けて障害者など社会から置き去りにされがちな人々の支援を行ったのが渋沢栄一である。渋沢は、経営で苦しんでいた石井亮一、筆子の滝乃川学園（国立市）の理事長となり、学園を支えることになるが、これは未だ後の事である。

官軍は諸道より会津を攻めることとし、薩長の別軍及び忍、大垣の兵は、五月一日に白河城を陥れ、薩摩、長州、加賀、尾張、越前、松代、松本の兵は十九日に長岡城を抜いて会津に迫らんとしたが、棚倉、平泉の諸城は之を固く守り、朝廷は新たに鷲尾隆聚《わしのおたかつむ》を奥州追討総督に任じた。

その後、大村藩、薩摩藩、長州藩、佐土原藩は福島に近い常陸の国の北東部平潟上陸を命ぜられた。その作戦は、磐城平城を落とし、仙台を陥れ、さらに進んで米沢を攻めようとするものであった。

長州藩の木梨精一郎と渡辺清が参謀となり、六月十一日に品川に集まり、平潟に向かう船を待った。十四日、軍艦富士山、春日二隻に他藩の兵が乗り、大村藩兵は和船に乗って、それを富士山に曳かせた。船は十六日平潟港に到着し、これを東征軍となした。敵の抵抗はあったが、これを退け、平潟に陣を置いて敵情を監視した。敵は兵力を増し大軍を磐城平城に結集した。そこで清は援軍を要請するため江戸に向かった。

二十四日、白川口の官軍が棚倉城を陥れ、使いを平潟口の官軍に出して、直ぐに磐城平城を攻略せよと促した。ここにおいて、磐城平での激戦の火ぶたが切って落とされた。佐土原、備前、因州、柳川の兵は本道湯本口より、大村兵は薩摩兵と共に浜街道を進み、泉城に迫り之を落とした。

二十九日、大村兵は薩摩兵と共に明け方泉城を発し、佐土原、備前、因州、柳川の兵は湯長谷を発し、磐城平城を目指した。その時、敵は泉城に逆襲を掛けて来た。明け方の霧は深く、前を見通すことが出来ない。斥候兵が進み、富岡に至り徒歩川の橋に来た時、敵の先鋒三百を超える兵と衝突した。

大村兵は中央正面、薩摩兵は両翼から攻めたが、敵兵は川を隔ててよく防ぎ、さらに小名浜から援兵があり、さらに敵の船が海上より砲撃してこれを援けたので、官軍は死地に陥った。

この時、大村兵は一人として生還を期することもなく勇敢に戦った。連日の雨で水嵩が増し、濁流となった川に数人の兵が飛び込み、銃を高く掲げて渡り始めたのを見て、後に続く大村兵も川を渡り始めた。

敵兵は堤の後ろに潜んでいたので、川を渡る大村兵の姿が見えず、堤に上った大村兵は銃を連射した。これに驚いた敵兵は混乱し、これを見た薩摩の兵達も大村兵の決死的行動に驚き、橋を渡って敵陣に攻め込んだ。敵は山腹から砲撃してきたが、大村、薩摩の兵が攻め込み、敵は敗走した。この時、敵は死傷者を残して退いたが、その数は百数十名に及んだ。これを追って官軍は小名浜に入り、敵は沿岸に停泊中の三隻の砲艦に乗って逃げた。

折しも、港内に数隻の和船が停泊していたので、臨検しようと船に向かって発砲したところ、船に潜んでいた数十人が海に飛び込んで逃れた。ところが時化で波も高く、泳ぐのもままならない。官軍の射撃により、あるいは溺れて、後日海岸に打ち上げられた屍は三、四十人もあった。その船には食糧が七百苞ほどあった。これを大村兵が押収し、小名浜の陣に持ち帰って薩摩、柳川の兵と共に分け、対陣中、数日分の食糧となった。

これより先、最初に平潟を占領した時、敵兵二名を捕らえた。一人は抵抗したので切ったが、一人は清が尋問した。泉藩士で名を戸沢賢次郎と言った。聞くと、泉藩は伊達藩の兵に迫られて、逆襲の先鋒の役を果たしたとのことであった。話を聞いて清は哀れに思い、予の命令に従えば一命は助けようと言ったが、戸沢は「直ぐ、我が首を撥ねよ」と頑なに聞こうとはしなかった。

そこで清が、「ここで儂がそなたの首を斬り、その後蘇生させたら如何に」と問うてみた。戸沢は驚いて、暫くうつむいていたが、「もし蘇生すれば、謹んで命に従わん。その命とは如何に」と。

清は、「予が馬前にあって、嚮導の任に当たればそれでよい」このあたりの地理には不案内であるので、その道案内をしてくれれば良いと言った。戸沢は感涙し、嗚咽した。戸沢は「我が戸沢家は泉藩に恩を蒙ること久しい。官軍と言へども、これを導いて君家を苦しめるようなことは忍び難い。その他の事であれば、水火も辞する覚悟である」。これを聞いて清もその哀情を憐れみ、これを許した。以来、戸沢は清が凱旋する時まで付き従ったという。

磐城平城の激戦

泉城、湯長谷城を陥れると、敵方は磐城平城に籠り官軍を待ち受けた。磐城平は、江戸初期に徳川家家臣の鳥居忠政が十万石で就封した藩で、奥州の伊達に対する抑えの役割があった。その後藩主は代り、幕末の藩主安藤信正は桜田門外の変の後、老中として幕政を主導したが、坂下門外の変で失脚。戊辰戦争で信正は佐幕派としての立場を貫き、奥羽越列藩同盟に加盟して官軍と対峙した。

七月一日、官軍は磐城平城を攻略しようとして小名浜口より進んだ。この日、大村の一小隊、薩摩の三小隊が未明に小名浜を発し、磐城平城に向かった。沿道でも敵の襲撃があったがこれを撃破して山道を進み、将に城下に迫らんとした時、敵方は水田の中から列をなして撃って来た。

これに応戦して、薩摩の二小隊は分かれて長橋口に迫り、他の一小隊と大村藩兵一小隊が敵を追って正面から進み、逆に水田からこれを急襲した。敵は人家の陰に身を隠し、城内から大砲を撃って対抗した。大村の砲兵も山陰に砲を布き、城の建物を爆破して敵の砲撃を沈黙させた。大村兵は機に乗じて一斉に突進し城に迫った。砲隊も前進しようとして薩摩の砲隊に打診すると、薩摩の砲隊長は、「湯長谷の官軍が来るのを待って進むべきである」と応じない。砲隊長淵山規矩蔵は機を逸することを恐れ、部下を激励して敵弾の中を進み、右足を撃たれたが猶も屈せず、銃隊の陣地まで大砲を進めた。

この時、薩摩の二小隊は長橋口に迫り、攻撃は最も激烈を極め、砲声は山岳を震わせるほどであった。午後に入って敵兵の攻撃も少なくなったが、湯本口の官軍は未だに至らない。大村隊の銃弾も無くなりかけた。そのため銃撃は時々応射する程度で、援軍が来るのを待つのみであった。兵士は疲労困憊、中には眠ってしまう者もあった。このような事態となっても援軍は現れない。

午後四時頃、薩軍の使者が来て「賊兵山路を迂回して、挟撃の策に出ようとしている」。この言葉に驚き、薩軍の陣地を見れば、薩兵は既に退却して山際に在った。その時、敵兵が後ろの山に現れ、大村兵は取り囲まれてしまった。ここで隊長は、喇叭を鳴らして兵士を鼓舞し「列を乱れて退却を急げば、必ず皆殺しに会う」と、直ちに陣形を整え、背進して山際に退いた。ところが砲隊は遅れて弾雨の中にあり、ここで大砲が奪われたら一大事と一分隊を向かわせ、何とか無事撤退することが出来た。この日の戦闘で、宮原謙造、淵山規矩蔵の二人が負傷したが、幸い戦死者はいなかった。

これより先六月二十四日、参謀渡辺清は江戸に赴き、大村益次郎を訪ねて戦況を報告し援軍を求めた。大村は因幡、柳川の兵が既に陸路で進みつつある事を伝え、因幡藩の河田左久馬が参謀として将に出征する所であると言った。それで左久馬と共に豊安丸に乗り、六月二十六日に品川を発し、七月三日に平潟に上陸した。河田は因幡藩伏見留守居役を務め、一刀流を学んだ剣客で、尊王攘夷派の中心人物として活躍した。長州藩の桂小五郎等とも交流を持った。

池田慶徳

藩主池田慶徳は、尊攘派の水戸藩主徳川斉昭の五男で、藩論も早くに尊攘派に傾いていた。それ故、官軍方の主力の一端を担い、各地に転戦した。既に、因州、柳川、笠間藩の兵も到着し、再度の進撃を議決し、十三日を以て進撃のすることとなった。清は密かに笠間藩の兵に命じて、笠間藩の飛領地である磐城郡神谷村の陣屋に赴き、村人たちの人心を収め、そこで進撃の命を待たせた。ここは磐城平城の北面の交通の要衝で、相馬街道を守って、敵方が北部諸藩と気脈を通ずる事を止める

河田佐久馬（景与）

ためである。

十三日午前四時、木梨精一郎、河田佐久馬の二名の参謀に率いられ、因州、備前、佐土原の諸藩は柳川の兵を先鋒にして湯長谷口より磐城平城の正側面に向かった。大村藩の一小隊は薩摩の三小隊、因州の別隊と共に、渡辺清、薩摩の堀直太朗二名の参謀に率いられて小名浜より浜街道を進み城の南西正門に向かった。大村と薩摩の一隊が空地山の峠を進むと、敵は土塁を築きそこから撃って来た。官軍は三方面より攻撃してこれを敗走させ、敵を追って城下に迫った。

さらに敵は反撃し防戦したが、官軍はさらに三方より攻撃しこれを敗走させ、本道より進んで城廓に達した。敵は砲台及び城壁の上から大砲を撃ち、大村兵も大砲一門で砲撃した。そこに敵の伏兵が青く稲穂が色づいた水田の中から姿を現し、大村の砲隊を襲った。味方の官軍は水田の中に突撃し、これを必死に守った。

その時、小名浜からの新たな援軍が到着し、敵を包囲して攻撃を開始した。砲声は耳を劈《つんざ》き、硝煙は空を覆うように広がった。激しい戦闘が続き、敵は遂に退いて城中に逃れた。この時、湯長谷口の官軍も敵の陣地を陥れ、関所を奪い、長橋門に至った。ところが、南北諸門の敵兵はこれを死守し、堪らず大村兵は南側に回って薩摩兵と共に不明門より堀を隔てて城の櫓を砲撃した。湯本口の別軍も諸門に迫り四方より攻撃したが、城兵は良く城を守って戦い、官軍は攻め手に苦しんだ。この戦いは午前十時から午後六時に及び、日暮れに及んで参謀の命令により市街地まで退いた。だが包囲は解かず、大村兵と薩摩兵は不意の敵に備えた。

この日参謀軍議があった。木梨は「断然囲みを解いて湯長谷に退陣し、兵を休養して再挙を図るべし」と唱え、清は「兵の疲るるは官軍のみにあらず、城兵亦しかり。力戦して攻略の目的を達すべきのみ」と相譲らず、軍議は纏まらない。そこに偶々白川口の参謀をしている板垣退助が棚倉から来て、戦況を見て軍議を聞いていたが、おもむろに「陽に囲みを解いて退陣し、陰に伏兵を設けて敵の襲撃に備えるべし」との策を陳し、皆もそれが良いと退却の命を下した。

この夜、午前三時頃、城中から火の手が上がり、城を守っていた敵兵は四散し、城主安藤信正は仙台に逃げた。朝からの激戦で弾薬は既に尽き、食糧も乏しくなっていた。その為これ以上城を守るのは無理だと知ったからである。この日、笠間藩兵は相馬街道を押さえ、下神谷村において米沢、相馬藩の援兵三百人を迎撃し、夜は敵兵の退路を防いでその襲来に備えた。

翌朝、薩摩の兵が先ず城に入り、その他の兵も悉く城に入った。これで磐城平城は官軍の手に落ちた。この戦いは、大村藩兵にとっては熾烈《しれつ》を極めたもので、朝廷から酒肴を賜った。大村藩兵は一小隊で、その数は凡そ百名。平潟に上陸して以来の激戦で、戦死した者や重傷者が増え、兵の消耗も激しいものがあった。

三春城への進軍と警備

磐城平城が陥落し、城主安藤信正が仙台に走ると、仙台、会津藩は防備を固め、その勢いは日増しに高まっていた。福島以南の各藩も亦、その形勢穏やかならず。

磐城平城が陥落してから、大村兵は暫く城下の警備に当たっていたが、肥前、筑前の兵が応援のため到着した。いよいよ仙台追討の命令が大総督府より達せられた。参謀たちは軍議により、仙台攻撃部隊と、三春攻撃部隊の二つに分け、因州、肥後、筑前の兵七百を以て仙台に向かわせ、参謀河田左久馬と寺島秋之助がこれを督して海岸本道より進んだ。薩摩、柳川、備前、佐土原、大村の兵五百は三春口に向かうことになり、木梨精一郎と渡辺清がこれを督し山道を進むことになった。

これより先、六月二十四日、白川口の官軍は白河城を落とし、更に参謀板垣退助はその主力を投入して棚倉城を陥れた。

七月六日、守山藩老臣太田仁郎左衛門が板垣の陣門に来て帰順を請い、三春藩からは三人の武士が来て帰順を請うた。

七月十四日、平潟口の官軍が磐城平城を落とすに及び、彼らは密かに磐城平城に来て内通した。

そこで、清たち参謀は「今や、敵勢力は二本松付近にあり、その勢いは甚だ大きくなっている。しかしながら、三春、守山の二藩の者は既に官軍に通じている。先ずこの二藩を官軍の手に収め、その後二本松を屠り、速やかに北進の期を決すことが肝要。須らく謀を白川口、棚倉口の官軍に通じ、三方より之を合わせて攻撃すべきである」。その考えを伝えるべく、木梨は直ぐに棚倉に行き板垣と会った。

この時板垣は、薩摩、長州、土佐、大垣、彦根、忍、館林、黒羽の諸藩兵を統べ、薩摩の伊地知正治が薩摩、長州、土佐、大垣の別軍を督し、白川に陣を置いていた。板垣は木梨の話を聞き、全く同じ考えであったので大いに喜び、三春を攻め囲む日を七月二十五日と定めた。三春進軍の兵は、声高らかに磐城平城を発し、棚倉口の官軍は須賀川進軍を唱えて石川に進み、二十五日急に路を轉じ、進んで蓬田、田母神の両所に着いた。

二十六日、清たちに率いられた兵は三春に向かって進撃した。途中、仁井町に達しようとした時、敵は堡塁に兵を置いてこれを防いだ。官軍は直ちに戦列を布き、三方から攻撃して敵兵を走らせ、これを追撃して廣瀬の関に及ぶ。

伊地知正治

昼に仁井町に入り食事を摂り、午後に兵を二手に分け、沿道の敵兵を掃討しつつ進んだ。夕方になって大越、柳橋の両所に宿営した。この日、三春城は陥落した。これより先、守山藩、三春藩が帰順の意思を伝えた時、三春藩から来た三人の家臣は板垣に、「我が藩は弱小で、それ故、会津、仙台伊達侯の傘下でその命令を聞かざるを得ない。その為賊名を負うことになってしまった。藩の内情を言えば、今は佐幕派の意見が大勢で、一方官軍方に就こうと言うものもあるが、そ

河野廣中

片岡健吉

鳩山和夫

の意見はまだ少数である。憤懣やるせないものがあるが現状では如何ともしがたい。そこで我らは相携えて藩を脱し、こうして官軍の前にその意思を伝えるため死を覚悟してやってきた次第である。藩内には、我々と同じ考えの者達もあり、彼らも藩論を何とか官軍恭順にしようと必死である。我らの藩主は未だ幼く、我々は藩主に忠義を果たすためこうして思い悩んでいる。これを憐れみ、何とか官軍への降伏を受け入れて頂きたい」と涙ながらに懇請した。それを聞いた退助は、暫く彼らを軍中に留らせた。

三士の一人に河野廣中という若者があった。齢は僅かに十八。而も厳然として頭角を抜く。当時の十八といえば数え年であるから、現在の満年齢では十七歳である。河野は後に自由民権運動に身を投じ、片岡健吉の後を継いで明治三十六年に第十一代衆議院議長となる。

因みに、片岡健吉の前の議長が鳩山和夫、その前が大村藩の楠本正隆である。

官軍が三春に入ると、河野廣中は降伏を受け入れるため蓬田より三春に帰り、三春藩で幼少の藩主を補佐している秋田主税等を説得し、官軍に恭順の意を伝えた。藩の老臣らは降伏の旗を掲げて官軍を郊外に迎え、城主である秋田万之助は幼かったこともあり、叔父である主税が嘆願書を捧げ、その後全軍が城に入った。三春城の兵は刀を収め、一兵も損なうことなく城は明け渡された。

先に板垣が陥れた白川藩は徳川家の譜代が治めた藩で、ここからは寛政の改革を行った老中松平定信が出ている。ロシアからラクスマンが女王の命で日本との通商を求めて根室に到着し、大黒屋光太夫等の日本人漂流民の返還を行った時、定信は通商を是とした。若し通商をしていれば開国となり日本の歴史は変わっていたかもしれない。しかし定信失脚後、幕閣は異国との交渉を厳にし、ロシアの全権大使レザノフを追い帰し通商が果たされることは無かった。

さてその後、白川には武蔵国忍《おし》藩より阿部正権が十万石で入部。第七代藩主となった阿部正外は老中となり、攘夷派の反対を押し切り兵庫開港を決定。その後、幕閣内部でも意見が対立し老中を罷免され四万石を減封された。慶応二年、棚倉藩に転封、白河藩領は二本松藩の預かり地となり、藩主不在のまま戊辰戦争に突入。その結果、白河城は戦火で焼け、大半を焼失した。仁井町での敗戦を敵方はまだ知らず、再び三春城に立て籠って防戦しようと三春に来たところ、城には既に官軍の旗がはためき、愕然として逃走し、二本松の敵方に身を投じた。

二本松の攻防

慶應四年（一八六八）七月二十七日、大総督府からの命令書が届いた。

「海路で仙台に向かい、これを陥れて後、一隊は秋田を援け、一隊は米沢を制し、その後白河口官軍と合してともに会津を討つべし」

大都督府では、官軍の活躍で磐城平城の落城は知っているが、まだ三春まで進軍していることは知らないようだ。参謀会議が開かれ、清は板垣に「奥州の天気は十月を過ぎれば積雪が深くなると聞く。そうなれば用兵は頗る困難になるであろう。今日の状況では速やかに二本松を陥れ、その上で会津を攻めるのが一番だ。命令には背くことになるが顧みるに足らず」と言うと、板垣も思いは同じで、「孫子に所謂圓石を千仭の山より転ずるが如き勢いなりとは今日の場合を云うのではないか。二本松を攻めるは今最も急務である。〝唯、会津に向かうべし〟との命の口実を以て、先ず我らは大いに仙台攻撃を揚言して敵心をこれに注がせ、一気に二本松を討つべし。是れ実を避けて虚を衝くものにあらずや」と応じたので、参謀たちもその意見に賛同し、ここに衆議は決した。

板垣は清に「三春は奥州口の要衝で両軍の利害に関することが特に大きい。敵がここを奪回しようとするのは明らかだ。若し三春藩の賊徒らがこれに応じ、大挙して攻めて来れば三春義勇士と言っても支え切れるか心配である。故に今精鋭の数隊を選んで三春を守らせ、併せて付近民衆の鎮撫の任務を果たすことが是非必要である。大村、柳川の兵を之に宛てたいと思うが如何か」と言ったので、清はこれを了承した。三春は、三人の義勇士によって開城の道を選び、藩主を中心に官軍に恭順したとはいえ、未だ藩内では抵抗も多い。それらの藩士達が、再び藩主を取り戻そうとして大挙して城を攻めることは十分に考えられたのである。若しそうなれば、官軍は背後に敵を抱えることになってしまう。

清は、官軍参謀の地位にあり、後は土屋善右衛門、長岡治三郎に任せて二本松に向かった。その後、三春方面では予想していた通り、敵方が出没した。敵は守山、須賀川各地に出没し、村々から略奪に及んだ。守山藩だけでは対応できず、官軍に援けを求めた。参謀は大村藩と柳川藩の兵と共に鎮圧するよう命令を下した。柳川の三小隊、大村の一小隊が大砲一門を擁して二十八日に三春を発し、守山に向かった。敵は既に逃れたようで、守山兵が捕らえた捕虜が言うには、敵兵の多くは二本松に退き、須賀川に在る者は僅かに三百人程であるとのこと。

翌二十九日、明け方に発して須賀川に向かった。敵が二本松応援に向かうことを牽制するためである。途中笹川で敵は関所を設け、土塁を築いて守備しているようだ。そこで注意しながら進軍すると、敵は既に逃げ失せていた。そこで、笹川付近の警備を守山藩に頼み、さらに進んで須賀川に到り、斥候を出して偵察し、敵兵四五十人を発見してその二三人を斃し、数人を捕虜にした。

彼らを尋問すると、この辺りの敵兵は殆ど逃げ去っている事が分かった。そこで両藩の隊長が相談して、「三春の動静が心配である。直ぐに引き返そう」となった。その時、大村藩探索方の小松勘次郎の報告があり、敵の残党が阿武隈川河畔に潜伏して官軍の帰路を攻めようとしていることを知った。そこで兵を迂回させて阿武隈に到り、夕暮れになって河を渡り、敵兵を襲った。敵は機先を制せられ、反撃も出来ずに逃走した。官軍は敢えてこれを追わず、夜を徹して三春に帰った。

八月一日、三春に対陣していると、大村から待ちに待った増援の兵が三春に到着した。援軍は一小隊百十名、大砲一門を持ってきた。総司令は大村彌門、小隊長として柴江運八郎が来た。柴江は昇と並ぶ大村藩随一の剣士で、大村藩勤王三十七士の一人である。ここまで東北で戦ってきた大村兵は、その来援に心の底から感激した。

実はこの応援の兵は、朝命により派遣されたものではなかった。藩主純熙の命に依るものだ。東北と大村は、遥かに遠い。

大垣藩が最初、関東の宇都宮の戦いで敗れると、その噂が誤って大村藩兵が大敗したとなり、甚だしきは大村兵全滅というものもあった。これが大村に伝わると純熙は深く憂慮し、応援部隊の派遣を急ぐよう命じた。

六月四日に出征の兵士を選定し、十一日純熙は従軍の兵を城中大広間に召した。

この時純熙は親しく出征の兵を労い、大目付が藩主の告諭を朗読した。


奥羽の賊恐れ多くも官軍に抗し追日瀰漫の聞有之皇国安危の所拘、我等小身微力と雖も、臣子分相蓋度、為応援一同令出軍候、就いては兼而示置候軍律を守り、可抽報国之精忠者也

慶応四年辰年六月　　丹後

北軍之面々へ

次いで出陣の式を挙げ、総司令大村彌門に京都軍務局に出陣の届を出すように命じた。「我等小身微力と雖も」かつて昇が薩摩、長州に使いして同盟を結んだ時も「小藩微力にして独行するを得ず」と言った。僅か二万七千石の大村藩が藩論を勤王一途にまとめ上げ、今二百人を超える藩士を、それも東北まで出陣させるのは移動距離、それに伴う戦費の上からも並大抵の事ではない。

部隊は即日大村を発し、対岸の伊木力に航し長崎に赴いた。ところが国内での戦争が激しくなり、汽船が出払ってどこにもいない。その為、帆船一隻を求め、この船に乗って六月十五日に長崎を出港した。

ところが、長崎港から外海に出ると波浪が高く、近くの港に停泊すること三日、馬関を経て神戸に到着したのは一月後の事で、神戸から汽船に乗り七月十八日に横浜に辿り着いた。東京に着くと大村藩兵は先鋒隊の宿舎であった杵築藩邸に入り、大村彌門は直ぐに大都督府に出頭して兵の到着を知らせた。

その時、上野の戦いで負傷した小隊長宮原俊一郎は横浜の病院にあった。大村藩兵の到着を聞いて深澤南八郎を使いに寄こし、大村藩兵が携行しているエンフィールド銃は実戦に不向きであると伝えて来た。

主だった者達が相談し、直ぐに後装新式のスナイドル銃を横浜で求め総員の銃を交換した。

初期のエンフィールド銃は前装で、一発撃つのに二〜三十秒ほどかかるのに対し、スナイドル銃は後装式で、一分間に十発近く撃てた。この辺りの武器装備の差も、官軍と敵方の戦闘力の差に繋がっていく。

大村藩兵は軍需品の調達に一週間程を費やし、大総督府に進軍の命令を請い、大総督府が準備した汽船で品川を発ち小名浜に上陸して三春にはせ参じたのである。

この応援部隊に福田忠次郎がいた。後に熊野雄七と名乗る。熊野は海外の事に目を向け、プロテスタントの洗礼を受けて明治学院の創設メンバーの一人となった人物である。

福田忠次郎（熊野雄七）

さて七月二十八日、官軍は薩摩、土佐、大越、忍、館林、黒羽、彦根藩の兵が板垣に率いられて陸路を本宮から進み、二本松に向かった。途中、敵兵は山に沿って柵を設け、地形を利用して防いだが、官軍も奮闘して敵を退け、敵は城中に逃げた。

一方、阿武隈川から船で向かった海路軍は、薩摩と長州の兵が中心となり、清がこれを督して陸路を小浜道より進んだ。この時、敵は阿武隈川を渡って攻撃してきたがそれを撃退し、敵が逃げるのを追って城下に至った。ここから、敵方は城を背にして防戦し、史上名高い二本松城の戦いが始まるのである。二本松藩は会津の東に位置し、北に進めば福島そして仙台に通じる要衝で、江戸前期の寛永年間、丹羽家が藩主となり幕末を迎える。

丹羽家は織田信長の有力家臣であった長秀を先祖に持ち、その後、豊臣秀吉に仕えて活躍した戦国武将である。関ヶ原の戦いでは西軍に就き、その後一時期所領を没収されるが、徳川秀忠等のとりなしにより、最終的に十万石を安堵された。

そのため、徳川家への忠誠心は高く、戊辰の役では要衝の地故に、官軍防戦の要として各地の防衛に転戦した。会津藩同様、忠君愛国の教育が家臣団に深く根づいていたが、それ故の頑なさであったろうか、軍制、戦術の洋式化の動きは鈍く、官軍に囲まれたときの兵力は千から二千人足らずとされ、城の防戦に当たっては農民兵、老人兵、少年兵まで動員して戦った。

二本松城

官軍は二本松城を各所から包囲して攻撃を開始したが、城兵は良く攻撃を防いだ。しかし官軍の圧倒的な数と、放たれる大砲により城は燃え、遂に支えきれなくなった。落城が目に見えてくると、城主丹羽長国を城から脱出させ米沢に向かわせた。それを見届けると、老臣丹羽一学は城に火を放って自害した。城に籠る多くの藩士達がそれに続いた。

『臺山公事蹟』は次の様に記す。「蓋し、一藩の力を傾けて王師に抗し、その家に城に屠腹する者、城を出で、家を出でて討ち死にする者、比々相擁し所謂『刀折れ矢尽き城を枕にして倒る』なるもの、奥羽戦中二本松藩の如きは少し賊と雖も以て壮と為すに足るべし」

この時、二本松では少年兵達による部隊が編成され、その数は隊長と副隊長を除く年齢は十二歳から十七歳までの六十二名。この内、隊長と副隊長を含め十六名が討ち死にした。世に知られる会津白虎隊自刃の前の悲劇である。官軍側にも戦死者が多く出たとはいえ、なんとも壮絶、悲惨の戦いであった。

こうして、会津はますます窮地に追いやられて行く。

第十一章　大村藩の動きと秋田救援の派兵

大村藩に援兵千名の朝命

ここで、大村藩に再び目を転じてみよう。江戸を取り巻く状況は分からなかったものの、鳥羽・伏見の戦いで幕府軍を下すと、大村藩公と澤宣嘉は共に長崎に来た。

そこで澤は、昇を専ら長崎府庁の仕事に従事させようとしたが、大村藩ではこれを拒み、楠本平之丞（正隆）を判事とし、昇は御用掛となって藩にあり、事に臨んで長崎府の事に従事させることとした。澤にしてみれば、長崎には知った者が誰もいない。また行政の事も良く分からない。だから昇をと言うのは当然の事であろう。そこで藩では楠本を推挙したのである。

楠本の名は、それまで他藩ではあまり知られていなかったが、実務能力に長け、その初期、長崎府での行政を差配した。任命された「判事」とは、司法官としての判事ではなく、明治新政府は府知事の下で事務方を統括する、今で言えば部長と言ったところであろう。

大久保利通は楠本の能力を高く評価し、明治四年、岩倉使節団が欧米視察で出発する時、楠本は藩主純熙に付き従って視察に出る予定であった。それを大久保が新潟県令に推挙し、楠本がそれを断ると、明治天皇からのご命令であるとした。これにより楠本は新潟県令となるのである。

欧米視察か県令か。県令と言えば大藩の藩主クラス。それでも欧米視察がしたかった。これが明治初期の大村藩人だ。明治初頭の行政官が、新生日本の為に欧米の進んだ制度を学び、日本に持ち帰ろうとする気概をここに見て取ることが出来よう。

今少し話を進めると、楠本は新潟県令として初期新潟県の行政整備、港湾整備などを積極的に行い、また日本最初とも言われる新潟「白山公園」を整備した。これが後に、新潟県令楠本正隆の名を全国に高め、白山公園には楠本正隆の銅像が建っている。当時の日本に「公園」という概念はない。この都市計画上の思想が一体どこから来るのか。なぜ正隆は公園を造ったのだろうか。その答えは、案外と近くにありそうだ。

実は、岩倉使節団の船には大村藩出身の医者長与専斎が乗っていた。長与専斎は幕末に幕府が造ったオランダ人医師ポンペ以来の長崎医学所の校長をしており、西洋医学を学ぶためにはヨーロッパで実地に学ぶ必要があることを誰よりも知っていた。帰国して後、政府の役人となり、その後、初代衛生局長となった。「衛生」は専斎が考えた造語である。その専斎がなしたことの一つに、下水道整備がある。病気蔓延に対する衛生の概念から、専斎が明治日本の近代化で導入したものだ。或いは伊豆の梅園。また或いは鎌倉の海水浴場。江戸時代に海水浴場の概念は存在しない。これにも専斎が係っている。江戸時代までは、医師が弟子の器量を認め「免許皆伝」を出す。これで一人前の医師となれるのだが、その基準はどこにもない。

荻野吟子

医師免許も当時の日本にはまだなかった。その為、日本で初めて医師の国家試験を制度化したのが初代衛生局長となった長与専斎である。そこに試験をパスして登場するのが、女性最初の医師荻野吟子。後に濃尾大震災で親を亡くし、孤児となった子供たちを保護して東京に連れ帰った佐賀出身の大須賀（後石井）亮一が頼ったのが荻野吟子で、子供たちはその病院の一角で暫く保護されたという。その石井亮一と縁あって再婚したのが、清の長女筆子。叔父は言わずと知れた昇である。

専斎が帰国して、恐らく楠本とは東京で会ったであろう。その時、専斎からヨーロッパの街の事を聞いた可能性は高い。公園とはよく名付けたもので、公園に出て美しい木々を見ながら散策する。これで新鮮な空気を吸い、健康の一助となる。新しい市民生活のスタイル。今で言えばテーマパークである。

こうした日本の近代化に、楠本の足跡を見て取ることが出来る。

後年、楠本は東京府知事に就任し、その時造られたのが東京芝増上寺横の芝公園。これを設計したのは、大村藩の造園士で、楠本の元で働く長岡安平である。長岡安平は近代公園設計の祖とも言われ、秋田の千秋公園など全国にその業績が残る。

その頃、清の娘で後に大日本婦人会を結成して、日本女性の自立を訴えた小鹿島筆子は、クララ・ホイットニーと共に楠本知事を訪ねた。クララの日記には「楠本のおじ様」と出てくる。クララはその頃、家族と共に勝海舟の屋敷の隣の建物に住んでいた。清、海舟は何とも縁が深い。楠本はその後衆議院議員となり、第三代から五代までの議長を務めた。その後の議長が鳩山和夫であり更に片岡健吉、河野廣中と続く。

大久保利通が馬車の中で暴漢に襲われて暗殺された時、読んでいた手紙が楠本正隆から届けられたもので、今その手紙は血染めの手紙として佐倉の歴史民俗博物館に在り、国の重要文化財に指定されている。

さて澤宣嘉にしてみれば、誰も知った者のいない長崎での仕事は不安で一杯だったであろう。何から手を付けたらよいものか。その長崎では、慶応三年の争乱期に、浦上のキリスト教信徒が、大浦天主堂のパリ外国宣教会の宣教師の前に現れ大問題に発展しつつあった。

もう少し詳しく言うと、浦上の信徒が最初に訪れたのは、東山手長崎居留地の高台に造られた木造のプロテスタント教会で、これが近代長崎で造られた最初の教会である。浦上の信徒は、最初そこを訪ねた。彼らはキリスト教の中にプロテスタントやカトリックがあることを知らなかった。それで浦上から来た信徒であることを告げると、牧師はよく来たと言って歓迎し、家族を紹介した。

浦上信徒たちは、言い伝えでは神父は結婚されないはずだと怪訝な顔になり、その後、大浦天主堂を訪ね信徒であることを伝えた。これをパリ外国宣教会のプチジャン神父は「信徒発見」と世界配信する。一見美談に聞こえる話だが、当時のフランスとカトリック教会の関係、そして植民地政策はリンクしている。

ヨーロッパの国々の中にも、植民地政策にキリスト教を絡める国もあれば、宗教と政治、経済を分ける考えの国もある。これは単なる宗教上の理由だけで語ることのできない事案である。

明治新政府がキリスト教の禁教を解くのは、大久保利通や岩倉具視らが長い欧米視察旅行に出かけ、そこで政治とキリスト教の関係が、各国々によって必ずしも一体ではない事を知ったからである。

キリスト教をヨーロッパの敵性宗教と見ていた当時の幕府や長崎奉行は厳しい措置を考えたのだが、大浦が外国人居留地としてある事、幕末の争乱があることで、事を大きくしたくないという思いがあった。それが徳川幕府が倒れた今、長崎府が処断を下さなければならない

澤は、その処置を巡って意見を聞いた。長州藩の井上馨等が厳しい措置を執ろうとした。それは、そうした歴史上の経験に基づくものだが、もっと緩やかにと考える藩の者達もあった。長崎府の中でも、その処置を巡っては様々な意見が交わされた。結論が中々でない。

そこで、東京にいた渡辺昇が呼び出されて、浦上四番崩れの断罪を最終的に行うのは明治二年になってからの事。東北での戦争はまだ始まったばかり。昇は予想だにしていない。まさか自分が最終処断者になろうとは。

話がそれた。昇は藩に在って執政大村右近を輔け、会津藩、仙台藩など幕府の方針に従ってきた北陸東北諸藩が奥羽越列藩同盟を結成して新政府に反旗を翻したため、討伐の為の出兵の差配をしていた。と言っても中々に難し

い役目なのだ。藩士の数は多いが、戦費はない。壮年の者達が来て、是非にも出征させてくれと言う。

大村藩主はその功を朝廷から認められ、大村藩士達は、ここが活躍の場であると信じている。それは藩から禄を食んできた藩士の矜持でもある。ところが藩の財政はそれを許さない。戦いには金が要るのだ。兵は送りたい、金はない。残念ながらこれが当時の大村藩の台所事情と言おうか、実態である。

その頃、大村藩に大きな動きがあった。すでに東征軍に大村藩の主力三百名近くが出征していたが、朝廷では秋田藩への救援が急務となっていた。

当初、京都の東征大総督府は奥羽鎮撫隊総督を九条道孝に命じ、九条は海路仙台に到着、直ちに仙台、米沢両藩に会津討伐を命じ、秋田藩にも庄内討伐を命じた。この為、秋田藩は新庄、亀田、本荘藩などと共同して兵を集結し庄内藩を攻めようとした。だが、奥羽諸藩ではその討伐に疑問を持ち、薩摩藩の私怨と考える者達も多かった。

そこには二つに理由がある。

会津藩は幕府の命令で京都守護職を務めた。文久三年（一八六二）の「八・一八の政変」後、禁門守護を会津、薩摩両藩が行った。そこに長州藩がその精鋭部隊を進軍させた。そして起こったのが元治元年（一八六三）の「禁門（蛤御門）の変」で、この時、長州藩の主だった者達が会津と薩摩藩によって迎撃され、討ち死にしたのである。戦闘を指揮した家老たちは責任を取って切腹し、主導的立場にあった者達も切腹して果てた。これで長州藩の主力は壊滅的な打撃を受け、それが長州征伐に繋がった。その薩摩が、今は会津を攻めようとしている。

今一つは慶応三年（一八六七）の暮れ、江戸で薩摩藩士の仕業と分かるように市中での火付け、商家への略奪を行った事。これは薩摩憎しを幕府側の中に醸成させ、幕府側から薩摩に攻撃を仕掛けさせる西郷の策略。戦争の大義名分づくりが西郷の策である。

その時、将軍が京に軍を進めて留守の江戸を、市中警護役を拝命して幕府の先兵として最も騒乱鎮圧に働いたのが譜代大名の庄内藩であった。薩摩の目に余る行為に、それが西郷の目的であったのだが、庄内藩を中心にして薩摩藩邸を焼き討ちした。奥羽諸藩では、これを薩摩の私怨と受け取ったのだ。だから動きが鈍いと言うのは、至極当然の事であった。決定的だったのは、総督九条道孝よりも参謀の長州藩士世良修蔵の言動である。仙台藩士達は、軍艦で突然やって来た官軍にも戸惑ったが、世良の会津藩士達への横柄で無礼極まりない態度は彼らの憎しみを買った。それが原因で遂に仙台・会津藩士等によって拉致され、河原で処刑されてしまったのである。

皮肉にも、この官軍側の一連の行為が仙台伊達侯、米沢上杉侯を怒らせ、当初こそ朝廷の命令に戸惑っていたが、『白石会談』により会津藩、庄内藩を守る奥羽越列藩同盟の結成に繋がるのである。

因みに会津並びに庄内藩は、列藩同盟から護られる側なので同盟には加盟せず、会庄同盟を結んだ。一方、列藩同盟に参加した大小の藩にも、実はかなりの温度差がある。

どの藩でも、朝廷側に就くか、佐幕派に就くか意見は様々にある。だが、当初は仙台、米沢等の大藩の意見が大勢を占め、それに従わざるを得ないという実情もある。一方、秋田方面に目を転じると、朝廷の命で庄内藩討伐の兵を挙げた秋田藩を中心とする連合軍（官軍方）に対して、庄内藩は閏四月に猛反撃を仕掛けた。

庄内藩は江戸の市中警備を契機の一つとして、既に軍備を最新式西洋銃に代え大砲も揃えていた。兵の調練も西洋式に改めており、そのため、何処の藩よりも強い陸軍を擁したのである。庄内藩は譜代大名として江戸初期に信濃松代から酒井忠勝が十三万八千石で入部して以来、一度の転封改易もなく明治維新を迎えた徳川譜代大名の中でも稀有の藩である。幕末には十六万七千石となり経済的にも潤っていた。領民も酒井家の治世を支持し、酒井家が朝敵として攻められると、領民も兵として官軍との戦いに参戦した。

その庄内兵の前に秋田藩を中心とする連合軍は緒戦で敗れ総崩れとなった。

困ったのが秋田藩や新庄藩など、同盟側から官軍側と見なされてしまった藩だ。朝廷の命を受け庄内藩を攻撃したのだが、それは伊達侯や米沢侯も知っているはずではなかったか。それが今度は会津、庄内藩を守るための奥羽越列藩同盟から敵方と見なされる。結局、秋田藩の佐竹義尭《さたけよしたか》、新庄藩の戸沢正実《とざわまさざね》等は藩論を尊攘派に統一して新政

佐竹義尭

戸沢正実

府側に与する方向となり、その結果、奥州で四面楚歌の状態に陥入り、庄内藩に攻め立てられることになったのである。奥羽越列藩同盟側は総督九条道孝を仙台に幽閉し、副総督澤為量《さわためかず》を秋田に窘《たしな》めて、同盟を堅固なものとした。官軍は多勢に無勢、為すべきところを知らず。ところが、その救援の情報が海陸の通路が塞がれているため中々京の朝廷に伝わらない。その詳細が京に伝わったのは六月に入ってからで、朝廷は事態に驚き、すぐに援軍を送るべきことを議した。何故か、全軍を指揮している参謀大村益次郎は「秋田の官軍既に十分なれば敢て増援の必要を認めず」と主張して硬く自説を曲げず、うて合おう（相手にしよう）としない。

そこで岩倉具視は参与の佐賀藩副島《そえじま》次郎（種臣《たねおみ》）と相談し、六月二十六日に副島は「病気休養」を口実に長崎に馳せ下り、九州鎮撫総督澤主水正に面して大村藩及び佐賀、福岡、秋月の三藩に秋田応援のための出兵の事を相談させた。特に大村藩に対しては、岩倉が直に藩侯に書を認めた。副島は七月五日に長崎に到着し、澤総督に会って岩倉卿のご意思を伝えた。その時、澤は楠本を呼び、この事を熟議した。澤は既に楠本の力量を認め、楠本も総督府参謀として実務に当たっていた。澤は楠本に岩倉卿の書を託し、藩に帰って出軍の準備をするよう命じた。楠本は直ぐに大村に帰り、純熙公に謁して委細の使命を話し、岩倉卿の親書を呈した。その書には次のようなことが書かれてあった。

「薩摩、長州藩は永年朝廷のために働いてきたが、ややもすると両藩の私事と唱え、人心を惑わす言動も世情にはある。隣藩の佐賀鍋島公に於かれては、君臣共にその英名は天下が知る所である。朝廷に於いても尽力している所であるが、佐賀の力をして一方に当たらしめ、賊徒を討ち、朝廷の権威を高めることが必要である。貴藩は兼ねてより勤王の志高く、人材並びに兵の調練も整っている。皇国至急時である。全力を以て御奉公願いたい。

副島種臣

岩倉具視

鍋島家一同、精兵千人を何時でも繰り出すことになっている。出兵の御沙汰は追って出されるであろう。寸分を争う時であるので、何卒出兵のご準備をお願いしたい。

続けて、

一　出兵は越後方面
二　兵は千人　軍資金は相応の下賜あり
三　参謀一人、監察二人、使役三人ほどをご家来中より選ばれ、朝廷から後ほど任命
四　民生向巧者の人、ご家中より三名ほど
五　医師一人
六　軍艦の儀、副島とも熟議の上
七　この内容は、朝廷に於いても未だ発表されていないもので、自分の密算である。滞京の大村藩の御家来にはそのようにご承知おき願いたい。この事は、書面では書けない事情もあり、副島に口頭で伝えさせる」

つまり、岩倉の手紙と副島の話を要約すれば、これは朝廷からの正式の依頼ではなく、岩倉卿からの私的願いである。但し、直ぐに出兵の命令書は出るであろうから、何時にても出兵が出来るようご準備を願いたい。

そして大村藩に千名の援兵を求めた。この手紙の真意をどう読み解けばよいであろうか。そして何故、参謀大村益次郎は援軍の事を、これ以上必要ではないと言ったのか。疑問は残る。岩倉から派遣された副島は佐賀藩士である。だから佐賀藩に援軍は求めやすい。官軍内部に薩長の綱引きでもあったのであろうか。

岩倉の要請で出兵したのは、厳密に言うと佐賀藩武雄領の藩士である。武雄は所謂有田焼の中心地の一つで、日本国内で最も初期に溶鉱炉の建設に成功し、それゆえにアームストロング砲の鋳造に成功したと言われる藩である。

その技術の根源は佐賀藩が持つ磁器生産技術がベースにあった。磁器生産の為には一三〇〇度以上の高熱が必要で、鉄の熔解にはさらに高火度の一五〇〇度を必要とする。それが溶鉱炉である。そして火力として使われるのが、隣藩の大村藩領で産する石炭とそれから得られるコークス。これ等が合わさって鉄の鋳造が可能となるのである。更に長崎から最新式の鉄砲の入手も可能である。こうした背景もあって、佐賀藩は日本最強の武器を持つ最強陸軍を擁することになるのである。

それにしても大村藩に援兵千名とは。純熙は家老たちを直ぐに呼び、援兵派遣について早急に準備を整えるよう指示した。これには家老や執政達も度肝を抜かれた。高々二万七千石の小藩に千名の援兵を送れと言われても、そうは簡単にいかない。もうすでに、東征軍に精兵を三百人ほど出している。その上の千人か。純熙は朝廷からの御内示であると受け止め、前のめりになっているのだが、実務を担う家老や執政からすれば、なんとも頭の痛い事である。

そこで、家臣団は次の様に純熙公に申し上げた。「今回の事は、わが大村藩にとりましては実に無上の喜びとするところで御座います。我が藩では、既に三百の兵を出しておりますが、更に千人の精兵を送る事も敢えて難しい訳ではございませんが、我が藩と平戸、島原両藩とは、予てより提携して国家の為に尽くそうとの約束をいたしております。今は精兵千人の数を割いて二藩と共に命を受けますれば、国家に対する責任と、同志の藩に対する誼《よしみ》と二つながら全うすることが出来まする」と、流石に当たり障りなく建言した。

すると純熙は顔色を改め、「汝らの言一理なきにあらずと雖も、隣藩に対する誼の如きは、私事に等しい。朝廷の内示を頂戴したる予が、勤王の素志を達すべき恩命は光栄至極。私情の為にこれを譲るが如きは思いもよらぬ事なり」とその決意凛然、語気壮烈で平生の穏やかな姿ではなかった。この様に藩主自ら言われると、家来としては何とも反論できない。その場は何とか許しを仰ぎ、楠本をして朝命御受の旨を澤総督に報告せしめることとした。

渡辺昇はこの時病んでいた。京師からの帰国の後も、病はなかなか治らずに家で療養を重ねていた。純熙公は常井邦衛を昇の元に遣り、その意見を聞いた。そこで昇は次のように述べた。

「出兵の事であれば、一藩三千の兵を挙げて之に殉ずるも敢えて辞する所にあらざるも、唯顧慮すべきは軍資金欠乏の一事である。若し果たして軍資金が給せられるとすれば、京都の承認を待つまでもなく、正に長崎府に於いてこれを支給しても良いではないか。乞う、堅くこの意を取りて動く勿れ」

昇は流石に軍資金の事には明るい。戊辰戦争勃発時には、藩主と共に兵を率いて京に向かった時、そして帰る時、金が全く無くて藩主一行は立ち往生した。それを切り抜けたのは昇の才覚で、そういうこともあって純熙も昇には一目置いていた。その頃既に楠本は長崎に達し、澤総督に藩主の決意と執政等の所見を合わせて報告した。澤は純熙の決意と同時に、執政等が心配することも同情するところがあると、自ら決断して、「平戸、島原の二藩を出兵せしむるに、独り大村藩をして隣藩の誼を全うせしむるのみならず、皇恩普及の上に於いても大いに益する所あらん」と、自ら進んでこの出兵の事を朝廷に稟議し、更に使者を平戸、島原の藩に遣わして、出兵の事を諮らせた。

其の事は大村藩にも知らせ、平戸三小隊、島原二小隊に加えて、天領長崎常備兵の振遠隊と大村藩兵を合わせ千名となった。振遠隊とは長崎奉行が幕末に創設した長崎市中警備を行う者達で、明治になってからは長崎府に属した。その構成は、長崎の地役人の次男以下の者や、剣道場の師範、さらに浪人などからなり、多い時で三百人を超えた。部隊は、長崎から海路羽州に進軍することに決まり、大村では速やかに臨時野戦隊を編成して出軍の命令を下した。大村藩では、慶応二年に軍装を西洋式銃隊に改めていたが、広い大村藩の周辺村落に居住する武士たちは、未だ旧制の軍装のままで、こうした理由から臨時野戦隊の編成が必要になった。

藩では先ず、出兵する人員の数を決め、これを隊長に示し、将校、士官、軍属の外は藩政庁と雖も干渉しないことに決め、各選抜の兵士を以て小銃及び大砲三門よりなる大砲隊を編成した。

部隊は四小隊、大砲隊、医師、足軽、大砲運手、従卒、中間からなる総員三百二十六人となった。

この時、大村藩は既に江戸で戦い、奥州に入って活躍している者達は天下にその勇名が知られ、その活躍は藩にも伝わってきていた。そのため、羽州出征の事が知らされると、壮年の者、又若い藩士達の中に出征を請う者達が多く集まり、制すことが出来ないようになった。

選抜の選に漏れた者は涙を流し、家の恨事と為すに至り、これには藩でも大変困った。

そこで純熙は、全藩士を城のある玖島崎の野原に召し、親しく謁を賜い、渡辺昇をして藩主の言を諭達せしめた。

「予、深く諸士の従軍を請うを嘉し、其哀情の切なるを憫《あわれ》むと雖も今悉《ことごと》く其の意を遂げしめんことは小藩微力の堪え難きものあり、抑《よく》、士の國に盡《つく》すは独り出でて戦に臨むのみにあらず内に在て各其の業を勵み文武両道を振起し出征の士をして内顧の憂無からしむるも亦国に盡すの一也。而して他日全軍凱旋の期に及び手を把て互に内外盡す所を談笑する亦一快事ならずや」と。恐らくこれは昇の言であって、人心を掴む弁舌には優れたものがある。

その後、大いに宴を庭上に張り、酒も廻り宴たけなわになった頃、巨杯数十を出して、公自ら人を選んでこれを飲ませ、君臣和楽の情喜々として大いに盛り上がった。詩を献じ歌を謡い、中には感極まって泣く者もあった。

この時、偶々平戸藩の使者が大村を訪っており、この様子を見て甚く感歎し「密かに隣藩の近状を察するに従軍を欲せざる者多く、我が藩の如きも其一なるに、独り貴藩従軍を請うて已まずと聞き平生素養の程を推察し居りたるも、今、此の盛儀を診るに及び敬服の至り言の出づる所を知らず」と言った。

昇は彼を誘って大村藩雄童隊の練兵の様子を見せ、平戸藩士は大いにその熟練に感じ入ったという。平戸藩、島原藩にせよ、勤王の志は篤い。それでも従軍となると気後れするのが普通である。これは長州藩、薩摩藩、佐土原藩そして大村藩以外の勤王方の藩では、寧ろそれが当たり前の雰囲気であったろう。

出軍の準備がすべて整うと、直ちに出航の命令を下し、七月二十七日に大村を発した。

この日、未明に出軍兵士は内潟《うちがた》練兵場（城の外の干潟を埋め立てて造られた練兵場）に全て整列し、午前七時に行軍登城。純熙は北伐軍総督大村右衛門を召して兵事の全権を託した。また兵士一同を大広間に召して藩主の謁を賜い、各隊長に指揮の小旗一旒《いちりゅう》を授けた。臺山公事蹟にはその時の様子を次のように記す。

「尋て兵を城内長堀端に勒《ろく》し、公親しく之を帥《ひき》いゐて濡門を出て内潟練兵場に至りて各酒杯及び勝雄武士《かつおぶし》（出陣に当たり、鰹節を飾り、男性の力強さを示した）を賜い、各隊発火操練（小銃三発、大砲五発）をなし、畢《おわり》て君臣決別の禮《れい》あり、公は城に帰り兵士は隊伍整々進軍の途に上り、同十時板敷波止《いたじきはと》に於て乗船し伊木力に航す。兵船の纜《ともづな》を解くや祝砲を放って其の行を盛にし歓呼相応じて水陸為に動く」と。

大村藩では新たに北伐隊総員三百二十六人、東征軍には既に三百名近い兵を出征させており、僅か二万七千石の大村藩にとっては多すぎるほどの人数である。平戸藩にせよ島原藩にせよ、石高は大村藩の倍以上もある。だが、昇が「一藩三千の兵を挙げて之に殉ずるも」と言うのは嘘ではない。『大村藩新撰士系録』には、確かにそれだけの武士の戸籍が記されている。中には石高一石の者も数多く存在する。第一、昇にしてからが四十石で上級武士なのだ。一石で生活が成り立つのかと言えば、それが成り立っている。

戦国期以来転封が無く、彼らの多くは先祖伝来の田畑を持ち、自ら耕し、あるいは百姓に貸し生活が成り立つのだ。これが他藩の多くと違うところであるが、それにしても藩士三千人は多すぎる。「臨時野戦隊の編成」も、城下に住む武士はすでに軍事訓練もなされ、新式銃も配備されていたが、広い大村藩領の中で地理的に孤立した場所の武士達には、詳しい情報や新式銃の配備は行き渡ってはいなかったのだろう。

だが、大村藩全藩士の中に、天皇に忠誠を誓い「ごいっしん」にその力を注ぐ気概は、明らかに他藩とは違いがあった。これは長崎警備から来る時代への危機感を背景として、五教館を含む大村藩独自の教育に起因していると見た方が良いだろう。

大村藩北伐隊

北伐隊は大村右衛門を総督に、参謀二名、軍監一名

一番隊　小隊長、半隊長、分隊長、嚮導兼隊目付、与力、与力兼書記、伍長八名、兵士三十二名、鼓手一名　計
　四十七名
二番隊　々　　四十七名
三番隊　々　　四十七名
四番隊　々　　四十七名
大砲隊　砲隊長、半隊長、砲車役三名、照準役三名、砲手二十七名、兵糧方並器械方五名
医師　五名、医師付属四名
鍛治　一名
足軽　二十名
大砲運手　十三名
従卒　二十七名
中間　二十三名
の編成である。
七月二十七日午前十時大村を船で出発して対岸の長与に航し、そこから陸路を行き、長崎の藩邸に午後五時に着いた。
七月二十九日午前七時、軍装にて士官以上は長崎府に出府して澤総督に謁し盃を賜う。
この日、藩邸内で総督大村右衛門より軍律その他諸規則の口達があった。
軍律その他の規則左の如し
　　軍　律
一、銘々の分限忘却不可致事

一、他藩の批判堅停止の事
一、国事を猥《みだり》に不可語事
一、下知無くして鼓角を鳴し旌《はた》を不可動事
一、随身之兵仗不具の輩は可為不覚事
一、各その場を外すべからざる事
一、高聲高語停止の事
一、越訴致間敷事
一、偽病見逃す輩はその罪及ぶ同伍事
一、私の遺恨を懐く間敷事
一、敵の音信堅く請間敷事
一、無根言並に吉凶卜占鬼神災禪洋語る間敷事
一、酒宴博奕致間敷事
一、聊《いささか》の品たりとも盗取候ものは可為大罪事
一、押買押売致間敷事
一、生捕降人猥《みだり》に殺す間敷事
一、下知無くして猥に斥候を出すべからざる事
一、臨時の使軽輩と雖も不可背事

船中の心得

一、下知無くして猥に乗り下り致間敷事
一、用事無くして往来致間敷事

一、観望の為猥に甲板へ出間敷事
一、飲食の節前後を争い不法の挙動有間敷事
一、大小用之節放埓不潔之始末致間敷事
一、各取扱い心を用ゆべき事
ここでいう長崎の大村藩邸とは、現在中町カトリック教会の敷地となっており、その石垣は当時のまま残されている。

大村藩長崎蔵屋敷

八月六日午後六時、島原藩の兵士と共に英船ヒーロン号に投じ、翌午前二時に綱を解いた。

八月十一日午前十時、秋田領羽州男鹿の船川港に投錨す。

八月十三日午前十時、大村藩隊は旗鼓堂々秋田城下に着し、我が藩総督、参謀、軍監一同出府、九條総督に謁す。

八月十四日を以て秋田の院内口に進軍すべき命下される。その後、神宮寺副総督の使者が来て、「賊徒蔓延頗る猖獗を極む因りて寸時を争い進軍すべし」と命令を伝えて来た。猖獗とは、敵の勢いを止めることが出来ないという意味で、戦線はそれほどに切迫していた。直ちに出陣の命を発して準備を整え、翌十五日朝七時を期して進発することに決した。

しかし急の出陣命令で軽重を運ぶ人馬の徴発も困難であるのみならず、敵の襲撃も予想されるので、弾薬、武器の必需品だけを輸送することとして出軍した。この後、庄内藩との大激戦が繰り広げられるのだが、それは未だ想像もつかぬ事であった。

角館の激戦

八月十五日午前七時、秋田の久保田城を発し院内口に進軍を開始した。官軍は神宮寺、角館の両所に軍を配置し、専ら守勢を取って援軍が来るのを待つ策であった。ところが、大村兵が船津宿に到着すると副総督の使いが来て院内口の急を告げ、至急応援を願いたいという。

直ぐに方針を決める会議を開いた。夕方には境宿に宿陣の予定であったが、危急の時である。携帯する兵器を馬に乗せ、軽装にて急行するのが良かろう。砲隊は人馬が無ければ動かせないので、それらは境宿に一先ず置いて行こうということになった。

宿の役人に命じて、傳馬十五頭を徴発して銃器弾薬を運ばせ、隊士は急進して刈和野宿の街の入り口まで来た。その時、再び副総督の使いが来て、角館に進軍せよとの命令であった。この事を境宿の砲隊に知らせ、夜になって刈和野に宿陣した。

十六日、境宿に宿陣した砲隊は角館進軍の報に接し、まだ夜が明けきらぬうちに境宿を発し、午前七時に刈和野に到着し、先に進んでいた銃隊とここで合流して刈和野を発し、夕方に角館に着いた。角館に向かう途中、佐賀軍の使者が来て六郷村に敵軍が来襲した事を告げ、応援を請うた。直ぐに応援の兵を出すために部署を定めている時、少しして斥候の誤報であった事が判り、そのまま兵を進めて角館に入った。

この日、鎮撫副総督より大村北伐隊総督大村右衛門に対して、「兵を参謀に委し総督府に登直して軍謀に参せよ」との命令が下された。大村北伐隊参謀十九貞衛《つづさだえ》、軍監松田次郎兵衛は会議所（各藩が集まって会議を開いた）に出て、薩摩、佐賀、秋田、小倉の諸将と共に諸軍の防備を議し落合、下延《しものべ》、下川原の三ヶ所に大村藩隊は陣地を築くこととなった。

十八日、大村藩機械方福田清右衛門が率いる後発隊が角館に到着した。長崎を出港する時、船が兵で満杯となり、大村藩、島原藩の主力部隊を先に乗せ出発した。その後、船を調達して大村、島原、平戸藩の後続兵が船川に着き、この日角館に到着したのである。これで大村、平戸、島原藩の全兵力が揃った。

角館方面の官軍は佐賀、平戸、小倉、秋田及び大村藩の諸隊である。角館は玉川、斉内川が合流する中州に在り、二つの流れを遮ればこの地に入ることが出来ない。そのため官軍方はここを防衛線としたのであるが、神宮寺、角館は敵を東西南の三面に受け、そこを敵の大軍で包囲されれば形勢は頗る悪くなってしまう地形となっていた。

官軍はさらなる援軍を待って、油断なく警戒した。

すると、南部藩の敵兵が襲来するとの報があり、斥候を出して偵察させたが事なきを以て帰陣した。更に、敵が千屋村に十数人乱入したとの報もあり、秋田藩兵がこれに備えた。と思う間もなく、今度は敵兵千名近くが長野村に襲来するとの報がもたらされた。落合、下延の兵にもそのことを知らせ、警戒するよう伝えた。その後も頻々と同様の知らせがあり、その報も虚々実々にして、その応対に追われた。

二十日、「賊が長野村に駐屯しその糧秣を横沢村に運ぶ」との報あり。行くと敵は糧秣、味噌等数十駄を運ぼうとしていた。これを襲って糧秣を奪った。更に偵察からの報告で、長野村に屯する敵兵が角館を襲撃しようとしている情報が寄せられた。そこで、佐賀、秋田の二藩の陣に知らせ、機先を制して賊の肝を冷やさせようと出軍し、佐賀兵は鶯野村より、秋田兵は上鶯野村より、大村兵は下延村より進み、夜中の二時に民家に火を放ってこれを合図に三方向から進撃しようとした。

下延村の川原に出た時、忽ち長野村に火の手が上がった。一気に進んで渡し船を捜り、将に川を渡らんとした時に風雨が俄かに起こり、兵器弾薬が悉く水を被った。その為に兵器の使用が出来なくなり、進撃を止めて明け方に角館に戻った。佐賀、秋田の兵も同様にして退却した。

桂 太郎

思いがけない勝利

二十二日、神宮寺村本営助参謀大村右衛門の書状が大村兵の本隊に届けられた。そこには、「長州、小倉、矢島三藩の兵を以て角館在陣の佐賀兵に替え、大村兵を合わせて四藩の軍、明早朝角館を発し大進撃を為すべしとの議決す。その進退戦略などは宜しく参謀桂太郎及び平井小左衛門に就いて之を談すべし」とあった。

直ぐに準備を行い、各隊の参謀と議して部署を定め、兵を三道から進めた。

大村藩二小隊と大砲一門は小倉の一小隊と右翼から正面米澤村本街道より、別の大村藩二小隊と大砲二門は長州の一小隊、矢島の一小隊共に下鶯野村街道より、秋田の一小隊は左側を栗澤村より進み、神宮寺在陣の官軍と応じ、共に吉郷村の敵の本拠を攻撃しようとした。

大村藩四番隊の斥候一分隊は、与力喜多悦蔵がこれを率い国見村に至った。

同地は樹木が鬱蒼として視線を遮っており、敵の動静を窺うことが出来ない。そこで鉄砲の空射を行って敵の出方を探ると、たちまち敵兵が樹木の間から現れ砲火を交えることとなった。樹木が邪魔をして敵の数は良く分からなかったが、大村の本隊はまだ五百メートルほど離れたところにいた。

その時、参謀の桂太郎が一騎で馳せてきて「敵は頗る優秀なるを以て、速やかに地面に身を伏せて応戦せよ。殊に敵兵は戦に熟し謀略も多い。軽々しく動いてはならん」と言って去った。それから少しして本隊が到着した。

三番隊は迂回して敵の右側を衝き、左右から敵を攻めた。敵は畑の畔を利用して護り、官軍は溝に沿って兵を配置して対峙した。官軍側が密かに迂回して敵の背後から射撃したので、敵は支えることが出来ず、これを官軍が追撃して敵兵五十人ほどが官軍に取り囲まれた。

角館のレストラン百穂苑（ひゃくすいえん）に残る当時の看板「明治御維新戊辰之役九州大村藩大筒方御宿処」。（撮影：岩佐誠太）

ところが囲みを衝いて死に物狂いで戦う者があったので、狙撃して斃した。この時一人の敵兵が刀を揮って突進してきた。これに喜多悦蔵が身を挺して躍り出でて刀でこれを斃した。

その時、監軍安村櫻太郎が大声で深追いを禁じ、官軍が一時追撃を止めると、敵兵はこれを見て隊伍を整え、再び戦いを挑んできた。

しかし官軍は敢えて進まず、要所々々に兵を伏せて敵の進撃に備えた。地形を知っている敵が計略を弄し、奇襲を防ぐためである。時は正午過ぎであった。

久根山の前面の防御戦

栗澤村より進んだ官軍は敵と遭遇し、戦って利あらずと見て退いた。優勢の敵はこれを追撃し広久内村に向かい、将に角館の虚を衝かんとする勢いであった。これを遥かに見ていた大村隊は小倉隊と謀り、転じて米澤村を扼し、敵の進路を遮ったところ敵は敢えて攻撃をしてこなかった。この時、三番隊は未だ転戦の命令を知らず、依然草むらに伏せて久根山の前面にいた。偶々、一人の兵士が官軍の斥候旗を示してその傍らを過ぎた。

我が兵はこれを味方と信じて制さなかったが、この後、右側の久根山から四、五人の兵が現れ、我が隊に向かって赤の斥候旗を掲げて振った。我が兵はこれを我が軍と見誤り、同じく斥候旗を掲げてこれに応じたところ、彼らは忽ち林の中に身を退くと見る間に、多数の敵兵が林の中から現れ、不意に我が隊を射撃し、その弾丸が雨のように撃ち込まれた。

応戦する我が隊には、身を隠す所もなく、距離も近いので防御の仕様もなく、陣形は殆ど乱れようとした。この時、隊長が叱咤して兵を纏め、伏射しながら徐々に後退せよと命じた。これは大村にいる時から訓練していたもので、何とか畦道まで下がり、ここで防戦した。

その時、兵火が諸方に起こり、砲声は遠近に轟き、敵の勢いは益々激しくなったが、幸いにして敵の打つ弾は多くが空を掠め、我が方の兵は誰も負傷せず、これに反して我が方が撃つ弾は概して命中しているらしく、敵は狼狽して多数の死傷者を遺棄して退却した。

夕日が西の山に懸かり、日も暮れかかっていたので我が隊も退却し、途中四番隊が来て援けてくれた。共に米澤村に赴き、退いて角館に帰陣した。時に午後七時を回っていた。

長野村の遭遇戦

下鶯野村より進んだ大村、長州、矢島の諸隊は、黒土村屯集の敵兵に対して兵を二道に分け、一つは大村兵の一番隊の左半隊、二番隊の右半隊が枝隊となって玉川堤に沿って右から進み、今一つは大村兵と大砲隊、長州、矢島の各一小隊を以て主力とし、左へ向かって長野村に進んだ。

枝隊が進むと暫くして、敵兵が付近の杉林から現れ攻撃してきた。大村兵は堤防沿いに展開し応戦した。主力隊は進んで長野村に至り、敵と正面からぶつかった。敵は四谷、槍見内《やりみない》、神林《かんばやし》、黒土《くろつち》の各村に展開し、林を利用してその勢いは凄まじく、長州兵は危地に陥った。

その知らせが大村の枝隊にあり、一分隊を留めて、残りの一分隊と左半隊は右側から進み、主力の一番隊と大砲隊は正面から進んで三面から一斉に猛撃した。敵もまた良く戦い、両軍一進一退。暫くすると、敵は民家に火を放って後退した。官軍はこれを追い、横堀村に至った。この時、又も急報があり、松倉村より進んだ薩摩兵が苦戦しているとの報があった。そこで追撃を止め、三藩の兵を合してそこに赴き、これを援けた。
槍見内村を経て四谷村に来た時、敵は破れて大曲に向かって退却したとの報があり、長野村に入った。この日の戦いで、大村兵の負傷した者は四人であった。

横沢村の夜襲

二十四日、神宮寺の本営から角館の陣に「本日休戦、明暁進撃すべし」との命令が下された。これを長野村滞陣の左翼に報じた。午後になって参謀桂太郎が長野村より来て、諸将と共に小倉隊の宿舎で会し、「大曲に進撃した薩軍が危急に陥り応援を求めている。長野村にいる官軍は数も少なく危険甚だしきものがある。速やかに救援を請う」と伝えた。諸将は直ぐに兵を四隊に分け、長州の一小隊と大村の左翼二個分隊を金鐙村間道より、大村の一小隊と大砲一門で横沢村本道より、小倉の一小隊を栗澤村間道より秋田の一小隊を山道より、このように配置した時、時刻は既に午後二時であった。

本道を進んだ大村隊が国見村から横澤村に入ろうとした時、敵兵が俄かに林の中から現れ、軍の進路を遮り攻撃してきた。大村兵は奮戦してこれを食い止め、先に金鐙村に進んでいた長州と大村の別軍の一隊が来てこれを援けた。栗澤の間道を進んだ小倉軍も横から敵兵を攻撃した。夜に入っても戦いは止まなかった。

敵は樹木や間道を利用しながら射ってきたが、大村兵は地理に不慣れで、敵がどこから攻めてくるか分からないので専ら守勢を取ることに決め、両道の軍は各其の部署に戻り、大村軍だけで対陣した。

その後、長野村在陣の大村藩右翼隊より報がもたらされ「大曲進撃の薩兵、花館を退き従前の守地に陣す」と。これで応援の諸軍も悉く退いて守地に就き、大村隊は斉内河原に陣を敷いた。

さて長野村に滞陣した大村藩右翼隊は長州、矢島の兵と共に午前十時進発して大曲に向かった。途中、大曲の敵兵が優勢の勢いを示した。

これを察知し、退いて四谷寺に陣を敷いていたところ、夕方になって敵兵が四谷寺に迫って来た。敵の勢力は多く、我が兵は衆寡敵せず、直ちに陣を移すことにし、銃隊は長野村に、大砲および器械方は松倉村に転陣した。

二十五日、使役鎌田栄三郎が神宮寺本営より角館に来て休戦の令を伝えた。因って大村の左翼隊は諸藩の応援軍と共に角館に帰陣した。

ここで長野村宿陣の大村藩右翼隊は、朝六時に角館に向かって将に出発しようとした時、本営から「敵兵国見村逆襲の虞《おそれ》あり、厳に長野村を守備せよ」との命令があった。そこで又長野村に帰り、四谷通りを警戒することとした。

昨夜松倉へ転陣した大砲隊並器械方も午前中に着陣した。

ところが夕方六時に至って、敵は火を放って長野村に来襲した。大村藩隊は兵も少なく地理にも不案内であるので、退いて下延村に陣を敷いたが、急遽の転陣で人馬が揃わない。兵器糧餌を運ぶに由なく、矢島藩の陣にそれらを一旦預けて退いた。

この日、副総督慰労として四番隊に酒一石、肴一荷が下賜された。

同日、副総督より大村の参謀井石忠兵衛を監軍兼使役に、先に監軍に命ぜられた松田治郎兵衛を更に監軍兼使役に命ぜられ、十九貞衛参謀が我が大村藩隊を指揮することとなった。

下河原の敵襲撃退

庄内に於ける敵の諸将は、角館を逆襲せんとして、二十八日午後、庄内兵は仙台兵と共に、大村藩右翼隊の陣地に殺到した。我が軍は川を隔てて力戦したが、如何せん敵は多勢でその攻撃は凄まじく、次第に苦境に立たされた。

その報が雲然村の大村左翼隊に達せられると、左翼隊は時を移さず左翼二番小隊をして下流を渉り、不意に火を放って敵の真横を攻め立てると、敵兵は狼狽して退き始め、午後七時に至り、死屍武器を遺棄して潰え去った。

翌二十九日払暁、敵の全軍が再び角館官軍の防御線に迫った。中でも、岩瀬渡、下河原間の敵勢はその勢い凄まじく、大村兵は川を隔て瞰下《かんか》してこれを防ぎ、激戦は前日に譲らず、敵は遂に進むことが出来ず、午後になって武器を遺棄して敗走した。両日の戦いで幸いにも大村の兵には一兵も戦死者は無かった。

数日後、六郷村の偵者の報ずるところに依れば、敵の死者二十四人にして庄内藩の一隊長も亦二十九日の役に戦死し、その遺骸は多数の兵士に護られて大曲に送られ、厚く同地大門寺に葬られたという。

刈和野の白兵戦

八月二十八日、九日の激戦の後、角館在陣の官軍は多数の敵勢に包囲され糧道を断たれた。また援軍も来ず、更に各藩の部隊が一か所に集まっているため、食糧は三日分だけとなってしまった。

九月十二日夜、各藩の参謀たちが集まり、副総督府の本営で大いに攻守の策を議論した。議論は白熱したが、誰も弱音は吐かない。ここで守りに入って部隊が瓦解するのを待つより、寧ろ、戦って玉砕した方がましだと相誓い曰く「死して護国の鬼となり以て君恩に報ずるは正に今日に在り」。

翌十三日、副総督の許に於いて宣誓状を作り各自血判死を以て盡さんことを約す。

血　誓　文

奥羽形勢朝夕変遷いたし、南部、仙台、米沢、その他藩々反復に付いては、京師表より五畿七道の兵を以て御征討被　仰出、各藩追々秋田へ進軍既に三千人余の兵に相及候得共、賊勢益募り、正民を苦しむ、其の暴悪不遑枚挙、終に秋田国三分の二被略奪既に　副総督三度御転陣に相成畢竟各不盡其職掌、空論紛紜、規則全く不相立、真の烏合の姿に相至り賊徒為之益々得時、大都督府御本陣秋田へ相迫り、昨今の情態、官軍の威力寸毫を無之、僅角館一区へ相陥り對　天朝奉恐入候、且昨夜　副総督府御命令も有之、依て今より唯断決死、衆心一致、大挙進撃賊徒速に征討、賊之巣穴を芟盡可致、萬一事不成候共忠義の塊石と相成可奉報　国恩條を今般一同盟約如斯、若規則於違背は即座奪其職掌、正其罪、屹度處置可有之事

辰九月十三日

参謀官軍使役　　血誓
各藩隊長中

尋て作戦の方略、諸軍の部署を定め明十四日を以て進撃の期となす。

◇

官軍諸将は糧道が断たれた今、血の誓約を行い一致団結して敵に戦いを挑む決意が込められている。いよいよ奥羽戦争の中でも、敵味方相譲らず白兵戦の様相を示した激戦の火ぶたが切って落とされようとしていた。

部隊の編成と役割を次のように記した。

〔各藩進撃手割〕

小杉山口　　　平戸四小隊と二十五人

進撃　大村四小隊　跡守備　新庄二小隊
　　　筑前五十人　　　　　秋田勢

水澤口　長州二十五人
　　　　小倉五十人
　　　　筑前五十人　跡守備　新庄一小隊
　　　　新庄九十六人
　　　　秋田六十人

〔防御手割〕

広久内　長崎振遠隊八十人
　　　　秋田勢三十人

中川原辺　長崎振遠隊半隊
　　　　　同大砲一門
　　　　　秋田勢十六名

下川原辺　平戸六十人
　　　　　同大砲一門
　　　　　大村大砲一門

大威特山より　長崎振遠隊十六人
岩瀬後落合まで　平戸二十人
大村大砲二門
秋田勢

雲然村より碇村まで　島原七十名

下延村より　秋田藩古内左惣次
立石村まで　同藩茂木秀之助
矢島一小隊

松倉村辺　薩州二百人未満

心像村辺　秋田藩梅沢小太郎手四十人

〔軍吏手割〕
小杉山口　参謀　薩州島津登人
監軍　同峯良彦七
使役　長崎振遠隊中村謙太郎
同　長州上野他吉郎

水澤口
参謀　大村右衛門
監軍　松田次郎兵衛
使役　長崎振遠隊菅野角兵衛
同　薩州大河原彌兵衛

生保門口
参謀　長崎振遠隊大山壮太郎
監軍　井石忠兵衛
使役　長州安村櫻太郎
同　松浦多門

角館本隊
参謀　小倉平井小左衛門
同　長崎振遠隊石田英吉
監軍　長州上田雄一
同　薩州木藤彌太郎
使役　長崎振遠隊白江龍吉
同　島原杉岡勇馬
同　平戸近藤丈左衛門
書記　秋田熊谷武五郎

十三日の午後六時、大村の三個小隊は長州並小倉兵と共に烈風雨の中、角館を発し、徹夜で進軍して翌十四日明け方小杉山に着陣した。
大村三番小隊は神宮寺より転じて既にこの地に在り、左翼を固めた。進撃軍の諸隊は共に小杉山を発し、半通寺に至る頃、風雨がますます激しくなって道はぬかるみ、大砲や弾薬などを運ぶのが困難で、また鉄砲も火薬が湿って発砲できないまでになった。加えて、薄暮れともなって現地の地理も詳しく分からず、行軍は難航を極めた。丁度参謀からの命もあり、退いて小杉山に陣を敷いた。

翌十五日、明け方に兵を勢揃いさせ、午前七時を期して兵を発し、半通寺村に至って兵を二道に分け、大村右翼二小隊、平戸一小隊は今泉間道より、大村左翼二小隊、平戸三小隊、薩摩一分隊は本道より並んで進んだ。今泉軍は大村二番隊の一個分隊、平戸兵五人を以て斥候とし、山道には敵なく刈和野に達した。本道軍は、薩摩一分隊を以て斥候とし、大村藩三番隊が先鋒として進み、四番隊並に平戸三小隊は本隊としてこれに次ぎ、風雨を衝いてぬかるみを蹴って進んだ。

酒井吉之丞（了恒）

この日、敵の庄内軍の将酒井《さかい》吉之丞《きちのじょう》（了恒《のりつね》）は峯吉川の本陣に在り、同じく松平甚三郎は境村に在って一ノ関兵で刈和野を守っていた。本道の官軍が進んで刈和野に入ろうとした時、敵兵が六七十人神宮寺口より刈和野へ侵入しようとしていた。官軍は直ちに前の路を遮り、銃撃して敵を退け、薩摩一分隊、大村三番隊の半小隊をここに留めて刈和野橋を守らせ、他の半小隊で直ぐに刈和野宿に攻め入り、敵の本拠を衝いた。不意を衝かれた敵は狼狽して、兵器や弁当まで捨てて逃げようとした。そこに大村兵が一気に突入して数人を斃し、逃げるのを追って西側の街の後ろに出て遥雄物川下流まで来ると、敵兵が舟に乗って逃げるのが見え、狙撃して数人を斃した。これより前、今泉間道の別軍は山道より進んで刈和野に出ようとし、平戸兵は右に、大村の二小隊は真ん中を、一番隊は左に展開して進み、街の口を距てる約五丁の地点に達した時、敵兵は街の口に在って、砲銃を乱射して防いだ。

官軍は身を隠すものもなく短兵急に先を争うように宿内に突入した。時に本道の官軍は前路より進み、相挟んでこれに迫った。敵兵窮鼠の勢いを以て反撃し、両軍入り乱れて格闘、白兵相戦って刀戟相摩し、喚き声は地を震わし、一時勝敗は分からないような状態であったが、敵軍は終に潰裂し退路を失い川に投じて溺死する者四十余人、剣戟に斃れる者また数十人に及んだ。しかし敵軍未だ全く屈せず土橋を超え、山腹に拠りて防戦し、官軍は土橋の前後左右に展開し約三丁の距離を以て相戦った。

この時、敵将酒井吉之丞、吉川の本陣に在って刈和野の急を聞き、銃兵一大隊を出して之を奪回しようとした。官軍は既に土橋に在り、敵の援軍が山手より迫るのを見るや、我が二番隊をして直ぐにこれを遊撃したので、敵軍は退いて下手の険要に拠り、敵味方の砲戦は明け方近くまで続いた。この日薄暮、神宮寺口の敵兵が来襲して刈和野橋に迫ったが、大村三番隊と薩摩一分隊が防戦し敵を撃退した。

九月十六日未明、神宮寺口の敵兵は優勢な勢力で再び刈和野橋に迫って来た。これを守る二藩の守備兵が奮戦してこれを撃退し、敵が逃げるのを追って五六丁進んだ時、広い草むらに敵の伏兵があり、その数は圧倒的な数であった。衆寡敵せず、官軍側は退却して橋を挟んで防衛したが、敵の勢力は圧倒的で、官軍は苦戦に陥った。双方が放つ大砲の砲撃も激しさを増し、刈和野の危機を聞いた参謀が丘の下に陣取っていた大村一番隊に救援に赴くように命じた。一番隊が命に応じてその陣地を移動させようとしたところ、官軍の諸軍は、総引き上げの命が下ったものと勘違いし、色を成して撤退し始めた。敵はここぞとばかりに急襲、総攻めに転じ、それを見た参謀は、このままでは敵を前後に受けることになると判断し撤退の命を発した。この時、大村一番隊は刈和野辻に廻り、橋の袂の敵を横から攻め、二番隊その他の諸藩も来て共に戦い、午後になって退却命令が出たので遂に心臓寺村に退き、ここに於いて刈和野は再び敵の手に落ちた。官軍は防御の策を立て、大村一番隊と平戸二小隊とを留め、この地を守備していた新庄の二小隊、秋田の一小隊と共に固く半通寺の辻に配備して守りを固めた。

また諸軍は薄暮に兵を退いて小杉山、柳澤の両所に陣を敷いた。この両日の戦いは砲銃戦に次いで凄まじい白

濱田謹吾少年の碑（大村公園）

兵戦となり、両軍一歩も引かず、羽州戦中最も激烈な戦いであったといわれる。

　両軍の死傷も甚だ多く、大村藩兵の損失は実に三十九人に及び、大村藩が戊辰の役で最も兵を失った戦いとなった。

戦死者　七名
その後亡くなった者　二名
深手　二十名
浅手　十名

この戦いで平戸軍も多くの戦死者を出した。
角館にある常光院という寺には、大村藩、平戸藩などの戦死者の墓地があり、今でも墓地はきれいに清掃され花が手向けられている。大村から角館を訪ねた時、市役所職員を挙げて大歓迎して下さった事は今も思い出深い。そこには或る訳があった。その墓地の中に僅か十五歳で戦死した大村藩少年鼓手濱田謹吾の墓があるのだ。濱田謹吾の先祖は濱田彌兵衛と言い、江戸時代初期に長崎代官として朱印船貿易を行っていた末次平蔵配下の船長で、台湾に行って貿易をしていたところ、オランダ台湾総督のヌイツに妨害され、積み荷を奪われた。

濱田謹吾

　長崎に戻った彌兵衛は船を誂えて再び台湾に行き、台南のオランダ総督府に攻め入って、ヌイツの子供ロレンソと従者数名を人質にして長崎に帰り、大村藩の牢に閉じ込めた。その場所はJR大村駅前のバスターミナルになって、その前には「オランダ牢跡」の石柱が建っている。これが原因で、日本とオランダは一時国交断絶するのだが、外交交渉の結果、オランダ政府はヌイツの非を認めた。しかしロレンソは病気の為に亡くなった。今でも、台南のオランダ総督府跡には「濱田彌兵衛討ち入りの図」が掲げられている。その後暫くたって、彌兵衛は大村藩士に取り立てられ、代々彌兵衛を名乗った。謹吾の父は大村勤王三十七士の一人でもある。謹吾は刈和野の戦いで頭に銃弾を受け即死した。その遺骸は丁重に葬られたが、その時衣服の襟に縫い込まれた母親の和歌が見つかった。

二葉より　手くれ水くれ　待つ花の　君がみために　咲けやこの時

これを見た角館の人々は、母の気持ちに強く心打たれ感激の涙を流した。この話は、今日に至るまで角館の子弟教育に受け継がれ、大村市との姉妹都市締結の元となり、今でも相互の行き来となっている。

◇

さて、その夜になって、庄内軍は俄かに兵を纏めて撤退し本国に帰って行った。その事を知った官軍は驚くと共に、それを追うようにして兵を庄内に向かわせたのだが、二十五日に大山参謀より急報がもたらされた。

「庄内侯酒井《さかい》忠篤《ただずみ》書を越後口の官軍に致して降を乞い二十六日まで進軍を緩うせんことを願ふ」。庄内藩が官軍に降伏の意向を示したのである。『臺山公事蹟』では、さらに官軍は庄内藩への進軍を緩めず、九月二十九日に松山藩が降伏したことを記す。松山藩とは庄内藩の支藩である。官軍では、さらに庄内進軍の命が下った。『事蹟』の記録はここで途絶えている。ほぼ時を同じくして庄内藩の鶴ヶ岡城も開城し、こうして奥羽越列藩同盟軍は官軍の前に矛を収めた。庄内藩酒井家は最後まで官軍と戦い抜いた。

酒井忠篤

会津藩は保科正之を初代藩主としている。将軍徳川家康の孫で、二代将軍秀忠の子である。三代将軍家光とは異母弟で、以来、徳川家の藩屏たらんとして徳川幕府を支えた藩である。

庄内藩の後日談

一方、庄内藩酒井家も徳川家を支えた譜代大名で、一度も転封改易をされたことなく、領民も酒井家の治世を支持し、戊辰戦争では農民兵が自ら兵役を負った藩でもある。それ故、俄かに官軍となって攻め寄せて来た敵に対して、最後まで戦い抜くのであるが、これに先立つ九月十四日に、会津では官軍による鶴ヶ城（若松城）総攻撃が始まった。

戦いは大村、薩摩、佐賀、松代の諸砲隊による城への砲撃を以て始まり、十九日城方が降伏を申し入れ、二十一日には城に白旗が掲げられた。二十二日に松平容保父子が城を出て正式に降伏するのだが、そのことは未だ、秋田在陣の官軍には知らせが届いていなかった。そうした意味で、庄内藩は最後まで官軍と戦った藩となった。

庄内藩降伏とその後の処置については後日談がある。

官軍の中では、庄内藩に重い罰をと考えた者達が多くいた。

黒田清隆

だが、官軍参謀で薩摩藩士の黒田清隆は、庄内藩に対して極めて寛大な処置を執った。十七万石が十二万石に減封されただけで、転封されることもなかった。会津藩主松平容保が明治元年に所領を没収され、翌二年に赦免されてその嫡子容大が陸奥国に三郡を与えられて斗南藩三万石を立藩したのとは大きな違いがあった。

庄内藩では藩主の善政を慕う領民らが新政府へ多額の献金を行い、酒井家の存続の嘆願を行ったが、黒田の裁定は実は西郷隆盛の計らいであった。

その理由は、幕末、江戸市中で浪士達による豪商などへの焼き討ち強奪を西郷が指示し、彼らが薩摩屋敷に逃げ込むことで、それを行わせているのが薩摩藩であると分かるように見せた。その首謀者の一人が薩摩藩士益満休之助で、幕府側に捕まって斬首される所を、勝海舟が自分の手元に引き取り、その後、西郷が官軍を率いて江戸に向けて進軍していた時、将軍慶喜が山岡鉄舟を西郷の下にやって停戦交渉をさせた時の西郷への案内役となったのである。歴史の裏側では、様々な思い、様々な人々が交錯していた。

この時、将軍慶喜を始めとする幕府軍の主力は京に上っており、その留守の江戸を護っていたのが庄内藩や上山藩であった。十二月末、薩摩藩の仕業と分かった彼らは薩摩屋敷を取り囲み焼き討ちした。この事態が京の将軍の下に知らされ、火がついた幕府側が薩摩軍に戦いを挑んだ。これが慶応四年（一八六八）一月三日の鳥羽伏見の戦いの発端となったのである。「君はこの薩州に長州の轍《わだち》を踏めと言うのか」と昇に言い、全く取りつく島もなかった西郷の狙いは、まさにここに在ったのだ。あくまでも幕府側から仕掛けられた戦いで、薩摩側はやむなく応戦したと言う筋書き。そこに一月四日「錦の御旗」が揚がり、ここに薩摩藩、長州藩などが朝廷軍となった。

徳川慶喜は一夜にして朝敵になったのである。勿論、慶喜は朝廷に楯突く考えはない。それを行えば日本の植民地化を狙っている西欧列強の餌食となり、国内は戦国時代に逆戻りとなる。庄内藩への寛大な措置は、西郷にしてみれば自らが仕掛けた事であると共に、見事に戦った庄内藩士に対する想いともなったであろう。

後にその事を知った庄内藩士達は、西郷を東京や鹿児島に訪ねて教えを請うたと言う。西郷が西南の役で没して賊の汚名を蒙り、明治二十二年（一八八九）に大赦で名誉が回復されると、西郷の遺訓や思想を纏めた「南洲翁遺訓」を刊行し西郷の遺徳を伝えた。

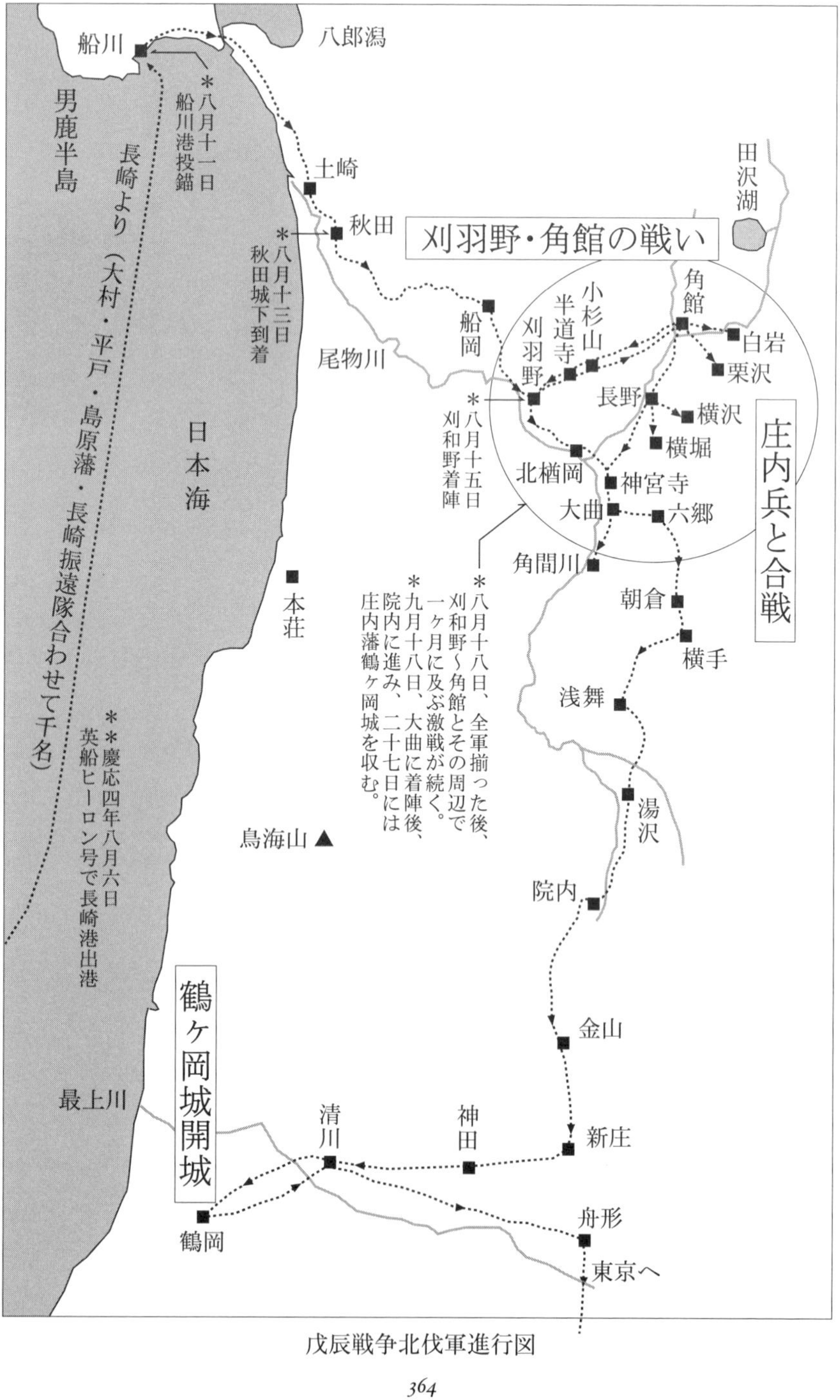
船川
八郎潟
＊八月十一日船川港投錨
男鹿半島
長崎より（大村・平戸・島原藩・長崎振遠隊合わせて千名）
田沢湖
土崎
秋田
＊八月十三日秋田城下到着
刈羽野・角館の戦い
角館
小杉山
半道寺
刈羽野
船岡
白岩
栗沢
尾物川
長野
横沢
横堀
＊八月十五日刈和野着陣
日本海
北楢岡
神宮寺
大曲
六郷
庄内兵と合戦
角間川
＊八月十八日、全軍揃った後、刈和野～角館とその周辺で一ヶ月に及ぶ激戦が続く。
＊九月十八日、大曲に着陣後、院内に進み、二十七日には庄内藩鶴ヶ岡城を収む。
本荘
朝倉
横手
浅舞
＊＊慶応四年八月六日英船ヒーロン号で長崎港出港
湯沢
鳥海山
院内
鶴ヶ岡城開城
金山
最上川
清川
神田
新庄
鶴岡
舟形
東京へ

戊辰戦争北伐軍進行図

第十二章　会津攻め　若松城の攻防

白虎隊

慶応四年（一八六八）八月十九日早暁、二本松に陣を置いていた大村藩兵に命令が下された。

「明二十日を以て会津進撃を開始し、別隊は中山峠に於て敵を牽制し、薩摩、長州、土佐、大垣、佐土原の五藩を主力として帽形嶺より進み、佐賀、紀州、尾張は白河口を守備し、備州、阿州は三春、二本松を守備し、而して大村は彦根、備前、柳川三藩と共に二本松の守備に任ずべし」と。

この命令に、大村藩の士卒らは皆激高した。

「我ら、奮戦身を挺して今日に及ぶもの唯、賊魁《ぞくかい》会津を屠《ほふ》らんが為のみ。しかも屍を若松城下に曝《さら》すこと能わずんば直ちに陣を掃って帰藩すべし。その罪の如きは敢て顧る所にあらず」と諸隊長これを参謀に迫り、更に総督本営に請うた。諸参謀はその勢いに再議し、その請を許し佐土原藩と代らせることとした。

官軍は令を下し、二本松、本宮の両所より並び進んだ。乃ち帽形嶺口の本陣の参謀板垣退助、伊地知正治がこれを督し、中山口の別軍は大村藩総司令土屋善右衛門、大村彌門が督した。

両隊は玉の井村に集合し、本隊はこの地に陣を置き、別軍は中山街道より進んで横川村に至った。その時、敵兵五六十人が左右の叢林中より起こった。官軍側は銃撃してこれを退け、日暮れになったので兵を纏めて横川に帰り舎営した。敵兵は山頂に出没して砲戦を挑んできたが、官軍は応ぜず。警戒を厳にして明け方を迎えた。この間玉ノ井村宿陣の本軍は敵を山入村で攻撃してこれを壊走させた。

二十一日暁、別隊の官軍は隊伍を整え、薩兵を先鋒として各藩分隊がこれに次ぎ、軽重をその間にして大村兵が殿となって進んだ。玉ノ井村を過ぎる事一里半余りして、日は全く暮れ、大雨が盆を覆すが如く降った。大雨と雲は僅かな月明かりさえ閉ざし、四面暗黒にして進退極まりなく、やむを得ず全軍を広原に露営させ僅かに兵気を養うこととした。この日、主力は午後五時玉ノ井を発した。

夜来の大雨は全く止む気配を見せず、泥濘は脛を没するほどで兵達も難渋し、行軍は甚だ苦しんだ。暫く進んで石莚《いしむしろ》に至ると、敵の大将大鳥圭介が帽形嶺に在って官軍の攻撃を善く防ぎ戦った。官軍は濃霧に乗じ三道より進んで懸崖を攀って遂にこれを陥れ、この夜嶺頂に露営した。

二十二日薄暮、猪苗代に至って味方の両軍がここでやっと出会うことが出来た。

二十三日朝、大村藩兵を先鋒として、土佐、大垣、薩摩、長州の諸軍がこれに次ぎ、猪苗代を発して十六橋に向かった。十六橋《じゅうろくきょう》は戸の口湖水から流れ出す所の川に架かる石橋で、猪苗代より会津若松城下に至る要衝である。そのため会津勢が硬く守り、敵がここを渡れないように橋の破壊を始めていた。

だが官軍の進軍は会津勢が考えるより非常に早く、薩摩の武将川村與十郎が一隊を率い、橋を守る会津奇勝隊に向かって一斉に発砲。優秀な武器を持つ官軍の前に会津兵は撃破され、官軍は仮橋を作って渡り、さらに進んで滝澤峠の会津兵を撃破し若松城下に到った。薩摩、長州、土佐の兵は、既に砲撃を開始し、城外各所に火事が起きていた。大村の部隊も城下に迫り、諸軍と共に城の外廓を囲んだ。

城下の者達は、武士も民も難を城中に避け、街には誰もいなかった。たちまち兵火が各所で起こった。官軍側は大手門口から敵の弾雨を冒して進み攻撃したが、城兵も良く凌ぎ、当たるべからざる勢いであった。城兵が放つ鉄砲により味方も撃たれ傷つく者が続出した。

ここで官軍側は一旦後退し、物陰から狙撃した。その時参謀から「賊兵が米澤街道より来襲してきた。速やかにこれに当たり防戦せよ」との命令があり、大村兵はこの場を薩摩兵に任せ、米澤街道に急行した。敵が攻撃してきたが、こちらも応戦し、遂に街の入り口まで敵を押し戻し、ここで防衛した。敵は猶も水田の稲穂に隠れて射撃し、我が陣地を襲ってきた。敵の勢いは絶えず、夜になっても戦闘が続いた。大村兵も奮戦し、これを斃した。激戦が続いた。

この日、会津藩の精鋭部隊はその多くが国境の防衛に出ており、城を護るのは朱雀、玄武、青龍、白虎の四隊を中心としていた。しかしながら、玄武は老年の者より、白虎は幼年者で編成されていた。だが各隊は競い合うようにして戦い、殊に白虎隊は戦死者が続出し、残るものは僅かに十六人。終に飯盛山に入り皆相刺して倒れた。城を守る者達は、白刃をかざして戦い、官軍はその勢いに押され苦戦した。そこで持久の策を講じて屋敷を焼き払い、郊外を占領して兵を休ませ、砲列を敷いて城を砲撃した。両軍の砲声は山野に轟き、暁に及んでも未だ砲撃が止むことは無かった。この日の戦いで、大村兵も戦死した者九名、重傷者六名を数えた。

幼年者で編成された白虎隊は、精鋭部隊が城を出て国境守備に就いていたため、城を護るためには致し方なかったのであろう。筆者も随分前の事になるが、大村市の古老にその話を聞いたことがある。その方も恐らくは親から聞いていたのであろうが、城攻めをしている大村兵の前に会津の幼年兵がいたので、お前たちこんな所でうろちょろして居たら危ないぞと窘《たしな》めた。その内どこかへ居なくなったが、それが飯盛山で自刃した白虎隊であったと。

二十四日、勢至堂口の防衛のため出陣していた会津兵が、城の急を聞き帰城してくるとの報告があり、命令により大村兵は滝澤峠を越え、金堀村で迎え撃とうとしたが敵兵の姿は見えなかった。

二十五日の明け方、越後口にいた敵兵も帰ってきてこれを援け官軍を襲った。大村兵らはこれを銃撃して敵を退散させた。この時、各方面に出ていた会津の精鋭が戻ってきて城に入り、城兵の数は増え、大いに気勢が上がった。大村兵は薩摩、佐賀の兵と共に天寧寺山の敵を破り、弾薬庫数か所を占領した。更に城から十町程の近くの山から城を見下ろし砲撃した。

会津兵は城を出て天寧寺山を奪い返さんと攻撃して来たが、官軍側も銃撃してこれを破り、更に陣地を城の東南に築き、榴弾砲を連発して城の櫓を破壊した。城の中では城兵が紙鳶を揚げて余裕を示し、日夜鐘を撞いて時を知らせ、戦いが不利と分かってもそれを止めることは無かった。城外に在る会津藩の者たちは鐘の音を聞き、城がまだ落ちていないことをこれで知った。既に、三道より城を目指して進軍してきた官軍は、ようやく会津に集結し、薩摩の伊地知正治、長州の山縣有朋、土佐の板垣退助ら参謀は議して、「我が軍は深く敵地に入った。ここで空しく時を費やして城攻めが長引けば、敵が攻めてきて戦局が変わるかもしれない。ここは一気に攻めて城を落とすべきである」と。直ぐに部署を決め、九月十四日を以て総攻撃の日と決まった。

九月十四日午前八時、大村、薩摩、佐賀、松代の諸砲隊と共に砲列を天寧寺山の頂に布き、荒神山の砲台と相応じて城を砲撃し、諸道の官軍も一斉に砲撃を加えた。これに対して会津兵は諏訪社の側に防塁を築き、城兵と共に官軍を迎え撃ち、これを死守して屈することは無かった。硝煙は空を覆い、そのため空は暗くなった。午後になって大町口の城兵を破り、西南諸口の城兵の守りも突破した。官軍は既に城の外部の大半を奪い、僅かに東南天神口の一門を残すのみとなった。

砲撃戦は夜に入ってもなお止まず、翌十五日も四面より攻撃したが、城兵は良く戦い、攻撃を凌いだ。官軍は遂に城の本丸に肉薄し、激戦は更に二昼夜に及んだ。だが城兵は猶もよく戦って城は陥落しない。

十七日、官軍はさらに進んで東南口の城兵を破り、通路も断ち、城を完全に包囲した。城兵は食糧も尽き、馬を屠り皮を煎じて僅かに飢渇を支ふるに至り、砲弾も一日に一千余りを発射して漸く乏しくなり、加えて、米沢藩は早くも官軍に帰順し、反って官軍の先鋒として来り、戦いに参戦した。城主容保は官軍の勢いの前に城を支えるこ

会津鶴ヶ城

とはこれ以上出来ないことを悟り、密かに諸将を会して降伏を議し、諸将は嗚咽してこれに従った。

十九日、手代木勝任《てしろぎかつとう》、秋月胤長《あきづきかずひさ》、桃沢彦次郎が両手を後ろに縛って城を出て、容保の為に官軍に哀を請うた。官軍の参謀は降伏の条件を申し渡し、城に返した。

二十一日、城の追手口外に城方が降伏の旗を樹つるに及び、初めて官軍の諸軍に令して砲撃を停止させた。

二十二日諸藩の兵、錦旗を擁し粛々として門外に進めば、藩主松平容保父子及びその家臣等素服して城を出て降伏し、兵器と機仗を献じた。容保父子とその家族は滝澤妙国寺に幽閉し、城兵四千九百余人を猪苗代に移し、城外にいる会津藩士はこれを悉く藍川に送り、二十四日に至って処分全く完了した。

「孤城天下の大兵を迎えて死守三十日の久しきに到る。会津兵の勇敢は以て青史に傳ふるに足る。同時にこの戦に参加しあるいは先鋒となり、あるいは難所の警備に就き、能くその任を全うせる我が藩兵の殊勲もまた竹帛《ちくはく》に垂れるべきなり」と臺山公事蹟は記す。

会津が落ち、奥羽を揺るがした戦争は、こうして幕を閉じた。戊辰戦争そのものは、函館の五稜郭での戦闘がこれから続いて行われるが、大村藩兵の戦いはここまで。暫く奥羽に留まった後、やっと帰国命令が出た。部隊は陸路で江戸を目指した。陸路を取るのは、官軍が勝ったことを世上に知らせるための行軍である。江戸に戻った大村兵はしばらく休養し、そこから再び京を目指して行軍した。日本の中心は江戸ではなく、天皇が鎮座する京だからである。京に着いた大村藩兵は御所に凱旋の報告をしたのち、大坂から船で大村を目指した。

ここで渡辺清の一つの功績を記しておきたい。渡辺清が二本松警備の任にあった九月二十一日夜、薩摩藩士某が陣を訪ね、清に面会を求めた。清が会うと、「僕、実は棚倉藩士三雲辰次と言う者である。面会を拒絶されることを恐れあえて薩摩藩士の名を騙った。どうか自分を罰していただきたい」。

清がその来意を問うと、「老公養浩（阿部家十三代正備、隠居して養浩と称す）の意を受け哀を足下に請わんが為なり」と言う。養浩は大村純昌の次男で、純熈は年の離れた弟である。

正備は文武を推奨し、藩校修道館を士分以外の子弟にも開放し、藩主を退いて後「養浩」と称し、勤王の志が高かった。ところが奥羽越列藩同盟が官軍と事を構える事態となり、密かに江戸に登って棚倉藩の意思と窮状を訴えようとしたが、同盟側では棚倉藩主を擁して老公を制し如何ともすべからざる事態となった。

三雲が申すには、官軍は思っていたより早く進軍して棚倉城を落としたので、老公の宿望は水泡に帰し、一族をして帰順することが叶わない事態となり、その身も潜行して二十里ほどの保原の一寺院に蟄居している有様である。足下は大村藩士で、今は官軍の参謀であると聞く。老公は今、近くの寺院まで来ておられ、まず足下にその意を伝えるよう命じられた。願わくは、何卒老公の誠意を大都督宮殿下にお伝え願いたいと涙ながらに語った。

清は老公の意を汲みながらも、今は官軍の参謀の身である以上、軽々しく耳を貸す訳にはいかない。況や、老公は禁を破り他領まで来ておられることは不謹慎と言われても仕方がない。自分の職責としては、兵を派遣してでも対処せざるを得ない立場である。

「唯、老公が足下を自分の下に派遣したのは、官軍の参謀だからではなく、単に大村藩士であるという事であろう。大村家の親戚である阿部家に対する情を以てこのように申すのだ。その事を老公にお伝えしてほしい」と清が言うと、三雲もその意のある所を感じて陣を去った。

その夜、清は密かに陣を出て一人老公の宿坊を訪った。

老公は清が訪ねて来たことに驚き、自分の近くに招いた。「三雲から報告があった。確かに汝の言う事はその通りであろう。自分もなるほどと決する所があった。ところが貴公がここに来るとは思わなかった。どうして来たのか」と驚いて訊ねた。

清は老公に人払いを請い、膝下に進むと、「老公は我が君公の実兄であらせられればこそ、私は大村藩士の一人として一言進言いたしたく罷り越しました。三雲から老公の誠旨を聞き感涙いたしました。しかしながら今臣の立場で大村純熙公の朝廷への誠意を翻すことは出来ませぬ。今は、嘆訴の如きは断じて行ってはならず、速やかに棚倉へお帰り頂いて謹慎され、時の至るのを待つのみと存じます」と。

清の言葉に老公は嘆息して、「如何にすれば我が意思を達することが出来ようか」と言われたので、清は、「事今日に至っては策の施しようはありませぬ。しかしながら、殿の近習の者、勤王の志のある藩士をして、軍夫となって官軍の食糧、弾薬の運搬に当たり、その実績を官軍参謀に見せるほかはないと存じます」と。

老公もそこまで言われてはっと頷き、二十五日に保原に帰った。清はこのことを長州藩参謀の木梨精一郎にも伝えた上で、また大村藩士土屋善右衛門、久松源五郎が私的に老公を訪い、金百両を呈して帰った。

その後評議を行って阿部家の家来近山元八を清の下に呼び、おもむろに策を授けた。老公が保原に帰って幾日もしないうちに、棚倉藩士三雲等の同志二十数名が清の陣に来て、請うて軍夫となり軽重の労に服した。

清はこれを見て、その行動が他藩と違うところがあると感心し、書を大総督府参謀大村益次郎に送った。

後、朝廷では反抗した諸藩を処罰するにあたり、棚倉藩については少しばかり思いやっての処置になった感があるのは、この行いがあったればこそ。「養浩の素志亦空しからざりしと謂つべきなり」と事蹟は記す。

戦い済んで

この戦いで多くの大村人が死に、負傷者もそれ以上であった。何よりも、九州の西端の大村から、はるばる奥羽まで遠征して戦ったのは大村藩の歴史上これが初めてである。秋田刈和野の激戦では、少年鼓手濱田謹吾を始めとする多くの戦死者を出した。その墓が角館町の人々によって常光院に建てられ、現在も立派に供養されている。そ

柴　五郎

福田雅太郎

れが今日、仙北市角館町と大村市の姉妹都市締結の発端となり、民間交流が営々と続いている。

今一つ、戦った会津とは後に深い係わりが出来た。会津容保公の孫、芳子姫が大村家当主の純毅《すみたけ》氏に嫁がれたのだ。二人を結び付けたのは、大村家が東京麻布市兵衛町に在った時、屋敷に住んでいた学習院女子部で教鞭をとる女性教師の紹介が切っ掛けと聞く。話はとんとん拍子に進み、純毅様が会津のご両親のもとにご挨拶に行かれた。

地元の古老が会津の街を案内し、その後小田山に連れて行かれた。ここは芦名家の廟が立ち並ぶ場所で、古老は、「ここから大村藩が城に大砲を打ち込んだので、城が落ちました」と言った。これを聞いて、純毅様は何とも言葉を無くしたと『大村純毅傳』に書かれている。

結婚の披露宴は東京と会津の二ヵ所で行われ、媒酌人は東京が大村出身の陸軍大将福田雅太郎《ふくだまさたろう》、会津が同じく陸軍大将の柴五郎であった。柴五郎の活躍は、映画や小説でも知られるが、特に明治三十三年に駐在武官として中国に赴任して間もなく起きた義和団の乱で、北京で六十日に及ぶ篭城戦を各国の護衛兵と共に実質的司令官として戦って守り抜き、各国はその功を大いに称えた。

小田山を訪れたことがある。芦名家の廟の前に「西軍砲陣地」の標識と説明版があった。ここから大村藩などの諸藩の部隊が、若松城に向けて大砲を放ったのである。城は眼下に見下ろせた。当時の大砲の弾がどれほど飛んだのかは分らないが、確かにここから城に弾が撃ち込まれたのだ。子供の頃に見た白虎隊の映画が、ふと脳裏に浮かんだ。更に上まで登って見ようと思って少し進むとクマンバチが現れ、私達の行く手を阻んだ。

どうも見張りのクマンバチの様だった。巣が近くにあるのだろう。仕方がないので元来た道を帰ろうとした時、そのすぐ下に立派な墓地があった。何気に下って見ると、そこに柴五郎大将の墓があった。ここは柴家一族の墓所で、明治になって築かれたものだ。その時、何かの因縁を感じた。柴家一族は会津の城を護るという一念の為、敢えてここに墓所を決めたのであろう。そんな思いを胸に、山を下った。

さて結婚が決まると、大村家の重臣たちはこんな話をしていたらしい。

「新婚初夜の夜、姫は隠し持った懐剣で純毅様の胸を一突きするのではあるまいか」。そんな話が、随分後になって酒の話の中で出たそうだ。そのことを芳子様が純毅様にお聞きすると、そんな話もあったなあと笑いながらあっさりと答えられた。この話は、芳子様ご当人から直接聞いた話で、純毅様は既にお亡くなりになっていたが、お二人は大変仲睦まじくしておられたと聞く。

ある時、東京消防庁の長官が大村を訪れ、私は国の名勝に指定されている『旧円融寺庭園』にご案内した。庭園の前に戊辰戦争の戦死者を祀る記念碑があり、その事をお話しすると、「自分は会津の出身で、敵方の史跡や墓地には行かないことにしている」とおっしゃった。そこで、大村家に会津からお姫様が嫁がれ、お二人は大変仲睦まじかったとお話しした記憶がある。芳子様のお住まいは私の家の近くで、ある時、芳子様が坂を下って我が家の前を通り過ぎられた。

その頃、私は家を建てたばかりで、塀に様々な石を使って「五色塀」なるものを造っていた。これは大村地方独特の塀で、江戸時代の文人の記録にも「大村領に入ると五色の海石を積み交えて漆喰で塗り固め、他領にはないもので奇麗である」と記されている。

草場小路の五色塀

実際造ってみると、黒、赤、青などの石と真っ白な漆喰のコントラストが、かなりけばけばしい。それを見られた芳子様は、「あら、稲富君、いやだー」と言って、街の方にさっさと歩いて行かれた。そんなこともあって、芳子様とはお近づきにな

泰西王侯騎馬図屏風 通称「動の図」（神戸市立博物館蔵） 通称「静の図」はサントリー美術館蔵。

ったのだが、お姫様には私達には到底解らぬ威厳と言うものがあって、少しお話をさせて頂いただけで、主従関係がはっきりしてしまった。

ある時ご自宅をお訪ねすると、博物館のカタログを見ながら、この屏風は元は私の家に在ったのよと言われた。それは国の重要文化財の指定を受けている神戸市立博物館の「泰西王侯《たいせいおうこう》騎馬《きば》図《ず》屏風《びょうぶ》」であった。その時の事を包み隠さずに言うと、「どうかなさったのか」。だが、間違いは私の方にあった。

「泰西王侯騎馬図屏風」は、元会津若松城にあった障壁画で、それを持ち出したのが長州の前原一誠。後に萩の乱で亡くなるのだが、その「泰西王侯騎馬図」は、その後、神戸の南蛮美術品収集家として名高い池長孟《はじめ》氏が入手し、後に神戸市に寄贈された。これと対になるもう一つの「泰西王侯騎馬図」は城に残され、会津松平家に保管された。それは今、サントリー美術館の所蔵となっている。

戦時中、東京は米軍機の空襲に曝され、松平家の美術品は芳子様が嫁がれた大村家の頑丈な蔵に移された。ある日の空襲で、焼夷弾の火が蔵の通気口から入り煙が出ていた。そこで直ぐに通気口を閉じ、扉にも泥を塗って空気を遮断した。数日たって火も消えた頃、蔵を開けると「泰西王侯騎馬図屏風」を収納した木箱は無事だった。しかしその前に置いていた宮本武蔵の書の屏風は灰になって跡形もなく消えていた。

現在、大村市立歴史資料館に保管されている大村藩『見聞集』等にも、僅かに煙の跡を認めることが出来る。歴史を伝える文化財には、残るべくして残る、何かしら不思議な力を感じる事がある。この対の「泰西王侯騎馬図屏風（動の図・

静の図)」は平成二十三年にサントリー美術館の開館五十周年記念で特別展示された。

芳子様にはある時、妹が出来た。秩父宮雍仁《やすひと》親王と松平恆雄氏の娘節子姫に結婚話が持ち上がったが、皇族との結婚には華族である必要があった。恆雄氏は松平家のご当主ではないので平民の身分である。そのままでは皇族に嫁ぐことは出来ない。華族でなければならないのだ。それで叔父の松平保男子爵の養女として秩父宮家に嫁がれた。芳子様とはここでご姉妹となられた。

さて、大正天皇の皇后節子様は「さだこ」とお読みする。秩父宮節子《せつこ》様は、名前の字が同じで、読み名が違うのはどうも不遜である。そこで勢津子と改められたと芳子様から伺った。そんなこともあって、芳子様と勢津子様は仲がお宜しくて、よく大村の芳子様をご夫妻で訪ねられた。そんな時、何をお食事に出そうかとなって、芳子様は近くの料理屋「やまと」に頼んで、大村寿司を準備された。

大村寿司は戦国時代から大村地方に伝わるハレの料理で、「もろぶた」と呼ばれる長方形の木桶に、砂糖をたっぷり使った酢飯を広げ、甘く煮たゴボウ、シイタケ、カンピョウ、ハンペンなどの具を載せ、その上からたっぷりの錦糸卵を広げて上から重しを掛ける。それを切って盛り付ける。その特徴は、普通のちらし寿司より約三倍近い砂糖を使うことである。

「やまと」の大村寿司

江戸時代に砂糖といえば、庶民の口にはなかなか入らない贅沢品。これが異国船によって長崎から入る。卵も当時は入手困難な贅沢品であった。特に「やまと」の大村寿司は、具が二段になっている。大村市民が作る一般家庭の大村寿司は具は一段で、流石に大名家に残るレシピの大村寿司は違う。「やまと」には秩父宮様を始め皇太子殿下御賞味の看板が掲げられている。
看板といえば、大村家のお嬢様で勝田直子様と、東京で大村寿司を売り出した山口小太郎氏（長崎開港の時の領主、長崎甚左衛門の末孫）が秋田の角館を旅した時、ある店の前で「大村藩大砲隊宿舎」の看板が目に入った。勿論、自分たちが大村藩所縁の者であることなど、おくびにも出されない。この話は東京大村人会から大村市にもたらされ、それがご縁となって大村市と角館町（現仙北市）が姉妹都市締結を結ぶ発端となったと聞く。会津と秋田藩は敵方として戦い、大村藩は秋田救援に兵を出し会津と戦った。その会津から芳子様が大村家に嫁がれ、それがご縁となって会津の御薬園に大村市から国の天然記念物となった大村桜が贈られた。縁というものは不思議なものである。

会津出身の友人に「戊辰戦争を戦った奥州の人たちは、皆仲が良かったのだな」と言った瞬間、「仲悪いよ」と間髪入れず言われたのには驚いた。江戸幕府の大名配置政策は、互いを監視させるもので、奥州諸藩もそれは同じこと。仙台侯、米沢侯を中心として、会津藩寛典処分嘆願書等を総督九条道孝に提出し、それが却下され、さらに長州藩士の参謀世良修蔵の横暴が重なった時、奥羽越列藩同盟が出来たというのは、歴史の皮肉である。会津の友人が、大村から届けられた「大村桜」は今も咲いているよと言ってくれたことに、何かしら心が救われた思いがした。

賞典禄三万石

戊辰戦争の終結後の明治二年、新政府は功労者の論功行賞を行い、賞典禄を下賜した。それは以下の如くである。

賞典禄　十万石　薩摩島津　同長州毛利
四万石　土佐山内
三万石　鳥取池田　大垣戸田　松代真田　日向佐土原　肥前大村
二万石　佐賀鍋島　岡山池田　彦根井伊　久保田佐竹

僅か二万七千石の小藩が、三万石の賞典禄を頂くのは異例の事で、「小藩ノ分ヲ以テ夙ニ勤王ノ方向ヲ定メ、兵ヲ京師ニ出シ云々」の勅を賜ったのである。

昇は次の様に回想する。「是レ固《もと》ヨリ君公ノ英明果断、当局者ノ輔翼、其ノ宜シキヲ得ルニ出ツルト雖モ、亦丁卯ノ変、大ニ一藩ノ士気ヲ鼓舞シ、子弟ノ義方ヲ知ルニ因ラズンバアラズ。松林ノ死亦與テ大ニ力アリトイウベシ」と。

幕末の混迷する難局で、藩主純熈は側近の稲田東馬、荘新右衛門を使いながら、渡辺清・昇兄弟、長岡治三郎、楠本正隆等、勤王三十七士同盟を操り、勤王一途の旗を掲げた。藩内の反対派に因る「丁卯の変」は、反って子弟の結束を高めた。松林飯山の死が、藩の結束に繋がった事になる。

幕末の混乱期に、こうした事件はなにも大村藩だけに限らない。それは長州も薩摩も同じこと。福岡藩では勤王方の粛正に繋がり、それが明治維新の大業に乗り遅れる結果となったし、対馬藩では血で血を洗う藩内抗争に発展し、藩内有意な者たちの多くが明治維新を待たずに亡くなった。大村藩が違ったとすれば、藩主自らが主導し、それを稲田や荘が補佐し、勤王三十七士同盟の者達が実行した点にあるだろう。そしてそれは、極秘裏に進められた。

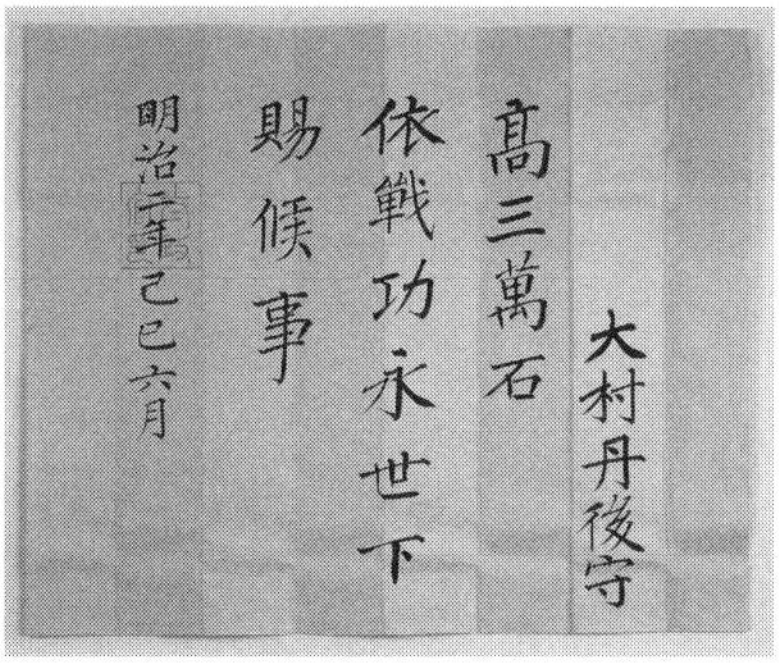
大村丹後守
高三萬石
依戦功永世下
賜候事
明治二年己巳六月

賞典禄

反対をした者達は、必ずしも一枚岩ではない。少人数のグループで反対意見を持つ者達。情報が入らないがゆえに、藩の行く末を案じて反対党に身を投じた大身の者達。また或いは主流から外され、私怨が重なって罪を犯した者達。浅田弥次右衛門に繋がる親族、親戚の者達がそうである。様々な理由によって、藩内に不満が広がっていた。

だが、藩主自らが時局を示したとしても、藩主自らが命令するなどと言うことはこの時期出来ない。何故ならば、そうした情報は必ず洩れ、藩の転覆に繋がるからである。だから、元治元年に上級武士団の総登城を行い、藩主は時局を述べると座を離れ、その後、家老が進み出て「勤王一途」の方針を書いた書面を見せ、読み終わると皆の前で焼き捨てた。

しかしそれでも、藩の行く末を案じる者達は多かった。大村藩主純熙が、何故そこまで決意したのか。その背景とは、天領長崎から発せられる西洋諸国に関する情報、価値観、優れた武器の輸入等を通じて、近代化への胎動に触れた大村藩ならではの事ではなかっただろうか。

それは長崎奉行を中心とする徳川幕府の役人達も同様で、近代化への転換の必要性は肌で感じていたであろう。だが、二百数十年に亘って徳川幕府が築き上げてきた体制、価値観を自らの力で覆す力は残ってはいなかった。大村藩内の動きも、幕府、長崎奉行はそれを薄々知っているから純熙を敢えて長崎惣奉行に据えた。これを強硬手段に出れば、長崎の市中警備も含めて、天領長崎は大混乱に陥る。だから手中に収めておきたかった。

長崎奉行は大村藩の五教館に密偵を忍ばせて藩の動向を調べさせていたし、その情報は京都にも届けられ、京都所司代の永井玄蕃が新選組を使い、渡辺昇暗殺を謀ったのはそれを物語っている。こうした虚々実々の動きがあった中で、大村藩は藩士七百名近くを戊辰戦争に従軍させた。僅か二万七千石の小藩が、これだけの数の兵を遠く奥州にまで出征させたのは数百諸藩の中で大村藩だけであったろう。

明治二年の論功行賞で、渡辺清は参謀としての活躍を高く評価され賞典禄四百五十石を賜った。西郷隆盛の二千石、大久保利通の千八百石、大村益次郎の千五百石、山縣有朋の六百石と比較しても、その功績は高く評価された。維新後、昇が大阪府知事に任じられている時、純熙公が東上して昇と旧交を温めた時の事。話は松林廉之助（飯山）の事に及んだ。

昇の回想では、松本奎堂、藤本鉄石等が大和で天誅組を結成して挙兵した時、飯山がその挙兵に参加しようと藩を脱藩して嬉野まで行ったが、昇がこれを追いかけて飯山を諭し断念させた。純熙公はこの話を知らなかったようで大変驚かれ、昇に碑文を草せしめ、自ら筆を執られた。

土佐の岩崎弥太郎がこの話を聞きつけ、飯山とは旧交があったので、碑を建てるに際し自分も何がしか支援をしたいと願い出た。純熙公はその申し出は有難いが、大村藩の為に横死した志士の碑を建てるのに他の力を借りるの

松林廉之助（飯山）碑

は良しとせず、その碑文の中にその好意を謝して文中に収めた。後、純熙公は岩崎弥太郎と共に京師に赴き、明治維新の大業の為に尽した者達を祀る京都霊山の藤本鉄石、松本奎堂の碑の傍に松林廉之助の碑を建てた。

明治二年の賞典禄は東京で下賜された。これを祝う宴を山王の旅邸に張った。山王の旅邸とは永田町日枝神社辺りを指す。純熙は東京にいた藩士たちを招き、皆が美酒に酔い、ある者は歌い、またある者は舞った。純熙は昇に杯を賜い、汝も何か詩歌は無きやと言われたので、一首を献じた。

国のためつくしし琴の浦なみに　そらはれわたる月のさやけさ

琴の浦とは、大村湾の別称で「琴湖」とも言う。純熙がこれを吟じ、皆が和した。宴は和気あいあいのうちに終った。純熙は別室に昇を招き、過分のお言葉を賜った。昇は感涙し、見上げると純熙公も涙を流していた。こみ上げるものがあった。「嗚呼、朝廷と幕府が道を異にし、一陰一晴の時を過ごしました。顧みれば七八年の間、どれほど公の心を悩ませたことか。それにも拘らず却ってお褒めの言葉を頂くとは、私はとても値しない」。涙ながらに声を振り絞った。

更に昇は続けた。「和漢古今、功臣への賞が適切でないために国家が乱れた例は少なくはありません。この点につきましては些か申し上げたいところがございますが、今日は酩酊いたしておりますので、他日書面にて献上いたしたく存じます」。辞去して帰ろうとすると、純熙は昇の袂を掴んで、「日頃の昇らしくないではないか。今話せ」と言われ、また酒を取り寄せられた。

昇は、「今、公は旧禄の二万七千石に、新たに三万石の賞典を得られました。他に例の無い恩典でございます。

この恩典を藩政の為、永久に伝えようとすれば、ここは良く考えねばなりませぬ。凡そ、藩内で代々大禄を食む者に、今果たして大いに用いるに足る者はどれほどおりましょうか。恐らくそのようなものは、残念ながらおりませぬ。然らばもし、この賞典を藩士に分けて賜うたとしても、無用の人を作るのみ。分賜はお止めください」と。

純熙は、「この難局を超え、戊辰の役にも従軍した功労者に対して何もせんという訳には行かぬぞ」と言われたので昇は、「大村藩の行く末を察するに、人材の養成、殖産興業が今、最も重要であります。国の経済が高められなければ、何を以って兵力を強められましょう。人材を育てなければ、藩はどのようにして栄えましょうか。故に願わくば、三万石を三つに分け、一万石は藩主の手元に置き藩政の為、一万石は文武館に与えて子弟教育の為、一万石は殖産興業にお使いください。もし文武館の子弟をして、各々その才に従い、大いにこれを育てることが出来れば、その一万石は各自の身に付いて私有のものとなり、大村藩三千の士族の共有となりましょう。国産を奨励し、藩が栄えれば、賜った賞典を十三万の人民に分かつことになるでありましょう」と。

純熙は、昇の言葉に深く考えるものがあった。

やがて二人は大村に戻った。藩では重臣や家臣たちが待ち兼ねていた。皆涙を流して藩主の帰りを喜び、大いに賞典を祝った。何しろ、三万石の加増は考えられない事。それまでの倍以上なのである。これ以上の栄誉はない。皆が驚き、歓喜の声が上がった。酒宴は尽きなかった。

昇は家に帰ると、書を大村藩の各隊に寄せ、純熙公が賞典禄の使い道について、深く藩の将来の事を考えておられることを告げ、併せて賞を各人に配分する非を諭し、同意見の者は速やかにこれを建議せよと促した。十三隊の者達はこれを可とし、賞を分かつのは無用であると意見を述べた。大村藩十三隊の者達の建議は大村藩士族の意見である。どうか藩庁においても、この意見を尊重していただきたいと申し上げた。執政はこれを可とし、純熙公もこの意見を入れた。その上で、大村藩では昇を最も高く賞した。

渡邊　昇
積年勤王之魁首となり一藩之士気を鼓舞し国事鞅掌《おうしょう》各所に奔走し大に力を国家ニ尽シ、運籌《うんちゅう》画策皆其機宜に適し勲労抜群仍て現米二十石永世賞與候事
辛未四月　　　　　　　　　　　　　　　　　　　　　藩　廳

昇が永年に亘って藩士の士気を鼓舞し、国の為各所に出向いて忙しく立ち働き、また国家の為に謀をめぐらし、その勲功は抜群のものがあった。その功績により玄米二十石を永世与えると言うもので、永世禄は渡辺昇一名。その他は終身禄、年限禄、あるいは一時金であった。

次に、渡辺清　　　終身禄　　十五石
　　長岡治三郎　終身禄　　十三石
　　楠本正隆　　終身禄　　十三石　と続く

ここで藩主に最も近く、三十七士同盟との連絡調整役を担った稲田又左衛門（東馬）は八石であった。これでは藩から功績が認められていない。昇にしてみれば、稲田こそ高く評価されてしかるべき人物である。その為、昇は直ちに賞典を辞することとしたが、純熙はこれを許さなかった。稲田も昇を諭した。

ある時、純熙公にこの事を問うてみた。自分は分に過ぎる賞を得たが、稲田がなぜあのように少ないのかと。すると純熙は、稲田が藩の為に尽してきたことは十分わかっている。しかし、稲田の働きは公然の事では無い。陰の功労者であることは十分に認識しているが、如何ともしがたいのだ。

この言葉に、昇もこの七、八年の事の成り立ちを理解した。

結語

長崎大村

長崎生まれの私が大村市に奉職した時、知っていた歴史と言えば城下町であることと、キリシタン大名大村純忠の事だけであった。教科書に名が載るというだけで凄い事なのだが、地元では案外と知られていなかった。私は大学で考古学を学び、大村市で初めての調査となった縄文時代晩期の大集落である黒丸遺跡、そして弥生時代の富の原遺跡の調査では、北部九州の直射文化が大村に深く及んでいる事を知った。

六年間の調査の後、前面に広がる大村湾とその文化にようやく気付き始めた。

北部九州の文化はどのようにして大村に辿り着いたのか。その答えが、海を通じた交流にあると確信した時、生まれ育った長崎の文化も、海外から海を通じてもたらされたものであると言うことに気付くのである。「海を伝った文化交流」が長崎の特徴であるとすれば、長崎が日本の歴史と文化に与えた意味は大きい。

この間、昭和六十三年に私が担当したシンポジウム『謎のキリシタン大名大村純忠』が、一週に亘りＮＨＫで三時間放送された。これで大村純忠は市民皆が知ることとなった。

石井筆子

続いて、平成十年にシンポジウム『異文化の情報路・長崎街道』を行った。ドナルド・キーン、永井路子、網野善彦、ヨーゼフ・クライナー、丸山雍成、久田松和則、司会は脚本家の市川森一氏にお願いした。

この時、近世交通史の大家丸山氏が「結局、長崎街道は近代を運んだ道である」と言う言葉が耳に残った。近代とは何か。これがその後の私のテーマになったのは間違いない。

それが平成十四年のシンポジウム『近代を拓いた女性――いばら路を知りてささげし――石井筆子の生涯』に結実して行く。石井筆子は、渡辺昇が大変可愛がった兄清の長女で、筆子は北伐隊総督大村右衛門（明治になって小鹿島と改名）の息子小鹿島果と結婚した。

それより以前、筆子は長崎に来た前アメリカ大統領ユリシーズ・グラントにアメリカ領事マンガム邸で謁見し、大統領に英語で話しかけた。グラントは驚き「このような異国の地で卿の如きうら若き女性から母国語で話しかけられる嬉しさよ」と、ブロマイドにサインをして渡した。

前アメリカ大統領 ユリシーズ・グラント

それが十八歳の時である。その後、純熈の娘知久子が肥後細川家の長岡護美と結婚し、オランダ駐在特命全権公使に任命されたことから、筆子はそのお付きとしてオランダに留学した。筆子の回想では「幼少の頃より手慣れたる欧書」とあることから、既に大村にいた時から語学を学んでいたことが窺い知れる。

筆子が二、三歳の頃、医者も見放すほどの重病になった。叔父昇は治癒を神に祈り「もしこの願いを聞き届けて下さり快復したならば、裸足でお参りする」と誓い、病気が治ると山上の金毘羅神社に向かって、裸足の筆子の手を引き、自分も裸足で田舎道を登った。途中で筆子が「足が痛くて歩けない」と言って泣きだしたので、困った昇は「ここまで我慢したのだから神様も許してくれるだろう」と筆子をおぶった。母のゲンは常々「叔父の恩を忘れるな」と言っていたという。（石井筆子『思い出草』）。

これは昇が江戸での剣術修業から帰ってきた頃の話であろう。「幼少の頃より手慣れたる欧書」に関しては、筆子が東京女学校四年の時の英作文「The Story of My Life」の中に“when I was seven years old, I went to school, but I did not read the books.”との一文がある。

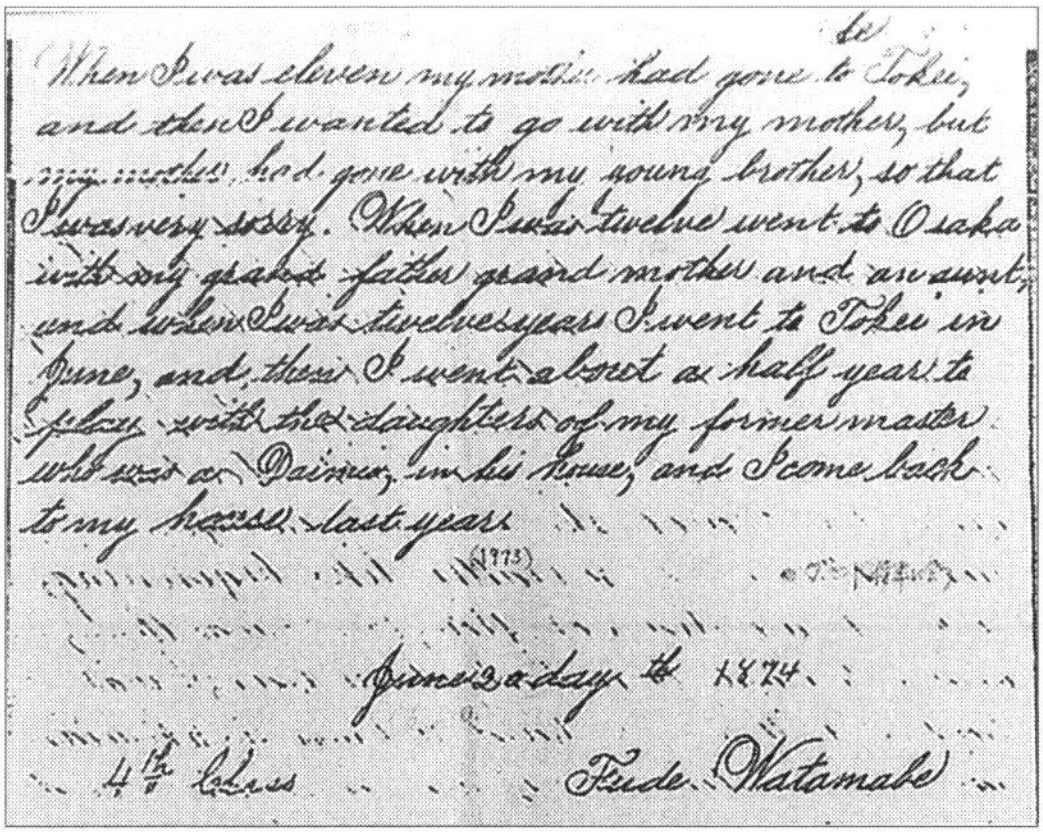
When I was eleven my mother had gone to Tokei, and then I wanted to go with my mother, but my mother had gone with my young brother, so that I was very sorry. When I was twelve went to Osaka with my grand father grand mother and an aunt, and when I was twelves years I went to Tokei in June, and then I went about a half year to play with the daughters of my former master who was a Daimio, in his house, and I came back to my house last year.
(1873)
June 23 day 1874.
4th Class
Fude Watanabe

筆子直筆の英文エッセイ

七歳の時というのは明治元年の事であろうが、女児が通う事のできる学校で、英語を教えていたとすれば長崎のミッション系学校ではなかったかと思われるのだが、はっきりとした記録はない。これは今後の研究課題である。もし長崎だとすれば、筆子は大村藩蔵屋敷に住んで通った可能性もある。

実際、純熙とその家族が写った写真があり、それは大村藩蔵屋敷であったと思われるからである。蔵屋敷と長崎居留地は七歳の子供でも歩いて行ける距離にある。

あるいは、大村藩が接収した旧長州藩邸は更に居留地に近いし、大浦には大村藩士が活躍して建てた屋敷もあった。外国人居留地一帯には、

九条節子（貞明皇后）

津田梅子

石井亮一

多くの女学校が生まれていた。今日続くミッション系の女学校はこれを起源としている。これ等の女学校こそ、西欧から伝わる「男女平等」の思想を、広く日本に伝えた最初なのである。

筆子は十一歳の時、父の待つ東京へ上京するので、少なくとも四年間は英語を学んでいたことになる。またそうでなければ、東京女学校四年の時に、これほど立派な英語は書けなかったであろう。

筆子はオランダ留学から帰り、明治天皇皇后のフランス語通訳をしたことが分かっているが、その後、華族女学校の嘱託としてフランス語教師を務め、近代最初の女性の地位確立のため盟友津田梅子と共に女子教育を推進した。ここでいう嘱託とは、職員の下にある地位ではなく、職員の上にある地位であった。

小鹿島果と結婚して三人の女児を持つが、長女は知的障害児、次女三女も幼くして他界。多忙を極めた夫も若くして他界した。その後、佐賀出身の障害児教育者石井亮一と再婚し、国立市にある日本最初の知的障害児施設滝乃川学園の園長となった。

筆子が華族女学校（後、学習院女子部）で教鞭をとった時の教え子の一人が、後に大正天皇の皇后となる九条節子で、皇后は筆子の活動を終生支えた。また、渋沢栄一も理事長として滝乃川学園を支えた。

渋沢と筆子の接点は、娘の歌子（穂積歌子）が東京女学校時代の同級で、さらに、皇后は渋沢栄一を使い、障害者やハンセン病患者などの支援を行ったことも知られる。

滝乃川学園

渋沢栄一

学園は戦争により疲弊し、筆子も昭和十九年に八十二歳で他界したが、その後の学園経営は、昇の息子である八郎が引き継ぎ、さらに清の息子である渡辺汀が第三代学園長を務めるなど、一族で学園経営を支えた。そこには、親子、親戚の情を超えて、教育こそ人を富ませる最高の手段であるとする昇や清、否、大村人の気概があったように思う。

その様な視点で見る私にとって、昇からこの物語が始まるのではなく、昇を生んだ大村の歴史とその風土を知らなければ、物語を始めることは出来なかったのである。同時に、これは長崎の物語でもある。長崎が天領でなければ大村も日本の西の果ての小藩に過ぎなかったであろう。

江戸に修行に出た昇が最初に出会った斎藤弥九郎と長州の桂小五郎。そして道場やぶりに頭を悩ませる試衛館の近藤勇。水戸藩の思想家藤田東湖にも知己を得、桜田門外の変にも遭遇する。

馬関（下関）で高杉晋作と再会し、長崎で坂本龍馬から高杉説得を頼まれる昇。三条実美など大宰府に落ち延びた公卿たちと、それに付き従う土方楠左衛門（久元）。大村藩が同盟をするために会った西郷隆盛、大久保利通、小松帯刀、村田新八などの薩摩藩士。福岡藩の加藤司書、月形洗蔵、平野国臣なども出てくる。

これは全て記録に基づく史実である。兄清も、勝海舟、西郷隆盛の信任篤く、江戸城無血開城の談判など数々の歴史の現場に遭遇している。

『渡邊昇自伝』から見えて来るものとは、近代という「時代の舞台」で、若き志士たちが命を懸けて日本の行く末を考え、そして行動する姿である。

事実は小説より奇なりⅡ

渡邊昇が書き記した『自伝』は江戸時代後期から明治維新までの、自分の身の回りで起きた事件と共に、西欧列強の登場による日本国内の激動を余すところなく伝えるもので、登場する人物も、私達が良く知る者である。そうした意味で『臺山公事蹟』と合わせて幕末近代史を考察する上で第一級資料という事が出来る。自伝の冒頭にも記されている通り、日本では死んでから他人の手によって業績が書かれた伝記はあるが、自伝となると殆どないであろう。

渡辺昇の活躍の事実は、幕末明治を生き抜いた多くの人々の知る所であり、明治二十年伯林（ベルリン）に会計検査制度の調査で滞在中、当地で開かれた赤十字国際会議に政府委員として出席していた石黒忠悳《いしぐろただのり》から、自伝を書いてみてはと言われたことで、帰りの船中で記されたものである。

本書を書き進めながら、自伝があまりに面白いので、それが本当の事かという疑念が湧いたのも事実である。だが、山口県文書館で大村藩関係資料を調べるうち、渡辺昇と長州藩の関係、さらには土佐藩との関係文書の中にも渡辺昇の名を見つけた時の感激は今も忘れることが出来ない。

桂小五郎との関係は『松菊木戸公伝』（臨川書店一九七〇）に、桂と渡辺の書簡が複数あり、その中に「一縄のご良策献策あるべし」との一文は、渡辺が倒幕雄藩連合を考え、それを桂は良しとして大いに献策せよと言っている。坂本龍馬と長崎で会し、昇は倒幕雄藩連合「一縄の策」の必要性を解き、坂本が薩長同盟の必要性を説いた時、二人の意見は一致した。

子供の頃から様々な時代劇を小説、映画、テレビで見てきたが、それらはいずれもフィクションだと思っていた。自伝を読み進みながら、すんなりと頭に入って来たのは、そうした時代劇の知識の賜物であったのだが、あまりにも面白くてすっかり虜になってしまった。

物語の最初に登場する斎藤弥九郎、桂小五郎、近藤勇、藤田東湖、来島又兵衛たち。時代劇には欠かせないヒーローたちが登場する。桂は練兵館の塾頭をしており、帰藩に際して昇を次の塾頭に推挙した。その頃起こった桜田門外の変の現場を長州の大田市之進と共に見た。そこで調べてみると、大村藩邸は桜田門の近くにあった事が分かるのである。

自伝はあくまでも昇が関係し、体験した世界であって、そこには江戸で一時期一緒だったはずの兄清や松林飯山の名は出てこない。また子弟一千名を超えていたと言われる練兵館でも、長州藩士や水戸藩士の名は登場するのだが、その他の藩の藩士の名前は殆ど登場しない。

近藤勇を道場やぶりから助けた件は、池波正太郎など多くの小説家の作品にも登場するところで、勇と「攘夷」と言って酒を酌み交わしている姿が目に浮かぶ。メリケンの刺身と称したタクアンを肴に飲みながら、攘夷と言って盛り上がったものの、不思議と思想性は感じさせない。恐らく明確な思想の下に言っているのではなく、当時の若き武士たちに共通した時代の価値観としての攘夷という言葉であったろう。

それが時代の緊迫と共に、師の斎藤弥九郎のいる前で時勢を巡り他藩士との間で激論となり、昇を故郷の大村へ帰す切っ掛けとなった。一方、近藤勇も天皇と将軍を護るという使命感で京に上り、新選組局長となって移ろいゆく時代の価値観の中に身を置いている。

大村への道中で、馬関（下関）で外国船砲撃の準備をしていた高杉と会ったのは、練兵館で共に剣を修行していたことに起因するのだが、高杉は昇の一歳年下だが妙に気が合った。その後も高杉を度々訪ね、恩讐を超えて薩摩との同盟を解いた。

自伝の信憑性を確かめるため山口県文書館に行った時の事、来館の意図を話すと、そこの専門員の方は大村藩の存在すら知らなかった。これは鹿児島県黎明館も同じことなのである。専門家すら薩摩藩が大村藩と同盟したことをご存じない。その理由は同盟書なるものが存在しないからである。

では、薩摩藩と長州藩の間の同盟書は存在するのか。また或いは、福岡藩と大村藩には同盟書が存在するのか。これは「否」である。薩摩の西郷と長州の木戸の同盟書と称する物も、坂本龍馬の裏書があるというものの、あくまで二人の間での誼であって、藩と藩の公式同盟書ではない。

昇が薩摩に行き、西郷からこのような時勢であるので、藩として書面は出せないがそれで良いかと問われ、それで結構であると昇は答えている。同盟書なるものはそもそも存在しないのだ。

ところが山口県文書館が優れているのは「文書のキーワード検索」が出来る事。これで渡辺昇、渡辺清、大村藩で検索すると資料が出てくる。さらには土佐藩関係資料に小見出しとして渡辺昇の名が登場する。「大村藩渡辺昇の活躍と長薩和解の成立」がそれである。

私は幕末近代史の専門家ではないが、各藩の歴史に止まらず、日本近代史を各藩の動きを資料で読み解き、日本近代史全般の中で位置づける作業は大変であろうと思う。しかしこれをせずに、一藩あるいは二藩の資料のみで近代史全般を語るのも無謀で危険である。だが、各藩の資料は残されているのかと言えば、残されていない藩の方が多いのではないだろうか。あるいは、研究者の目に留まらないだけなのか。

幸い大村藩では、藩内各村の事を記録した総合調査書『大村郷村記』、藩の公式記録書『見聞集』、藩主の行動記録書『九葉実録』が残されており、いずれも完本化されている。さらに最後の藩主純熈の功績を中心に記された『臺山公事蹟』は、幕末に活躍した大村藩士の記録を中心に書かれたもので、戊辰戦争の従軍記録もその中に残されている。その中心資料として採用されているのが『渡邊昇自伝』である。

この物語を書く時、渡辺昇が生まれた時からではなく、昇が生まれた大村藩の歴史から入ったのは、大村藩の立ち位置、すなわち天領長崎との関係が重要であると考えたからだ。長崎を開港したのは大村純忠で、ポルトガルや中国を中心とする東南アジアの国々の船による交易で長崎が栄えた。その長崎が秀吉に天領として収公され、続く徳川幕府も天領とし、所謂鎖国体制によって長崎は日本列島の中で海外との窓口として特異な発展を遂げることが出来た。

大村藩は、長崎市中警備を中心として大きな役割を帯び、ペリー来航以後の安政の開国で、港の入り口にあたる大村領戸町村が天領として収公され、その一角である大浦が外国人居留地となった。その時、大村藩士は退去することなく居留地の警備のために残された。大村藩は、居留地を通じて最先端の海外文化に触れたのである。

さらに時代が旋回する幕末、幕府は大村藩主を長崎惣奉行に任命した。幕府にしてみれば大村藩の取り込みであったのだが、惣奉行の任期が切れた元治元年十月、藩の上級武士団を総登城させ、藩主は「勤王一途」を藩是として宣言した。この方針の下で、平戸藩との同盟を最初に、大藩福岡藩との同盟を果たした。その同盟の会談は福岡城内で行われ、福岡藩士月形洗蔵は「他藩の者が城に入ったのは貴藩が初めてである」と言った事が記されている。これは『臺山公事蹟』や『渡邊昇自伝』で明らかにされている。他藩の者が城に入ることはそれほど許されない事なのかという疑問が湧いた。

福岡城 下の橋大手門

それが、福岡藩勤王派の粛清の中で反故となり、危機感を持った藩主純熙は昇を薩摩に派遣し、薩摩藩士村田新八の手引きで西郷隆盛さらには小松帯刀らと面会した。さらに長州に派遣され、湯田で藩主世子に謁見して同盟が果たされた。いずれも書面は存在しない。

ここで気づくのは、その関係性の元となるのが天領長崎にあるという事である。天領長崎人の多くは町人であって武士ではない。彼らは天下国家は論じない。しかし長崎奉行を中心として、天領長崎にはペリー来航時、四十八の藩が蔵屋敷あるいは出張所を置き、安政の開国では福井藩、土佐藩、宇和島藩等の大藩が長崎に蔵屋敷を置いた。彼らにとって、天領長崎は異国との交易、知識の吸収、武器弾薬の購入など、日本の西端で最先端の知識と物、さらには他藩の者達との交流によって、新しい時代を予感させた場所となったのである。

本文でも書いたように、幕末の日本には三つの極が存在した。一つは将軍の江戸、一つは天皇の京都、今一つが近代の極である長崎であると。これを理解せずに、幕末近代史を論ずることは出来ない。

高杉は幕末に幕府が出した商業目的の調査船「千歳丸」に乗船して上海に行き、太平天国の乱で清王朝の衰退と、イギリス、フランスなど外国部隊による鎮圧を目の当たりにした。この船には薩摩藩の五代友厚、大村藩の尾本公同、峰源助が同乗してその様子を目撃した。

高杉が馬関（下関）で、攘夷の下に外国船を砲撃し、四国連合艦隊の武力であっさりと敗れた。薩摩藩は、武蔵国生麦村（現・横浜市鶴見区生麦）でイギリス人が藩主の駕籠の前を無礼にも馬で横切り、それに怒った薩摩藩士がイギリス人を切った生麦事件を切っ掛けに起きた薩英戦争で、薩摩の武士たちはイギリスの軍事力を知り、イギリス側も薩摩の軍事力を知った。これが薩摩とイギリスの間を縮める事となり、長州藩も薩摩藩も「空想的攘夷」から「開国尊王」に大きく舵を切るきっかけとなった。

だが、第二次長州征伐で幕府軍が長州藩を取り巻いた時、坂本龍馬から薩長同盟の為に高杉を説得するよう頼まれた昇であったが、高杉の周りには「薩賊」と罵る者達が多くおり、説得することは出来なかった。その高杉が昇と二人きりになった時「もし薩長同盟がなった時は、長州に残ることは良しとしない。その時は大村領に逃げて行きたいが」と言った。高杉は薩長同盟の必要性は分かっていたのだ。だが、周りにいる者達は「薩賊会奸」で一致高揚し、薩摩との同盟を高杉から言い出すことは出来なかった。

戊辰戦争が始まる前の六月、京に兵を送り込んだ大村藩であったが、幕府との間でなかなか戦闘が起きず、大村藩が兵を京に上げているとの噂が新選組にも伝わり、困った昇は西郷に開戦せよと詰め寄り、西郷は「この薩州に長州の轍を踏めというのか」と、うて合わず、仕方なく兵を薩摩兵に化けさせて薩摩屋敷に入れた。

大久保に今後の事を相談に行ったとき、坂本龍馬、石川清之助（中岡慎太郎の偽名）が座におり、坂本が昇に、新選組が渡辺暗殺に動いていると忠告し、その夜の帰り道で新選組隊士に襲われてやむなく切った。危険を察した昇が大坂に退いた後、近藤勇が渡辺の宿舎を訪ね、対応した大村藩士和田勇馬に、間もなく新選組がここを襲うので君も逃げた方が良いと忠告した。その事を昇が知るのは、近藤が官軍方に捕まって処刑された慶応四年（一八六八）四月二十五日より後の事であった。

西郷は、益満休之助などの薩摩藩士に命じて脱藩浪士を使い、薩摩藩の仕業と分かるように江戸市中の大店や町に火をつけ、彼らを薩摩藩邸に逃げ込ませた。薩摩藩の仕業と分かり、怒った幕府側は庄内藩等を中心に、薩摩屋敷を襲った。それが西郷の策略であった。あくまでも幕府側から薩摩藩に戦いを仕掛けたという構図が欲しかったのだ。それが慶応四年一月三日の鳥羽伏見の戦いで、西郷の徴発に乗った幕府側が攻撃し、一月四日に「錦の御旗」が薩摩、長州側に立てられ、将軍徳川慶喜は一夜にして朝敵となり、江戸へ逃げ帰った。

若し、将軍が逃げ帰らずに戦っていればその後の日本は変わったと考える研究者もいるが、幕末、日本各地に開かれた、取り分け長崎を代表とする居留地を知れば、それが日本を外国軍隊が蹂躙し植民地化を進める事に繋がるのだということが分かるであろう。だから慶喜は江戸城を出て上野寛永寺に蟄居し、西郷は江戸城を攻めることをしなかった。

江戸城を攻撃しないことは、西郷が駿府にある時、慶喜の意を受けた幕臣山岡鉄舟が益満休之助の案内で西郷を尋ねて基本合意をしている。但し、そのことはあくまで西郷の胸の内にだけ留め、勝海舟と品川の薩摩屋敷で「江戸城無血開城談判」によって合意するという、英雄たちの談判によって江戸並びに日本が救われた。その舞台に、そうとは知らない渡辺清（清左衛門）等が目撃者として控えたというのは、江戸城攻撃に向かう官軍の高ぶった気をそぐための舞台回しでは無かっただろうか。

将軍慶喜が江戸を出て水戸に移ると、それを待ち兼ねたように家臣や諸藩の武士たちが上野で蜂起したのは、戦わずして軍門に降る事は良しとしない武士の意地であっただろう。

奥羽越列藩同盟も、佐幕派と勤王派の戦いではない。将軍は朝廷に対し歯向かう気は全くないのだから。会津にせよ伊達や米澤藩にせよ朝廷に歯向かう意思はなく、会津の窮状を察し何とか穏便な措置をと考えたが、長州出身の参謀、世良修蔵の傍若無人により同盟は軍事同盟となり、奥羽越列藩同盟が堅固なものとして成立した。

そもそも、奥州諸藩は仲が悪い。これは奥州に限らず、九州にせよ日本各地の諸藩にせよ仲が悪い。特に外様大名間は、仲を悪いものにさせておく事が幕府の狙い、これが幕藩体制の本質とでも言ったらよいだろう。

大村藩が福岡藩と同盟し、福岡藩勤王派が粛清されるに及び同盟が解消されると、危機を感じた大村藩は長州藩、薩摩藩と同盟した。それは薩長が同盟する以前の事で、坂本龍馬が大村藩渡辺昇に高杉説得を頼んだのも、大村藩の動きを知っていたからであろう。

奥羽越列藩同盟に立った各藩は、温度差こそあれ、特に二本松藩は最後まで抵抗し、少年兵も含めて壮絶な最期を遂げた。『臺山公事蹟』は次の様に記した。「蓋し、一藩の力を傾けて王師に抗し、その家に城に屠腹する者、城を出で、家を出でて討ち死にする者、比々相擁し所謂『刀折れ矢尽き城を枕にして倒る』なるもの、奥羽戦中二本松藩の如きは少し賊と雖も以て壮と為すに足るべし」。

この時、二本松では少年兵達による部隊が編成され、その数は隊長と副隊長を除く年齢は十二歳から十七歳までの六十二名。この内、隊長と副隊長を含め十六名が討ち死にした。世に知られる会津白虎隊自刃の前の悲劇である。この戦いの様子は会津にも知らされ、会津若松城での籠城戦、白虎隊の悲劇に繋がっていく。

秋田の戦いでは、大村藩は更に三百二十六名の兵を送り、特に庄内藩の兵と激戦を交え多くの戦死者を出した。戦後、官軍方では庄内藩に厳しい措置をと考えた者が多かったが、極めて穏便な措置となったのは西郷隆盛の配慮であった。「江戸騒乱」では、まんまと西郷の計略に乗せられた庄内藩が中心となって薩摩藩邸の焼き討ちを行い、これが京都の将軍慶喜に知らされ、慶応四年一月三日の鳥羽伏見の戦いの火ぶたが切られた。その庄内藩は、官軍を前に見事なまでに戦った。その事が西郷をしてその配慮に繋がった。この経緯を後に知った庄内藩士は、西郷に教えを乞い、威徳を偲んだ。

賊軍とされた旧幕臣たちは、北海道の五稜郭で戦い、新選組副局長土方歳三らは壮絶な最期を遂げ、ここに戊辰戦争が終わるのだが、生きながらえた者達は苦難の歴史をたどる。その際たるものが会津藩で、領地没収の上、青森の斗南に僅かの土地を与えられて立藩し苦難を強いられた。

明治新政府は、版籍奉還、廃藩置県で旧領主たちを東京に集めて藩地から引きはがした。その内部では様々に意見が対立した。特に官軍となった側では、秋月の乱、佐賀の乱、萩の乱、福岡の乱、そして西南戦争が起き、力による反政府活動は西南戦争鎮圧を境にして言論による闘争へと変わる。

鈴木天眼

孫文

自由民権運動は、内実は言論による反政府活動で、それらは日清戦争やそれに続く日露戦争で大きく様変わりしていく。これは、西洋を模した日本の国家の建設に伴う大変革で、様々な問題を引きずりながら近代化が推し進められて行く。

長崎に目を転ずれば、ミッションスクールの女子教育などを通じて、西欧の自由と平等の思想が入って来る。そんな中で、福島二本松藩出身で新天地を長崎に求めた鈴木天眼は、会津出身の柔道家西郷四郎（姿三四郎のモデル）らと共に『東洋日の出新聞』を創設し、日露戦争終結については日露講和条約をめぐる国民世論が「講和反対、戦争継続」で沸き立つ中、天眼らは「講話支持、即時和平」を掲げ、辛亥革命が起きると、直ちに中国民衆の立場に立って革命を支持し、応援の論説を書き続けた。

革命達成後、中華民国政府を代表して日本を公式訪問した孫文は、病気療養中の天眼を自宅に見舞った。（『鈴木天眼　反戦反骨の大アジア主義』二〇二一、高橋信雄、あけび書房）。その時の写真が、長崎の鍛冶屋町通りに掲げられている。

当時の長崎には、西洋を模した日本の最先端の文化と教育があった。諸外国の公使館が置かれ、上海航路で多くの人々が渡り、外国人たちも長崎に来た。その長崎も、戦後「西洋と出会った街」という標語が踊ったが、時の流れの現実の前にその勢いを無くしかけている。

大村藩の歴史を紐解きながら驚くことは、二万七千石で二千八百人の藩士がいるという事実。その小藩が、藩命を掛けて福岡藩や長州藩、薩摩藩と同盟を結びながら倒幕に進み、新生日本の為に戦う姿は、藩を越えた新たな動きが天領長崎から伝わっているという事であったろう。

薩長同盟ありきの歴史観にとらわれていては「新生日本の誕生」を語ることは到底できない。新生日本の理想を掲げて活動した西郷や大久保そして高杉や桂など多くの志士達、近藤勇や土方歳三なども愛おしく感じられる。藤田東湖、武田耕雲斎、松林飯山、松本奎堂、岡鹿門等が開いた「尊王攘夷思想」、そして桂小五郎、渡辺昇、高杉晋作、加藤司書、月形洗蔵などの勤王志士たちが藩を超えて活躍する姿こそ、幕府が江戸初期以来敷いてきた幕藩体制の壁を越え、あるいはぶち破り、新生日本を創ろうとする原動力であった。さらに言えば、勝海舟などの幕臣が、それまでの幕藩体制の限界を悟り、将軍慶喜も日本を外国の脅威から護るため、謹慎することで国内戦争を避けようとした。

こうした英雄たちの時代は、やがて渡辺清の娘・筆子に受け継がれ、西洋の男女平等思想は女子教育を通じて社会参画を果たす女性を創り出し、再婚した佐賀藩出身の夫である石井亮一と共に、声すら上げる事が難しい知的障害児の保護と教育を滝乃川学園を通じて、人間の尊厳を社会に訴えた。

筆子の死後、学園を支えたのは清の養子となった渡辺汀であり、昇の息子である渡辺八郎であった。

小藩が生き残るために必要なものは教育である。昇の残した言葉を噛み締めている。

◇

私の手元にある『渡邊昇自傳』は、昇の孫、渡辺兵力氏から託されたものである。兵力氏の父親は渡辺八郎と言い、秩父宮家ができた時から御用掛として宮家に仕えた渡辺昇の息子で、昇も幼少の名は「兵力」と言った。八郎は戦後まもなく、経営が厳しい滝乃川学園の理事長を務め学園を支えた。

今一人忘れてはならない人物が渡辺汀《みぎわ》である。筆子亡き後の第三代学園長を務めた海軍大佐、貴族院男爵議員で、渡辺清が親戚の滝口家から養子として迎えた。以来、今日に至るまで、渡辺清家、渡辺昇家の末孫たちは滝乃川学園の経営に深く係わってきた。滝乃川学園は日本最初の知的障害者教育施設として知られるが、戦中戦後の学園経営が最も厳しかった時期に、筆子を支え、亡き後は学園の経営を支えたのである。

石井亮一、筆子夫妻は福祉という言葉は使っていない。寧ろ「知的障害児の教育」は随所にみられる。戦後アメリカの支配下で社会福祉の重要性が伝わるが、教育と福祉は本来一体のものではなかったか。

私は平成十三年に、石井筆子の顕彰事業のため滝乃川学園を初めて訪れ、その縁で渡辺建氏を知ることになる。縁は縁を呼び、渡辺兵力氏を紹介していただいた。兵力氏は農業学者で、第一次南極観測隊の一員として参加している。その時、そりを引いて観測隊を支えたエスキモー犬たちは南極の厳しい自然の中で船に乗せて帰ることを断念しなければならず、隊員たちは泣く泣く食料を残して帰国した。第二次南極観測隊が行ったとき、残された犬のうち二頭が厳しい南極の自然の中を生き延び発見された。「タロウとジロウ」である。この話は小説や映画にもなってご存じの方も多かろう。

その時、兵力氏は九十歳くらいだったように思うが矍鑠《かくしゃく》とされていた。話が進むうち何となく馬が合った。そして帰りがけに『渡邊昇自傳』を見せられ、君に託すから研究してみてくれと言われた。そして石井筆子の顕彰事業に入っていく。

滝乃川学園を初めて家内と共に訪れた時、入り口には高い樅木がそびえ、その先に小さなチャペルがあった。その時胸を打つものがあった。その先に矢川という小さな小さな川があって橋が架かっている。私たちはそこで立ち止まった。「よいかな、この橋を渡る者は、心して渡れ」そう言われているかのような気がした。家内も同じように感じたという。その先に本館がある。チャペル、結界としての小川、そして本館。これは筆子の思想に基づく全体設計である。

昇は明治二年、賞典録三万石を祝う席で藩主純熙に、小藩大村藩が時代の難局を超えてここまで活躍できたのは藩の教育のおかげ。三万石のうち一万石は子弟の教育のためにお使いください、それは必ず一人一人の身に付き、国を富ませることになりましょうと進言し、明治になって藩校五教館は県立大村中学校になった。しかし県の財政がそれを許さず廃止。その時、純熙は私財をもって私立大村中学校経営に乗り出した。そこに集ったのは広い旧大村藩の子弟たち。こうして教育都市大村が出来上がっていく。

純熙、清、昇、筆子いや、長与専斉、楠本正隆、長岡半太郎、楠本長三郎、そしてあまたの医者、学者を輩出した大村藩。命を懸けて新生日本のために活躍した人々。教育とは何かが問われている。

本書を執筆するきっかけは、長崎街道をテーマにシンポジウムを行った時、冊子のデザインと編集をしてくれたのが図書出版のぶ工房編集長遠藤薫氏で、本は非常に評判が良く、以来何冊か編集をお願いしたのだが、渡辺昇という人物は面白そうだから書いてみないかと言われ、その時私は暇を持て余していたものだから書くことにした。渡辺昇も欧米視察旅行の帰りの船旅で、暇を持て余していたので自伝を書いた。暇も悪くはない。書かれている事象の検証は大変だったが、それが本当だと分かった時、それまで抱きつつも分からなかった天領長崎を中心とする「近代日本の創出」の重要性に気づくのである。これが分からなければ、版籍奉還、廃藩置県の意味するところは分からない。近代の形とは、欧米列強の力の前に、幕藩体制という連邦国家群を廃し、中央政権たる明治新政府を造る。まさに「ご維新《いっしん》」である。

『渡邊昇自伝』が傑出しているのは、昇の行動半径の広さに起因している。石黒忠悳から「君維新前後経歴頗る富む」と言われ、桂小五郎や高杉晋作との出会い、三条実美ら五卿との交流、福岡藩、長州藩、薩摩藩との同盟に大村藩士として深く係わり、近藤勇や坂本龍馬、石川清之助などとも酒を酌み交わすほどの交友があった。これほど藩を超えて縦横無尽に活躍した者はいない。多くの歴史書が、各藩の内実、あるいは関係にとどまるものが多いのは、そもそも他藩との関係が政治的な意味で秘密裏に行われ、表に出た資料が少ないからだ。そこを渡辺昇の「自伝」が衝いた。まさに喝采たるべし。

『渡邊昇自伝』との出会いから二十四年。この間、多くの人々との出会いに感謝しつつ筆を置くこととする。

天正遣欧使節を検証するポルトガル、スペイン、イタリア・ローマへの旅を間近に控えた令和六年十一月十二日。

（了）

渡邊昇　年譜

和暦（西暦）	齢	渡邊昇と大村藩事項	海外国内関連事項
寛政四年（一七九二）			十月、ラクスマン根室来航。老中松平定信通商意向を示す。大黒屋光太夫ロシア東方政策報告。松平定信失脚後、ロシアに警戒し通商をしない方針。
寛政十二年（一八〇〇）			五月十九日、伊能忠敬日本地図作成のため蝦夷地吉岡に渡る。ロシアの南下政策に対抗し、国土としての蝦夷地の明確化を図ったか。
文化元年（一八〇四）			九月、ロシアから遣日使節レザノフ通商求め長崎来航。幕府応ぜず。
文化五年（一八〇八）		十月四日、イギリス軍艦フェートン号オランダ国旗を掲げて長崎港浸入。大村藩見聞集「最初オロシャ船と思われた船はエゲレス船であった」藩主は兵を率い長崎へ。警護担当の佐賀藩は兵の大半が帰国。長崎奉行松平康英は襲撃を計画するも兵が揃わず、責任を取って自決。佐賀藩は家老切	○イギリスはナポレオンのフランスと戦争。オランダはフランスの属領となり国家は存在しない。長崎のフランス船攻撃が目的。イギリ

文化十一年（一八一四）		腹、藩主閉門。	スに対する脅威の始まり。 九月、ウイーン会議、ナポレオン戦争戦後処理始まる。「会議は踊るされど纏まらず」西欧列強植民地獲得競争の激化。
文政八年（一八二五）			二月、幕府、異国船打払令。
文政十一年（一八二八）			九月、シーボルト事件
天保七年（一八三六）			○天保の大飢饉。
天保八年（一八三七）		○渡辺清誕生。	二月、大塩平八郎の乱。 七月、アメリカ船モリソン号、漂流民を伴い浦賀入港。砲撃し撃退。
天保九年（一八三八）	零	○渡辺昇、楠本正隆、長与専斎誕生。	
弘化元年（一八四四）	六		○オランダ国王、開国進言。
弘化三年（一八四六）	八	○祖父武凱と戸根村へ　俳句の作り方を習う。	
嘉永六年（一八五三）	十五	○剣客斎藤歓之助大村に来る。	六月三日、米国使節ペリー浦賀来航。
嘉永七年・安政元年（一八五四）	十六	八月二十三日、日英和親条約、長崎で調印。	三月、日米和親条約下田で締結。下田・函館・長崎開港。
安政二年（一八五五）	十七	○幕府、長崎海軍伝習所開設	○日蘭和親条約締結
安政四年（一八五七）	十九	七月、長崎飽の浦に製鉄所建設。 ○江戸に出府して斎藤弥九郎練兵館、文を安井息軒に学ぶ。	
安政五年（一八五八）	二十	○オランダ海軍軍医ポンペ、長崎海軍伝習所教官として来日。 ○世子於菟丸君病で死去。参政浅田弥次右衛門、昇を叱責。	四月　井伊直弼大老就任。

安政五年（一八五八）	二十	○桂小五郎、大村藩荘勇雄に掛け合い、藩命をもって昇に剣術修業のみと引き込む。斎藤弥九郎に同行し、水戸藩藤田東湖と会うのはこの頃か。長州藩来島又兵衛から脱藩して長州に来るよう誘い。昇、藩に帰り藩論を纏めて事に当たるべし、と。桂一人がその考えに賛同。練兵館には、長州・水戸藩の子弟多数在籍。桂帰藩昇、桂の後を継いで練兵館塾頭。	○日米・日蘭・日露・日英・日仏修好通商条約締結。五月、長崎・神奈川・函館開港。○安政の大獄始まる。
安政六年（一八五九）	二十一	○市ヶ谷試衛館道場の近藤勇と知合い、近藤の求めで道場やぶりを撃退するのはこの頃か。	六月、横浜開港。
万延元年（一八六〇）	二十二	三月三日、昇、大田市之進と桜田門外の変の現場を見る。九月、幕府長崎に小島養生所設置。ポンペ教鞭をとる（近代日本最初の西洋式病院）。十一月、松林飯山は大坂堂島川の近くで三河の松本奎堂、仙台の岡鹿門と「雙松岡塾」を開き尊王攘夷を説く。幕府に睨まれ解散。	三月、桜田門外の変・大老井伊直弼暗殺。
文久元年（一八六一）	二十三		二月、露ポサドニック号対馬浅茅湾侵入。外国奉行小栗上野介が咸臨丸で対馬に行くも交渉決裂。イギリス公使オールコックが幕府にイギリス艦隊の圧力によるロシア軍艦退去を提案、老中・安藤信正。
文久二年（一八六二）	二十四		○対馬藩・長州藩同盟を結ぶ。八月、生麦事件。四月、幕府調査船『千歳丸』

			上海へ。高杉晋作、五代友厚、大村藩尾本公同、峰源助同船。太平天国の乱で乱れた上海を見る 九月、聖公会C.M.ウィリアムズが長崎東山手に英国教会堂建設。近代日本最初のプロテスタント教会。浦上潜伏キリシタンが訪ねる。
文久三年（一八六三）	二十五	○昇、江戸を離れ帰藩。各地の道場を巡る。四月馬関で外国船打ち払いの準備をしていた高杉晋作と再会。 ○打ち払いは文久三年五月の事で、昇の帰藩は文久三年四月下旬か五月初。 五月上旬、昇、冨井源四郎、千葉茂手木と馬関白石正一郎宅で高杉晋作と会う。外国船砲撃視察後帰藩。冨井「奸吏を暗殺して勤王の士気を高める時」。間もなく病を得て死去。 七月頃。昇、冨永快助と諸国漫遊の旅。久留米小郡松崎宿で疱瘡に罹患。急遽帰藩。楠本見舞いに来て罹患。牛痘未接種か。 ○暮れ、剣術師範、斎藤勘之助の発案で「終夜立切」敢行。藩から報償金。 十二月末、長岡治三郎の家で根岸陳平、渡辺清、長岡治三郎、中村鉄弥、渡辺昇会合。大村藩三十七士同盟の端緒。その後、松林飯山、楠本正隆、稲田東馬等参加。家老針尾九左衛門を盟主とする。	二月、近藤勇江戸を離れ京へ。 五月、長州藩、馬関（下関）で外国船砲撃。 七月、薩英戦争。 八月、天誅組の変。 八月十八日の政変。 八月十九日、三条実美ら七卿落ち。 十月、澤宣嘉・平野國臣ら但馬で挙兵、生野の変。

元治元年（一八六四）

二十六

五月二十六日、幕府、大村藩主を長崎奉行任命。

六月二十六日、脚気を理由に辞退。八月八日、幕府、改めて長崎惣奉行に任命。

七月、木戸と昇、諸藩連合の話。小郡で長州藩主と福岡藩黒田山城会談有り。黒田に会うよう木戸提言。

八月初旬、長州藩士小田村文助、藩命を帯び大村に昇を訪ねる。長州藩使節を長崎大村藩邸で迎える「大村藩と長州藩の最初の交わり」。

八月十八日、大村純熈長崎惣奉行辞任願い。

八月十九日、長崎の長州藩邸を大村藩が収公。収公に際し失態を冒した家老浅田弥次右衛門の責任を問う声。
○城下異変　反対党の動き活発化。
八月二十七日、大村藩「言路洞通の通達」。

八月二十八日、福岡藩黒田山城大村に投宿。家老稲田中衛、江頭隼之助迎え会談。「大村藩と福岡藩の最初の誼」。

九月十三日、浅田弥治右衛門、稲田隼人、緒方久蔵、長崎より召喚し登城を禁ず。

九月二十一日、大村純熈長崎惣奉行辞任。

十月五日、大村純熈長崎より大村に帰る。同日夜、元締富永快左衛門、就寝中に斬殺。快左衛門は浅田弥次右衛門の弟。

十月十日、浅田、稲田、緒方の職を免じ、家禄を削る。失脚。

針尾九左衛門家老昇進、昇、馬廻り四十石。藩庁への出入り許され、政に参加。

清、国是一定の必要を説く。

純熈、国是一定の命令文の起草を稲田東馬、昇に命ず。


三月二十七日、武田耕雲斎等、筑波挙兵。

六月五日、新選組・池田屋騒動。

七月十九日、禁門（蛤御門）の変。

七月二十三日、朝廷は幕府に対し長州征討の勅命。

八月五日、四国連合艦隊馬関砲撃。

十月二十一日、長州藩、恭順謝罪の為、奇兵隊など諸隊に解散命令。

十一月十一日、長州藩禁門の

十月二十四日、城下大給以上総登城。藩主「勤王一途」宣言。藩士の内外を廃止し、同じく意見を採用。言路洞通を藩主宣言。

十一月三日、家老江頭隼之助、用人稲田東馬らと共に「勅諚頂戴」の御礼の為、京師に上京。

十一月五日、福岡到着。翌日、月形洗蔵使者。

十一月七日、福岡城で大村藩との同盟成る。

十二月頃、昇縁談悉く敗れる。昇、東奔西走。昇結婚この頃か、後離縁。


変責任者の三家老切腹。

十二月十六日、高杉晋作馬関襲撃。

十二月十七日、武田耕雲斎ら加賀藩に投降。


元治二年（一八六五・四・六まで）　二十七

○島原藩に野澤門衛、平戸藩に浅田新五郎を派遣、昇いずれにも随行。島原藩丸山作楽、坪田嘉十、平戸藩志々岐右衛門と議す。
一月から二月初旬、昇、福岡藩加藤司書と共に五卿謁見。

二月頃、大村藩主は三条卿に大村湾の真珠を昇に届けさせる。
○水戸藩士斉藤左次右衛門が脱藩して大村に。稲田、藩主説得し寶圓寺に匿う。反対党の者達に物議醸す。未だ藩内の意思固まらず。
三月上旬、純熈、昇を福岡藩並びに五卿の元へ派遣。江戸参勤を伝えさせる。いずれからも懸念の声。
○博多に滞在中の西郷に面談。参府中止の方を相談。
三月十五日、大村藩主、参勤の為大村を発。家老江頭隼之助、用人稲田東馬、昇ら随行。
○昇、上京の失計を家老江頭隼之助らに切論。

一月二日、高杉晋作等馬関を襲撃、占拠。藩論、暫くして幕府への対抗に変わる。

正月、水戸藩士齋藤左次右衛門大村藩に投ず。池田の寶圓寺に潜匿。

一月、五卿赤間関に逗留。

二月十三日、五卿は大宰府の延寿王院到着。
○答礼の為、三条卿は家臣森寺大和守を大村派遣。純熈に和歌を贈る。
○春、福岡藩志士、薩長筑同盟の議をなすものあり。
三月、長州藩軍制改革に着手。

三月十七日、浦上村住民数名が大浦天主堂のプティジャ

慶応元年（一八六五・

四月十九日、純熈参内し天顔を拝す。江戸参府は議論百出。

四・七改元）

慶応二年（一八六六）　二十八

公病と称し駕を大坂に戻す。
○江戸留守居役「幕府近日長州再征。九州諸侯は速やかに藩に戻り出兵準備」の報。
五月十五日、大村帰藩。
○藩主老夫人、御殿造営を命ず。
六月下旬、福岡藩勤王党転覆。乙丑の変。加藤司書、武部武彦、月形洗蔵、野村望東尼ら拘束。

七月六日、大村藩より内訌調停の使節派遣決定。九日大村出発。

七月二十一日、江頭等一行福岡城中に入る。
○福岡藩使「極刑はあるまい」。大村藩鎮撫使節八月三日福岡を離れる。
正月、五教館御成門前に落首。

二月、藩主の命で、藩政に対する注意喚起。

三月頃か、大村藩剣術指南長井兵庫の職を免じ、昇に変える。

七月初め頃、昇、長崎で坂本龍馬と会談。坂本は「薩長同盟」昇は「一縄の策」。坂本から高杉説得を頼まれる。
○藩庁に報告。長州藩伊藤俊輔（博文）と共に馬関へ。
七月二十一日、白石正一郎屋敷で高杉に会う。薩長相和すべし。同席の長三洲激高。薩賊会奸討つべし。高杉沈黙。

七月下旬、三田尻で木戸と会う。薩摩の黒田了介、村田新八、野村素助同宿。

八月上旬、湯田で長州藩世子に謁見。大村藩公の書を呈す。（大村・長州同盟）。その後、木戸に薩摩との和解を勧める。

木戸の依頼で高杉を訪ねる事、二三度。説得到らず。高杉

ン神父を訪れキリシタンであることを告白。（浦上四番崩れの発端）
五月二十二日、将軍家茂上京参内して長州藩再征奏上。
七月二十一日、長州藩井上、伊藤、薩摩藩の周旋でグラバーから鉄砲購入。
十月、福岡藩加藤司書ら切腹、処刑。
一月二十二日、西郷、木戸会談。薩長連合の階。
六月七日、第二次長州征伐開始。
七月二十日、将軍家茂薨去。
八月一日、小倉城に火を掛ける。
八月二十日、徳川慶喜徳川宗家相続

		その苦悩を語る。 八月、大村藩西洋銃隊の制度に定め、渡辺清、川原鼎兵学取立に。 八月中旬、昇、長州から大村に帰る。 八月下旬、純熈の命で、昇、宮原俊一郎と薩摩藩村田新八共に三邦丸で薩摩に向かう。 九月初旬、西郷隆盛と面会。小松帯刀を訪問。島津侯大村藩主の懇親の意承諾。 十月初旬、「一縄の策」機運熟すの報。昇、木戸の求めで長州へ。 十月終り、木戸が薩摩藩使い黒田清綱を屋敷に招き、昇も同席。昇、長崎奉行所に、浪士達の奉行所襲撃計画ありと伝え、その隙に木戸は丙寅丸を大村領松島につける。松島で、家老江頭隼之助、用人大村一学、昇、藩主の命を奉じ歓待。日付不詳。十二月半ばか。	九月二日、長州征伐停戦合意すれど小倉の戦いは続く。 十一月十九日、木戸藩命により軍艦丙寅丸で薩摩に。昇も同行。木戸から長崎で銃購入の周旋依頼を受け、平戸で下船。平戸藩士・志々伎楚右衛門、桑田源之丞に薩長同盟・列藩合同について話す。 十二月五日、徳川慶喜、二条城で将軍宣下 十二月某日、木戸、薩摩藩旗を掲げ丙寅丸（オテントウ丸）長崎入港。長崎奉行所木戸の捕縛準備。 十二月二十五日、孝明天皇崩御。
慶応三年（一八六七）	二十九	一月三日、城中謡い初めの帰路、松林飯山何者かに惨殺。家老針尾九左衛門切られ重傷。昇も拳銃で暗殺計画あり。 「大村騒動」勃発。 ○飯山二十九歳にして凶刃に倒れる。 長州藩杉孫七郎と松島で、昇、稲田会う。 ○壮士、文武館で犯人探索で騒ぐ。	

一月八日、藩内から年少有志の者集まり犯人捕縛の血誓。その数千名。十の部隊を編成し遊撃隊をその上に置いて犯人探索。文武館を寝所とし、家に帰ることを禁ず。

一月二十八日、藩公、城下大給以上城中召し出し訓令。一和同心国家と糾罪を共にすべし。

二月三日、家老大村五郎兵衛病を理由に辞職願。純熙許さず。
○孝明天皇崩御の報。大村にもたらされる。
三月八日、大久保一蔵、時勢大いに變じ以て薩侯将さに入京せん。故に大村侯も亦ともに偕に入朝し国事に協力せられたしの報、大村に到る。

三月十二日、福田清太郎自白。
○自白に基づき犯人次々検挙。
三月十八日、雄城直紀の白状に依り、御両家大村邦三郎、大村泰次郎が首領と判明。同日、雄城は牢内で首を括り自害。

三月二十日、大村邦三郎、大村泰次郎切腹。

五月、京から和田藤之助帰る。京師緊迫の報。

六月九日、清を隊長に大村藩新精隊、土佐藩夕顔丸で長崎出航。馬関に到着、白石正一郎を訪ねる（白石正一郎日記）
○夕顔丸、六月十二日大坂着。京に上り、今川道正庵に営舎を置く。
七月十七日、荘新右衛門嫌疑を受け自害。その報は八月九日に大村に届く。

九月頃か。純熙、昇を京へ派遣。幕府の嫌疑回避を講じさせる。清、昇、回避方針を巡り意見対立。
○昇、西郷に開戦を促すも「君の説は我が薩藩に長州藩の覆

三月十七日、浦上村の信徒たちが仏式の葬儀を拒否したことで信徒の存在が明らかに。

四月、高杉晋作没す、二十九歳。

轍を踏ましめるもの」と否定。
○薩摩の大久保に相談、大村藩兵を二手に分け、一隊は帰国、清等一隊は薩摩藩邸に入れ、薩摩藩兵に偽装。
○昇、前後の事を大久保に相談。座に坂本龍馬、石川清之助(中岡慎太郎)在り。坂本から新選組に渡辺暗殺命令の噂。京を去るよう忠告。帰路、新選組に襲われ、反撃して切る。
十月、昇、大坂に移る。京の宿舎を近藤勇、昇に危険を知らせるため来訪。直後、土方等新選組、昇宿舎を襲う。
○坂本龍馬、中岡慎太郎暗殺の事、和田勇馬が大坂にいる昇に手紙で知らせる。維新後、土佐藩福岡孝悌、永井玄蕃に話したことが暗殺の切っ掛けになったのではと昇に話す。
十一月下旬か十二月上旬、昇、大村に帰着。
○大久保、薩摩藩士中村知一を大村藩に派遣。変不可避の状況を伝える。
十二月二十二日、浅田新五郎、昇、長州に使い。

十二月二十八日、大村藩主一行、禁門守護の為、大型帆船に乗り小型汽船に曳かせて大坂へ。昇陸行、長州で木戸と会い共に長州を発し、備後の尾道で「京都の変勃発」の報に接す。

○西郷、十月頃から益満久之助らに命じ薩摩藩の仕業と分かるよう江戸の大店、市中で火付け強奪。江戸に薩摩憎しの風評醸成。
十月十三日、岩倉具視、薩摩藩に討幕の密勅。

十月十四日、徳川慶喜、大政奉還を朝廷に提出。

十月十五日、将軍、朝廷より大政奉還勅許の沙汰書を受ける。

十一月十五日、近江屋で坂本龍馬、中岡慎太郎(石川清之助)襲われ死す。

十二月九日、徳川幕府の廃絶と新政府樹立を宣言「王政復古の大号令」決せられる。十四日布告。

十二月二十五日、庄内藩兵等、薩摩藩品川藩邸焼き討ち。

慶応四年（旧暦一八六八・九・八まで）

三十

一月二日、清、西郷と会し、開戦間近で出兵準備。

一月三日、清、朝廷五條少納言美濃権介より大津警護の勅旨。大村藩兵、午後十一時、大津到着。四日、彦根、佐土原、備前、阿波諸藩兵着陣。

一月八日、純熈一行兵庫に到着。昇と再会。

一月十一日、大村藩調達の船『豊瑞丸』外国人に拿捕され立往生。純熈、駕で兵庫を発す。

一月十二日、昇、長州藩士遠藤謹助と居留地へ行き、『豊瑞丸』返還交渉。イギリス外交官アーネスト・サトウ等対応。無政府状態を理由に応じない外交官と押し問答。

一月十三日、純熈一行京に入る。

一月十五日、朝廷より新政府への政権移譲発表を受け、拿捕された船舶返還交渉。

一月二十四日、朝廷、大村藩主を長崎総督に命ず。

一月二十六日、朝廷、澤宣嘉を九州鎮撫総督兼長崎裁判所総督に任ず。
○純熈一行、帰藩の金策万事休す。その頃、昇、病で高熱を発す。
二月六日、佐賀藩の蒸気船「甲子丸」で大村藩主、澤宣嘉等、長崎に帰る。

二月十四日、長崎着。

二月十五日、純熈等長崎上陸の後、各藩会議所視察、後解散。楠本正隆を総督参謀とする。
○昇、病状重く病気平癒迄、一月ほど要す。
二月二十五日、清等、駿府着陣。


一月三日、朝廷より大村藩等に大津駅警衛の勅旨。

一月三日夜、鳥羽・伏見で幕軍と維新軍激突。幕軍約一万五千、薩摩主力の維新軍約五千。

一月四日、仁和寺宮征討総督拝命。「錦の御旗」が維新軍にあがり朝廷軍と為す。

一月五日、薩摩側に錦の御旗。

一月六日、淀藩朝廷側に帰順夜、将軍慶喜、海路で江戸へ退去。

一月七日、慶喜の罪を鳴らし征討の令を天下に発す。

一月十一日、備前藩兵と神戸居留地外国守護兵、行き違いから発砲。「神戸事件」。

一月十四日、長崎奉行河津佑邦、長崎脱走。楠本正隆、大村藩主が長崎惣奉行であったことから大村藩が責任を持つことを決める。

一月十五日、朝廷、新政府への政権移譲発表。

二月二十八日、清、西郷の命で大村藩兵を率い箱根の関を占拠。小田原に向かう。
○小田原到着、滞陣中、斎藤弥九郎（篤信斎息子）江戸より来て状況を清に伝える。
三月六日、大村藩隊、鎌倉建長寺に陣す。

三月十三日、大村藩兵、川崎到着。参謀木梨精一郎、西郷の命を清に伝える。

三月十四日、木梨と清、横浜にパークスを訪ね負傷兵の治療を求めるも、パークス怒りて、国際法を持ち出し、江戸城総攻撃の非を論ず。その夕、西郷・勝「江戸城無血開城談判」。清、次の間に控える。

四月二十日、旧幕府側諸藩蠢動。大村と津藩、宇都宮城奪還のため出陣。

閏四月七日、上総の八幡近くで敵と銃撃戦。姉ヶ崎城を総攻撃。大村兵先鋒を任された初めての戦闘。勝利する。

五月二十一日、清、大総督府参謀に任じられ、二十三日飯能方面の敵兵討伐。

五月十五日、官軍、上野彰義隊総攻撃。

六月二十三日、飯能方面の賊徒討伐。


一月十八日、東征軍進軍。大村藩兵先鋒となる。

一月二十三日、桑名に向け進軍。この日、桑名藩軍門に降る。

一月二十四日、桑名藩投降。

一月二十八日、桑名城明け渡し。

二月十二日、桑名を発し名古屋に着陣。

二月二十五日、東征軍駿府到着。

三月十日、山岡鉄舟、駿府で西郷隆盛と会談。戦争回避に向けた七ヶ条。西郷から提示。

三月十三日、西郷、品川田町の薩摩藩邸に入る。

四月四日、江戸城授受。慶喜、上野寛永寺に移る。江戸城は尾張藩に交付。

五月十五日、上野彰義隊と戦闘。官軍勝利。

六月一日（閏四月十一日）奥羽越列藩同盟『白石会談』

【奥羽越列藩同盟と大村藩の転戦】

六月十四日、参謀渡辺清、東征軍を率い品川より出てくる。

六月十六日、平潟港に着。東征軍と称す。

六月二十四日、板垣退助が棚倉城を攻略。二十八日、大村藩兵は薩摩兵と共に泉城攻略。

七月六日、三春の三士来て帰順を請う。三士の一人に河野廣中あり。齢十八歳。後、衆議院議長。

六月二十八日、泉城攻略。

六月二十九日、富岡の激戦制す。

七月十三日、磐城平城攻撃、城主安藤信正良く護るも、翌深夜、信正仙台を頼り逃走。

七月十四日、午前三時城中に火起る。攻略。城陥落。後、三春攻略に向かう。

七月二十六日、三春城陥落。

七月二十八日、二本松（丹羽家）攻略に向かう。二十九日、総攻撃。城主丹羽長国米澤に走る。丹羽一学城に火を放ち自刃。屠腹する者、討ち死にする者、少年兵ら多数討ち死。

開催。会津藩寛典処分嘆願書等を総督九条道孝に提出。総督却下。後幽閉。

六月七日、総督府「奥羽追討の令」。鷲尾隆聚、奥州追討総督。

六月二十六日、議定岩倉具視、密かに参与副島次郎(種臣)を九州鎮撫総督澤宣嘉に遣わし、七月五日長崎到着。大村、佐賀、福岡、秋月藩に秋田応援の出兵要請。

七月五日、副島種臣、非公式ながら秋田救援の為の岩倉具視の出兵要請を長崎府澤総督に伝えるため来崎。大村藩に千人要望。

○澤宣嘉、平戸、島原藩並びに長崎振遠隊に出兵要請。

明治元年（旧暦一八六八・九・八改元）

臺山公事蹟「賊と雖も以て壮と為すに足るべし」

八月一日、大村より東征軍へ援軍一小隊、砲一門到着。後装新式スナイドル銃を装備。

八月二十日、東征軍に会津進撃命令。主力として薩、長、土、大垣、大村最前線に立つ。

八月二十三日、東征軍は大村藩を先鋒とし、猪苗代より若松城下に到る要衝「十六橋」攻略で戦闘。薩将一隊を率いて撃破。会津若松城に迫り戦闘。老年兵、幼年兵奮戦して城を護る。会津白虎隊の悲劇。大村兵戦死者多数。

八月二十五日、各方面に出ていた会津藩兵、会津若松城に戻り気勢上る。

八月二十六日、天寧寺山から城中砲撃。
○東征軍、三道より会津城下に集結。九月十四日総攻撃と決める。
九月十四日、官軍諸砲隊、城を砲撃。激戦二昼夜に及ぶ。

九月十七日、米澤藩、官軍に帰順。戦いに参戦。城主松平容保、密かに諸将と降伏を議す。

九月十九日、城方、降伏の意向を伝える。官軍、降伏条件を申し渡し。

九月二十一日、会津城に白旗挙がる。

九月二十二日、藩主松平容保父子並びに家臣、城を出て降伏。
○大村藩兵、会津に留まった後、帰国命令。陸路で江戸を目指し、その後、京を目指して行軍。御所に凱旋報告後、大坂から海路長崎へ。

慶応四年（一八六八）

明治元年（旧暦一八六八・九・八改元）

三十一

【秋田藩救援 大村藩北伐隊】

七月二十七日、長崎府判事楠本正隆を介して、朝命で大村藩に千名の援軍求める。大村、平戸、島原藩並びに長崎振遠隊併せて約千名派遣準備。

七月二十七日、大村藩北伐軍行軍登城。純熈、北伐軍総督大村右衛門に兵事の全権を託し、長崎に向け出発。長崎の大村藩邸に入る。

八月六日、秋田藩救援北伐軍、大村三二六名、平戸三小隊、島原二小隊、長崎振遠隊併せて千名、英船ヒーロン号で長崎出航。十一日秋田船川港に投錨。十三日秋田城下到着。

八月十五日、北伐軍秋田城を発し院内口に進軍開始。刈和野宿陣。

八月十八日、大村藩後発隊到着。全軍揃う。

八月二十二日、進撃命令。敵と銃撃戦。

八月二十八日、庄内、仙台兵、大村藩陣地に殺到。敵退散。

八月二十九日、敵の全軍、角館の防衛線に迫る。激戦、敵武器を遺棄し敗走。官軍側、糧道を絶たれ、援軍も来たらず苦戦。

九月十一日、刈和野で激戦。

九月十二日、神宮寺敵方に落つ。

九月十三日、北伐軍血誓文に血書。決戦の時、十四日進軍と為す。

九月十五日、刈和野を巡り庄内兵と一昼夜に及ぶ激戦。十六日、再び激戦。刈和野、敵方の手に落ちる。両日の戦い、羽州戦中最も激烈。両軍死者甚だしく、大村藩兵の戦死者

		九名、深手・浅手三十名。少年鼓手濱田謹吾戦死。官軍撤退。刈和野庄内軍の手に落ちる。この夜、庄内軍は俄かに兵を収め本国に帰る。 九月十七日、庄内侯酒井忠篤降を請う。官軍追撃の議を定む。 九月十八日、進軍し大曲に着陣。 九月二十五日、院内に着陣。 九月二十七、庄内藩鶴ヶ岡城を収む。 十月三日、凱旋の事決す。 十月八日、凱旋の序次、大村・薩州先鋒。	
明治二年（一八六九）	三十二	二月二十日、大村兵大村に着す。 六月二日、大村藩主賞典録三万石拝領。 昇 弾正台忠。浦上四番崩れを断罪。	
明治三年（一八七〇）	三十三	福岡藩太政官札贋造事件検挙。	
明治五年（一八七二）	三十五	渡辺昇 大阪府知事　明治十三年五月迄。	
明治七年（一八七四）	三十七	渡辺清 福岡県令　明治十四年七月迄。	
明治十年（一八七七）	四十		西南戦争。
明治十三年（一八八〇）	四十三	昇元老院議院。	
明治二十年（一八八七）	五十	子爵叙任。会計検査院長、ヨーロッパ視察。 小鹿島果、平塚定二郎（雷鳥の父）随行。	
明治二十一年（一八八八）	五十一	『渡邊昇自伝』を欧州帰路の船中で執筆。	
明治二十七年（一八九四）	五十七		日清戦争。
明治二十八年（一八九五）	五十八	「大日本武徳会」結成。昇発起人。	下関条約締結。三国干渉。
明治三十一年（一八九八）	六十一	勲一等旭日大綬章。	
明治三十五年（一九〇二）	六十五	昇 第一回剣道範士号授与。	日英同盟締結。

明治三十七年（一九〇四）	六十七	清 永眠。	二月、日露戦争。
明治三十八年（一九〇五）	六十八		九月、ポーツマス条約締結。
明治三十九年（一九〇六）	六十九	昇「大日本武徳会剣術形」制定。	
明治四十四年（一九一一）	七十四		八月、『忠正公勤王事蹟』刊行。
明治四十五年・大正元年（一九一二）	七十五		十月、辛亥革命で清朝が滅亡。孫文のあと袁世凱が大統領になり、中華民国が成立。
大正二年（一九一三）	七十六	昇 永眠。	
大正三年（一九一四）		『臺山公事蹟』刊行。	○『防長回天史』刊行。
大正八年（一九一九）		行友李風 戯曲『月形半平太』初演。	七月、第一次世界大戦。
大正十二年（一九二三）			九月、関東大震災。
大正十三年（一九二四）		大佛次郎 小説『鞍馬天狗 鬼面の老女』発表。	

参照主要史料文献

史料・著書・論文

（1）渡邊 昇『渡邊昇自伝』未刊行、明治二十一年に書かれた原本の筆写本、大村市立歴史資料館にも所収

（2）編集 山路彌吉『臺山公事蹟』発行者 田川誠作 大正九年

（3）藤野 保編『大村郷村記』国書刊行会 昭和五十七年

（4）大村史談会編『九葉実録』大村史談会、平成六年

（5）藤野 保・清水紘一 編『大村見聞集』高科書店、平成六年

（6）大村史談会編『大村史話全三巻』大村史談会、昭和四十八年

（7）大村史談会編『大村史話　続編』大村史談会、昭和六十一年
（8）渡辺 健『渡辺 昇』私家版、平成十二年
（9）木戸公伝 記『松菊木戸孝允伝』木戸公伝記編纂所、明治書院　昭和二年
（10）『忠正公伝』山口県文書館収蔵、未完本
（11）防長史談会『訂正補修 忠正公勤王事蹟』中原邦平　防長史談会、明治四十四年
（12）中野景雄『加藤司書伝』司書會、昭和八年
（13）日野清三郎 著、長 正統 編『幕末における対馬と英露』東京大学出版会、昭和四十三年
（14）末松謙澄『防長回天史』全巻刊行、東京國文社、大正九年
（15）福田清人・松井保男 編『大村純毅伝』大村純毅伝刊行会、昭和五十一年
（16）山下正子・勝田直子『思い出 大村芳子 華の生涯』私家版、平成十二年
（17）渡邊八郎先生遺芳録刊行会『渡邊八郎先生遺芳録』渡邊八郎先生遺芳録刊行会、昭和五十年
（18）菊池寛・本山荻舟 共著『日本剣客伝 小学生全集』文芸春秋社、昭和二年
（19）池波正太郎『近藤勇白書』講談社、昭和四十四年
（20）大佛次郎『鞍馬天狗Ｉ 鬼面の老女』朝日新聞社、昭和五十六年
（21）松井保男『人物史の魅力　近代史の中の大村人』箕箒文庫、平成十七年
（22）渡辺 健『石井筆子』私家版、平成十一年
（23）一番ケ瀬康子・津曲裕次・河尾豊司 編『無名の人―石井筆子』ドメス出版、平成十六年
（24）後藤惠之輔『第四代福岡県令 渡邉 清』海鳥社、令和三年
（25）大村市・石井筆子顕彰事業実行委員会『近代を開いた女性―石井筆子の生涯』大村市、平成十四年
（26）松田毅一『天正遣欧使節』臨川書店、平成二年
（27）松田毅一『大村純忠伝』教文館、昭和五十三年
（28）大村純忠顕彰事業実行委員会『キリシタン大名―大村純忠の謎』西日本新聞社、平成元年
（29）長崎街道シンポジウム等実行委員会『長崎街道―大村路』大村市、平成十年

掲載写真史料

●「渡邊昇宛て桂小五郎書状」は、大村市立歴史資料館に掲載許可願を提出し、一次利用のため、上記史料の撮影を行なった。(大村市教歴 第0216号)、また二次利用の八点(大村純熙、松林飯山、渡邊清、渡邊昇、楠本正隆、長与専斎、大村右衛門、石井亮一)は同許可に含まれる。

●「竹梅図/野村望東尼・渡邊昇賛」は、下関市立東行記念館に掲載許可願を提出し、一次利用のため、上記史料の撮影を行なった。

●滝乃川学園所蔵の「滝乃川学園本館、渡邊昇、石井筆子、小賀島果、九条節子、グラント将軍、クララ・ホイットニー」の画像は、大村市・石井筆子顕彰事業実行委員会(二〇〇二)刊行の冊子『時代を拓いた女性——いばら路を知りてささげし石井筆子の生涯』から二次利用した。

●また、その他の画像は、国立国会図書館などのパブリックドメインの画像を二次利用した。

索 引

＊人名索引を主に示した。＊事項については「 」をつけ、書籍や史料については『 』とした。

あ 行

◆か　行

◆さ　行

◆た　行

◆な　行

◆や　行

◆ら　行

◆わ　行

稲《いな》富《とみ》裕《ひろ》和《かず》

一九五三年　長崎県生まれ
一九七一年　長崎南山高等学校卒業
一九七三年　法政大学文学部史学科入学
　　　　　　考古学を千葉大学教授麻生優氏に師事
一九七七年　法政大学卒業後、福岡県教育庁で埋蔵文化財調査員
一九七八年　長崎市文化課嘱託調査員
一九七九年　長崎県文化課嘱託調査員
一九八〇年　大村市教育委員会　遺跡調査と文化財保護に従事
　　　　　　日本考古学協会会員、長崎県考古学会顧問、新長崎学研究会代表

（主な業績）
・長崎市曲崎古墳群発掘調査　翌年、国指定史跡に
・大村市富の原弥生時代遺跡発掘調査
・日蓮宗本経寺国指定史跡に
・大村純忠居城三城城保存のための調査
・大村純忠没四〇〇年慰霊祭企画
・シンポジウム「謎のキリシタン大名　大村純忠」企画・出版　ＮＨＫで放送
・シンポジウム「異文化の情報路　長崎街道」企画・出版　ＮＨＫで放送
・シンポジウム「いばら路を知りてささげし　石井筆子の生涯」企画・出版　ＮＨＫで放送

ISBN 978-4-901346-76-4

鞍馬天狗参上
渡邊昇伝

二〇二五年（令和七）三月二十日　初版第一刷発行
著　者　稲富裕和
発行者　遠藤順子
発行所　図書出版のぶ工房
〒八一〇―〇〇三三
福岡市中央区小笹一丁目十五番十号三〇一
電　話（〇九二）五三一―六三五三
ＦＡＸ（〇九二）五二四―一六六六
郵便振替　〇一七一〇―七―四三〇二八
造本設計　遠藤薫デザイン研究室
印刷製本　モリモト印刷株式会社